征服与文化

[美] 托马斯·索威尔 —— 著
蒋林 —— 译

中信出版集团 | 北京

图书在版编目（CIP）数据

征服与文化 /（美）托马斯·索威尔著；蒋林译
. -- 北京：中信出版社，2023.10
书名原文：Conquests and Cultures
ISBN 978-7-5217-5376-9

Ⅰ.①征… Ⅱ.①托…②蒋… Ⅲ.①社会学 Ⅳ.
① C91

中国国家版本馆 CIP 数据核字（2023）第 168953 号

Conquests and Cultures by Thomas Sowell
Copyright © 1998 by Thomas Sowell
Simplified Chinese translation copyright ©2023 by
CITIC Press Corporation
This edition published by arrangement with Basic
Books, an imprint of Perseus Books, LLC, a
subsidiary of Hachette Book Group, Inc., New
York, New York, USA.
All rights reserved.
本书仅限中国大陆地区发行销售

征服与文化
著者：　　[美]托马斯·索威尔
译者：　　蒋林
出版发行：中信出版集团股份有限公司
　　　　　（北京市朝阳区东三环北路 27 号嘉铭中心　邮编　100020）
承印者：　北京盛通印刷股份有限公司

开本：787mm×1092mm 1/16　　印张：25.5　　字数：340 千字
版次：2023 年 10 月第 1 版　　印次：2023 年 10 月第 1 次印刷
京权图字：01-2021-4276　　　　书号：ISBN 978-7-5217-5376-9
　　　　　　　　　　　　定价：88.00 元

版权所有·侵权必究
如有印刷、装订问题，本公司负责调换。
服务热线：400-600-8099
投稿邮箱：author@citicpub.com

如果说有一个事实可以被我们过往的全部经验证实,那便是:倘若一国使另一国臣服,那么统治国的民众……会视被统治国的民众如脚下泥土般卑贱……

——约翰·穆勒

目　录

专家导读　　　　　　　　　　V

前言　　　　　　　　　　　　XI

第一章　征服与文化

"不是我们生活在过去之中，而是过去体现在我们身上。"征服的历史不仅限于过去，也关乎现在，关乎我们如何一路走来，形成了今日之经济、思想和道德状态。

征服的前因与后果　　　　　　006

征服者与被征服者的关系　　　　013

民族独立与民族自决　　　　　　016

征服之后的故事　　　　　　　　018

第二章　不列颠

不列颠群岛能取得比世界大部分地区更多的成就，诚然离不开地理条件的优势和外来文化的输入，不过归根结底，创造成就的还是英国人自己。

不列颠群岛	024
世界中的英国	065
总结与引申	092

第三章　非洲

在撒哈拉以南非洲的很多地方，各种地理条件都不利于经济和文化发展，甚至有扼杀性的影响，从而让非洲黑人遭受弱肉强食被征服的命运……但对生活在欧洲的欧洲人而言，非洲只是他们遍布全球的帝国版图中的一块。

非洲	099
非洲各国	116
海外非洲人	146
总结与引申	162

第四章　斯拉夫人

　　东欧的斯拉夫人既做过征服者，也被他族征服过……命运的反转让人意难平，这造成了历史的苦难记忆和对辉煌失落的悲愤，给今天的东欧各民族特别是斯拉夫民族平添了一些怨愤。

地理的影响	170
文化发展	172
中东欧	180
俄罗斯帝国	197
斯拉夫人的迁徙	227
总结与引申	229

第五章　西半球印第安人

　　欧洲的疫病和技术在征服中起了关键作用，也瓦解了印第安人原有的文化，从而决定了印第安人的命运走向。

地理格局	241
征服与文化	244

中南美洲	253
北美洲	274
总结与引申	301

第六章　总结

　　迁徙移民的历史不仅仅是人员在国际重新分配的历史，更重要的是伴随此过程而发生的文化传播，并由此改变了世界的经济、军事、政治格局。征服的历史也不仅仅是恐怖场面发生的过程，更是文化得以传播并重塑人类生活的历史。

生产力的差距	313
文化资本	318
思想与历史	333
种族与种族主义	343
文化传播	354

致谢	361
参考文献	365

专家导读

国家的富裕不是因为征服而是因为文化资本

人性是非常复杂的，虽然现在与历史相比，暴力呈下降趋势，这些年如果没有俄乌冲突，大家都以为战争已经离文明世界远去。但是，即使是猫狗生个小病都心疼不已，愿意花费大量时间和金钱去治疗和照护的现代人，其本质也是很难改变的。人性，有善良天使的一面，也有凶恶残暴的一面，只是在现代社会暴露得不够充分。在市场经济时代，人往往没有那么感性，在尊重权利、自愿交易、讲究契约和信用的现代社会，人性更多地表现为遵守规则的淡然和理所当然的理性。但当经济形势不好的时候，人性的本质就会回归现实。

人性的淡然和理性，当然不仅仅来自生活中的市场经济，在政治上，很多现代国际政治的基本原则都来自大家认为只有坏处没有好处的对第一次世界大战和第二次世界大战的反思，反思的结果是建立联合国，禁止国家之间以掠夺领土为目的发动战争，也就是禁止侵略，确保和平。当然，原则是原则，现实是现实，第二次世界大战之后还是有一些国家发动了侵略战争，如伊拉克侵略科威特等，但和第二次世界大战之前相比，以领土为目的的侵略战争大大减少了，尤其是欧洲，终于结束了大规模的战争状态，即使后来世界上出现了北约和华约两大军事集团之间的对抗和冷战，第三次世界大战的阴影一直笼罩着当代世界，但世界基本实现了和平和发展。

不过，在历史上，人性的善良和残酷却比淡定和理性表现得更加淋漓尽致。国际社会基本上一直是丛林法则占主导的社会。经济学家托马斯·索威尔《征服与文化》一书，充分展示了人类征服的历史。当然，作为经济学家的索威尔和历史学家不同，后者写历史书，往往更多地展示历史事实，讲述历史故事，让读者自己去分析和判断历史的经验教训，但索威尔写历史不仅讲历史故事，还分析征服的历史对不同文化，包括征服者的文化和被征服者的文化的影响，也包括对人类历史的影响。

在这里，托马斯·索威尔没有给文化下一个精准的定义，但我们可以看出，人类的文化是多样化的，人类在不同地方的生存、繁衍和生活会形成不同的文化。这些文化各有差异，相互之间可能因为地理的遥远或者大海高山的阻隔而不相关，也可能因为地理的邻近，或者大海高山阻隔不断交通的进步而变得息息相关。不相关的文化各自演化和发展，相关的文化会相互交流，相互影响，共同进步，但历史上更多还是彼此之间的征服和被征服。这种情况直到现在都未断绝。某种意义上，现代国家其实是个文化概念，而国家与国家之间的矛盾和冲突也是文化之间的矛盾和冲突。亨廷顿在《文明的冲突》中所说的文明，在索威尔看来也是文化。当然，亨廷顿的文明可能比索威尔的文化范畴更大一些。

索威尔的《征服与文化》，是他写的文化系列丛书之一。有关种族、移民对人类的文化有什么影响，托马斯·索威尔写了两本书，一本是《种族与文化》，一本是《移民与文化》。现在摆在大家面前的是《征服与文化》，专门研究征服对文化的经济、思想和道德产生了什么样的影响，或者在历史上产生了什么样的结果。这是经济学家托马斯·索威尔写作《征服与文化》的核心主题。作者认为，"这里的要义不在于具体的结论,而是在推论过程中获得的知识和理解,即使人们从历史事实中各自解读出不同的结论,他们也得到了知识和理解"。我想,关心文化的读者肯定能从阅读这本书中获得自己有关征服与文化的知识和理解。而这种知识和理解,是从探索和讨论中打开视野的,本书和另外两本书结合在一起,则可以为这种探索和讨论带来很重要的启发作用。读完这本书,包括另外两本书,可以对历史上的征服的文化和财富的后果产生一个框架性的认知和理解,并进一步思考当前和未来为了富裕,我们应该怎么想,怎么做。

《征服与文化》一共由六章组成。第一章,征服与文化,与本书同名,是一个概要性的框架。最后一章,则是在中间四章对四个地区历史的梳理和分析的基础上进行的进一步讨论。第二章梳理不列颠,第三章梳理非洲,第四章梳理斯拉夫人,第五章讨论西半球印第安人的征服与文化。索威尔认为,征服是塑造历史的重要力量,也是塑造人类文化的重要力量。征服就是战争,以征服为目的的战争导致了一些文化的毁灭,也导致了一些文化或者文明超出其地理范围。征服发生在历史上,但"不仅限于过去,也关乎现在,关乎我们如何一路走来,形成了今日之经济、思想和道德状态"。

征服的作用体现在三个方面。先进文化征服落后文化,有助于人力资本的传播,也有助于被征服文化的人力资本的发展。但落后文化征服先进文化会损害人力资本,妨碍先进文化的传播,甚至导致人类文明的退步。但征服有时候是对文化的毁灭,因为征服者大肆杀戮被征服者,甚至将其灭绝。"自古以来,征服一直靠的是主动施加暴行和蓄意营造系统性的恐怖。"传播先进是一方面,但残忍的一方面是对被征服者的杀戮甚至灭绝,以及带来的文化上的灭绝。

征服,并不是无缘无故的,它是有原因的,同时也有复杂的后果。在古代,农业文化有先进的农业技术,农产品的生产能够哺育更多的人口,因而也有更多的人口用于防御外敌的入侵,同时也更容易去征服采集狩猎文化，因为后者人口稀少，更容易遭到袭击和驱逐。前者对后者的征服也导致了农业技术的进一步传播，而且农业技术的传播，学习仿效是一种途径，征服也是一种意外的传播途径。索威尔认为，灌溉系统技术都是通过征服在很多地区得以传播普及的。

征服不仅有利于农业技术的传播，还有利于先进文化的传播。这不仅包括自然物产的传播，也包括人造产品的传播。征服推动了各种技能本领的交流，耕作技术、数学、哲学和天文等知识的传播也是如此。当然，征服也未必能够导致被征服者学会征服者的技术和商业成果，如威尔士人和爱尔兰人没有学会征服者英格兰人的技术和商业，而苏格兰人则在被征服后不仅学会了还在医药和工程等领域超越了英格兰的水平。所以，征服导致的先进文化的传播并不是必然的。在有些地方还会导致不均衡的结果，被征服的文化内不同族群对征服的不同反应，也导致了对先进文化接受程度的差异。有些抗拒先进文化，有些认真学习先进文化。当征服者撤出后，不同态度导致的差异经常成为地区动乱的根源。如巴尔干地区一直危机重重，这一因素使得本地区族群的关系雪上加霜。

被征服者中的不同阶层对征服者文化的态度也不尽一致。较高阶层的人愿意接受征服者的文化，普通民众可能会固守原来的语言和生活方式，结果这些文化内部也出现了裂痕，这往往是内乱的文化根源。

历史上先进文化会征服落后文化，但也有落后文化征服先进文化的。这个时候，征服者往往不是传播落后文化，就是被反过来征服，征服者如果好好学习被征服者的文化，就可以实现长治久安。清王朝就是一个经典的例子。

征服能传播器物和思想道德观念，但被征服者创造的文化也能得到传播，或者独立民族的文化也能得到传播。如阿拉伯数字起源于印度，通过阿拉伯人传到欧洲。中国的造纸术和印刷术也通过阿拉伯人传到欧洲，那时中国并未被征服。征服带来文化传播，移民和商业也能带来更多的传播。当然，征服能够带来更多的移民和商业。当征服者能够建立起一定的法律秩序，营造出外人能享有的安全感的时候，移民和商业所带来的传播会更加显著。

第二次世界大战后征服者逐步退出被征服区域，开始实行民族自决，很多民族国家成立了，但这些国家大多数又小又弱，世界变得四分五裂，一些地区又开始饱受战乱之苦。

显然，征服对各族群的文化演化或发展起到了不可忽视的作用。当然，影响、决定文化和社会走向的因素很多，征服和这些因素的关系并不是独立的，而是相互影响的。索威尔依次讲述了英国人、非洲人、斯拉夫人、西半球印第安人等被征服的历史，也探讨了其文化的嬗变。

在此基础上，索威尔进一步分析了征服与富裕、文化资本与富裕、负面人力资本与贫穷、文化制度体系与发展的关系。索威尔认为，征服可以掠夺资源，比如掠夺黄金、钻石、香料，甚至掠夺人口作为奴隶，但是富裕国家很少有因为掠夺致富的。有些国家掠夺了大量黄金，但后来依然贫穷。有些国家本身资源贫乏，灾害频仍，甚至不太适合人类居住，但后来居上，成为富裕的国家，甚至有实力对外扩张征服。有些国家虽然富有资源，但这些资源并没有被利用起来，这些国家依然贫穷，所以也实施不了多少征服的行动，反而因为拥有资源而被觊觎，被征服。

所以，富裕和征服与被征服关系并不大。富裕的原因是拥有更好的文化资本，只要积累更好的文化资本，就会有更好的生产力，也就会有更多的财富。有些贫困地区吸收大量具有文化资本的移民后摆脱了贫困。文化资本能带来生产力和军事能力的提升，让一些国家在丛林世界更容易实现成功的征服，而缺乏文化资本因而也缺乏军事能力的文化更容易被征服，这看起来好像征服是致富的原因，但实际上被征服地区如果获得了很好的文化资本，尤其是减少了负面人力资本，甚至建立了发展的文化制度体系，如美国、加拿大、澳大利亚和新西兰，也一样能够变得富裕。而有的国家虽然资源丰富，地大物博，但缺少文化资本，到目前为止依然是不发达地区，索威尔的分析是有道理的。

在历史上，征服一直是有实力的富裕文化难以遏制的冲动，从而导致战祸频仍，和平和发展一直只是少数思想家和政治家的梦想。人类需要对自己的政治秩序有一个很好的理解，并在此基础上设计治理，包括对国家的政府、政治组织、国际社会制约战争推进发展的治理，就像《联邦党人文集》开篇所说："人类社会是否真正能够通过深思熟虑和自由选择来建立一个良好的政府，还是永远注定要靠机遇和强力来决定他们的政治组织。"好的选择自然是前者，但历史的现实往往是后者。索威尔对历史上征服的思考，可以让我们更好地理解人类强力征服的历史以及依靠机遇而形成的财富，但如何更好地思考不再征服，也不再依靠偶发的机遇就能够让人类和平发展，这是学者的使命，也是阅读本书的读者的使命。

毛寿龙
中国人民大学教授、公共政策研究院执行院长

前　言

本书是我"文化三部曲"的最后一部，前两部分别是1994年出版的《种族与文化》和1996年出版的《移民与文化》。这三部书其实都源于我从1982年开始写作的一部宏大的书稿，在那之后的10年里，这部书稿的内容越来越丰满，一本书很难承载，于是有些内容被从书稿中删去，还有些关于平权运动国际研究的内容被单独放到了另一本书中，即早于"文化三部曲"，于1991年出版的《国际视角看优待政策》(*Preferential Policies: An International Perspective*)。书稿的其余内容没有被简单地拆分成三部分，而是随着我在写作期间不断阅读积累新的文献而进一步深化。

这三部书有一个共同的基础性主题，即认为不同种族、民族、国民有其自身的文化体，只有在文化体视角下才能理解他们的经济史和社会史。这不是什么石破天惊的学说，却直接挑战了一种更为主流的认识，即少数群体的命运由其身处的"社会"决定，"社会"造成了群体中一些不幸者面临的困境，并应对此承担道义责任，但这种认识显然不认为社会同样造就了处境优越的少数群体。这个三部曲还直接挑战了当下流行的崇尚和保护文化多样性的信条。文化不是博物馆藏品，而是日常生活中运作着、发生着的体系。与艺术构思的产物不同，评判一个日常运作的体系要看它相较于其他可能的体系而言是否运作良好，真正有意义的判断并非来自观察家和理论家的评判，而是蕴含在千千万万对具体文化行为的扬弃中，做出判断的人是那些能真正从中获益或因其低效落后而付出代价的人。这种代价常常不以多少钱来衡量，小到因麻烦带来的负担，大到生命代价。

在国际大图景中，文化的角色超越了某个种族或民族群体，它包罗了一个国家或一个文明中不同群体的经济情势和社会命运。在三部曲中，这本书通过探讨征服所造成的文化后果，将这一点展现得尤为明显。与移民和迁徙类似，征服也在改造着世界文化格局。历史上的征服曾给西半球、澳大利亚和新西兰带来巨大的历史影响，也在很大程度上塑造了东南亚和非洲。后来定居上述地区的不仅有征服民族的成员，还有来自其他地理环境、文化和种族的人们，例如东南亚的华人，迁入东非的印度裔和西非的黎巴嫩裔等。对于他们迁入地的法律与行政殖民体系，这些人比本地人更有安全感，因为他们能从中获得更多保护。而对当地居民来说，与过去部族割据、彼此防范的时代不同的是，有了外部力量的强力统治，他们能在本地和区域的更大范围内自由流动。当然，征服带来的负面影响也不可小觑，既有日常的欺压，也有放肆的屠杀与暴行。

与国际迁徙移民的历史类似，征服的历史不是发生在哪个国家的种族、民族或文化的范畴内，而是发生在更广阔的背景中。本书要讲述的征服史，比迁徙移民史的时间跨度更长，因为世界上出现大规模跨洋迁徙的时间远远晚于征服的开端，征服从有历史记载起就开始了。因此，三部曲的另一本《移民与文化》主要考查18世纪以来的时间维度，而本书讲英国的历史则可以追溯到罗马帝国时期，一个先进文化的入侵开启了不列颠群岛和其岛上民族的漫长演变。

这种发展变化不仅发生在英国。罗马帝国的余威长久萦绕在欧洲的许多地方，而欧洲未受罗马文化影响的地区，经济和社会发展都落后了几百年，斯拉夫人的历史就是明证。追溯到更早，滥觞于中东和中国的文明也对万里之遥的这些地方产生过文化影响。再观照当下，西方世界对西方以外社会的文化影响既不是什么新现象，更不是特例，在时间上也尚未像中华文明和地中海东岸诸多文明那样影响异域千百年。

因此，本书能论证什么主题或达成什么结论并不重要，重要的是看支持这些主题和结论的是哪些史实。因此，我们必须回顾历史本身，而不能只看一些抽象的模式。历史本身恰好能让我们意识到今人何其幸运，没有生在过去的贫困年代，不会面临无可选择的窘境，更不会在追寻今天只道是平常的进步中屡受重创。

种族差异的话题常常会引发激辩，不过放到全球的空间尺度和千百年历史的时间尺度上来看，避免像看当下那样敏感地审视历史时代和其他民族，会让我们形成更为理性的认识。不同民族，乃至不同民族国家和文明之间的态势地位在千百年的历史上发生过巨大转变，这带来了很多变量，挑战了在狭隘的时空维度中生成、曾经看似合理的种种理论。这里的要义不在于具体的结论，而是在推论过程中获得的知识和理解，即使人们从历史事实中各自解读出不同的结论，他们也得到了知识和理解。

如果想在本书中找到确定的教条式结论和简洁抽象的理论模型，恐怕你会失望。一位著名的经济史学家说过："对核心问题的粗糙分析大概也胜过对边缘问题的精细研究。"[1]这个三部曲无意对民族和文化这样宏大的课题下定论，相反是要抛砖引玉，为众人的探索和讨论打开视野。有些历史著述获得过这样的评价："显然不是昙花一现，但也远够不上终极论述。"[2]这一系列书如果能达到此种境界，便是荣耀了。

斯坦福大学胡佛研究所公共政策高级研究员

托马斯·索威尔

第一章

征服与文化

"不是我们生活在过去之中,而是过去体现在我们身上。"征服的历史不仅限于过去,也关乎现在,关乎我们如何一路走来,形成了今日之经济、思想和道德状态。

"不是我们生活在过去之中，而是过去体现在我们身上。"[1]征服在过往历史中占有很重的分量，也是塑造当今世界各个文化的一股重要力量。因征服而起的战争让一些民族的语言、经济、道德体系等发生了彻底改变。比如，今天西半球的广大地区本质上都是欧洲文明，地域面积远远大于地理意义上的欧洲。生活在西半球的人们即便对欧洲文明心有愤恨，也只能使用欧洲的语言，根据欧洲的道德标准来表达对欧洲"不道德"的不满……这就是征服带来的结果。征服的历史不仅限于过去，也关乎现在，关乎我们如何一路走来，形成了今日之经济、思想和道德状态。

我们已经看到，移民让知识、手艺、技术和其他有经济价值的本领得以在世界范围内流通，而征服的作用体现在更多的方面，也更难清晰界定。如果一个技术先进、组织完善的民族征服了技术和组织上都较为落后的民族，那么这种征服同移民一样，有助于既有人力资本的向外传播，能促进其他族群人力资本的发展；但如果征服民族在经济和思想上都显著落后于被征服民族，那么非但不会推动人力资本传播，还会严重损害已有的人力资本，妨碍那些在军事力量上处于弱势的地区接纳文明的传播。这在过去几百年里屡见不鲜，中东地区的古代文明遭受中亚草原游牧骑兵的蹂躏就是这样。[2] 目不识丁的蛮族侵略者只为追求毁灭之乐就放火烧毁图书馆，将珍稀的古籍经典付之一炬。

罗马征服者把先进的文明从地中海带到了西欧，对世界历史产生了深远的影响。然而后来蛮族入侵，一举毁掉了罗马帝国，导致了人类历史上破坏性最大的倒退之一。在中世纪的黑暗中，欧洲又摸索了几百年才恢复到罗马时代的生活水平，不同的学者各有说法。但可以肯定的是，这次大倒退至少退回到几百年前的水平，甚至在某些方面倒退超过了一千年。[3] 又如，摩尔人在中世纪征服西班牙，带来了当时在数学、自然科学、医药、哲学等方面都领先于欧洲的伊斯兰文化。在亚洲，古代中国文化也是通过征服传播开来的。

历史上总有一些时期，几乎所有族群都卷入征服的浪潮，或是征服别人，或是被别人征服，这对后世产生了广泛的影响。有时，征服者会大肆杀戮被征服者，甚至使其灭绝，例如罗马人征服迦太基后的赶尽杀绝。这样的惨烈手段不仅见于那些史上著名的征服行动，20世纪下半叶发生在非洲的胡图族对图西族的屠杀和图西族的反屠杀以及同一时期巴尔干战争中发生的"种族清洗"等，也清楚地表明，制造大规模人伦惨剧的并不一定是强盛的大国。就连被外人认为生活在理想社会的波利尼西亚人也难逃这样的宿命：

1835年12月，在新西兰以东500英里①的查塔姆群岛，自力更生了千百年的莫里奥里人的平静生活被残忍地打断了。当年11月19日，500名携带枪炮、棍棒和斧头的毛利人乘轮船抵达这里。随后的12月5日，又一船400多名毛利人抵达。毛利人在莫里奥里人的村庄里成群结队地奔走，到处宣告莫里奥里人已成为他们的奴隶，如有

---

① 1英里 ≈ 1.61千米。——编者注

反抗，格杀勿论……一位毛利征服者说："我们根据自己的风俗……将他们收为己有。我们抓住了所有人，一个没漏。有些人试图逃跑，就被我们杀掉了，还有些别的人也被我们杀掉了——但那又如何呢？都是根据我们的风俗来的。"[4]

自古以来，征服一直靠的是主动施加暴行和蓄意营造系统性的恐怖。曾经横扫中亚、东欧和中东广大地带的蒙古大军故意为自己营造出残暴野蛮的形象，以此为策略让即将被征服的对象闻风丧胆。[5]蒙古人把这一招儿用到了纯熟，但这并非他们的专利，诺曼人也曾如此行事。[6]另外，在11世纪，拜占庭皇帝巴西尔二世下令把保加利亚俘虏统统挖去双眼，每百人中只给一个人留下一只眼睛，让他为其他人带路回家。以如此血淋淋的事实昭示天下：皇帝对敌人毫不手软。[7]在奥斯曼帝国，用敌军头颅堆成的骷髅塔是一种常见的给苏丹的贡品，这些头颅往往来自手无寸铁的俘虏，有时一座骷髅塔竟由数千颗头颅组成。[8]

进入20世纪，征服者的残暴并无收敛。日本人在1937年占领了中国当时的首都南京，随后大肆奸淫屠戮城中的千万妇女，把中国士兵和平民当作练习刺刀的靶子，肆意屠杀平民。[9]在二战中被日本占领的东南亚各地，类似的暴行都在上演。日本人的盟友德国纳粹，惨无人道之程度无出其右，对犹太人的大屠杀尤为恶劣。

征服会制造令人胆寒的惨剧，但征服的影响不仅仅体现在当时发生的悲惨事件上，更多是对后世的持久影响。有些征服彻底改变了人们的生活方式，使被征服族群的后代得以生活在祖辈不曾想象的，有更多可能性的世界里。因此，计算一次征服的利弊得失，既没有必要，也不可能算清楚。征服带来的利也好，弊也罢，其影响往往是广泛且深远的，其后果是文化的、制度的、生物的。

征服的前因与后果

一般来说，征服既对后来产生文化影响，也承续过去的文化而发生。有些文化在军事上更强大，另一些在经济上更繁荣，很多时候两者是相辅相成的。比如，如果有高效的农业和工业生产手段，一定面积的土地就能养育更多的人口，从而培养更强大的军队，形成军事上的绝对优势，进而通过征服将高效的经济手段传播给新的地方和族群。

在古代，定居农业的出现具有划时代的意义。相较于靠自然物产生存的采集狩猎和刀耕火种的短期轮耕，定居农业优势巨大。它能哺育的人口密度远高于从前，因而在全世界传播开来，改变了世界的面貌。农业的传播不仅要靠学习仿效，也要靠征服。直到今天，仍然有人采用刀耕火种的方式，但如此耕作能养活的人口很少，常常会有外族从人口稠密的定居农业区来犯，将他们驱逐出家园，赶往深山密林和荒野。至于采集狩猎，甚至都不具备最基本的农业样态，以此为生的人口更是稀疏分散，更容易遭到袭击和驱逐。相反，稻作农业能养活非常稠密的人群，因此不难理解在亚洲的很多地方，对水稻极为重要的灌溉系统是通过征服传播普及的，在中国、印度、东南亚等国家和地区都是如此。[10]

征服的文化影响

在欧洲，罗马帝国兴衰起落又过了一千年之后，曾被罗马征服的地区仍然有着与别的地方不同且更先进的文化。基督教和拉丁字母一直是西欧和东欧文化分野的重要标志，即使后来东欧接受了基督教，部分地区也改用拉丁字母，很多文化差异也继续存在了几百年。[11] 在东南亚那些被中国历代王朝征服过的地区，虽然很多国家已经独立了几百年，中国也早已不是封建王朝，但那里的日常生活还保留着不少中华文化的元素。

文化与文化之间接触久了，无论是通过征服、移民还是通商，都会彼此产生影响，最起码会有物质的流通交换，既包括自然物产，也包括人造产品。例如原产自西半球的白糖、可可、玉米、橡胶等，随着征服者的足迹传遍了欧、亚、非各大洲；而马匹、枪炮、酒精、文字等也传入了西半球的本地社会。征服者和被征服者之间还会有方方面面技能本领的交流，有耕作技术，也有数学、哲学、天文等思维智识。

斯拉夫人和波罗的海各民族生活的地方，在中世纪曾被日耳曼征服者占领，近代早期又一次遭遇日耳曼文化，甚至被吸纳为日耳曼文化的一部分。以波兰裔为例，后来迁往美国的波兰裔移民，来自普鲁士的大多有一身工匠手艺和产业技能，而来自德意志文化圈以外的人大多没有这些本事。普鲁士的波兰裔大多都识字，信奉路德宗，对现代工商业社会也较为熟悉。少数波兰裔移民在美国当上了机械师、制鞋匠、织补匠、裁缝、木匠等手艺人，其中大部分都来自普鲁士。而其他地方来的波兰裔移民大部分是低技能劳动者，很多只能到宾夕法尼亚的煤矿上做些体力活。[12] 在他们的普鲁士老家，还有很多波兰裔劳动者有本领却无用武之地，因此有数十万人西迁进入德国的工业腹地鲁尔河谷地，在那里当上了产业工人。[13]

在地球另一边的印度，也曾发生类似的情况。殖民时期，印度东部使用泰卢固语的几千万人口，有些生活在英国的直接殖民统治下，另一些归印度王公管辖。印度独立若干年后，这两类人被统一划归新成立的安得拉邦。过去生活在英国治下的安得拉人，与印度王公治下的泰伦加纳人相比占有绝对优势。安得拉人在公务员招录考试中的表现优于泰伦加纳人，从而大批地进入政府工作。他们经营农业也很出色，购买兼并了泰伦加纳人的土地并经营出了更好的效益。[14]

文化传入被征服民族的过程并不是自然发生的，也不是处处平均的。正是文化的不均衡传播给后世造成了深远的影响，在后面讲英国的部分，我们会看到英格兰人征服了威尔士人和爱尔兰人，却没能让他们学会自己的技术和商业成果。而没被征服的苏格兰人却成功效仿了这些成就并加以发展，甚至在医药和工程等领域还超越了英格兰的水平。

征服民族向被征服民族的技能传授在不同族群中也是不均衡的，这有时取决于距离征服民族的文化中心的远近，有时要看被征服民族对征服民族文化的接受度。不同的被征服民族因此拉开了贫富差距，族群间的相对社会地位甚至会经历洗牌重构，曾经贫穷低微的族群可能一跃超过高高在上的族群。即使后来征服者离开了，民族国家取得了独立，新的高下态势也不会改变。尼日利亚的伊博人和斯里兰卡的泰米尔人都是在殖民时期平步青云的，这引发了激烈的社会反弹并一直持续到独立之后，并最终在这两个国家分别导致了内战。

在面对外来征服者是要抵抗还是合作的问题上，同处一国的不同族群的选择未必相同。二战中纳粹占领了南斯拉夫，塞尔维亚族组织起了游击队反抗，而克罗地亚族选择归顺纳粹的傀儡政府。这样的差别会在族群之间造成裂痕和忌恨，在战争结束、侵略者撤走很长一段时间后都不会消失。同一时期，在日本对马来亚的征服中，奋起抵抗的绝大部分是华人，而同日本合作的大多是马来人。几百年前，奥斯曼帝国占领巴尔干半岛后，有些族群改信伊斯兰教，从而跻身当地的精英和统治阶层，没有皈依的民族则受到异族领主的欺压。这也使族群间产生了持久的怨恨，让巴尔干地区本就危机重重的民族关系雪上加霜。

有时候被征服者的不同境遇不取决于民族，而是由其社会阶层决定的。处于较高社会阶层的人常常追求在新秩序下分得财富和权力的一杯羹，因此去学习征服民族的语言和生活方式。普通民众没有这样的诱惑，因而会抱守母语和原来的生活方式。这种撕裂发展到极端程度会造成一种怪象，即法律体系和政府公务使用的语言竟然不是其主要受众的母语。诺曼人治下的英格兰和20世纪的锡兰都曾出现过这样的情形。

并不是每个征服民族都在文化上强于被征服者，很多征服者自己也心里有数，所以会吸收被征服民族的某些（甚至大部分）文化。奥斯曼土耳其人在征服伊斯兰国家后变成了穆斯林，斯拉夫人占领了基督教为主流的欧洲后也改信基督教，中国的满人甚至在入主中原前就全盘接受了汉文化，古罗马人也从被征服的希腊那里学习文化。有一些征服者既不想吸收被征服者的文化，也不把自身文化强加于人，而是攫取物产或要求进贡。于是征服实质上变成了单纯的劫掠，一边敛收财物，一边役人为奴，或对外贩卖或留着自用。这种掠夺自古以来在世界各地各民族中都很常见，直到民族国家出现，有了国家军队武装，有了成形的堡垒防御体系，劫掠者发现风险太高、不易得手，才慢慢平息。[15]促成这一历史转折的原因之一，是军事技术的演变。

军事技术

战争技术在不断进步，但跟文化进步的传播一样，技术进步在世界各民族中的普及也不均衡。中亚民族长于骑马打仗，千百年来一直是世界上最骁勇显赫的征服者，从中国到东欧，各个帝国屡屡败在他们手上。后来人们发明了坚固的堡垒、精良的枪炮，骑兵作战的效果大打折扣，于是不同民族间的力量制衡发生了变化。有了新的技术，新的国家和帝国开始壮大起来。在此之前，欧洲人面对蒙古人、土耳其人、摩尔人的入侵都只能勉强抵抗，一旦掌握了火药武器技术，他们便逆袭崛起为世界舞台上的主要征服者。这次大转折有一个颇具象征意味的事实：西班牙人从摩尔人手中收复最后一块失地的时间，正是哥伦布横渡大西洋启航的同一年，这标志着欧洲全球帝国时代的开启。

欧洲实力崛起的进程几乎与枪炮技术的发展是同步的。最初，工艺糙、精度差、装膛慢的火炮面对快速奔袭的骑兵和发射迅猛的弓箭并无决定性的优势。虽然欧洲人在14世纪上半叶已经开始制造火炮，但火炮真正用在战场上并取得胜利却是两百年之后的事了。[16]早期的火炮笨重，不易转运，使用场合仅限于陆地，不能构成海上威慑。后来，火炮可以搭载在船上灵活移动，这让欧洲人开始在海上称霸，这比他们到其他大洲占领大片领土、建立起大帝国的时间早了很久。[17]

造船和航海技术的发展直接决定了哪些国家会发展成欧洲乃至全球的军事主宰，让一些国家走上了新的巅峰，也让一些煊赫一时的国家逐渐失势。在航海与枪炮时代以前，威尼斯在数百年间一直是欧洲的海上强国。但到了17世纪早期，它却要向英、荷两国盟友请求军舰保护，才能免受西班牙海军的进犯。[18]新发明的火炮越来越轻便，便于搭载移动，精度更高，开火更快，手枪和步枪的制造也不断发展。此后，无论在陆地上还是在海上，军事实力的天平都骤然倾向欧洲一边。

环境因素

决定征服如何发生的不仅仅是技术因素，也不仅仅是文化的方方面面。各种地理因素在文化发展演变的历史中扮演了同样重要的角色，包括疫病环境，也对历史上的征服产生过重要影响。

跟多山的巴尔干半岛和丛林密布的欧洲中部相比，中亚大草原和东欧平原非常适合骑马冲锋、攻城略地，而像英国和日本这样的岛国就完全无此忧患。中国修筑长城是为了主动营造类似于天险的效果，英国的哈德良长城和法国在二战前修筑的马其诺防线也是出于同样的目的，只是规模远不及长城。不少民族因为有地理屏障的保护，避免了被人征服，或是很晚才被征服。一些地区因为地处山间而独善其身，在周边的平坦地带遭到侵略后仍能在相当长的时间内保持独立。摩洛哥、锡兰（今斯里兰卡）、阿比西尼亚（今埃塞俄比亚）、苏格兰和中国的西藏地区都是这样的例子。然而，地理屏障既是庇佑，也是妨碍，很多与世隔绝的地区也在技术和文化上落后于人。侵略者之所以不打这些地方的主意，除了山民骁勇善战，贫困落后也是一个原因，侵略者觉得就算攻打下来也得不到什么好处。

不同族群在免疫力抵抗方面的差异在欧洲征服西半球的过程中起了关键作用，同样的原因也让非洲一直到近代才落入征服者的手中。在美洲新大陆，外来的各种疫病将印第安人纷纷击倒。在热带的非洲则是当地疾病让欧洲人中招儿死去，直到人们发现奎宁并发展出了各种现代医疗和公共卫生手段，欧洲人才得以在热带病肆虐的撒哈拉以南非洲生存下来。

凭借大西洋和太平洋的庇佑，西半球的印第安人在很长的历史时期内未曾被外来占领者征服。直到 20 世纪上半叶，美国都还具备脱开外界独善其身的地理条件，而欧洲和亚洲的大部分国家没有这种地利。但是，如果依傍的不是大洋而是面积不大的水域，非但不会妨碍军事进攻，还会为之提供便利。因为与陆运相比，水运成本要低得多，这不仅有重要的经济意义，也有重大的军事意义。例如克里米亚战争期间，攻方的英军和法军靠水运保障军需，而由于水路被英法舰船封锁，驻守在塞瓦斯托波尔的俄军只能依靠陆路给养。即便俄军从周边农民手中征调了多达 12.5 万辆运输车，军需供给仍然保障不上，难以招架从海上发射来的连天炮火。[19] 水陆保障的因素也可能让攻方吃亏，守方得益。当年拿破仑率军侵略西班牙和俄罗斯时，都有过要靠陆运保障军需，而守军依靠水运的情况，拿破仑最终以惨败收场。[20]

在非洲，内陆河流不具备让海上大船通航的条件，所以非洲不像西半球新大陆那样可以被欧洲海洋列强轻易占领。例如，荷兰的远洋船队能沿着北美哈得孙河溯流而上百余英里，占据内河港口并发展起后来的奥尔巴尼城。但要进入非洲的河流却没有那么容易，有的地方水深不够，更多的地方受到沙洲、瀑布等的阻隔。另外，撒哈拉以南非洲的很多沿海地带海岸平浅，欧洲的大型军舰无法靠岸，兵士必须转乘小船。因而在很多地方，特别是在欧洲人的枪炮精度和速度都还不够的早期海战中，非洲人都能以规格相当的小船迎战，将他们有效地阻击在外。[21]

臣服的形式

征服者所征服的，终究不仅仅是土地，还有土地上的人民。这些人的臣服有很多形式，有政治上的隶属，也有被奴役使唤，或在原地做苦工，或离乡为奴。至于哪些人会沦为奴隶而哪些人不会，环境与种族或其他因素相比，是更重要的起决定性作用的因素。

在数千年的历史中，奴隶制曾在世界各地普遍存在，其废止主要发生在近代的两百年。民族国家发展壮大以后，国家的陆海军队能保护人民不受外来侵略，免遭俘虏奴役。因此，世界各地民族国家的形成，大大减少了可能受奴役的人口。

而那些仍然可能有大量人口被奴役的地区，地理上的共同点远比种族上的共性更显著。这类地区内部往往有些地理屏障，使各地不能统一在同一政权之下，不能形成有规模、有实力的民族国家，难以保护人民不受外来侵略者的践踏。例如，巴尔干半岛群山连绵，隔开了文化各异的不同族群，这里的人接触不到外界的经济和进步思想，因此为欧洲输送了几百年的奴隶，直到后来欧洲人转而到非洲往西半球新大陆运输黑奴。[22] 构成地理屏障的不只有群山，在撒哈拉以南非洲地区，北边横亘着撒哈拉大沙漠，另外三面环海，各民族彼此隔绝，跟外界更是互不相通。在亚洲，地理封闭的地方往往技术发展也很落后，很多人处于无国家保护的弱势状态。例如，历史上有数以万计的巴厘岛人曾被富庶地方的人掳去做奴隶，而其他没有国家庇护或寄居别的国家的民族则屡遭外来侵略者的俘虏和奴役。那些山地部落、刀耕火种的轮耕社会、散居的游牧部族和其他生活在亚洲偏远落后地区的人长期遭受攻击和奴役的情况，一直持续到20世纪。[23]

总而言之，民族国家形成与发展的漫长过程，让许多族群逐渐走出弱势地位，摆脱奴隶处境，无论是这些民族自己做主的国家，还是被欧洲帝国主义殖民的国家。例如，菲律宾的奴隶制终结于美国占领菲律宾群岛之后。[24]美国人没有简单地延续之前的统治体制，而是代之以更强大、更有控制力的政府。同样，荷兰的势力在印度尼西亚群岛发展起来以后，奴隶制度渐趋消亡。[25]整体而言，19世纪西方帝国主义在亚洲的扩张是奴隶制被废除的主要原因。[26]非洲的奴隶制一直持续到20世纪，与前述类似，也是欧洲势力终结了奴隶制度。如法国巩固了在摩洛哥和塞内加尔的统治，英国控制了非洲多个地区，还有其他欧洲列强也统治了非洲很多地方。[27]

出现这种趋势的一个重要原因是在18世纪末19世纪初，西方文明中兴起了反对奴隶制的思潮。随着废奴运动的政治影响日益增强，政治领袖和殖民地官员无论个人对废奴是何想法，都不得不站在同一立场。另一个重要原因是，当时的西方拥有绝对强大的军事实力，能将自己的意志强加于他国，其中就包括在全球废除奴隶制。

征服者与被征服者的关系

有些征服者会成为统治阶级，本民族所有人的地位都居于被征服民族之上。伊斯兰征服中的征服者民族基本上都是如此，他们制定法律，明确规定基督徒和犹太人低自己一等，即便遭到穆斯林殴打或被穆斯林小孩扔石块，被征服民族也不敢还手或防卫。与之类似，根据南非的法律，黑人长期以来地位低于白人，且多生活在赤贫中。奥斯曼帝国中还不乏基督徒和犹太人的生活水平比穆斯林统治阶层富裕的情况，南非的黑人境遇比他们差多了。

另外，也有一些征服者主动收买被征服民族中的贵族或阶层不高但有一定才干的人，让他们为征服者的利益服务，并许以财富和权力。在罗马帝国，非罗马出身的人可以被擢拔为军团指挥官和行省总督，甚至能当上罗马皇帝。苏联也有过类似情况，但跟沙俄时代一样，实际掌控权力的还是斯拉夫民族，或者更具体说是俄罗斯族人。

还有些征服者会让本族人聚居到新收疆土的战略要地上，以巩固军事优势，防范外敌内患。古代的罗马帝国和中世纪的奥斯曼帝国都曾如此，在战略要地驻兵或屯戍退伍兵丁。[28] 另一些征服者会挑选外族中的英勇善战者封赏土地，给予优待，让他们守卫被征服土地上易受攻击的关塞。正是这种安排，让中世纪波兰边境的一些匈牙利战士变成了小贵族，克罗地亚的部分地区也出现了匈牙利人和日耳曼人贵族[29]，还有一些盎格鲁–诺曼人成为苏格兰贵族而定居下来。[30] 有时候，征服者更害怕新开拓的疆土上发生内乱，而不那么担心外部的军事威胁，于是在本国的臣民中挑选政治可靠者迁过去定居。奥斯曼帝国征服巴尔干后，就派遣土耳其人和犹太人去屯戍。[31] 后来，哈布斯堡王朝把奥斯曼帝国逐出巴尔干半岛，又调克罗地亚人、塞尔维亚人、日耳曼人等到前线定居以拱卫安全。[32] 西半球的阿兹特克帝国也采取过类似的策略。[33]

有些征服者有意清除被征服民族的文化，他们不将其人口杀绝，只是强迫他们接受征服者的语言、技术和生活方式。法国人在非洲的法属帝国力求将当地人同化为"黑皮肤法国人"，沙皇俄国有组织地把被征服的异族俄罗斯化，穆斯林占领北非与中东后推行伊斯兰文化传播等，都是这样的例子。还有一些征服者则在权衡各种因素后，选择以最低的成本维护霸权，往往是允许被征服民族保留文化自治。大英帝国对治下很多地方实行的"间接统治"就有文化包容的意思，不过其目的只是低成本维持政治统治。在新大陆被发现以前，阿兹特克人也常用这种方式。[34] 即使在同一个时代，同一个征服者民族也可能在不同地方因地制宜地采取不同策略。例如，英国人将有些殖民地规划为自己民族出海定居的社会，在这些地方推行绝对殖民，采取文化灭绝政策，比如在北美和澳大利亚，还有17世纪的爱尔兰。

征服者和被征服者之间的种族差异有时十分明显，有时却相对模糊，有时还可能被其他更显著的差异淡化，例如宗教信仰的差别。体貌特征的差异到底给统治民族和被统治民族造成了多大影响，是一个没有定论的经验性问题。历史上，种族主义行径确实给很多地方造成过伤害，给人们留下了惨痛的回忆。直到今天，在北爱尔兰、印度、中东等地由宗教原因导致的积怨和伤亡仍然触目惊心。历史上的基督教"十字军"、犹太大屠杀、伊斯兰"圣战"、宗教裁判所等也都凸显了这种矛盾。世俗信仰和意识形态也可能将千千万万平民拖入灾难，例如柬埔寨的红色高棉杀人场和苏联的"古拉格"集中营。从中我们看到，虽然种族差异确实一直是征服发生的一个重要背景，但那些惨无人道的历史悲剧，并不只是种族差异导致的。

伴随征服而传播开来的器物和思想道德观念等，不见得都是征服者民族的创造。中世纪由阿拉伯征服者传往欧洲的很多数学、自然科学、哲学及其他领域的文化进步都不是阿拉伯人的原创，而是源于波斯人、印度人等。[35] 欧洲人所说的"阿拉伯数字"其实是印度人发明的，这充分体现了征服在传播外源文化上的作用。"外源文化"可能像阿拉伯数字这样来自被征服民族，也可能来自其他地方的独立民族。中国的造纸术和印刷术也是由伊斯兰各帝国传到欧洲的，正是因为伊斯兰征服了亚洲部分地区，欧洲人才能在涉足远东之前就接触到这些技术。

说到远距离文化传播，另一种能与征服相提并论的机制是移民迁徙。其实征服在很多角度上都促进了迁徙，发生移民的不仅是征服者民族，也包括那些愿意离开故土去往强权治下过安定生活的人。例如，在罗马军团的身后跟着犹太人的商贩和生意人；[36] 欧洲人占据西非之后，黎巴嫩商人随之而来；英国在马来亚建立了殖民强权，印度人和华人接踵而至。这些移民不一定与征服者有种族或文化上的亲缘关系，他们迁徙的唯一必要条件是征服者要建立起一定的法律秩序，营造出外人也能享有的安全感。

这里所说的法律秩序不一定要对人人平等公正，事实上也很少如此。重点在于它要可靠，不仅法律政令要有实际的执行效力，法律和政治体制也要稳定可预期，不会被腐败或任性者颠覆。在那些强势但可靠的殖民政府取代了软弱腐败、反复无常的本族自治政权的地方，移民数量往往会上升。即便新来的移民享受不到跟统治民族同等的权利，甚至不能与被征服地的民族平起平坐，移民依然纷至沓来。例如在东南亚的很多殖民地，虽然华人的合法身份只是三等公民，他们仍然把生意做得风生水起。移民东非、斐济、加勒比等欧洲殖民地的印度人也是这样。

民族独立与民族自决

不管征服带来了多么深刻的影响，征服者的帝国总有覆灭的一天，甚至有时在覆灭之前就有一些族群能摆脱其统治。西班牙人通过数百年的斗争驱逐了摩尔人，俄罗斯人花了几个世纪才赶走蒙古人，欧洲和中东很多地区一次又一次起来反抗奥斯曼、哈布斯堡等帝国王朝……二战后，印度尼西亚、阿尔及利亚、肯尼亚和罗得西亚（今津巴布韦）等地掀起的抗争为本国赢得了独立，也毫无疑问地影响了帝国殖民者，让他们不用等其他落后地区的反殖民抗争形成气候，就主动允许其独立。

过去，征服和被征服只是当事双方的事情。但到19世纪，奴隶制在西方成为一个普遍的道德和政治议题。20世纪，"民族自决权"又成了广受讨论的新的道德和政治议题。这两种思潮所代表的道德与政治主张的背后，都有西方强大的军力在支撑。例如，一战后协约国取胜，将战败的哈布斯堡王朝和奥斯曼帝国的领土划分成许多个国家，让此前受统治的族群翻身自治，波兰、捷克、匈牙利以及南欧各斯拉夫民族联合而成的南斯拉夫等国家成立了。

这一时期，美国总统伍德罗·威尔逊所信奉的"民族自决权"成为里程碑式的思想。但威尔逊内阁的国务卿兰辛对这个主张颇有意见，他在个人日记中坦承：

> 这样的言辞无疑是自找麻烦，将来会惹出很多枝节来。总统光会说漂亮话，净推崇些迂腐的说法，阐释起来津津乐道。但一说到具体实际，他就含糊其词，让人无法相信这些说法的价值。显然，他从未想过这些言辞可能导致什么结果，或者会被别人如何解读利用。他似乎对此根本不关心，只图把话说得好听。漂亮的言辞如果不经充分的实践检验就表达出来，反而可能给自己埋下祸患。[37]

短短10天后，兰辛又在日记中谈到"自决"的问题，他写道：

> 这个词就像火药筒，会让人抱有无法实现的希望，我担心成千上万人会因此而丧命……炮制出这种说法是多糟糕的灾难啊！会引起多大的悲剧！想想生造出来这么一个词会导致多少流血牺牲，始作俑者在面对因此而丧命的众多尸体时，又会有何感想？[38]

战后新成立这么多又小又弱的国家，让国际实力制衡变得非常脆弱。新生的国家在军事和政治上能否站稳脚跟，欧洲的整体和平是否面临威胁……这些本应反思的顾虑被胜利的狂喜和建立民族国家（更准确地说是"拆分旧帝国"）的热情悉数湮没。直到后来欧洲的力量平衡被打破了，人们才痛苦地意识到这些问题之重要——希特勒对欧洲各国实现了各个击破。倘若各国仍属于一个完整的帝国，定然不会让他如探囊取物般轻松得逞。这样一来，二战还没开始，纳粹德国就已经占据了欧洲军事实力对比的上风。四分五裂的欧洲在经历了世界大战的兵火后，仍然长期遭受分裂之苦。直到20世纪最后一个10年，一战后人为划分新国家所造成的影响也未完全消除，捷克斯洛伐克和南斯拉夫都是坚持到20世纪90年代才宣告解体的。而苏联这个多民族大国解体以后，新独立的加盟共和国之间也爆发了战争。世界为"民族自决权"的提法付出了巨大的代价，这样的代价究竟值不值得，仍然是一个问号。然而，那些鼓吹这个提法的人却跟威尔逊总统一样，很少会自问这个问题。

这样的问题不止出现在欧洲。大帝国的解体不会让世界恢复到征服前的局面，所以如果更务实地看问题，关键不在于对征服做何种道德或政治评判，而是要弄清楚，既然征服已经无可逆转地改变了世界，那么我们还有哪些道路可以选择。

征服之后的故事

要研究征服对各族群文化发展的作用，一定不能把它和那些与征服密切关联、决定了文化和社会走向的因素割裂开来。本书以征服为主题，但同样关注文化演变，在此视角下研究被征服民族的历史，既不能仅着眼于征服发生的时代，也不能仅关注征服本身的影响。书中讲述英国人、斯拉夫人、非洲人、西半球印第安人等的历史，既回顾他们被征服的进程，也探讨其文化的嬗变。

征服之前的历史和其后续的长期影响都是征服过程的一部分，对在历史上既征服过他族又曾被他族征服的族群来说尤其如此，因为让他们从征服者变为被征服者的，正是文化的发展变化。另外，地理条件决定了每个族群、每种文化中的哪些因素会得到发挥，哪些因素会被抑制，书中会对这些地理条件做出审视。在各项地理条件中，一个突出因素是经济文化交往的区域范围与多元性，它不仅决定了社会的经济水平，更深刻影响着人们培养技能、获得知识和广泛接触文化的过程，这些统称为"人力资本"。比如，人与人之间是由畅通的河道连接成一个团结的社会，还是被崎岖的山峦阻隔，或是有其他天险屏障，这对经济、政治乃至文化发展都有重大影响。东欧和西欧的地理条件不同，欧洲与非洲的地理更是截然有别，地理差异让不同地区的人们走上了不同的经济和文化发展道路。即使人们离开故土，远渡重洋，文化差异也会持久存在。

既然要讨论文化发展，而文化发展又从根本上改变了不同民族、国家乃至文明之间的对比态势，我们就应该跳出当下的时代局限，放眼人类历史上无数事件汇成的长河。这条历史长河对今天的世界仍有着绵延的影响，尤其能启发我们重新思考那些在当下历史断面似乎可以成立的理论与认识。如果从其他时空中撷取更全面的证据，我们会发现很多这样的理论和认识并不正确。

本书要讲的第一个被征服族群的历史始于罗马帝国时期。当时，东方的中国、印度、波斯乃至希腊都有过伟大文明的崛起和衰落，不过今天世界文明中的大部分地区还远未发展到相当的水平。欧洲大陆上最杰出的文明依然在地中海沿岸，因为那里与欧洲以外的各大文明交通联系最为方便。而北欧斯堪的纳维亚半岛、不列颠群岛以及今天的俄罗斯等位于欧洲外缘的地区，则比古希腊和罗马的文明水平落后了几百甚至上千年。[39]那时候，这些偏僻地区还远未发展出农业，更

第一章　征服与文化　　019

没有达到希腊和罗马那样的文化成就，很多地方甚至连文字都没有，尚不知国家和政府为何物，更遑论发展出大帝国。

我们的故事就从当时还处于文明蒙昧中的一个岛屿讲起，那里的诸多部族还都是文盲，生活在罗马文化的光环之外。那就是不列颠，即今天的英国。

第二章
不列颠

不列颠群岛能取得比世界大部分地区更多的成就，诚然离不开地理条件的优势和外来文化的输入，不过归根结底，创造成就的还是英国人自己。

一个偏居一隅的岛屿，到底是怎样从贫困落后一跃成为世界霸主的？

——路易吉·巴尔齐尼[1]

自有历史记载以来，不列颠群岛就有约五分之一的时间处在征服者的统治之下。作为罗马帝国一个落后的行省，不列颠一直被来自其他行省的人统治着，而自己人却轮不到统治其他行省。[2]征服不列颠的罗马军团人数远不及不列颠人，还是轻而易举就能取胜，足见罗马时代以前的不列颠群岛多么落后。公元61年，不列颠人爆发了大规模的反抗起义，又被罗马人凭借精良的武器和严密的组织轻易镇压下去。[3]在其他很多方面，罗马的文明程度也远远超过不列颠。400年后罗马人撤离，不列颠社会随即发生了倒退，又经过几百年才重回罗马征服前的经济、社会、文化发展水平。

不列颠群岛的这段历史从不同角度展现了征服和帝国主义能产生的文化影响。曾经被征服的英格兰，后来竟逆袭成了征服者——将不列颠群岛悉数收入版图，进而扩张到全球各地，缔造了"日不落帝国"。公元前55年，当恺撒大帝的远征军踏上不列颠的土地第一次遭遇这里的岛民时,他哪里会想到有朝一日这里能崛起一个"日不落帝国"?在那以前,从未有不列颠人在人类文明的历史上留下过名字。[4]

不列颠群岛

在罗马入侵以前,还没有英格兰或英国这样的民族国家概念。不列颠群岛为30个部族所割据[5],彼此之间战乱频仍。不过跟欧洲大陆比起来,他们的武器非常落后[6],农业发展水平也不及罗马。[7]不列颠在地理上位于横贯西欧的罗马帝国的边陲,文化上也处在罗马文明的外缘,只是能与罗马文明在物质上互通有无,引进一些器物为自己所用。不列颠人的文化主要是讲凯尔特语的凯尔特文化,跟海峡对岸的被征服民族相似之处颇多[8],他们被罗马人视为"野蛮人"。但是,这时的不列颠人已经不再靠狩猎采集自然物产的原始方式生存,他们发展出了农业、织布、冶铁等技艺,也有流通铸币用于经济交易,其铸币样式多脱胎于海峡对岸欧洲北部各国的货币。[9]尽管如此,当年在恺撒大帝的眼里,不列颠人只是原始的异族,蓄着长发,浑身涂色,过着多人共妻的社会生活。[10]

公元前55年恺撒大帝出征不列颠时,船队初到不列颠外海就遇上了极端的恶劣天气,骑兵大军无法登陆。[11]不过,罗马人靠着纪律和武装还是无往不胜,远征军凯旋,身后带着俘虏来的大批不列颠人。[12]不列颠各部族间的不和也让罗马人更容易取胜。[13]100年后的克劳狄一世时期,罗马再次大举进攻不列颠。克劳狄一世仅用6个月就征服了不列颠群岛大部分地区,于是班师回朝[14],而争夺岛上剩下地区的战斗又持续了几十年。吉本斯写道:不列颠各部落曾"凶神恶煞般"拿起武器反抗,但到后来又"猛然改辙放弃武力抵抗,或者发动部落内斗"。[15]相比之下,罗马人一以贯之地推行"先离间再征服"

的政治策略，发起持续稳定、纪律严明的军事行动。正是这样的差别决定了谁能征服谁，在后来的很长一段时间里，在很多地方，莫不如此。

罗马治下的不列颠

统治不列颠的罗马人有很多征服者的共性，自大、贪婪、残暴。不列颠东南部爱西尼部落的国王在公元59年去世，他拿出了一半田产献给罗马皇帝，寄希望于子孙后代能继承余下的一半田产，不受滋扰地安宁生活。然而，罗马政权不但没收了他的全部田产，还对奋起抗争的王后布狄卡施以鞭笞，甚至奸淫了国王的女儿。[16] 这样的压迫与残暴激起了爱西尼人的大规模反抗，在布狄卡的率领下，其他不愿屈服于罗马淫威的部落也纷纷加入。[17] 反抗者横扫了不列颠南部，沿路杀死罗马人和里通罗马的叛徒，摧毁了罗马建筑和各种标志性象征。[18] 然而，罗马人毕竟有强大的军力可调配，不列颠人还是寡不敌众。在反复的拉锯战中，双方都毫不手软，不留活口。罗马军队靠着严明的军纪和先进的武器再次取胜，然后对不列颠人不分老幼，格杀勿论，甚至连牲畜也不放过，一时间，人和牲畜的尸体堆积如山。[19]

后来，曾激起布狄卡女王反抗的罗马不列颠统治者被撤走，换上了不需要巨大消耗就能维持罗马统治的政权。在随后的几百年里，罗马对不列颠不仅实现了军事征服，还实现了文化征服。上流社会的不列颠人开始穿罗马长袍，说拉丁语，在房屋上设计门廊、浴室，还会举办奢华的宴会。[20] 不过，罗马化趋势没有同样地渗透到社会其他阶层中，比如大部分不列颠人仍然使用凯尔特族语言。[21] 跟其他被征服族群的情形类似，上层不列颠人更愿意接纳征服者的语言和文化，从而获得身在征服者文化之中的优越感，并借此在新体制中谋求高位。而贫困的黎民百姓主要从事农业劳动，没心思搞这些钻营，更不会费事去学习一门新语言或改换新的生活方式，他们只是间或接受罗马文明的一些成果和习惯。总之，征服导致被征服族群内部出现了语言差异，也加剧了文化上的分化。这种现象在后来的历次征服过后数见不鲜，不仅是在不列颠群岛，在世界很多地方都是如此。

罗马人的统治带来了城镇和道路建设以及商业贸易的繁荣。[22] 不列颠人开始改用更高效的罗马犁具种田[23]，引进了陶器和金属器皿[24]，学习并普及了新的建筑技术。[25] 罗马人还带来了玻璃窗[26]等稀罕物和茅厕等生活用具。[27] 直到这时，不列颠人才有了"建筑"的概念，此前他们只是住在简陋的棚房中，现在终于有了正经的房屋。[28] 在艺术方面，原来不列颠人只会弄一些简单的民族纹饰，此时则学到了雕塑和具象描摹的艺术。[29] 罗马还输出资本，推动了不列颠经济的发展。[30] 而不列颠跟其他落后地区一样，成了原材料的出口地。[31]

公元96年至180年的这段时期被普遍认为是罗马帝国的黄金时期[32]，帝国治下一片太平盛世。一方面，无人能敌的强大军事实力让一切可能的挑战者不敢妄动；另一方面，罗马人也认识到，容易征服的地区已经被悉数打下，再去攻占其他地方将得不偿失。[33] 这一时期的一个标志是，罗马在不列颠北部修建了一道边墙，以抵御外敌从北方来犯，也就是今天的苏格兰。在罗马的和平盛世下，不列颠得以繁荣发展，强大无敌的罗马在不列颠广泛传播自己的文化，留下了很多经久不灭的遗迹，其中就有那座建在泰晤士河上的大港口，正如丘吉尔所说："没有罗马人，就没有伦敦城。"[34]

罗马文化对不列颠发展的影响体现在罗马统治时期的社会进步上，也体现在罗马人离开后社会的退步上。不管是进步还是退步，都牵涉不列颠人生活的方方面面。公元5世纪初，罗马军团撤离不列颠群岛，转头去防范欧洲大陆上与日俱增的军事威胁。到6世纪初，原来的不列颠城镇已经变得衰败不堪，建筑倾圮，雕像坍塌，村庄荒芜，草木丛生。[35] 后来不列颠屡受侵扰，又被来自欧洲大陆的强蛮部族侵略，其中最突出的是两个日耳曼部族——来自今天丹麦南部和德国西北部沿海平原地区的盎格鲁人和撒克逊人。这两个部族文明未经开化，没有基督教信仰，对不列颠的罗马文明造成了巨大毁坏，并最终改变了不列颠群岛上的民族构成。

英格兰

日耳曼部族以不同方式来到英格兰并定居下来，有些是在罗马帝国时期迁来的，有些是在公元 5 世纪作为援军被请来镇压皮克特人和苏格兰人的进攻的（两者都是不列颠群岛上的部族，分别是今天的苏格兰人和爱尔兰人的祖先）。在之后的几百年里，越来越多的日耳曼侵略者来到这里，不列颠原住民被迫向西退至今天的威尔士地区[36]，没能西迁的则被征剿了。不过，日耳曼人的历次征服既没有当年罗马人那么速战速决，也不像罗马人那样组织有序。盎格鲁人、撒克逊人、朱特人等不同部族各自占领了不同地区，疆域一度稳定了若干年，之后又踏上新的开疆拓土的征程。考古证据揭示，在他们打下的疆土内，总是有来自不同部族的人混居，包括不列颠原住民。[37] 在这一时期，这里绝大部分人都还不识字，没能留下书面史料。因此，英格兰民族形成初期的很多情况，我们已经无从得知，对不列颠这一历史时期的了解甚至不如罗马时期充分。

还有大量的考古证据表明，日耳曼入侵者不仅征服并控制了罗马治下的不列颠，还严重破坏了已有的城乡经济和社会秩序，让社会重回蛮族部落状态，先前的城镇分布与功能格局几乎全被抛弃了。[38] 社会成果的崩塌主要发生在罗马人离开后的 50 年，到公元 6 世纪初，罗马治下的不列颠文明的遗存大多已不复存在了，甚至伦敦城在这一时期是否幸存都要打个问号。造成这番破坏的不只是战争，很大程度上也是因为罗马人离开后，他们缔造的这个文化显得过于先进复杂，各地经济过于相互依存，而当地政府在军事上又变得很空虚，难以自保。

罗马人的中央治理体制轰然倒塌，各地开始各自为政。面对入侵的日耳曼部族，不列颠人节节败退，很难再维持罗马文化的面貌。很多被罗马同化的不列颠人逃往法兰西，在今天的布列塔尼一带落脚。还有一些被日耳曼人赶到不列颠群岛西部和北部，他们保存下了基督教、拉丁语文化和其他种种罗马文明的痕迹。圣帕特里克就是其中一员，后人认为是他将基督教文明带到了爱尔兰。到了6世纪末，新生的英格兰文化仍然只是西方文明中落后的一支，在基督教文明已经普及的西欧，它是不开化的异教徒据守的领地。

不列颠的市场消失了，人口也减少了[39]，经济发展水平到了6世纪反而不如曾经的罗马时代。[40]经济的倒退体现在很多方面：罗马时代繁荣起来的市场化农业又退回到自耕自食的小农经济[41]，罗马时代能大量生产的产品现在只能靠手工粗糙制造。[42]铸币的使用流通减少了，大规模陶器生产盛况不再[43]，道路水渠年久失修[44]，集中供暖和温泉汤浴也在几百年里消失不存。[45]罗马人曾经使用的砖块，要等到14世纪才会在不列颠重新出现，还是从欧洲大陆进口而来的。[46]罗马时代能生产玻璃瓶子，但此后直到伊丽莎白时代才从威尼斯引进，到17世纪英国才重新发展出玻璃吹塑工艺。[47]社会的退步不但表现在生者身上，也改变了人们身后的待遇。入侵的日耳曼部族的习俗是火葬，而基督徒不列颠人的土葬也跟着敷衍起来，墓地挖得更浅，很多人连棺材都不用。[48]

后罗马时期的不列颠各自为政，军力也变得薄弱，各路土匪和侵略者在岛上到处袭扰。当时许多侵略者部族被笼统地称为"撒克逊人"，其实除了从萨克森地区来的人，还有占领了中东部地区的古丹麦人和占领西北部的挪威人。[49]盎格鲁人、撒克逊人、朱特人等族群的入侵对英格兰产生的深刻影响，从现代英语中就可见一斑。现代英语中已经很少有罗马时代以前不列颠原住民使用的词语了[50]，却包含了大量源自拉丁语、日耳曼语族和法语的词语。另外，日耳曼征服者虽说也从德国和北欧老家带来了罗马人的一些技艺，但远远不及罗马的全部水平，比如他们不会使用石材做建筑。此后，经历了数百年传教的漫长影响，英格兰人才重新融入西方的基督教传统。[51]

1066年，诺曼人侵占英格兰，随之发生了欧洲大陆对不列颠社会最后一次重大的文化和血统输出。诺曼人本来属于古挪威人后裔，但在入侵英格兰之前的150年间，他们占领了法兰西并被其文化同化。同一时期，其他的诺曼人支系发起了征服意大利南部和西西里地区的战争。再晚一些，还有诺曼人参加了西班牙人从伊斯兰统治者手中收复伊比利亚半岛的行动。

诺曼人不仅以骁勇善战出名，而且善于治理。他们在诺曼底地区建立法治秩序，保障了经济繁荣发展，还建设了很多教堂和学校，并且利用得很好，在这两方面他们是当时的翘楚。[52]诺曼人从法兰西进攻英格兰并非偶然，因为当时的法兰西是欧洲文明的前沿，而英格兰则相对落后。1066年，决定英格兰命运的黑斯廷斯战役爆发，双方各有约7 000人参战[53]，这样的规模虽然不能跟工业时代运兵便利的战事同日而语，但在当时肯定算得上大军交战了。最终，诺曼人踏上英格兰的土地，进而占领了整个不列颠群岛。

这次征服不仅让英格兰换了皇帝，更是让诺曼人广泛地夺取了土地和权力，在上层社会中引发了文化上的革命。他们巩固了皇权，革新了建筑，还给本就构成复杂的人口增添了新的民族血统。[54]千百年来，史前不列颠原住民的血统中不断加入新的成分：公元前5世纪入侵的凯尔特人，公元1世纪到来的罗马人，5世纪的盎格鲁人、撒克逊人、朱特人，9世纪的北欧各族，以及11世纪的诺曼人，等等。这些族群与文化的组合构成了今天人们所泛称的"盎格鲁－撒克逊"。要了解历次征服给英格兰带来了什么影响，不妨看看英格兰相对其他地方的发展水平。相较于因地理条件限制而受征服影响很少的威尔士和大部分时间内未被征服的苏格兰和爱尔兰，英格兰作为距离欧洲大陆最近的地区，受到欧洲的影响最充分。

在被诺曼人征服后，法兰西语言和文化就进入了不列颠，成为英格兰政治领域和精英生活中的主流语言和文化。社会中最高的位置，不论是宗教职务还是世俗岗位，都禁止由英格兰人担任。议会的程序和法条均使用法语，贵族之间也以法语交流，宗教与学术活动则使用拉丁语。英语及英语文化主要在普通民众和地位不高的小贵族中间通行。诺曼人既在欧洲大陆上有疆土，又占领了英格兰，连早期的英格兰君主都同时是诺曼底公爵，这让英格兰的统治阶级与平民之间出现了割裂。例如，英格兰历史上第一个能把英语说得通顺的国王可能要数爱德华三世，而他登基时距离诺曼人征服已经过去了250多年。[55]

诺曼人统治阶级和英格兰平民在长久的彼此接触中都锻炼出了双语能力。诺曼人适应环境的能力很强，这正是他们屡战屡胜的原因之一。但是时间久了，他们却"太善于适应，以至迷失了自我"[56]，先是较低社会阶层开始通婚，后来逐渐发展到贵族，最后连国王也迎娶了英格兰裔王后。[57]于是，英语与英语文化在代代相传中逐渐进入上层社会。到13世纪中期，出现了以英文书写的重要国务文件，不过仅属于个例。14世纪，乔叟写出了《坎特伯雷故事集》，开启了英语文学的新纪元。到了15世纪早期，议会记录与政府公文均以英文写作。[58]也是从15世纪开始，上层社会开始采用英语作为社交语言。[59]

诺曼人精英在社会和文化上融入英格兰也受了另一个因素的推动，即诺曼人与法兰西之间的联系弱化乃至消失。在经历一系列战败后，诺曼人彻底失去了欧洲大陆上的疆土。一头的大陆帝国覆灭了，另一头他们还在不列颠群岛开疆拓土。英格兰于1169年入侵爱尔兰，1284年占领威尔士，1296年侵略苏格兰。盎格鲁-诺曼人中的贵族一般都在不列颠群岛自己分封的地方有一些田产，这样他们不仅是拥有自己地盘的侯爵，还算是全国的统治阶级。据估计，13世纪英格兰近三分之一的伯爵在苏格兰也拥有土地；同样，大部分苏格兰伯爵在英格兰也拥有土地。[60] 这些因素使不列颠成为统一的、向内凝聚的社会，走上了独立于欧洲大陆的发展道路。16世纪，亨利八世与罗马天主教廷决裂，更加剧了这种趋势。

那时的英格兰不论军事实力还是经济都不能比肩各大欧洲强国。它的采矿冶炼业很不发达，对外贸易大多依靠外国商船，出口货物仍然以羊毛、农产品等初级产品为主。[61] 西欧的佛兰德靠从不列颠进口羊毛成为欧洲大陆上重要的纺织工业中心，几百年后，英国才发展起了自己的羊毛加工生产能力。[62] 后来在亨利八世统治期间，英国要借助意大利的造船能力壮大海军，要靠来自德国的采矿工人发展矿业，以及引进荷兰工程师帮助做土地平整与河道网的建设。[63]

在英格兰从中世纪向货币经济转型的过程中，早期的金融业主要被犹太人和伦巴第人把持，英格兰人自己没有搞金融的能力，交易基本上都由外国人开展。[64] 13世纪末，犹太人遭到驱逐，从此伦巴第人控制了英国全部的大手笔金融交易，直到有一天他们也受到排挤，遭到种种限制与侵害，不得不在14世纪告别了英国金融市场。[65] 不过，接下来继续把持放贷、税收和其他金融业务的还是来自欧洲大陆的异族，他们靠这些金融手段积累了财富，也因此遭到人们的厌弃。等到这批新来的金融掮客也失势之后，英格兰人才终于自己担起金融市场的责任，靠着从一批又一批外国金融商人那里学来的手段经营业务。[66] 外族控制英格兰金融市场的这段历史在今天仍然有迹可循，伦敦金融城内的"伦巴第街"就是一例。

与商业和金融类似，英格兰早期的工业经济发展在很大程度上也是外国人带动起来的，这也是因为英国政府治理稳定，法律可靠，吸引了外国人纷纷迁入，荷兰人、瓦隆人、弗莱芒人等各族移民带来了各种技能。到1618年，仅伦敦一地就有了1万名高技能外国移民。不少在欧洲大陆上遭受迫害的难民来到英国暂避，包括犹太人、胡格诺派教徒、弗莱芒人等。英格兰能从欧洲经济弱国一跃成为经济最发达的大国，这些移民起了关键的推动作用。17世纪，特别是赋予新教徒宗教自由的《南特敕令》被废除以后，有5万到10万胡格诺派教徒逃离法国来到英格兰。[67] 在此之前，先来的胡格诺手表匠人就已经从无到有地将伦敦发展成了世界手表制作的中心之一。[68] 同样，英国的毛纺、棉麻、丝绸、造纸、玻璃等行业也在外国企业主和工匠的推动下取得了革命性进步。[69] 外来移民定居下来成为英格兰人口的一部分，他们的技艺得到了传扬，受此熏陶的英格兰本地人也成了推动进步的力量。

14世纪到15世纪是英格兰从原材料出口国向产品制造国转型的一个重要节点。从此以后，英国出口最多的货物不再是羊毛，而是羊毛纺成的布料。14世纪下半叶的50年间，羊毛原料出口减少了一半，而毛纺布的出口量蹿升了7倍多。[70] 不过在生产工艺上，英国仍然要靠不断引进欧洲大陆的先进技术，直到17世纪晚期，终于在技术和工艺上实现了反超。到18世纪初，不列颠群岛从原来的自欧洲大陆引进技术转为进行技术净输出。[71] 此后的两百年，不仅是欧洲，整个世界都要不断从英国学习和引进技术。

技术、经济和社会领域发生的这些深刻广泛的变革，彼此都有密切的关联。英国最早出现的大工业是纺织业，起初是家庭作坊式的生产，经过几百年的发展壮大，纺织业成了工业革命的先导性行业。珍妮纺纱机、走锭精纺机、飞梭织布机等纺织工业的发明带动了机械制造行业，催生了一大批机器发明家和工程师，他们所积累的经验和技能构成了后来重工业发展的宝贵财富。工厂中的机器生产最初是靠河流的水动力驱动的水轮机，这为蒸汽机的划时代发明做好了铺垫。蒸汽机问世后，在工厂、矿山、铁路、轮船等领域引发了动力革命。早期机器靠水力驱动，大量产业和工人都去往河流沿岸发展，后来的蒸汽机要靠燃煤驱动，产业和工人又开始向有煤田的地方集聚。煤炭的重要地位被一再提高，采掘量随之飙升：18世纪初为200万吨，18

世纪末就达到了 1 000 万吨，到 1850 年前后则升至 6 400 万吨。[72]

为什么是英国最早发展起工业化并维持了工业领先地位上百年？这是历史上最耐人寻味的问题，既然是耐人寻味，那就说明目前还没有定论。不过，英国的确有一系列独特优势：它先于其他地方建立了一套有利于促进经济交换的法制和政府体系。政府不专权包揽，形成了事实上的权力分立，先是国王与贵族间的分权，后来有了国王与议会间的分权。虽然这些都不是一蹴而就、顺理成章达成的，但法治的日臻完善终归推动了国内经济发展的成熟，也把欧洲的很多商业活动吸引到英国，特别是伦敦。

长期投资这一类国际经济交易往往操作复杂、费时费力，尤其需要可靠的法制体系，以防政策变化或当权者更迭造成大的变数，保障既定承诺能得以履行，外国人在财务活动中能被一视同仁地对待。英国的法制体系在经济活动中长期秉持公平，广受认可，于是引来很多商人和投资人，他们把伦敦作为欧洲首选的商贸口岸与金融中心。如此一来，英国获得了大量外资，充实了自身实力。[73] 英国的国家主权不只是由国王一人代表，因此国王无权拒不承认国家债务，这为英国赢得了更多出资者的青睐。[74]

可靠的法制体系对经济发展非常重要，但法制的发展成熟却弱化了政府对经济交易具体条款的控制，而政府控制的重要性本来也不容小觑。在中世纪，英国跟欧洲其他国家一样，"市场"是必须取得特别许可才能设立的集贸场所，开市的时间、地点都由政府规定，价格也由政府制定并管控。无论是农民销售自家的农产品，还是其他商品的生产者和贸易商要买卖货物，都得到官方指定的集市，在官员的监督下进行。然而，随着城镇的快速发展，加之生产活动的地点、组织形式、技术方法等不断变化，在原本设计好的体制之外出现了无数散户生产者、消费者和中介商。[75] 后来，按期开市的大型集市逐渐让位于众多不间断经营的小散商铺，官方继续把控价格和交易条件变得越

第二章　不列颠

来越难，也越来越麻烦。这样的趋势又不能一禁了之，否则不利于城镇数量的增加和规模的壮大，也不利于经济发展，而政府恰恰要依靠城镇经济的发展扩大税收，以便支持军事等各项事业。

所以，一方面，政府在原则上一直没有放弃经济管控的努力，但凡现实可行之处，管控仍在继续。另一方面，走私等非法或未经批准的经营活动越来越多，民众也越来越不以为意，政府官员力所不能及的领域在扩大，经济管控的效果也越来越差。随着经济管控逐渐失势，人们对政府在经济中的角色也开始产生学理上的质疑。首先发难的是法国的重农主义学派，他们提出了"放任政策"这个新词，后来英国的亚当·斯密成为这一派主张的领军人物。到19世纪中叶，国际上广泛支持"自由贸易"的概念，主张各国解除对国内经济的各种政治控制，这一思潮同样在英国发展起来。

除了政府管控经济的程度比其他大部分国家要低，英国作为一个通商历史悠久的国家，在开全球工业化先河以前，民众和机构就已经有几百年的通商经验了。虽然被拿破仑蔑称为"小店主国家"，英国其实积累了极为丰富的商贸经验和各种专门技能等人力资本，这些都为未来的工业发展奠定了基础。另外，在工业革命之前，英国还发生了一场交通革命。在英国还远未建成工厂林立、铁路纵横的工业国家以前，全国尤其是英格兰地区就已经有了很好的主干公路。虽然运输工具仍然只有马车，但还是为人员、商品、原料等的流动提供了很大的方便。17世纪下半叶，收费公路开始建设，到18世纪中期建成了颇具规模的公路网。随着收费公路的持续快速发展，到1821年，搭乘公共马车从伦敦到英格兰很多地方的旅行时间比1750年缩短了一半。到了1830年，英格兰较大城镇之间的交通速度达到了1750年的4到5倍——要知道这个时候铁路还没有出现。[76]

1830年，世界首条现代铁路在英国诞生，掀起了新的交通革命。出行人数随之大幅增加，运输人员、商品、原材料的成本大幅下降。

铁路运送的旅客不只有过去搭乘公共马车的那些人。据经验估计，铁路刚出现不久，客运量就达到此前通过步行、公共马车及其他各种方式出行的人数总和的两倍。[77] 随着技术和运输组织的不断发展，铁路的成本优势越来越大，也越来越受到人们的青睐。1835年，老式公共马车共运送了1 000万人次旅客，而1845年的铁路旅客发送量达到了3 000万人次，到1870年铁路客运量更是超过了3.3亿人次。[78]

铁路出行成本不断下降，不但让之前出不起远门的人能够长途旅行，对货物来说也是如此，铁路方便了工业发展所需的原材料供给和产出的商品销往市场。英国最先享有这个成本优势，这使其工商业发展相对于其他国家有了巨大的先机。从1830年第一条铁路建成使用起，英国只用了30年就建成了基础铁路线网设施，并一直使用到20世纪。

相较于客运，货运转向铁路的时间稍晚一些。不过转变一旦开始，体量就相当可观。例如，1840年运往伦敦的煤炭几乎全部经由海上，仅仅15年后，就有一半的煤炭改由铁路运输。[79] 有意思的是，虽然铁路广泛取代了马车，但因为人民生活和产业发展繁荣，交通运输总量提高，英国的马匹存量不降反增，并一直持续到19世纪末。[80] 这些马被用于各种用途，其中不少与铁路直接相关，例如往来火车站的摆渡马车，从不通火车的城镇向火车站所在城镇拉客，从一条铁路线接驳乘客到另一条线换乘，等等。直到20世纪早期汽车（包括农机车和卡车等）出现，马匹存量才大幅下降。

技术上的领先为英国赢得了经济上的优势，而优越的地理条件也助推了经济发展。英国的铁矿和煤田彼此相邻，且都距海不远[81]，这构成了相对于欧洲大陆各国的一个巨大的优势。例如在工业化早期的德国，因为没有铁路而陆运成本高昂，铁和煤两种资源仅仅相距10英里，就能给工业发展造成巨大的障碍。[82] 但在英国，煤炭从产地运输到距离很远的苏格兰可以走水路，运价的递远递增几乎可以忽略不计。相比之下，在铁路出现之前，陆路运输煤炭的成本每多 10 英里就会增加一倍。所以，在不列颠群岛那些没有煤炭或港口便利条件的岛屿上，工业化进程同其他国家一样困难。

18 世纪，苏格兰港口的海运煤炭的到岸价为每吨 1 英镑左右，但运到内陆高地地区后价格就要上涨一半甚至一倍，只有富人才能用得起煤炭取暖。[83] 而更重要的影响在于，到了 19 世纪，因为缺乏煤炭资源，且从外部运煤的成本极高，苏格兰高地无法仿效低地平原，通过发展工业化转型为城镇社会。[84] 因此，居住在高地的苏格兰人要想加入现代化进程，就只能向低地迁徙，或者去往英国其他地方，再或者出国。不过这些外迁的高地苏格兰人不具备工业化社会所需要的人力资本，即技术、经验和培训教育。

采煤业发展起来之后，英国的钢铁行业也成长起来。最早的蒸汽机用于从煤矿坑道中抽排水，以便采煤作业能向更深处进行，这不仅便利了深井采煤，也推动了钢铁生产。后来，经过改良完善的蒸汽机开始替代水力来驱动工厂的机器。由于蒸汽机作用在机器部件上的压力比水力更大，就需要更多的钢铁机器，这样才能比木制机具承受更高的工作压力。再后来，蒸汽机进一步发展到能驱动铁路机车，煤炭就取代了木材成为主要的燃料，钢铁也取代了木材成为轨道的材料。

到了 1870 年，使用蒸汽机数量最多的部门是制造业，不过蒸汽机总马力数最高的还是矿业，占到了全国蒸汽机总功率的四分之一强；纺织业次之，占蒸汽机总功率的五分之一。[85] 由于煤炭和钢铁用量的增加，木材作为燃料和工业原料的需求有所减少，从而一部分木材林地可以转为耕地[86]或恢复为天然林。从 1873 年至 1911 年，英国的森林面积增加了四分之一还多。[87]

机器在发展，人也在进步。纺织厂都愿意比邻钢铁厂而建，因为那里更容易找到熟悉机械的技工来给纺织设备等机器做检修维护。[88]工业化过程不但产出了各种物质产品，催生了生产产品的机器设备，同样培养了大量工程师和机械师。工业化还造就了很多发明家，1760年之后的 25 年里，颁发专利的数量超过了此前 150 年的总和。[89]

这一时期，英国的机械师和工程师在全世界广受欢迎，其中有不少人多次前往刚刚建国不久的美国[90]——18 世纪末到 19 世纪初，新生的美国急需这些人带来的知识和技术。还有一些人去往欧洲大陆各国，甚至远渡日本。到 1876 年，日本仅铁路一个行业就有 100 余名外国产业工人，其中有 94 人来自英国。[91] 在俄罗斯，一艘轮船就拉来了 100 多名苏格兰产业工人。[92] 在英国工业革命早期，人力资本主要体现为个人的经验技术和试错历练，尚且不涉及对科学的运用，因此技术工匠的迁徙有非常重要的意义。而工业经验的传播不仅是靠英国人单向走出去的，其他国家也会派机械师和工程师到英国来学习本领域最前沿的知识，其中有美国人、德国人、日本人、挪威人等等。[93]

技术发展到 19 世纪 20 年代到 40 年代，靠个体工匠手艺打造出来的机器开始让位于由机床标准化生产的机器。[94] 用机器制造机器，可以更好地控制误差，有时能精细到千分之一英寸①[95]，这样一来，不同机器的零部件就可以互换通用。标准化、系统化的机器生产推动工程学成为一门独立的专业，培养出专业的人才。此时，英国开始出现大量的技术出口和技术人才外迁现象，导致国家不得不出台法令禁止技术和人才外流以保存英国的领先实力。不过这样的法令终归效果不大，沿用到 1825 年即被废止。[96]

上述这些进步并非像"工业革命"这个词给人的感觉那样，一下子就普及开来。不过积少成多，渐进的演变叠加起来，其程度之深、范围之广完全称得上"革命"二字。人们的生活从此彻底改变，不但是在英国，全世界都是如此。例如，英国人把铁路技术推向世界，不

---

① 1 英寸 =2.54 厘米。——编者注

仅在国内兴建铁路形成示范，还修建并派人运营了德国、阿根廷、印度、俄罗斯、乌干达、肯尼亚、马来亚等国的第一条铁路[97]，并出资支持美国、法国等地的铁路建设。铁路带来的社会影响是革命性的：因为内陆运输成本大大降低，世界人口不再像原来那样往沿海、沿河大量聚集，这对德国、美国、俄罗斯等内陆腹地辽阔的国家产生了尤其重要的影响。因此有人说，19世纪经济发展的主要特征是"由向沿海发展转为向内陆发展"。[98]

德国的情况很能说明这一点。它不再高度依赖北海沿岸的结冻港，转而成为连接全欧洲的铁路枢纽。德国位于欧洲的地理中心，可以便捷地把本国和别国来的货物运往周边各地，因此建设了四通八达的铁路网，直抵地中海沿岸，又从那里远达中东。在国内，用铁路将洛林的铁矿石运往威斯特伐利亚的各大煤田变得经济可行，随即德国成为世界钢铁生产大国，进而跃居领先的工业国之列。[99]1840年，德国共有铁路机车240辆，其中166辆来自英国，英国向德国的铁路技术输出由此可见一斑。[100]另一边，美国也迎来了铁路时代，从此可以统筹开发相距较远的铁矿和煤田，支持发展钢铁工业。例如在苏必利尔湖沿岸产出的铁矿石能通过铁路运输到匹兹堡的煤田附近，匹兹堡因此成为世界重要的钢铁生产基地。[101]

英国对世界航运业同样产生了深远的影响。英国人发明的蒸汽机推动了全球人口的大流动，便利了小麦等大宗低值货物的运输。此外，很多英国人修造了远洋轮船，既供本国自用，也出口给其他国家。到1912年为止，英国承担的远洋运输一直占世界总量的一半以上。[102]此外，法国、俄罗斯、西班牙、荷兰、意大利、比利时等国使用的轮船，以吨位计有超过一半是由英国船厂制造的。[103]

铁路和轮船带来了交通运输业的革命，不仅影响了工业和商贸，更改变了千千万万普通人的生活。19世纪中叶以前，茶叶、咖啡、白糖、葡萄干、柑橘、可可等商品都是富人的专属，而运输成本下降后，大众也买得起这些东西了。[104] 另外，快捷廉价的海上运输与冷藏运输技术相结合，让鱼类等生鲜易腐商品也可以销往全世界。瑞士的市场上能买到英国的海鲜，甚至加拿大的鲑鱼也可以进口到欧洲销售。[105]

便捷流通的不仅仅是货物，还有人员。有些人迁往海外永久居住，更多的人出海务工，在农场劳作一季或是在建筑工地干上一段时间再返乡。例如，成千上万的俄罗斯劳动力在收获季前往德国去收割庄稼，意大利的农业工人会到阿根廷去收秋，意大利建筑工人也常到美国打季节性短工。[106] 乘船横跨大西洋变得快捷、廉价又安全，在风力帆船时代令人闻之生畏的海上意外死亡率大幅下降[107]，这一方面是因为钢铁轮船没有木制帆船那样容易沉没，另一方面是因为海上航行时间大大缩短，乘员的身体消耗小了，染上疫病或出现三长两短的风险也少了。轮船的出现还让困扰全球航海业的海盗偃旗息鼓，因为他们的小帆船已经无法截停轮船，散兵游勇式的海盗建造不起大轮船，一则他们没有这个财力，二则蒸汽轮船需要不时停靠港口补给燃煤，恐怕没有哪个港口能给海盗提供养虎为患的服务。

钢铁是工业化最重要的生产资料，而英国是最大的钢铁生产国。截至1830年，英国的生铁产量差不多是德、法两国总和的两倍。[108] 到1871年，英国的钢产量比德国、法国、瑞典、奥地利四国加在一起还要多。[109] 同时，英国的农业是世界公认的最强[110]，现代纺织业的发展也领先全球，这里不仅是各项重大纺织发明的摇篮，也是行业管理人才和技术工人的输出地，向俄国、中国、印度、墨西哥、巴西等国输送了能够培训工人和操作英国制造的纺织机械的各种人才。[111] 此外，在19世纪末至20世纪初的智利，绝大部分矿山机械和其他重型机械设备都是英国生产的。[112] 总而言之，英国的技术和资本在全世界复制、扩张、扎下根来，不仅传播到美国、加拿大、澳大利亚等英国文化的海外根据地，还到达了非洲、亚洲和拉美。由于生产资料的大规模外输,英国在 19 世纪 70 年代早期的出口量一度超过了美国和德国的总和。[113]

至于 19 世纪早期的工业化发展对英国普通工人阶层生活条件的影响,是个长期以来争议不断的问题。但无论怎样,英国的工业化地区吸引了大量人口从农村和小城镇迁入。这里的工资水平高于农村,实际消费情况表明,更高的工资不光被用来支付更高的生活成本,还实实在在地提高了人们的购买力[114],这些都是不争的事实。然而,大型工业中心的死亡率更高,提醒着人们工业化也有负面效应,频发的事故、拥挤不堪的环境(和拥挤环境中的疫病传播流行)、来自不同地方的人们对疾病的抵抗力差异等都加剧了这种效应。不过,人们在进入城市之前就已经知道会有这些风险,所以他们决定进城本身就是一种知情权衡的结果。另一方面,由于农村人口平均寿命延长,抵消了城市死亡率的走高,英国的人口总死亡率在 1820 年到 1870 年间基本上没有发生变化。[115]工业化大城市之外的人口寿命的延长,很可能是因为工业革命使国力不断发展强盛。而从长期来看,工业化对英国人生活水平的影响,毋庸置疑是正面的。马克思曾在维多利亚时代的英国生活了 30 多年,他也认同,英国工人的生活水平在 19 世纪 40 年代到 60 年代有所提高。[116]

英国何以成为人类经济与技术进步的领跑者,这是一个可能永远无法全面回答的问题,应该与它的地理区位、制度机制、社会习俗等都有一定的关系,但这些肯定不是全部的决定性因素。否则,英国又何以在此前的千百年里长期落后于欧洲大陆和世界其他地区?过去欧洲各文明领先世界经济与技术发展的时代,英国能分享到其文明成果。同时作为一个岛国,英国又免于遭受欧洲大陆上频繁战乱的正面摧毁,虽然有时也会参战,但战场都在别国土地或公海之上。

此外,英国国内的政治制度和社会习俗也有利于经济发展。政府治理和法制稳定,财产安全有保障,因此连开凿运河和修建铁路这样需要几十年建设周期的项目也不难以较低的利率从公众那里大量集资。英国的长期利率在18世纪初为6%，到18世纪中期就下降到了3.5%。[117]英格兰还有十分有利的社会条件，富裕且受过良好教育的阶层带动了商贸和产业的发展，也提升了农业、教育、法制和政治治理的水平。[118]在苏格兰也一样，虽然拥有土地仍然是进入上层阶级的重要门槛，但法律、商贸等行业都不拒绝没有土地的人。[119]虽说英国社会也有趋炎附势的世风，但贵族阶级不会像其他社会中的贵族那样对经世济民的俗务充耳不闻，因此不存在世袭贵族妨害社会进取精神、阻碍经济发展的问题。[120]另外，都铎王朝时期，旧的王室贵族衰落，新的国家贵族兴起，新贵族与商界交往密切，从此在英国"绅士"也可以从商，没有爵位的商人也可以算作"绅士"。[121]这样一来，在商界有所作为的人不仅能凭财富推动国家的经济发展，也有了施展才能的空间：

> 在都铎时代的英国，绅士的非长子不会像欧洲大陆那些潦倒的贵族后裔那样，放不下身段去工作，只是守着家业坐吃山空。他们不能赋闲在自家的庄园里，而是要走出庄园，到商贸或者法律行当去赚钱。[122]

仍然依靠土地生活的有地贵族也展现出充分的进取精神。英格兰的地主们积极广泛地引进新作物品种、新耕作方法和新畜牧技术。随着饲料培育新方法的应用，牲畜越冬存活率大大提高，人们不再需要在秋天纷纷赶着屠宰牲畜。这样全年都能有鲜肉供应，英国人的饮食习惯就此改变。在这以前，因为大量集中屠宰的供应量远远超过当时能消费的肉量，很多肉品需要腌渍贮存，而高盐饮食会导致很多疾病，这些疾病的发病率从此大大降低了。[123]

到了18世纪，英格兰的农业技术和农业商品化已经领先于全欧洲，而此时东欧还沿袭着农奴制，西欧大陆的大部分地区也只有小农耕作。[124] 在英格兰，不管是社会底层还是贵族阶级，进取求变与阶层流动已经成为常态。大部分雇农不会终生为人耕作，一般都会在结婚后改谋其他职业。[125] 大小地主、佃农雇农等依靠耕地过活的人，都会把收成拿到市场上售卖。随着人口的增长，农业人口的绝对数量也有所增长，但因为全国工业化的发展，农业人口的比重也在下降。到19世纪中期，英国农业人口达到峰值200万，占全国人口的近五分之一。此后，农业人口开始减少，但因为劳动生产效率在提高，农业产量一度还在继续上升。到20世纪初，农业在国民经济总产值中的占比回落到6%。至此，英国超过一半的牛羊肉和四分之三的小麦都要依赖进口。[126]

其他国家也不乏具备英国的一些优势，但没有哪个国家能像英国那样独占全部这些优势。比如，德国也有大型铁矿和煤田，但两者的距离却不像在英国那样近便，而且各王国、公国在19世纪初形成关税同盟以前，互相之间存在很多关税壁垒，阻滞了经济流通。法国则没有铁矿，而且跟德国一样，缺少英国那样支持工业化发展的发达金融体制。比如，一个法国人在18世纪后半叶发明了亚麻纺纱机，却因为无法在法国筹集到发展需要的资金，只能去英格兰寻求资助。[127] 苏格兰的发明家，包括詹姆斯·瓦特在内，也要跑到英格兰去筹钱，才能把自己的发明推向市场。法国具有现代工业发展所需的智力基础，但缺乏支持它的商业和金融条件。法国化学家拉瓦锡、贝托莱、勒布朗等，都对现代化学做出过基础性贡献，然而率先将他们的科学思想转化为实际市场应用的，还是英格兰。[128]

英格兰在工业化起飞后，摆脱了几百年来欧洲大陆强国留下的阴影，并在世界历史上留下了浓墨重彩的一笔，对后世影响之大为罗马帝国以来所未见。实际上，此后英国给全世界带来的广泛变革，即使当年的罗马帝国也望尘莫及。英国孕育了工业革命，并把新技术传遍世界，不过到了19世纪最后的几十年，开始面临来自工业化快速崛起的其他强国的竞争。1870 年，全世界的制造业产品有 32% 由英国生产，23% 由美国生产，13% 由德国生产。但到了 1913 年，全球产品供应总量在上涨，英国产品的占比却下降到了 14%，被德国（16%）和美国（36%）反超。[129]

英国失去工业产品产量的世界领先地位，恐怕是无法扭转的大势所趋，因为德国、美国和其他工业化国家的人口都远多于英国。然而，英国被反超的不仅是总产量，还有单工人产量，这说明英国在技术创新上不再领跑。

从 1750 年到 1825 年，世界上所有的重大发明、发现、创新有 40% 来自英国，而后来英国在创新发明领域所占的份额开始下降，最终被德国和美国超过。到 1950 年，英国的发明创造占比下降到了 3%，而美国则达到 82%。[130] 可以说，英国的创新能力和效率都没能跟上时代的发展。

英国经济不再位居全球领先的一个原因，是英国很早就发展出了力量强大、遍布全国的工会。面对新技术的应用，工会要么直接反对，要么要求从新技术带来的效益中分一大杯羹，这削弱了投资创新的动力，成为发展新技术的掣肘。相比之下，美国的工会在 20 世纪 30 年代末之前都没能在主要产业中形成气候。产业工会发展的差别带来了颇具讽刺意味的结果，不少英国劳动力与资本反而涌进美国，因为那里的劳动生产率与资本回报效率都高于英国国内。[131] 此外还有其他一些因素，比如英国没有像德国、美国、加拿大那样普及产品标准化，不重视技术教育，等等。英国是一个高度依赖出口的经济体，却不能及时根据外国受众的喜好调整产品，不能很好地使用外语做营销推广，甚至不采用外国货币报价，只会使用复杂的英镑—先令—便士换算制，直到 20 世纪后期才转换为十进制。[132]

第二章　不列颠　　043

威尔士

威尔士地处连绵起伏的群山之间，数百年来一直是人们躲避强敌之地，不然在英格兰的平原或在欧洲大陆上，人们难以防御外敌入侵。逃往威尔士可以走陆路，走海上，也可以从英格兰溯河而来。大量人口就这样迁徙到威尔士，并慢慢地融入当地。文化也同移民一道，虽然在英国其他地方被消灭了，却在威尔士被保留了下来。[133]

多山的地理条件不仅让威尔士成为避难之地，重重地理障碍也在各民族之间造成了文化阻隔。跟世界上很多有天险的地方一样，威尔士各地的政治和文化都是各自为营的。几百年来，罗马人、诺曼人、英格兰人等外部强权都曾渗透到威尔士，对滨海低地和中部河流沿线影响尤甚[134]，其他地区受到的影响则相对较少。威尔士起初抵挡住了罗马人的征服，比地处不列颠群岛东南部的英格兰御敌于外的时间更长。公元61年，罗马军团在侵略威尔士的路上被召回英格兰去平息布狄卡女王的起义。直到公元1世纪末，威尔士才被征服，成为罗马帝国的一部分。但考古发现表明，威尔士没有像英格兰那样被高度罗马化，只是一个靠军力维系着统治的遥远边陲。[135]

罗马人占领威尔士的时间晚于英格兰，后来又先于英格兰撤出威尔士。[136]这样一来，威尔士比英格兰受到罗马文明影响的程度更低，时间更短。比如，威尔士人仍然使用凯尔特人的语言而不用拉丁语。[137]在罗马统治的几百年里，威尔士人只取得了"微不足道"的进步。[138]虽然在东南部也鹤立鸡群般建起了不少罗马别墅[139]，但整个威尔士从未真正融入罗马文明。

在被罗马征服之后的几个世纪里，英格兰遭到盎格鲁人、撒克逊人等很多族群的侵略。一些不列颠人融入征服者社会，另一些则向西避乱，来到威尔士被当地人同化（或者把他们同化），还有一些越过英吉利海峡到法国北部海岸定居下来，也可能有很多人死于战乱和瘟疫。这番种族重构的具体比例和数字，早已湮没在历史的迷雾中很难弄清楚了。[140] 历史往往由胜利者书写，然而征服了不列颠的盎格鲁－撒克逊人却是不识字的民族。有学者把这一时期称作"不列颠历史的晦暗期"[141]，还有一位学者直白地说，"（对这一时期）只能把有点儿依据的推测权当历史"。[142] 实际上，这本是英国历史转折的一个决定性时期，但后人知之甚少，甚至无法确证亚瑟王这个伟大的历史形象是否真实存在。现在我们能知道的，只是罗马征服不列颠之后，文化上的一些残迹在威尔士被保存下来，有器物层面的，也有基督教层面的。

后面一次诺曼人的征服浪潮则留下了很多历史记录。同千年前的罗马人一样，诺曼人迅猛地征服了英格兰，但到了威尔士这里就没有那么顺利了。在过去的数百年里，英格兰人虽然在政治和经济上占据了主导地位，但威尔士人不断抗争，并一直不认同属于英格兰民族。颇具讽刺意味的是，后来意欲取缔威尔士民族的独立文化与政治地位的，反倒是威尔士后裔英国国王亨利八世。1536年签署的《联合法案》在威尔士力推英国文化与制度，却根本没能让威尔士文化和血统融入英国。《联合法案》将英语定为威尔士的官方语言，并规定只会讲威尔士语者不能担任公职。这对普通民众来说无所谓，因为他们本来就没有担任公职的机会，但贵族阶层受影响很大，所以他们比普通百姓更快地接受了英国文化。[143] 到1640年，威尔士贵族已经大规模转向英语文化。牛津大学在16世纪设立了主要面向威尔士人的耶稣学院，吸引了很多贵族的孩子就读。[144]

英语在1536年被确立为威尔士官方语言，安立甘宗被定为威尔士的官方宗教，经费取之于威尔士民众，不过大部分民众却不信仰这一宗派。威尔士人为此做了几百年的政治抗争，到1920年终于取消了安立甘宗作为国教的地位。威尔士人由此产生的对宗教生活的不满与愤懑，也是他们忌恨英格兰人并谋求独立的重要原因之一。中世纪的威尔士，虽然经济发展落后于欧洲大部分地区，但农业体系已经不仅仅是简单的小农自给，也发展起了庄园、佃农、奴隶，也有产权等概念[145]，产出的农作物和肉产品销往英格兰市场。在越来越多地引进英格兰的农业实践之后，一度原始的威尔士农业取得了一定的进步。但曾改变了英格兰和苏格兰面貌的农业革命却在威尔士来得更晚，发展得也更慢。威尔士地主没钱效仿别处的成功经验去推行农业改革，加之道路系统也不发达，限制了农产品的对外销售。[146]

威尔士历史上一直有悬殊的阶级差异和尖锐的阶级对立。比如，地主大多说英语并接受了英语文化，政治上是保守的托利派，信仰安立甘宗。而佃农仍然主要是威尔士文化，说威尔士语，政治上属于偏自由的辉格派，多数不信奉被立为正统的安立甘宗，而是各有宗派。所以，在1872年开始采用无记名投票制以前，地主常以调高地租或驱逐佃农等方式施压，报复那些不按自己要求投票的农民。[147]

城市里的工厂主与工人之间（无论工厂主是英格兰人还是威尔士人）也存在类似的文化、语言、宗教和政治差异。[148]威尔士百姓的日子贫困潦倒，这加剧了不同阶级间的紧张关系。跟早期的苏格兰人一样，18世纪时威尔士乡下人主要穿自纺布料的衣服，住在家徒四壁的简陋房子中，有些茅草房还兼做猪圈和鸡鸭栏使用。因为没有肥皂，营养条件也差，这些人的健康状况往往堪忧。[149]直到19世纪上半叶，天花、伤寒、猩红热乃至霍乱等疾病还在威尔士肆虐。[150]虽然经过一代又一代人的努力，经济有了一定的发展，但对很多威尔士人来说，生活困苦、时而青黄不接仍然是他们必须面对的生活常态。

得益于本地有很多大煤田，又能用上英格兰的资金、技术和创造精神发展与煤炭相关的产业，威尔士成了全欧洲较早开始工业化的地区。早在1584年，这里就开始发展炼铜工业，随后成为世界铜冶炼的中心之一。历史上威尔士还几度拥有世界上最大的炼铁城市，是世界主要的轧铁板生产地以及全球航运大发展中煤炭的主要来源地。不过除了金属原材料加工，威尔士几乎没有什么制造业。[151] 即便如此，自 19 世纪中叶起，威尔士已经有超过 60% 的劳动人口在非农领域就业[152]，城市化也得到了快速发展。19 世纪早期，威尔士人口中 80% 是农村人口，到 20 世纪早期这个比例反转了过来，城市人口占到了 80%。[153] 采矿业在威尔士经济和社会发展过程中占据核心地位，1914 年这里的众多煤矿总用工人数超过 25 万，支撑起了世界煤炭出口总量的约三分之一。[154]

威尔士现代工业化的快速腾飞主要不是由本地人驱动的，而是外来者的功劳，这种现象一直持续到 20 世纪晚期。威尔士的大型钢铁厂都是英格兰资本家兴建的[155]，其他很多企业也是如此。这些企业雇用的工人大部分来自威尔士乡下，也有些会招用英格兰人和爱尔兰人。[156] 外国工厂主赚得盆满钵满，威尔士工人却在艰难危险、肮脏不堪的环境中采矿炼铁，这进一步加剧了原本的民族积怨。威尔士工人很少有向上发展的通道，这使得他们脾气暴躁而好斗。19 世纪中期，一位政府调查员说："威尔士工人永远做不上坐办公室的工作，当不了文员和业务员，他们或许能当流水线长、承包商之类的，但说到底离不开一线劳动，进不了管理层。"[157]

语言造成了威尔士人和英格兰人之间的文化隔阂，也是威尔士民族身份认同的标志。苏格兰和爱尔兰也曾如此，不过这种情形在威尔士持续得更久[158]，经历工业化也没能改变。至少直到 20 世纪初，威尔士大部分工业化地区的主流语言都还是威尔士语。[159] 但从 1870 年起，英国官方规定学校只能教授英语，学生在学校里说威尔士语会受到处罚，这让本民族语言在威尔士人的后代中衰落下去。1901 年，只有一半威尔士人口仍在使用威尔士语，到 1921 年降到了 40% 以下，1981 年则只剩不到 20%。民族语言的流失在年轻人中尤为突出[160]，例如威尔士最著名的作家迪伦·托马斯竟完全不会说威尔士语。

导致威尔士语衰落的不仅仅是外部强力，仅这一条外因无法解释现存威尔士语地区分布的巨大差异。[161] 在大部分威尔士人口生活的南部和东部，英语成为主流语言[162]，那里也是英格兰工商业和贸易触角最早到达，并对当地生活影响最大的地方。而在北部和西部的内陆地区，威尔士语仍然占据主流。这是因为在英格兰人发展起现代工商业经济的地方，英语是向上层社会流动的桥梁，会说英语就有机会脱离煤矿和工厂的恶劣环境。但是在仍以农牧业为主要生计的地区，这种激励效应就不那么明显了。

在后来的几百年里，威尔士普通百姓仍然传习着母语，而越来越多的上层阶级则改说英语。20世纪，威尔士知识界曾发起一次小规模的民族语言复兴运动，把说威尔士语推为民族身份的一种政治性标志。不过，这次复兴运动主要的效果不在于规劝更多威尔士人重拾古老的母语，而是体现在英国政界中——在威尔士语言区的腹地，威尔士国民党开始偶尔能赢得一两个议会席位[163]，社会上也出现了集会游行、破坏英语标识等现象，威尔士人以此要求伦敦方面让步。1967年，《威尔士语言法案》获得通过，确立了威尔士语和英语在威尔士有同等的法定地位。当地设立了一批以威尔士语为教学媒介的学校，扭转了威尔士语在年轻人中失传的颓势，虽然实际上大部分年轻人仍然只会说英语。英国政府还开通了威尔士语电视频道，这不仅赢得了威尔士语人群的支持，也受到了生活在威尔士的英语人群的欢迎，因为在这之前，电视中常会插播威尔士语节目，这让他们感到恼火。[164]

威尔士的这些民族主义政治运动不单单是威尔士人与英格兰人的纠葛，在威尔士内部，人们对民族主义的话题，特别是语言问题也一直有不同的立场。1979年，威尔士人自己组织公投，以压倒性优势否决了更大程度的地方自治，原因主要是各派系间的互相盯防。[165] 纵观威尔士历史，对民族身份和文化渗透的矛盾暧昧心态贯穿始终。

威尔士是英国主要的钢铁基地，新炼钢工艺在英国的发展给这里带来了很大的好处。到1911年，威尔士西南部地区有2.2万余人在钢厂上班。1913 年，威尔士的煤炭、钢材和轧铁板产量达到历史峰值，随后第一次世界大战爆发，这些产品需求骤增。不过，经历了短暂的战时繁荣，世界对威尔士出产的这些产品的需求大幅下降，一方面是战争带来的需求没有了，另一方面是世界其他地方出现了新的供应来源。到 20 世纪 20 年代，世界市场对威尔士生产的煤炭、钢材、轧铁板等的需求降至新低。从 20 年代中期到 30 年代末，威尔士工人的失业率一直高居 20% 以上，甚至一度高达 37%。[166] 但也不是所有工业门类都一齐倒退，比如铜冶炼行业早在 19 世纪 60 年代后就开始衰落[167]，而有些行业出现了逆势增长。总之，到 20 世纪下半叶，威尔士作为世界主要工业中心的风光已经不再。

20 世纪末期，由于煤炭、钢铁、有色金属、纺织等传统行业的衰落，威尔士经历了一场经济和社会转型。高峰时一度拥有 25 万多人的采煤业，用工数量降到不足原来的十分之一。到 1988 年，钢铁行业的工人规模只有 1970 年高峰时期的三分之一。威尔士的总失业率甚至超过了英格兰，两者在不到 10 年内都翻了一番还多。[168] 威尔士人仍然普遍没有培养出创业精神，受教育程度较高者往往选择做教师或从政，大学里也有浓厚的轻视商业的风气。

最有能力的威尔士年轻人很多都离开家乡前往英格兰，选择到牛津或剑桥求学。[169] 除了著名的罗兰爱思公司，较大的威尔士企业纷纷搬去了外地。到 20 世纪末，威尔士的人均产值在英国本土各地区中排名垫底[170]，公路和铁路交通设施依旧落后，山地起伏、多地理阻隔的条件仍然阻碍着这里的发展。[171] 另外，商界普遍认为威尔士人的商业信用风险较高[172]，很多农业和工业经济活动都只能靠英国政府的高额补贴来维持。[173]

虽然威尔士发展了规模可观的旅游业，特别是在南部沿海地区，但人们还是觉得宜居性差。工业城市老旧衰败、矿渣遍地，还有民族主义极端分子不时搞破坏……更是为这里减分。不过，20 世纪晚期威尔士也培育起了一些新型产业，1983—1984年英国吸引到的外商直接投资有近四分之一投到了威尔士。[174]日本在英国投资建设的最大日资企业集群就在威尔士[175]，一家韩国电子企业也在威尔士投出了欧洲吸引到的最大一笔海外投资。[176]威尔士最大的招商优势是其坐拥大量的劳动力储备，特别是在经济不景气时期，工会已经没底气像过去那样摆出争强斗狠的极端作风，转而开始与管理层务实合作。不过跟在传统产业中一样，新兴产业中的威尔士工人主要是生产零配件，而不是整机成品，即使身在高科技行业，从事的也是低技术劳动。[177]

威尔士的历史体现了被征服国家发展的一般规律，不光是在英国，在非洲、亚洲以及西半球也是如此。如果征服者有更先进的组织体系和技术，那么被征服国家中那些最早臣服并接受了最充分改造的地方将发展成最先进的地区，并长期保持优势，即使后来被征服国取得独立也是如此。另一个规律是，被征服社会中的不同人群接触和接受征服者文化的程度不同，会因此产生或加剧割裂，给政治和文化统一平添曲折。

工会在威尔士的出现晚于英格兰，但威尔士工会的强势以及选民对工党的强力支持使它声名在外。威尔士人出身的英国首相大卫·劳合·乔治领导的自由党失势之后，除工党外还能从威尔士人手中争取到选票的就只剩下共产党了。[178]时常搞大规模罢工运动成了威尔士劳资关系的特色，民族和阶级之别让工厂中的矛盾冲突更加尖锐。20世纪中叶，英国左翼工党中最强势的人物之一便是威尔士籍议员安奈林·比万。

威尔士的历史揭示了一个道理：如果一个地方从来没有创业的传统，凭空培育这种精神是极其困难的，即便外来者在这里创业营商几百年，也未见产生影响效果。在这样的背景下，培养和壮大本地受教育人群规模一般不会彰显创业精神，反而会造就一批既得利益者。他们会加剧各群体间的忌恨和矛盾，他们会利用特殊身份，援引历史上受到的压迫来谋求自己的政治目的，却不惜因此造成既不利于本地人自力更生，也不利于外国人前来创业的社会环境。只是有时，这些人也会因为经济代价惨重而收手，这正是20世纪下半叶威尔士的情况。

苏格兰

不列颠群岛的最北边是今天的苏格兰，这里从未被罗马人征服过。罗马人曾以为征服爱尔兰不会是难事，但并没有成功。[179]苏格兰未被征服，一是因为这里实在贫瘠，二是部族民风彪悍，罗马人觉得招惹这个麻烦不值得。[180]到公元122年左右，罗马皇帝哈德良决定在苏格兰南端的狭窄地峡筑墙为界，以保护不列颠行省免受外敌侵扰。自此以后的千百年，苏格兰几乎与英格兰的发展绝缘。将两者放在一起比较，能看出罗马文明及其后的盎格鲁-撒克逊人和诺曼人对不列颠的影响，以及这种影响是如何在过了很久之后才从英格兰慢慢渗透到苏格兰的。

苏格兰在很长一段时期内都处于不列颠在罗马入侵前的状态，在地理、文化、经济和政治上都只是欧洲文明边缘的一个小国。直到17世纪初，苏格兰农民还用着古代美索不达米亚平原那样的初级农具。[181]人们住在家徒四壁的房子里，很多人出门只能打赤脚，偶尔能穿上兽皮简单鞣制的鞋子就是美事了。[182]很多家庭人畜共居一室，房屋低矮，通风不畅，蚊虫滋生。[183]没有人需要用肥皂清洁自身，也没人去生产肥皂。[184]

政治方面，千百年来苏格兰一直缺乏全国性的法律和秩序基础。每个领主各有律法规则，不同氏族间的血仇争斗让这里一直难有宁日，而与英格兰之间大大小小的冲突战事又让边境脆弱危险。边境地区不但时常有两军交战，更有土匪杀人越货，他们不受任何一边国家的管辖，藐视君权和氏族权威，把这里变成了法外之地。[185]苏格兰人时常越境到英格兰北部劫掠村庄，掳走人和牲口，抢走各种物资作为战利品。[186]

这样的环境当然不会有城镇或产业的发展。[187]13 世纪，苏格兰大一点儿的城镇也不过区区几百人，很难上千。[188]总人口到 16 世纪尚不足 100 万。[189]到 17 世纪，最大的城市爱丁堡只有 1.6 万人。[190]苏格兰的公路交通条件比英格兰差得很远，大部分道路无法通行马车。[191]到了中世纪，人们还常常靠以物易物进行交易[192]，少量流通的硬币都是外国铸造的。[193]苏格兰虽然不断对外作战，却无法自己制造武器，长矛、铠甲、弓箭等都要取自外国。[194]当地也没有职业技能的观念[195]，对外贸易以原材料出口为主，如盐巴、渔获、煤炭、羊毛、兽皮等。[196]大部分地方的民众处于愚昧迷信的状态，据说 14 世纪的苏格兰领主甚至没有人会写自己的名字。[197]

在中世纪，曾有连续几任苏格兰国王试图建立法律和秩序，推动国家的经济和文化发展，向英格兰这样的欧洲先进文明学习。他们尝试将基于亲缘的部落权力体制改革为基于封地的封建权力体制，这样一来，就经常要给新来的盎格鲁－诺曼贵族颁发封地，并建立自治城镇，城中的居民主要是说英语的外来者，而不是说凯尔特语的原住民。自治城镇中的市民多有些凯尔特人所不具备的傍身之技和商业经验，因此能落地生根，发展起来。英语在这些飞地自治城镇中得以传播，并在中世纪取代了凯尔特语成为苏格兰低地的主要语言。[198]在农村，苏格兰地主也请来英格兰农民，向本地佃农传授农业技术。[199]

不过，所有这些变化不是一下子就普及开的，而是每一项都曾遭遇阻力。本地氏族和贵族经常不惜流血抵抗，有些还取得了成功。苏格兰君权在不同时间、不同地点的影响效力并不一样：在多山的高地地区君权最弱，那里的人们长期保持了不受征服者压制的自由，也长期隔绝在欧洲文明之外。苏格兰高地就这样独守了几百年，人们仍然说凯尔特人的盖尔语，保留着古老的本地传统风俗。而低地的文化则慢慢地与英格兰风俗习惯融合，人们开始讲有苏格兰方言的英语。从英格兰、北欧和欧洲大陆等地新来到苏格兰的人跟低地人融合在一起，又在低地和高地之间造成了新的文化鸿沟，并持续了几百年。[200]高地苏格兰人常常要靠抢掠低地的农场和城镇过活。[201]有人说，高地苏格兰人最大的快乐是偷抢，第二大快乐是破坏。[202]14世纪有位作家形容低地苏格兰人是"居有定所、文明开化"的民族，而高地苏格兰人则"野蛮桀骜、粗鄙独行、抢掠成性、极端残忍"。[203]

在中世纪的苏格兰，北欧斯堪的纳维亚人、诺曼人、低地苏格兰人和高地苏格兰人都在竞争对各地的控制权，苏格兰国王不但要防范英格兰人，还要跟国内的贵族阶级斗争。此外，很多地方诸侯，无论是不列颠裔还是北欧裔，都在不列颠群岛各处有自己的势力范围，其中有些就在苏格兰。经过几百年的整合，这些势力范围才被分划到苏格兰和英格兰君主治下。[204]直到有了火药和枪炮，君主才取得了绝对的实力优势，因为只有各国国王能获得这些耗资不菲的新式武器，借此打开那些抗命不遵的地方贵族的城堡[205]，从而建立统一的秩序。

13世纪末，英格兰发动了对苏格兰的侵略。到14世纪，英格兰占领了贝里克城，在那里展开了丘吉尔所说的"野蛮人看到都会惊愕不已的屠杀劫掠"。[206]他们大肆屠戮当地居民，将其折磨至惨死，英格兰国王甚至亲手放火烧毁城中房舍。这场贝里克战役过去几百年后，苏格兰士兵在与英格兰交战时还会高喊："勿忘贝里克之耻！"他们把俘虏来的英格兰军官活着剥皮，引发新一轮的以暴制暴、以牙还牙。[207]

在那些晦暗的年月里，双方边境一带是两军频繁交战的战场，也是法外之地。在那里，纷争的氏族、流寇强盗、自封的"治安队"和以保护为名行勒索之实的土匪横行乡里。这些游离势力既不效忠于英格兰国王，也不向苏格兰称臣，而是"随心所欲地有时自称苏格兰人，有时又自认是英格兰人"。[208]这样的边境乱治持续了数百年，带来了严重的恶果。人们无视律法，靠个人动武和家族暴力私下裁处纠纷。偷窃牲畜、私占无主土地、拐骗妇女等无法无天的行为频发，社会上充斥着残忍暴戾的风气。当时的英国边境如此，后来的美国边境也是这样。[209] 在移民爱尔兰北部阿尔斯特省的苏格兰人中，曾经的边民占了很大比例[210]，这也给那里造成了社会长期不安定的局面。

后来的几百年，苏格兰内部逐渐安定。又过了很久，苏格兰、英格兰之间的军事对峙有所缓和。经过了几个世纪的或战或谈，苏格兰和英格兰终于统一在一起。苏格兰国王詹姆士六世继承了英格兰王位，成为英格兰国王詹姆士一世。1603年，两国统一到一位国王治下，但仍保留了各自独立的议会和政治制度。一百余年后的1707年，两国完全统一，共同在伦敦设立一个议会。这标志着苏格兰历史上政治、经济、社会和文化发展的一次重要转折。

与此前罗马征服不列颠的情形相同，统一带来的首要经济社会成果是法律和秩序的建立。在边境安宁下来后的400年里，英格兰、苏格兰两地之间的贸易终于开始增长。[211] 此时的英格兰在经济、人口和军力上都远远领先于苏格兰[212]，贸易恢复后苏格兰接触到更发达的社会，尝到了贸易的甜头。苏格兰的城市在18世纪得到快速发展[213]，农业和工业也都取得了进步。[214] 对外贸易不仅能进入英国本土市场，也面向整个大英帝国。1728—1738年，苏格兰亚麻布的出口量翻了一番。[215] 另外，人口死亡率大幅下降，因而人口快速攀升。[216] 18世纪中期，苏格兰总人口约为125万，在此后的70多年里，人口增加了近一倍。[217]

苏格兰的经济和文化发展过程交织着宗教、王朝家族、军事斗争等复杂因素，其根源在于困扰着全欧洲的新教与天主教的历史分歧。1745年，高地人民发动了最后一次起义，意图复辟天主教的斯图亚特王朝，拥立"美王子查理"为君主，这是高地历史上的一次文化转折。起义军起初占领了珀斯和爱丁堡，取得了部分胜利，但这位"王位觊觎者"的军队最终还是败给了英格兰人与忠于王室的低地人组成的联军。随之而来的是一段惨烈报复和高压维稳的时期,高地的大氏族和族长的军事和政治实力全被瓦解,甚至穿着苏格兰传统短裙和有氏族标志的格呢布料都一度被禁。

1745年的起义失败后,高地原来的文化根基被破坏,高地人开始在文化和政治上逐渐被低地和英格兰同化。18世纪中期,高地人仍然主要使用盖尔语,但开始渐渐被英语取代。与外界的公路修通后,低地的宗教、学校、法律秩序、农业技术和生活方式随之来到了高地。盖尔语言文化被斥为野蛮,甚至高地人自己也开始这么想。高地人的氏族领袖都把孩子送到低地接受教育。[218] 久而久之,苏格兰的人口越发向低地集中。[219]

苏格兰低地很早就开始被英格兰同化,特别是富裕的、受过良好教育的阶层。文化同化不仅仅是使用英语,还有家庭生活、农业生产,有些人还改了信仰宗派——大部分苏格兰精英都属于英格兰的安立甘教会,而非苏格兰教派。连一些苏格兰精英领袖也认为苏格兰文化属于劣等文化[220],他们积极效仿英格兰的耕作方式,却很少反思这些方式是否适合气候和土壤条件都不同的苏格兰。例如,大力引进的英格兰犁铧,在苏格兰石基坚硬的土壤上很难派上用场,后来又被普遍弃用。不过整体来看,通过学习英格兰进行改革,苏格兰的农业产量提高了,但改革也导致一些佃农和雇农被迫背井离乡。[221]

在18世纪中期,大部分高地人基本上还不会说英语[222],直到19世纪初,高地仍然通行盖尔语。[223] 19世纪,一些高地苏格兰人放弃盖尔语改说英语,并因此比别人接触到了更多的人和更先进的文化。他们有机会阅读海量的英语文献,一下子打开了千百年积累下的各门类知识宝库,借由英文译本还能了解过去数千年其他语种作者的智慧成果。相比之下,盖尔语主要是一种口头语言,很少有文献留下,即便有也鲜有人能阅读。[224] 总之,这些人不仅学会了语言,更接触到了全新的知识，范畴远远超过了不讲求读写的盖尔语民间文化。虽然并不是每个普通的高地人都能阅读到英语经典，但知识阶层必然由此接触到他时他处的思想成果，特别是当时英语世界的各种思想，这让他们意识到在苏格兰高地以外还有更广大的经验世界。这样的启蒙必然会消解千百年来故步自封的本地文化。

特别是苏格兰低地的文化进步，并不全是从英格兰传播进来的。在 1603 年两国王室联合以前，苏格兰就出现了不少内生的社会进步。16 世纪，约翰·诺克斯推动宗教改革，从罗马天主教转向新教，建立了广受拥护的长老会。长老会凭借广泛的影响力和手中掌握的资源开办学校，推动大众教育。起初，教育仅限于狭隘的正统[225]，而没有汲取欧洲的科学、文学、艺术大师的影响。[226] 不过，毕竟在曾经连贵族都是白丁的苏格兰，现在普通人也有了受教育的机会。到 18 世纪晚期，苏格兰低地发展出了全欧洲普及度最高的教育体系。[227] 教育成了向上流动的通道，在教会内部尤其如此。经年累月，教育快速普及覆盖了社会各阶层，孕育了苏格兰最早的知识分子群体，不仅数量多于以往，素质也不可同日而语。

历史学家亨利·巴克尔曾写道："这个曾经贫穷无知的民族在人类知识的每个分支领域中都产生过有创见、有成果的思想家。"[228] 其中有伟大的哲学家休谟，还有很多新学科的开山鼻祖，如亚当·斯密之于经济学、约瑟夫·布莱克之于化学、约翰·米勒之于社会学等。在文学领域，罗伯特·彭斯的诗歌、沃尔特·司各特爵士的小说各领风骚。苏格兰还有当时最好的建筑师，罗伯特·亚当的作品对全世界产生了广泛的影响，大到宫殿建筑，小到书籍装帧，他的风格被后世在设计各类对象时学习传承。[229] 在应用科学领域，瓦特发明的蒸汽机不仅催生了大规模制造业和铁路，还带来了内河与海洋航运的变革，促进了全球人员与货物的流动。

在医药领域，苏格兰同样后来居上。爱丁堡大学于 1726 年设立医学院,所有的创始教授都毕业于荷兰莱顿大学医学院,效法那里的模式办学。到18世纪下半叶,爱丁堡大学医学院一跃成为欧洲顶尖学府,吸引了大量海外留学生,也向海外输送了大量苏格兰医生。[230] 1720年至1790年,爱丁堡医学院共培养了约1.28万人。[231] 其中,后来移民北美弗吉尼亚的就有几十人,还有很多人散居在北美殖民地各处。[232] 1765年,爱丁堡医学院的毕业生在费城建立了北美第一所医学院。三年后,另一位爱丁堡校友建立了国王学院,后来更名为哥伦比亚大学。1798年在达特茅斯建立的医学院同样是爱丁堡校友的手笔。[233] 18世纪的俄国也有很多苏格兰医生,包括叶卡捷琳娜二世的御医,当时圣彼得堡卫生局的局长也是苏格兰人。[234]

从18世纪中期到19世纪中期,英国知识界的大师中有相当多是苏格兰人或苏格兰人后裔,除了前面已经提到的,还有哲学家弗兰西斯·哈奇森和托马斯·里德,经济学家、政治学家詹姆斯·穆勒和约翰·穆勒,历史学家托马斯·卡莱尔,等等。苏格兰还拥有当时全英领先的学术刊物《爱丁堡评论》。苏格兰人在英国知识界占据了主导地位,类似有些国家犹太人在知识界举足轻重的地位,但是苏格兰人可不像犹太人那样,犹太人千百年来都有尊崇智识的好底子。而且,苏格兰人对知识界的影响远不限于英国,在18世纪下半叶的黄金时代,苏格兰知识分子群体走在了欧洲各个文明的前沿。

出色的苏格兰学者大多有相似的出身。他们几乎全部来自低地,既少出自寒门,也少见贵族子弟,绝大部分都来自中产阶级家庭。[235] 贵族对这些人照顾提携,时常充当伯乐和资助人。[236] 最典型的例子要数詹姆斯·穆勒,为了报答约翰·斯图亚特爵士的资助,他给自己的长子取名约翰·斯图亚特·穆勒。这个时期的富裕阶层已经能受到良好的教育,却很少有出人头地的知识精英,这似乎是个怪现象,可能是因为他们自满于既得社会地位,失去了通过勤奋充分实现才华的动力。

苏格兰启蒙运动的成就如此辉煌，却诞生于区区一个小国，疆土面积小于葡萄牙、危地马拉，甚至不如美国的佛罗里达州大，总人口也不及今天的纽约或东京的一半。而且这些大学者还不是出自全国人口，富裕阶层、贫困阶层和高地居民都不在此列（哲学家亚当·弗格森例外[237]），这就更让人叹服了。

苏格兰黄金时代的知识精英还有一点不寻常之处，即在时间和领域上的高度集中。此前，除了中世纪的哲学家邓斯·司各脱以及17世纪创立了对数和小数计数的数学家约翰·奈皮尔，苏格兰几乎没出过享誉世界的学者。18世纪的这次启蒙黄金时代，不仅空前，而且绝后。另一方面，虽然是黄金时代，苏格兰人却很少在剧作和音乐领域有什么建树。[238] 在此之前，苏格兰人没能取得太多令人瞩目的成绩是不难解释的：早期他们的受教育程度普遍很低，后来的教育又受到教会的压制。但是到了黄金时代之后，苏格兰人却再没能续写知识领域的辉煌，究竟为何不得而知。

在日常生活层面，自从1707年与英格兰统一后，高地就和低地一样被卷入了苏格兰文化进步的潮流，只是高地发生变革的时间要晚一些。两者相比，高地依然民风粗犷[239]，低地更快地实现了普及教育[240]，马铃薯传入低地也比高地早了15年。[241] 但是不论高地人还是低地人，都觉得自己的文明程度和礼仪教化落后于英格兰。高地人往往效仿低地人，而低地人则学习英格兰人。[242] 受过一些教育的苏格兰人会有意识地撇掉苏格兰的方言土语。[243]

这种情况其实不单纯是主观印象，苏格兰人的很多生活习惯确实是当时的英格兰人无法接受的，特别是个人卫生。乡下人更是出了名地邋遢不堪，搬进城市生活后他们制造了很多卫生隐患。18世纪末，有到访爱丁堡的人曾记录，居民不再把粪便泔水从窗口直接泼到街上，实在是一大进步。此前，路上的行人必须随时提防，避免被泼个当头。[244] 伴随着卫生习惯的改善，他们在举止、着装、家具布置、文化活动等方面也有了进步，这很大程度上要归功于 18 世纪中期苏格兰的经济繁荣，带来了物质基础的改善。

1760 年至 1790 年，在苏格兰做零工的工资涨幅快于生活成本的上涨[245]，虽然生活水平的提升很慢，且在各领域并不平均，但工资上涨还是让生活好过了一些。18 世纪早期，苏格兰的一些大农庄和教堂就用上了玻璃窗户，但直到 18 世纪中期，很多普通百姓仍然住在只消一天就能建好的、一平方米左右的简易草房里，以树枝铺地、茅草做顶。[246]1861 年，苏格兰超过四分之一的人住在只有一开间的房子里，但 50 年后这个数字降到了十分之一以下。[247]

经济发展起来了，苏格兰的劳动人口开始从农业转入工业。19 世纪中期，受雇劳动人口中还有四分之一在从事农业，50 年后下降到只有 11%，到 1971 年进一步降至 4%。不过在高地，直到 1911 年仍有逾 40% 受雇劳动力从事农业。农业向工业的转型让城镇越发展越大，1861 年，苏格兰人口中有 28% 住在人口超 5 万的城镇，但尚没有一个 50 万人口的大城市。仅仅 50 年后，已经有 42% 的人住在人口超过 5 万的城镇，其中包括 20% 住在人口超 50 万的大城市。到 1911 年，苏格兰的人均收入几乎与全英国的水平持平。只是其经济高度依赖重工业，受世界市场变化和其他工业区崛起竞争的冲击很大。因此，20 世纪 20 年代末到 30 年代末，苏格兰的失业率一直高于英格兰。[248]

在有些方面，苏格兰不仅追平甚至还超越了英格兰，在教育上尤其显著。早在 18 世纪，就有英格兰贵族把孩子送到苏格兰的大学读书，那时人们认为牛津、剑桥止步不前，苏格兰的大学才是最好的。[249] 从北美殖民地赴英留学的学生，去爱丁堡的人数超过了去牛津或剑桥的人数。[250] 除了在医学和工科教育上独占鳌头，苏格兰的普通教育也开始超越英格兰。1872 年，小学义务教育率先在苏格兰推行，17 年后才在英格兰实行。1889 年苏格兰实现了小学教育免费,两年后英格兰才效法跟上。苏格兰在校大学生人数虽然从未超过英格兰,但这主要是因为两者人口基数相差太大。如果按比例算,1830年至1950年,苏格兰大学生占人口比例一直远超英格兰。[251]1750年,苏格兰的文盲率为男性22%,女性77%;[252]100年后,青年男性文盲率降至11%,青年女性则为23%,但是地区间差别较大,在低地的贝里克郡男女文盲率均只有1%,而在高地个别地方达到男性37%,女性49%。到1917年,全苏格兰的文盲率降至男女均只有1%,即使在19世纪中期文盲率曾经很高的高地,文盲率也下降到了3%以下。[253]

跟爱尔兰和威尔士不同,苏格兰培养出了自己的企业家、产业家和资本家阶层,在出现产业人群之前很久,就已经有了商业人群,这与英格兰类似。[254]很多出身平凡的人成了全国甚至国际瞩目的商业大亨。[255]苏格兰人在工程、钢铁、造船、纺织、化工等领域都有非凡的成就[256],而这些大多是在19世纪初薄弱的产业基础上发展起来的。1805年,苏格兰生产的生铁只占全英国的5%,到1835年占到了近30%。[257]1831年,克莱德河沿岸造船厂中的工人数量只有英国造船业的3%;但到了1871年,这些造船厂的用工规模占到全英同行业的21%,出厂船舶数量占全英的48%。[258]

工业时代的很多技术发明创造都出自苏格兰人之手。例如,一位格拉斯哥人发明了船用锅炉,截至1876年,英国海上商船中有四分之三都采用这项发明做动力。[259]世界上第一个工程学教授教职也是1840年在格拉斯哥设立的。[260]不管是在基础科学还是应用科学领域,苏格兰的几所大学都走在了英格兰各个大学的前面[261],而英格兰的大学还在推崇传统的经典教育。[262]19世纪下半叶,日本作为新兴强国在世界舞台上崛起,也要向苏格兰学习科学技术。[263]在农业领域,苏格兰18世纪初还落在英格兰的后面,但学习并推广了英格兰的耕种方式后,实现了农业技术水平的反超。[264]

从古老的耕种方法向现代农业技术的转变对苏格兰产生了深远的影响，土地单产大大提高，农业劳动者收入增加，土地主的产业也越发壮大。从 18 世纪中期到 19 世纪上半叶，在发生经济革命的同时，社会格局也出现了巨大变革。这不见得完全是好事：佃农阶层规模缩小，失地雇农增加，市场经济变动不居，流动与不确定性取代了过去人们一成不变的角色和预期。[265] 苏格兰内部的人口流动变多了，失去祖地和生计的人们背井离乡到外地谋生。19 世纪中期，苏格兰总人口中有三分之一发生了跨郡流动，甚至还有一些人移居海外。[266]

在这段时间里，苏格兰有一类人完全被历史的趋势影响，另一类则没有。将两者的境遇做一对比，不难看出上述历史变化的深远意义。1610 年，英国在爱尔兰设立阿尔斯特省，作为英格兰人和苏格兰人向外移民的定居地。贫困的苏格兰人趋之若鹜，占到向爱尔兰移民的绝大多数。从英格兰移民出去的人相对要富裕一些[267]，而移民阿尔斯特省的这批苏格兰人，老家还是处在欧洲文明边缘的落后小国。他们作为拓荒和殖民的先民，在几百年里要不时地面对因失去国土而怀恨在心的爱尔兰人的武装反抗。

苏格兰人骠勇凶狠和氏族团结的传统让他们在这片敌意四伏的土地上扎下根来。移民开始 30 年后，阿尔斯特省的苏格兰人口已经达到 4 万多[268]，后来还不断有新人迁入，不过到那时苏格兰已经发展进步了很多。因此，并非所有的阿尔斯特省苏格兰人（后来被称为"苏格兰裔爱尔兰人"）都是贫穷没文化的乡巴佬。不过总的来说，他们还是落后于留在苏格兰生活的人，这种差别不仅在英国国内体现得很明显，后来他们到了美国和澳大利亚也是一样。

爱尔兰

无论在欧洲大陆还是在不列颠群岛，凯尔特各民族都有一个共同点：虽然生活在广袤连片的土地上，面积相当于今天若干国家之大，却无法团结起全民族的力量共御外敌。恺撒大帝能够在高卢所向披靡，很大程度上是因为那里的凯尔特民族不够团结，让他得以采取在政治和军事上分而克之的谋略。[269] 在罗马入侵以前，凯尔特人各部族本来占不列颠人口的大多数，但也是因为同样的原因，一百年后就步高卢后尘被罗马人征服了。一千年后，内部不睦又让爱尔兰在不列颠的侵略面前难堪一击。

各自为战的爱尔兰人无法打退不列颠侵略者，而不列颠人也僵持了几百年没有拿下决定性的胜利。爱尔兰没有一个中央政府，所以不会有政府投降或垮台这样标志性的战败事件。这次入侵始于13世纪，但直到15世纪不列颠对爱尔兰的控制还仅限于一些有卫墙的城池和都柏林附近的狭长沿海地带。[270] 在后来的几百年里，不列颠也曾全面军事占领爱尔兰，不过地下反抗组织的活动此起彼伏，不时散播恐怖活动或发动民众起义，但都遭到血腥镇压。

在不列颠人对爱尔兰人的历次镇压中，最为惨烈、激起民愤最大的一次是1649年奥利弗·克伦威尔发起的爱尔兰远征，出师之名是要替在1641年罗马天主教徒起义中丧命的新教徒报仇。克伦威尔仇视罗马天主教，尤其痛恨天主教牧师，因此在战斗中残忍无情，得胜后大肆报复，屠杀手无寸铁的俘虏，大量没收爱尔兰地主的土地，分赏给移民来此的不列颠人。1641年时，原住民天主教徒拥有爱尔兰约五分之三的土地。但仅仅24年后，他们的土地份额就下降到了五分之一。到1709年，本地人在自己祖国拥有的土地只占土地总量的14%。[271]

克伦威尔远征是爱尔兰历史上的一道分水岭，约40%的爱尔兰人在战争中或战后的大饥荒中死去。[272] 在克伦威尔的征服后，爱尔兰人成了身在祖国却被剥夺了很多基本权利的民族。这一时期对原住民实行惩罚性的《刑事法》，规定爱尔兰原住民不能参加选举、担任公职或被授予军衔，也不能自由信奉天主教，除新教的教育外不得接受其他教育，还要缴纳税赋供养安立甘教会。虽然《刑事法》中的这些规定并未全部严格执行，但爱尔兰人还是遭到各种未经合法程序的剥夺。例如，很多不列颠地主私设牢狱惩处爱尔兰人，虽然这是违法行为，但陪审团常常拒绝将实施压迫的地主告上法庭。[273]

爱尔兰人则通过兴办地下天主教教育和发动秘密恐怖组织来反抗，以惨烈的游击战打击不列颠统治者和通敌的爱尔兰奸细。对此不列颠人毫不示弱地进行了强力镇压，将带头者处以绞刑。[274] 后来，《刑事法》有所放宽，爱尔兰人开展了非暴力政治运动，最终促成1829年全面废止《刑事法》，史称"天主教徒解放"。

19世纪早期，爱尔兰人生活极度贫困，人口平均寿命只有19岁，而当时美国的奴隶平均寿命都有36岁。跟爱尔兰人居住在憋闷的小矮房比起来，当时一般美国奴隶住的房间要更大一点儿，而且好歹有床垫睡，而爱尔兰人大多睡在茅草席上。[275] 美国奴隶的饮食也要丰富些，甚至有劣质肉吃，而爱尔兰人以土豆为食，偶尔能吃上鱼，一年到头可能都见不到一点儿肉。[276]19世纪初，这样的贫苦状况是爱尔兰百姓生活的常态。19世纪40年代又暴发了马铃薯晚疫病，收成受到影响，人们连基本的食物来源都没有了，境况更加凄惨。

在由此引发的大饥荒中，约100万人死于饥饿或营养不良导致的疾病。[277]19世纪40年代至50年代，有近200万人移居国外。[278] 最贫穷的移民一般到近邻英国落脚，其他人则多去往美国，常常是搭乘最廉价、最拥挤的客船货船，待在破烂肮脏的船舱里漂洋过海。[279] 不管去往英国还是美国，爱尔兰移民到达后往往住在条件最为脏乱差的贫民窟，从事最没有技术含量、收入最微薄、工作最危险的职业。[280] 因为人口大量逃往英美，到1891年，本地出生的人口有近五分之二已移居国外。[281] 爱尔兰在1841年有800万人口，到1926年减少至不足一半。[282] 到20世纪末，美国的爱尔兰裔比爱尔兰本土人口还多。[283]19世纪初，爱尔兰裔占英国总人口的三分之一，到20世纪中期下降至不到10%。[284]

文化上，爱尔兰人并入了英国的语言体系，但宗教和政治上则不然。到19世纪中期，只有约五分之一的爱尔兰人还在说本民族语言，但各郡人口中有十分之九仍然信奉罗马天主教。[285]在工业化方面，爱尔兰人远远落后于英格兰。与苏格兰不同，1801年通过《联合法案》并入英国后，爱尔兰并没有实现工业化发展，反而因为工业基础竞争不过英格兰，除了亚麻纺织，其他产业悉数退步。[286]爱尔兰的农业也不如英格兰发达，英格兰地主会亲自守在田间地头监督耕作技术的实施，而爱尔兰地主常常是把家里的地一租了之，靠租金在英格兰生活。苏格兰的经济发展水平远在爱尔兰之上，很多苏格兰人在国内外从事银行业，而在1793年以前的25年里，爱尔兰的都柏林没有一家私营银行开张。[287]20世纪初期，苏格兰产业工人的劳动生产率比爱尔兰工人高出约20%，在当时两国人口基本相当的条件下，苏格兰工业总产值是爱尔兰的近4倍。[288]

在政治方面，爱尔兰争取脱英独立的运动到1922年发展到了顶峰——"爱尔兰自由邦"于这一年成立，除了新教徒占主体的阿尔斯特省，大部分地区宣告独立。过去，阿尔斯特省的多数派和少数派以信奉新教还是天主教来区分，但其实他们分属不同民族，两者分歧难以弥合的根源并不在于宗教信仰。阿尔斯特省仍然充斥着社会冲突和恐怖主义行动，而独立后的爱尔兰自由邦脱离了这种困局。不过独立没能解决很多历史遗留的经济和社会问题，20世纪80年代末，失业率居高不下，税收负担名列欧洲前茅，国家债务额比一年的国民生产总值还高，这些不容乐观的指标都反映了爱尔兰的国民经济状况。另外，年均外流人口4.6万，虽然生育率高居欧洲前列，但全国总人口从350万不断下降。[289]

爱尔兰自由邦的生活水平大大低于阿尔斯特省，而阿尔斯特省的生活水平又逊于英国整体。不过阿尔斯特省毕竟有来自英国纳税人的贴补，从英国得到的补贴比上缴的税收更多。

在阿尔斯特省内部，天主教徒往往比新教徒贫穷，从事高级工作的比例更少，需要靠政府公共住房扶助者更多，这些都源于人力资本基础的差距。比较世界各地的爱尔兰人与苏格兰人和英格兰人的情况，也能观察到这种差距。不过阿尔斯特省的爱尔兰人喜欢把这归因于歧视，只是所谓的歧视往往只表现为统计差异，而鲜有实实在在的个案。以受教育情况为例，学生中的原住民天主教徒与阿尔斯特省的新教徒相比，更少选择学习科学技术专业。[290]

世界中的英国

英国的历史当然不仅仅限于不列颠群岛。历史上没有哪个国家像英国这样，如此深刻地影响了世界的重大历史进程和制度，左右了其他民族的命运。英国的文化成就、工业革命、分权制衡的政府、对世界多地的征服都产生了社会、文化、政治等方方面面深刻的影响。今天，包括美国在内的很多地方仍然生活在这些影响之中。法治和政治方面的很多基础性概念以及孕育这些概念的传统都源自英国，许多塑造了现代世界的科技也滥觞于此。

英国引领世界进入工业化时代，技术的影响遍及全球。英国的政府体制彰显了法治与政治原则，为万国做出垂范。不过，由英国海外移民直接改造的其实只集中在几个地区，主要是英国人扎下根来的海外社会，即美国、加拿大、澳大利亚和新西兰。随着他们输出的不是单一的英国文化，而是一系列文化，不但有英格兰、威尔士、苏格兰、爱尔兰的民族之别，就算同属一个民族的人，也因来自英国不同地区而有着迥异的文化背景。

这些群体到异国他乡后对当地社会的改造，一方面体现了他们在故乡本已有之的差别，另一方面也塑造了迁入地的历史。

海外英国人

除了民族有别，还有很多因素可以将英国人划分成不同的人群，各人群之间其他方面的差异并不亚于民族之别。无论是在故乡还是到了海外，爱尔兰、苏格兰、威尔士、英格兰几个民族各自走出了不同的历史道路。而来自英格兰、苏格兰内部不同地方的人，以及人们泛称的"凯尔特边地"与英格兰主体文化区之间同样有着不同的历史。

作为一个有着独特文化的群体，爱尔兰人把自己的生活方式带到了世界各地。虽然有些行为方式在代代相传中发生了变化，但不管在国内还是海外，爱尔兰人的行为方式都很与众不同。19 世纪的爱尔兰移民到达英美以后，多数成为身无长技的城市无产者，他们虽然在大城市落脚生活，但生活方式还是农村老家的那一套。例如，19 世纪美国和英格兰城市中的爱尔兰人还要养猪养鸡，还是把生活垃圾直接扔到街上。因此，霍乱和其他由不良卫生习惯引起的疾病在爱尔兰人社区中尤为严重。[291]

无论是在国内还是在国外，斗殴和酗酒都是爱尔兰人的标志性作风。[292]19 世纪，美国费城和英国伦敦的爱尔兰移民都从事相近的职业[293]，在澳大利亚也大抵如此，只是有不少人定居在农村。[294]移民澳大利亚的爱尔兰男人绝大部分做体力工人，而女人大多做家仆。[295]直到 19 世纪八九十年代，在澳大利亚工作的爱尔兰妇女超过 95% 是做家仆的。在同一时期的美国，这个比例也大致相同。[296]

不过阿根廷的情况不太一样，在那里爱尔兰移民有机会获得土地，这吸引了很多人离开最初落脚的布宜诺斯艾利斯。离开城市的爱尔兰人多数还是聚居在一起，在他们聚居的社区中，直到 20 世纪爱尔兰名字仍是主流。[297]19 世纪初，这些爱尔兰人为羊群主打工养羊以谋生，起初的条件非常艰苦，但随着全球市场对阿根廷羊毛和羊肉的需求走强，这些爱尔兰人也过上了好日子。[298]

天主教会是爱尔兰人生活的重心，在国内和海外都是如此。教会对推动海外爱尔兰移民社会的发展，帮助他们接受更好的教育与行为规范起了重要作用，让爱尔兰移民的后代能更好地融入英、美、澳的社会。但是在阿根廷，教会的组织反而让爱尔兰移民保持了独立的社会圈子，拒绝变成其他阿根廷人的样子，虽然阿根廷人也是天主教徒。新来的移民在码头上岸后会被直接带走，男人被带去爱尔兰人雇主那里劳作，女人则会被带去跟前期已经站稳脚跟的爱尔兰移民结婚，他们生下的孩子会送到爱尔兰天主教会的学校接受英语教育。[299] 移民在阿根廷读的都是英语报纸，内容是家乡郡县的地方新闻。[300] 爱尔兰人在当地社会中形成的这种小领地，直到20世纪中期胡安·庇隆当权之后才慢慢消失，自此爱尔兰人不再有自己的专属学校。[301]

在世界各地，爱尔兰人十分擅长那些要求人情练达的职业，出了很多政治家、作家、法官律师、工会领袖等，而在需要数学、科学能力和创造力的方面则成就不大。爱尔兰移民仍暗地里维持着故乡的宗教和社会机制，从中磨炼出的组织能力让他们走上了工会的领导地位和城市的政治舞台，在英、美、澳、加都是这样。1900年美国劳工联合会共有110家工会加盟，其中50家的主席都是爱尔兰人。[302] 爱尔兰人对19世纪美国大城市政治机关的掌控，从东海岸到西海岸无处不在。[303]

无论是在美国、英国，还是在澳大利亚，爱尔兰政客一般都是左翼，而且是左翼中的务实派，关心如何为工人阶级选民争取眼下的、实在的利益，而不是靠意识形态划分阵营推动社会重构。[304] 在英国，爱尔兰人多数集中在工党，在美国主要是民主党，在澳大利亚则是澳大利亚工党。从1929年到1949年，澳大利亚有四任总理是二代爱尔兰移民，主宰了该国政治。[305] 英国和加拿大也有过爱尔兰裔首相和总理，美国的第一位爱尔兰裔总统1960年上台，1980年美国迎来了第二位爱尔兰裔总统。

威尔士人在海内外也表现出自己的显著特征。比如，跟爱尔兰人非常不同，他们移民海外的意愿要低得多。按人口比例算，爱尔兰人移民海外的比例比威尔士人高出 20 倍还多。[306] 尽管移民出去的威尔士人不多，他们仍然把故乡的文化习惯带到了海外，比如到了澳大利亚和美国仍愿意做矿工。[307] 他们也带去了本民族的语言、宗教以及对民族认同的矛盾态度。在 19 世纪的阿根廷，威尔士移民曾建设起一处自己的居住地，希望借此保留民族文化身份，不过还是得倚仗英国政府的庇护和帮助。也因此，一战爆发后，生活在阿根廷的威尔士人自愿为英国参战。[308] 久而久之，阿根廷的威尔士后裔说起了西班牙语，在文化上被同化成了阿根廷人。[309]

另一边，随着时间的推移，移民美国的威尔士人大多融入了美国社会。不过早期到来的威尔士人还是说自己的语言，在本民族聚居较多的地方基本上不与外族通婚。[310] 早期威尔士移民多定居在宾夕法尼亚州，因此今天那里还有不少威尔士语地名，如 Bryn Mawr、Haverford、Radnor、Merion 等。[311] 威尔士是世界上最早实现半数以上人口脱离农牧业迈入工业化的民族，所以自然有大量威尔士移民到美国后进入矿山和钢厂工作。当然还有一部分选择务农，多是到地貌与威尔士相近的山区去。1869 年，宾夕法尼亚发生了一次矿山火灾事故，死亡的一百多名矿工中至少有三分之二是威尔士人。[312] 威尔士裔还出了不少美国名人，包括总统托马斯·杰斐逊、民主党领袖杰斐逊·戴维斯、大法官查尔斯·埃文斯·休斯等等。传奇人物工会领袖约翰·L. 刘易斯的中间名"L"即代表威尔士传统名字 Llewellyn，他所领导的工会也正是威尔士的传统行业——矿业。

在澳大利亚，威尔士移民主要从事矿业。19 世纪 40 年代，南澳大利亚州殖民地发现了铜矿，吸引了第一批威尔士移民大量前往，到 1851 年，当地的威尔士人口从 300 人增加到 900 人。这些早期移民很多人不说英语，只说威尔士语，还将居住地附近的街道以威尔士语命名。后来南澳大利亚州发现了越来越多的铜矿，维多利亚又发现了金矿，澳大利亚的威尔士人口随之涨了好几倍。在维多利亚地区，1851年以前威尔士人口不足400人，但10年后激增到6 000多人。到1865年，当地至少有21座不属于安立甘宗的威尔士人教堂。澳大利亚的一处煤炭产区不但吸引了大量威尔士矿工前来，还得名"新南威尔士"，后来成了澳大利亚的一个州，州内很多地方也以威尔士语命名。在北边的昆士兰，威尔士煤矿工人社会开枝散叶，也传播了以威尔士语为媒介的宗教仪规。

在这些聚居的矿业小社会以外的威尔士移民，多被澳大利亚主流的英格兰民族文化同化了。不过直到1886年，澳大利亚的威尔士移民仍然有一半人使用威尔士语，然而在澳大利亚出生的威尔士裔年轻人中，威尔士语迅速衰落。后来威尔士移民的迁入大大减少，因此也没有外部动力去巩固和发扬威尔士文化。19世纪，有些威尔士文化倡导者曾试图建设威尔士人居住地以保全本民族文化，却无果而终。到了20世纪下半叶，打着"多文化"旗号推行的民族复兴又力度太弱，时机也太晚，已经难以挽回威尔士裔在血统和文化上融入澳大利亚社会的趋势。[313]

传统上把不列颠群岛的居民分为英格兰人、苏格兰人、爱尔兰人和威尔士人的方式并不能反映英国人之间的各种文化分别，甚至不足以反映很多最显著的区别。即便同属一个民族的英国人，也常因为籍贯是英格兰或苏格兰内部的不同地方而差别很大。所以，在海外苏格兰人中，同样有高地人和低地人的巨大文化分别，高地人和低地人又都跟移居爱尔兰阿尔斯特省的苏格兰人迥然不同。

移民北美殖民地的苏格兰人大多是包身劳工，路费由殖民者支付，劳工要免费为其劳动数年来抵偿路费。[314]高地苏格兰人到达北美后，主要住到了北卡罗来纳。他们很少住在阿尔斯特省苏格兰人的聚居区，而是另选该州的其他地方落脚。[315] 直到 19 世纪，来到美国的高地苏格兰人仍然说盖尔语，因此长期不与其他地方来的苏格兰人交往，隔绝在美国社会之外。[316] 20 世纪末，依旧有一些高地人聚居区使用盖尔语。[317] 与之类似，19 世纪初移民澳大利亚的高地苏格兰人也使用盖尔语，与人交流需要靠翻译，而且大多不识字，也没有什么劳动技能。[318] 在他们的老家，人们指责政府搞补贴计划鼓励向澳大利亚移民，造成了本地精壮劳动力的流失；但在澳大利亚，人们却嫌弃移民来的高地人是苏格兰人中的劣等人。[319] 鉴于那个时代高地人和低地人的巨大差距，这两种批评倒是不矛盾。

低地苏格兰移民大多来自工商业已经发展起来的城市，澳大利亚的环境跟故乡类似。[320] 即使是农民，移民来澳大利亚之前也已经处在相对先进的农业环境中。[321] 而到澳大利亚以牧羊为生的苏格兰人多是高地人，在新环境里也不过是重操旧业。[322] 19 世纪中期从英国迁出的苏格兰人，一半以上去了澳大利亚和新西兰。[323] 其中高地人所占的比例逐渐减小，似乎说明对他们的负面评价不是凭空而来的。自那以后，来到澳大利亚的苏格兰移民 90% 以上都是低地人了。[324]

苏格兰人整体在海外取得了非常不错的成绩。与高地人和阿尔斯特省苏格兰人不同，苏格兰走出来的大多数移民，例如在美国的移民，不会形成聚居的小社会，而是努力融入当地社会。[325] 他们以勤劳著称[326]，很多人掌握了当时美国稀缺的劳动技能。[327] 直到 20 世纪末，苏格兰裔美国人的平均收入一直显著高于全美平均水平[328]，可以说他们一到美国就发达繁荣起来了。在华盛顿任总统的时期，有 9 位将军是苏格兰裔，占当时准将以上军衔的三分之一强。通过《独立宣言》的那一届国会中有近五分之一的议员有苏格兰血统。美国建国时的 13 个州，三分之二的首任州长是苏格兰裔。[329] 迄今为止，已经有超过 100 名苏格兰裔当上了美国各州州长。1789 年至 1882 年，最高法院大法官中有 30% 是苏格兰裔。[330]

征服与文化　　070

在澳大利亚，大部分苏格兰裔也没有离群索居，而是融入当地社会[331]，只有部分高地人维持了较长时间的社会和文化独立。[332] 跟最早来澳大利亚的其他族群一样，第一批到此的苏格兰人也是流放的犯人。在所有流放犯人中，苏格兰人的比例非常低，但据说犯的都是重罪，因为苏格兰法庭不愿把非重刑犯流放到遥远的澳大利亚。[333] 在殖民地时代初期，澳大利亚就出现了一些苏格兰裔的杰出人物，如拉克伦·麦夸里和托马斯·布里斯班爵士都曾担任新南威尔士州州长。

苏格兰人有战斗民族的悠久传统，到了海外也建下赫赫军功。18世纪驻印度的英国军官，有三分之一来自苏格兰，而从当时英国本土的人口基数来看，英格兰的人口是苏格兰的5倍之多。[334] 由于苏格兰悠久的军事传统，欧洲大陆也经常找他们参军作战。在法国和波兰，王室保镖中不乏苏格兰人。[335] 三十年战争中也有数千苏格兰人加入瑞典军队作战。[336] 在俄国，苏格兰人对推动陆军和海军的现代化起了重要作用[337]，17世纪末一位苏格兰裔被授勋陆军将军，18世纪又有一人晋升海军中将。

早在16世纪就有一位苏格兰裔军人当上了基辅总督，18世纪又有两位，一人出任喀琅施塔得总督，一人任乌克兰总督。[338] 普鲁士和哈布斯堡王朝中也有苏格兰裔担任将军。[339] 在西半球，19世纪的智利海军中有一位苏格兰裔中将[340]，委内瑞拉独立战争中也有一位苏格兰军官率领印第安人部队参战，作战时佩戴高地苏格兰的传统徽章，以风笛为战号。[341]

苏格兰人在故乡就善于兴办工商业，到了海外依然是优秀的工业劳动者和创业者。他们在海外建立的不是国内公司的分支或分厂，而常常是跟苏格兰没什么关联的独立企业，只是创始人和经营者是苏格兰裔[342]，再就是时常回苏格兰去招工。苏格兰人经营的商贸公司业务遍及中国、印度、澳大利亚、非洲、美国和加拿大等。[343] 18世纪，苏格兰裔商人西蒙·麦克泰维什被加拿大人誉为"皮毛贸易的无冕之王"。[344] 加拿大成立的第一家银行董事会中有半数是苏格兰裔。[345] 在澳大利亚[346] 和印度[347]，苏格兰人也是银行业中的佼佼者。在日本，一位苏格兰人开办了银行学校，培养的日本学生后来都成了银行业的中坚人才。[348]

明治时期的日本有大量苏格兰移民，他们在横滨、神户、长崎等地办起了同乡会馆。日本海军的很多军舰产自苏格兰[349]，苏格兰人还把造船技术带到了其他国家。早在1798年，就有苏格兰公司到加拿大经营造船业，其中一家在一年后造出了当时沿海各省最大的船舶。到19世纪早期，加拿大的一家苏格兰公司拥有大英帝国最大的舰队，雇用的船员和地勤达5 000人，另外还有1.5万名为造船伐木的林业工人。[350] 在拉丁美洲，苏格兰人于1863年发明并建造了第一座钢结构的浮动干船坞。[351]

在其他很多领域，海外苏格兰人也取得了骄人的成绩。法国和德国的大学里都有苏格兰裔教授[352]，一位苏格兰人为沙皇俄国开创了现代冶金和机械制造的先河。[353] 在经商方面，从零售小贩到大手笔买卖的商人和银行家，从偏僻的波兰农村到加拿大毛皮贸易的前线，都有苏格兰人的身影。大量苏格兰人到荷兰谋生，鹿特丹港还建有一座苏格兰人的教堂。[354] 17世纪，约3万名苏格兰裔生活在波兰[355]，大部分是做零售商贩的。[356] 不过像历史上很多靠做中间商和开商店为业的少数族群一样，苏格兰人也遭到当地人的嫉恨，还专为限制他们经商而出台了法律，从波兰到普鲁士都是这样。[357] 在波兰，人们把苏格兰人和专门从事经商倒卖的犹太少数族裔混同在一起，进行政治攻击。[358] 虽然如此，仍然有些苏格兰裔商人在波兰各行业的商会中谋得一席之地，还有人成了市镇议员、参事甚至市长。[359] 苏格兰人在格但斯克建起了第一家制糖厂。[360] 还有一些苏格兰贵族移居波兰，取得了波兰贵族身份。[361]

阿尔斯特省苏格兰人在海外的历史则毁誉参半。这些人迁居阿尔斯特省时，让苏格兰走向西方文明前沿的文化革新还没有开始，很多阿尔斯特省苏格兰人，即"苏格兰裔爱尔兰人"没能享受到发展的成果。在北美殖民地，来自阿尔斯特省的苏格兰人比苏格兰本土来的移民还要多。两者有很大的不同，例如独立战争爆发时，阿尔斯特省苏格兰人一边倒地支持美国独立，而苏格兰本土来的移民仍然忠于英国，这些人还记得 1745 年高地人抗争未遂受到军事镇压和残忍报复的那段历史[362]，因此都反对发起抗争。虽然阿尔斯特省苏格兰人在社会生活上和血统上都未曾融入爱尔兰本地社会[363]，但美国人还是先入为主地把他们当作"爱尔兰人"。不过在 19 世纪的美国，他们自称"苏格兰裔爱尔兰人"也不无好处，能把自己跟当时开始大批赴美的爱尔兰原住民区别开来。

"苏格兰裔爱尔兰人"的叫法其实很笼统，不但包括所有的阿尔斯特省新教徒（其中有些其实是英格兰人），还有很多来自英格兰、苏格兰边境地区的人，他们往往移民美国南方，与阿尔斯特省苏格兰人杂居。两者都来自英国社会落后动荡的边区，民族精神也颇为相似。后世的学者这样描述这些人：他们的老家在工业化时代以前"人烟稀少，一贫如洗[364]，是英格兰文明最落后之地来的边民"。[365] 他们在美国定居在与家乡环境类似的阿巴拉契亚山区，在此繁衍生息，相互融合，形成了美国白人社会中贫困持续最久的社会。美国南方大多数白人都来自所谓的"凯尔特边地"，那里不仅是地理意义上的边缘地带，也处在一个时代、一个文化发展阶段的边缘。

……如果来到南方的是 19 世纪时的苏格兰人、威尔士人、阿尔斯特省人，那么南方的历史必然会被彻底改写。19 世纪的苏格兰人和苏格兰裔爱尔兰移民来到美国后，都比较顺利地融入了社会，只有坚守凯尔特人生活方式的爱尔兰人很难融入。不过 19 世纪的移民大潮中只有很少一部分来到南方，在现在绝大部分南方人的祖先来到美国时，苏格兰、威尔士、阿尔斯特省等地还未充分受到英格兰化的影响。[366]

这些人的故乡是英国文明的边区，不仅出了名地贫穷落后，也是暴力泛滥的法外之地。英格兰、苏格兰边境区域动荡不安，"烧杀奸淫司空见惯"[367]，两国频繁交战以暴制暴，还有民间强盗和草寇治安队横行。在1745年彻底被英格兰军队收服之前，"这里的太平日子从未持续超过50年"。[368] 而到此时，很多人已经移民美国，故乡的治安问题被英国人平息下去，暴戾的民风却在美国延续了很久。[369]

在阿尔斯特省，爱尔兰原住民和以苏格兰人为主体的新殖民者之间也延续着以暴制暴的传统。那里的人们嫌弃法律烦琐，形成了靠个人决斗和家族火拼解决问题的方式。阿尔斯特省苏格兰人和英格兰、苏格兰边界的人把这股风气带到了美国，尤其是美国南方。这些生活在偏僻乡下的人，籍贯出身和生活方式都跟南方沿海贵族出身者迥然不同，被人们称作"脆饼干"或"红脖子"。其实这样的称呼早在来到美国南方之前，他们还在英国老家时就已经有了。他们也常被称为"胡希尔人"，在美国这个词本来是指印第安纳州的南方移民，后来被用作代表不分来处的所有印第安纳州人。[370] 来自英国最动荡混乱地区的他们得了许多花名，子孙后代也被一位社会历史学家称为"生活在失秩之地的最不讲秩序的一批人"。[371]

在这样的背景下，他们的酗酒成性、下狠手斗殴成为偏僻南方的出名场面，就不足为奇了。英语中的俗语"扭打做一团"就是指这样的斗殴，打斗者甚至要咬下对手的耳朵和鼻子，挖出眼睛。这些人不需要多大的由头就能扭打起来，因为"他们虽然很穷，却有强烈而倔强的自尊，决不允许别人低看自己一眼"。[372] 他们还搞自行治安，私设牢狱，英语中的"lynch law"（处以私刑的律法）一词就是因他们中一个叫威廉·林奇的人而得名的，他的帮派常私设鞭刑惩罚人，有时还取人性命。[373] 这种行径在 1820 年林奇死后在南方继续存在了很长时间，大部分受罚者都是白人，直到南北战争后的重建时期，黑人才占了受罚者中的多数。后来出现的"三K党"也宣称效法苏格兰的战斗氏族。美国三K党以烧十字架恐吓黑人的做法来自"旧时苏格兰山区的火烧十字架"。[374] 总之，南方白人对黑人的残酷迫害在种族差别意识出现很久以前就开始了，可以追溯到这些人离开英国家乡上船赴美之前。

在南北战争之前，南方乡下人中鲜少有富裕到能蓄奴者，他们所在的偏远山区也不适合搞大种植园农业。另外，移民来的阿尔斯特省苏格兰人有去往南方的，也有没在南方的。他们最早的聚居地之一在宾夕法尼亚州西部，也是当时殖民地的边境。苏格兰裔爱尔兰人在这里是出了名的"给政府添乱的外来户，让印第安人难受的糟糕邻居"。[375] 这倒不见得是他们对印第安人有多大的种族敌视，就是在澳大利亚和新西兰，他们的老乡也因为强占土地而臭名昭著。[376] 这些苏格兰裔爱尔兰人占地而居，从宾夕法尼亚州西部蔓延到坎伯兰岬口，延伸到马里兰和弗吉尼亚西部，到卡罗来纳的皮德蒙特丘陵地带，又向西进入荒僻的佐治亚。在这片广袤的土地上，他们有些与德国移民共居一地，但这两个族群在各自的社区中独处，生活方式截然不同，也很少通婚。[377]

阿尔斯特省苏格兰人在新英格兰殖民地定居下来后，不良的卫生习惯招致了邻居的不少怨言。18 世纪下半叶，有人在去过宾夕法尼亚的苏格兰裔爱尔兰人村庄后写道，他们的木屋"跟爱尔兰北部甚至苏格兰的一样肮脏"。[378] 苏格兰裔爱尔兰人还有一种莫名的自豪感，"让作为邻居的英格兰人颇为不满，不知道他们有什么好骄傲的"。[379] 不管是宾夕法尼亚州东部的贵格会信徒、马萨诸塞州的清教徒，还是弗吉尼亚州自称出身英国贵族的"骑士"，都不大待见这些移民。不过他们中也有 1% 或 2% 本来就是精英，来到偏远的美国乡下后仍然是精英。从这些精英家庭中走出了苏格兰裔爱尔兰后代中的一些名人，如政治家帕特里克·亨利、安德鲁·杰克逊、约翰·卡尔霍恩、詹姆斯·波尔克、扎卡里·泰勒、山姆·休斯敦等等。[380] 但就算是这些精英，也还守着一些旧传统。他们的肖像画都符合当时人们的印象，即"高瘦、精壮、表情刚毅、饱经风霜、不怒自威"。[381] 比如安德鲁·杰克逊的母亲就曾教育他，永远不要因为被谁诽谤、攻击、殴打而诉诸法律，"自己的问题要自己解决好"。[382]

历史上，南方白人和北方白人（特别是新英格兰地区的居民）在为人处世上的巨大差异一直为当时的社会观察者和学者津津乐道。在英国本土，主体民族英格兰人与爱尔兰人、威尔士人、阿尔斯特省苏格兰人、边境居民等散在主流英格兰文化以外的"凯尔特边民"或"北方英国人"之间截然不同，苏格兰高地人又与众不同。[383] 美国南北方白人的差异几乎完全继承了这些区别。他们的文化差异体现在工作作息、暴力倾向、卫生习惯、酗酒成性、创新创造、饮食偏好、音乐品位、道德情操等各方面，也体现在对时间、经商、教育等的态度上。[384] 一位著名历史学家总结了南北战争前弗雷德里克·奥姆斯特德在他著名的南方之行中所见到的情景：

（当地人）住所破陋，饭食粗糙单调，缺乏基本的卫生条件和舒适的保障，更鲜有报纸或其他阅读材料……生活条件之艰苦让来自纽约的他惊诧不已。即便在北方最贫贱的家庭中，他也从未见过如此场景。[385]

这里的问题不仅仅是贫穷，而是奥姆斯特德说的"因懒致贫"[386]，人们不爱劳动，不去上学，也不搞别的有助于社会进步的事业。在他之前，亚历西斯·德·托克维尔也说过，"无知而麻木的南方人无所事事、生活散漫"，就算守着富饶的土地也会受穷。[387] 奥姆斯特德和托克维尔都把美国白人中的这种地域差别归结为蓄奴州和自由州之别。不过，在南方几个基本没有蓄奴现象的州，这几类英国移民及其后代与众不同的文化习惯丝毫不少。[388]另外，这些人跟英国国内大多数人也有悬殊的文化差异，但英国很多年前就废除了奴隶制，所以这应该不是蓄奴的影响。

世界各地的英格兰移民，特别是在美、加、澳等海外移民社会中，往往被视为同质同源的族群，他们确立主流的文化规范，其他族群都得向其靠拢适应。但正像苏格兰人中有迥异的不同群体，英格兰移民内部也是千差万别的。跟别处的移民一样，最初到达马萨诸塞湾殖民地的那批英国人也来自非常集中的地方，大多在东英吉利亚地区黑弗里尔市周边60英里的范围内，少数来自别处的也都曾在东英吉利亚居住过。[389]马萨诸塞乃至整个新英格兰地区有独特的亚文化，与美国其他亚文化特别是南方文化截然不同，却在很多方面跟东英吉利亚的文化很相似。

在宗教方面，东英吉利亚地区主要是清教徒，早期的马萨诸塞湾殖民地亦如此。清教徒奉行节俭，信仰严格理性，教堂简约，布道方式沉静克制，这与南方宗教的情感炽烈[390]和天主教廷的仪轨繁复形成了鲜明对照。清教徒强调每个人都要理解《圣经》，所以普遍会识字，在祖地东英吉利亚和移民社会马萨诸塞，清教徒的识字率都高于社会平均水平，其中知识精英的比例显著大于英美两地别的群体。他们崇尚教育的风气不仅仅限于知识精英和受教育群体，在开辟殖民地的早期，新英格兰地区发起过一次募捐活动，每户捐赠12先令现金或相当多的粮食，资助约翰·哈佛在查尔斯河畔创办大学，得到了千家万户的踊跃支持。[391]

清教徒重知识的传统源自他们宗教信仰中严格的道德戒律。不管是在北美殖民地还是在英格兰故乡，清教徒中的文盲比例都远远低于全国平均水平。[392]正是因为清教徒有很高的道德追求和眼里不揉沙子的态度，他们的后代才毅然挑战奴隶制，出现了以《汤姆叔叔的小屋》一书的作者斯托夫人为代表的反奴隶制人物，林肯总统曾说她是"以一弱女子之力引爆了南北战争"。清教徒的后代认识到奴隶制的不道德，义无反顾地起来以各种经济、政治和社会手段呼吁废奴。不过，严苛的道德标准有利也有弊，它一方面推动了美国的废奴运动，另一方面也导致了克伦威尔率领清教徒军团对爱尔兰天主教徒的迫害，还有新英格兰的猎巫行动，受害人数是整个北美最多的，然而那些给女性冠以巫婆之名展开残杀的人不是无知的群氓，而是当时受教育最多的一群人。

新英格兰的清教徒跟南方偏远乡下的农民不是一路人，跟弗吉尼亚东部的南方沿海贵族也不同。后者大多从英格兰南部和西部移民美洲东海岸，其故乡有悠久的阶级社会传统，在中世纪早期也曾有过奴隶制。[393]新英格兰和弗吉尼亚的方言差别很大，类似于它们英格兰祖地的方言差别。在弗吉尼亚及其祖地英格兰南部和西部，都常见同样的英语讹变，例如说"I be"和"you be"，"yellow"说成"yaller"，"ask"说成"ax"，"family"说成"fambly"，等等。还有把猪下水称为"chittlins"，把"door"说成"do"，把"floor"说成"flo"，把"this"和"that"说成"dis"和"dat"等，又在南方方言中长期流传。[394]到了全民教育和英语标准化的年代，听到一个南方人这样讲话就能判断他没上过什么学，而到了20世纪下半叶，这种英语又被叫作"黑人英语"。

弗吉尼亚人的南方饮食偏好重口味，吃饭时喜欢交流；而清教徒口味清淡，菜式变化很少，在饭桌上只会小声地偶尔交谈。[395]马萨诸塞有过建公立学校的风潮，而弗吉尼亚没有这种教育普及，文盲率依然居高不下，能接受教育的主要是富人家的孩子，靠自家出资请家庭教师。弗吉尼亚当局有意限制出版，避免大众接触阅读材料，但贵族多在家中存有数目庞大的藏书。[396]

两地人的性观念也截然不同。清教徒几乎没有非婚生子的，也很少有未婚先孕的情况，但奉子成婚和未婚生子在弗吉尼亚却十分常见。[397] 强奸在马萨诸塞是死罪，但在弗吉尼亚一般不会面临太重的处罚。[398] 在弗吉尼亚及其英格兰祖地，贵族男子常常占女仆的便宜，最早是对来美国的白人包身女仆下手，后来又开始欺辱黑奴女孩。[399] 马萨诸塞和弗吉尼亚的区别还体现在住房、赌博、经济活动等各个方面，这都呼应着它们英格兰祖地的差别。[400] 此外，两者给孩子取名也大不相同，在英国和来美国后都是这样。例如，在弗吉尼亚和其英国祖地威塞克斯，爱德华是个很常见的名字。而在清教徒兴办的哈佛大学，前四十届毕业生中只有一人叫爱德华。[401] 又如，帕特里克是宾夕法尼亚州西部苏格兰裔爱尔兰人社会中的高频名字，但哈佛成立快两百年之后才第一次有新生叫这个名字。[402]

大英帝国

英国崛起成为欧洲强国以后，可以匹敌甚至挑战西班牙、法兰西和其他欧洲强国在世界上的地位。因为政治、军事、经济和其他种种因素，这些欧洲强国将世界上很多不发达地区据为己有，纷纷抢在对手之前圈占地盘，或攫取黄金和原材料，或作为市场和军事基地。在几千年的历史上，从亚洲人、非洲人、西半球的原住民到欧洲人，都曾发动帝国征服战争，不过现代帝国主义的特点是横扫全球，跨越大洋，不远万里地到处占领大片殖民地。从此，欧洲引领世界经济资源和技术进步达到了新高度，开启了属于自己的全球海外殖民时代。

凭借几百年的逐渐积累，英国走到了现代帝国主义的前列，终于建起世界上最大的帝国，囊括了全球四分之一的土地和四分之一的人口。[403] 1915年，大英帝国的疆土面积超过1 100万平方英里，其中不列颠群岛即英国本土只占了十分之一多一点儿。[404] 除了有北美、澳大利亚、新西兰、南非等英国人大量移民的海外社会，大英帝国的版图从南太平洋的斐济群岛一直横跨至北大西洋的爱尔兰岛。被英国殖民统治的有亚洲的马来半岛、印度、缅甸、锡兰和中国香港，有非洲大陆东西海岸的广阔地带，还有加勒比群岛、英属圭亚那、马耳他、直布罗陀等地，构成了一个真正的"日不落帝国"。

为建起这个庞大的帝国，很多人付出了生命的代价，也有很多人从中获得收益，两者的规模皆不可估量。屠杀与暴虐屡见不鲜，伪善和傲慢也只是惯常手段。到了大英帝国时期，英国本土已经不再有人蓄奴，但英国人在西半球的加勒比海殖民地大量使用奴隶，成为世界上蓄奴最多的国家。在澳大利亚，他们残忍迫害原住民；在印度，1857年当地人大起义后他们发起血腥残忍的报复；在南非，有2.6万名布尔人妇女和儿童在英国人的集中营里丧命。种族主义往往随帝国主义而发展，不过英国人对爱尔兰人和布尔人的所作所为表明，连白人也难免会遭到征服者的戕害。然而从另一方面看，英国的技术进步、经济管理、法律体系和语言等也传播开来，这些当然不能掩盖暴行，却实实在在地发生了。从此，英语不仅是大英帝国的通行语言，也在一些从未被英国殖民的族群中成为通用语。总之，英国体现出征服者共性的道德之恶，但也给帝国治下的各地乃至全世界的发展带来了独特的助益。

16世纪英国人涉足北美和加勒比海，这是其海外扩张的第一个阶段。当时的英国还无奇可书，同一时期西班牙人的帝国从北美的旧金山一直延伸到南美的阿根廷南端，还囊括了菲律宾和欧洲的一些地方。大英帝国从建立到发展经历了逐渐壮大的过程，才终于可以媲美并超过西班牙。18世纪中期，英国军队把法国人赶出了加拿大和印度，却因为法国人支持的美国独立运动而丢了北美殖民地。19世纪，大英帝国持续扩张，一种方式是建立政府体制统治属地的原住民，比如在印度和非洲各地；另一种方式是大量输出移民，将原住民取而代之，例如在北美殖民地以及后来的澳大利亚和新西兰。

移民海外的英国人逐渐发展出了自治的国家，有的仍隶属大英帝国，有的则独立出来。当地居民长期生活在英政府的统治下（如印度和尼日利亚）或白人移民的政权下（如罗得西亚和南非）。到 1912 年，大英帝国总人口达 4.4 亿，其中只有 10% 居住在不列颠群岛。[405] 然而，历史发展自有其规律，疆土辽阔但内部千差万别的大英帝国没能维持太久的辉煌。自维多利亚时代晚期英国开始在非洲占据殖民地起，至 1947 年印度独立，及其后的 20 年里全球殖民地纷纷加入战后脱英独立的潮流，总共过去了不到一个世纪。

英国能有称霸世界的军力，进而创造了前无古人后无来者的大帝国，基础在于经济的繁荣。与其说是大英帝国创造了发达的经济，不如说是它乘经济之势而起。反过来，帝国殖民对英国经济的贡献其实小得出人意料。英国的出口与对外投资大部分没有流向殖民地，18 世纪的主要出口目的地是欧洲[406]，19 世纪初美国取而代之，占英国出口商品的一半以上。[407] 英国的海外投资也更多流向发达经济体而非第三世界国家。直到 1914 年，美国都是英国海外投资的最大目的地国，吸收的英国投资比亚、非、拉都要多。其他接收英国资本的大国也是欧洲人的海外移民社会，如澳大利亚、加拿大、罗得西亚、南非等。[408]

经营维系一个帝国的成本和收益远不止于经济范畴。英国军队据守直布罗陀而控制了进出地中海的要道，在新加坡建设海军基地从而成为太平洋地区重要的海上力量。在 20 世纪，英国海军仍然长时间在世界上处于首屈一指的地位，还保持着一条不成文的规则：英国海军的规模必须相当于世界第二和第三的海军军力之和。例如在 1906 年，德国海军有战舰 31 艘，法国海军有 29 艘，英国海军就有 61 艘。[409] 直到后来美国崛起为海上强国，才让这个规则难以为继。美国海军在 20 世纪 20 年代达到了英国的规模，继而超越了它。[410]

英国凭借海上霸主和陆地强国的军事实力能维系住一个帝国，而形成这个帝国的动机是多方面的，获得经济利益只是其中之一，且未必是最重要的动因，在国际地位、政治、宗教等方面的考量也很重要。英国的传教士群体不但影响了外国的社会，也影响着本国的政坛。他们有时会推动帝国主义扩张，有时也反对殖民地官员、商人和土皇帝欺凌被征服人民的做法。[411] 欺凌最甚的形式是奴隶贸易，而奴隶贸易的终结恰恰是因为英国福音派基督徒在政坛上的影响，这些人与在非洲的传教士有密切的关系。[412]

如同其他帝国殖民一样，大英帝国的扩张给被征服民族带来的既有苦难，也有从苦难中的解脱，有新的自由，也有新的压迫，既创造了此前没有的机遇，也泯灭了一些古来有之的权利。不管是在英国殖民者这头，还是在被征服的民众那头，都很难算清楚利弊。若只从经济角度论，情况会更明朗些，例如把征服与治理的成本和从殖民地获得的利润与税收相比较，再算上其他杂项收支，英国整体上并没有从殖民地获得净经济收益。[413] 个别投资者确实发了财，典型的如塞西尔·罗兹，但是英国普通的纳税民众支撑着维系帝国的巨大开支，其中军费支出尤其庞大，英国成为世界上人均军费负担最重的国家。[414]

英国对殖民地经济的影响远远大于殖民地对英国经济的影响。一方面英国给被征服的地方送去了先进的技术，另一方面被征服民族也有条件更充分地利用原有的技术和土地。以粮食生产为例，一些地方虽然土地肥沃，但在过去难以防卫，因此不值得冒险耕作，现在则不然。这种情况在中世纪的苏格兰就有过，后来在非洲[415]以及英国等国的许多殖民地都是如此。从更高的层面看，人们的信心增强了，相信只要投入劳动和资源就能获取回报，或是当年的收成，或是后期的分红。这对于鼓励经济参与的积极性、推动国家繁荣发展有至关重要的意义。英国殖民政府营造的安全稳定环境也让外国人愿意大规模迁入，这带来了新的技艺、才能和活力，比如华人下南洋，印度人去东非，黎巴嫩人到西非，等等。同时，一些国家内部也发生了迁徙，例如印度的马拉维人和尼日利亚的伊博人的流动。

随着大英帝国的扩张而走向世界的不但有强权，还有英国的技术、组织管理、资金和英语。20世纪下半叶，说英语的人口达到了10亿左右，英语成为世界上使用人口最多的语言。虽然其中只有3.3亿人以英语为母语（而以汉语为母语者有7.5亿之多），但英语成了世界上最大的一门外语，很多非英语国家之间，以及这些国家与英美等英语国家之间都以英语为通用语言。[416] 有些民族的母语没有书面经典流传下来，是英语打开了他们的文化视野，让他们看到英语世界在中世纪和现代的思想记录，还能通过英语译本了解世界各地古往今来的主要经典。在向海外传播的过程中，英国人对英语进行了标准化。从19世纪起地方方言开始衰微[417]，到了20世纪，大众媒体的兴起更是加快了这个进程。

即使在其巅峰时期，大英帝国也仅需要12万常备军和6 000非军事人员来保卫。[418] 这反映了现代社会中不同文化之间巨大的技术差别，体现在从热武器的使用到现代海上作战等方方面面。其实早在靠弓箭近身战斗的罗马时代，军事效率就已经有了明显的差别。从罗马征服不列颠，到后来英格兰人横扫不列颠群岛，不同文化社会的军事效率之别和它们经济效率的巨大差距相互呼应。不但原本的经济基础如此，被征服社会的经济发展也遵循这个规律。比较苏格兰和威尔士的情况，这一点体现得尤为明显。而在爱尔兰，由于当地人的土地被大量没收，经济机会被压制，这个规律似乎不是很明显。不过，即使是埃德蒙·伯克这样最为爱尔兰说话的人也认为，英格兰的征服诚然导致了痛苦与不公，但毕竟让爱尔兰更加繁荣起来。[419] 这其实揭示了一个更普遍的历史规律：被征服者在经济发展上如何得益，与征服者是否正义无关。大英帝国在海外的扩张也体现了这一规律。

英国作为世界市场的资本供给方，对世界经济的贡献要比作为帝国主义势力对世界的影响更大，起到的作用也不同。英国资金进入世界市场后，大部分流向大英帝国以外的地区，流向帝国内部的资金大多进入加拿大、澳大利亚等自治的欧洲人海外移民社会。[420] 跟许多帝国主义研究的理论表述不同，现实情况是，这个世界上最大的帝国并不是要靠向第三世界输出资本才能发展。

"自由"理念的发展

英国留给世界的绝不仅仅是经济上的开创引领和帝国殖民的成就。当今世界无论哪里的"自由"理念，都在很大程度上源自英国。一方面，自由社会在英国的发展进步为世界创下了政治样板与法治先例；另一方面，英国在19世纪废奴运动中起了关键作用。后来在二战之初的黑暗年代中，世界自由的根基遭受威胁，英国再次力挽狂澜。

然而，自由在英国历史上并不是一以贯之的，也不是一帆风顺的。在君主与议会之间的权力争夺中，在不同的宗教之间、在贵族与平民的势力斗争中，自由的边界不断调整变化。经过千百年的历史发展，坚持权力分立并通过规则制约所有权力者的理念深深印刻在英国的传统中。英国这种自由传统和机制的发展是不均衡、不确定、不连续的，没有蓝图或定规可循。我们现在回顾总结，会比当局者看得更清楚，因为当时的人们太过于关注王朝家族、各派教会以及教会与世俗势力之间的争斗，关注对外战争以及国内议会与君主间的权力争夺。然而在这些表面的缠斗之下，制度和传统逐渐成形，自由的理念得以发展，建立了一个又一个里程碑，这是全人类追求自由的丰碑。

这些自由理念中最早也最著名的一项，当然要数英国的《大宪章》。当时的国王约翰和王室贵族的权益有交集且争议巨大，《大宪章》就是一份防范因利益之争而发生武装冲突的政治协议。它于1215年作为一种政治妥协被签署，但对英格兰乃至全世界的重大历史意义最初并没有充分显现出来。当时，英格兰国王约翰对贵族加重了税赋，巧立名目搜刮他们的财富，希望借此凑足收复诺曼底所需的军费。这些少数权力精英通过内部斗争渐渐树立了一种理念传统，即国王必须尊重人们享有的固有权利。这就意味着英格兰国王不再拥有绝对君权，世界各地的其他统治者也是一样。从此，权力分立成为英国的一种基本政治安排。

在后来的几百年里，英格兰国王仍然拥有很多特权，但这些权力越来越受到议会的挑战。议会掌控着税收，因此构成了对君权的重要制衡。权力分立意味着权力边界的彼此制约，君主和议会想要捍卫自己的权力范畴，因此会预先规定好边界。这样一来，越来越多的人不必再受任性政令的困扰。军事方面，作为一个海上岛国，英国的国防主要依靠海军，因此在历史上不需要也没有过大规模的陆上常备军，人们对发展陆军怀有很大的疑虑。海军不像陆军，不能用于对内镇压，因此政府和人民都不用担心常备海军可能带来的威胁。

在近代历史上，英国的有地贵族跟俄国等欧洲大陆国家不同，他们的经济和政治势力都只限于局地。因此有地贵族自然愿意支持分权，特别是地方上的精英还能以太平绅士等身份行使一些基层权力。相比之下，俄国贵族的经济福利和政治势力都源于在中央政府担任军事或政治职务，因此愿意支持沙皇专制。而英国贵族不管在具体的一时一地一事上有多专制，都支持分权，反对发展大规模常备军，以此防范中央政府搞更大的专制。[421]

宗教法律和世俗法律之间、地方大公与王室之间的管辖权有很多重叠，加之还有很多地方性的律法传统，这些使英国的法律体制分裂不一。不过历史上形成了一套普遍适用于全国的法律，即通过不断累积判例形成的"普通法"。普通法不是政治掌权者制定的，这构成了又一项分立的权力，也是限制政府权力边界的又一种方式。

英国政治体制发展的另一个里程碑，是17世纪议会与国王之间的一系列武装斗争，其间发生了1649年查理一世被送上断头台、1688年詹姆斯二世镇压起义与惩处叛徒等事件。这些历史事件的实质，在于斯图亚特王朝连续几任君主都企图掌控对议会更多的专断权力，超出了议会的容忍度。查理一世被处以绞刑后，出现了国中十年无君的局面。1660年，查理二世登基，斯图亚特王朝在英格兰复辟。1685年查理二世死后，他的儿子詹姆斯二世步其祖父后尘，企图获取查理一世没能得到的专断权力。然而，比王位如何更迭更重要、影响更深远的，是威廉和玛丽国王统治时期为巩固统治基础而颁布的《权利法案》。

自此，法律至高无上的地位得以确立，国王不再有权撤职法官，而法官成为"在君权和臣民之间执行法律标准的裁决者"。[422] 在此之前，独立裁决就是一种理想追求，新的变化革命性地落实了这个理想。从此法官一旦任命，除因其本人过错就不能被撤职，且必须经议会程序才能被撤职，而议会本身经选民选举可以更替。这实质上是更高层面上的一种政府权力重构，能更好地保障自由、信仰包容和法治。继《权利法案》之后，1695年基于同样的精神又确立了出版自由而无须经事先审查的原则。

这一切现在人们认为理所应当的事情，都得益于英国在历史上的率先尝试。此外，由于国内王朝家族及宗教派系之间的争斗平息下来，议会不再惧怕国王会实行专制，因而愿意给君主资金以建设国家的陆军和海军力量，这样英国才能成为世界强国，进而能制衡法国的军事威胁，守卫不列颠群岛和整个西欧。国王不能僭越侵犯人民权利这样的革命性理念得以在英国倡导并取得胜利，也是因为英国是个岛国，虽然这种思想显然对欧洲大陆上其他的君主构成了威胁，但没有受到他们实质性的干预。国王查理二世和詹姆斯二世也曾试图干涉，以保全自己的王位特权，不过无果而终。如一位著名英国历史学家所说，政治自由这一革命性理念的提出以及英国崛起成为世界强国，标志着"英国和世界历史的重大转折"。[423]

100年后，"权利法案"的名称再次出现，用于指称《美利坚合众国宪法》的前 10 个修正案，这是上述理念原则首次传到不列颠群岛以外。以此为开端，政治自由和公民权利的理念又传播到了欧洲各国及其海外移民社会，也影响了很多其他文明。虽然这些理念在一些地方不受欢迎，没能传承发扬，但也很难被彻底泯灭。很多时候至少会让专制政府有所忌惮，让其表面上的做法有所改变。

不但英国的议会制政府成了其他国家的"议会之母"，英国的法律体系也成为典范，帮助很多别的民族和国家争取了自由。大英帝国的扩张直接将英国法律传到了全世界，其中不少理念和传统在一些殖民地独立之后延续下来，特别是在澳大利亚、新西兰、加拿大等以英国移民为主体的海外社会。美国的政治和法律制度表面上与英国不同，但体现的根本原则是共通的，如有限政府、权力分立、司法独立等同样是美国宪法的核心要义。

就连在一些既不以西方移民为主体，也没有西方政治传统的英属殖民地，英国的政治和法律原则也产生了深远的影响。独立后的印度在司法中仍援引英国法的精神与判例；斯里兰卡独立后的一段时间仍允许就本国司法裁决向伦敦的最高上诉法院枢密院提出上诉。不过也并非所有的英属殖民地后来都建立或保留了英国的政治体制与原则，以及由此保障的自由。至于哪些国家有而哪些国家无，不完全取决于是自由社会还是各种形式的专制社会。

这里我们要区分自由和民主两个概念，不能混为一谈。英国人在获得控制政府的政治权利之前很久就已经享有很多其他权利，这是在欧洲很多地方都没有的，更不要说其他大洲了。比如，1832 年颁布《改革法案》以前，议会中基本上没有百姓推选的议员，但在那以前，英国人就世世代代享有言论自由、权力分立、陪审团参与司法等自由社会的标志性权利了。

英国对世界自由一个更大的贡献或许在于摧毁了国际奴隶贸易，进而终结了奴隶制。要理解这一贡献之伟大，先要知道其历史背景。

奴隶制是一种在世界各大洲都根深蒂固存在了数千年之久的制度，受奴役的人各种肤色、语言、宗教皆有。禁绝奴隶贸易进而废除奴隶制的努力在很多地方遭到了广泛的抵抗与逃避，艰苦斗争持续了100多年。英国人在斗争中的坚持不懈，是全世界彻底废除奴隶制的重要原因之一。

并非所有的英国领袖和殖民地官员都认同废奴的激进理想，但这场不屈不挠的运动贯穿整个19世纪，产生了强大的政治压力，使英国任何党派的任何政府都不能漠然视之。在人类历史上很难找出哪个国家能为了自身获利甚微又损失巨大的事情而付出如此持久不懈的巨大努力。18世纪下半叶废奴运动刚兴起时，英国自己就是世界上主要的奴隶贸易国。英属西印度群岛等地的奴隶种植园方兴未艾，在伦敦形成了强大的既得利益集团。然而，随着废奴的道德争取日益高涨，再强大的既得利益也终被摧毁。

历史从来不缺反讽的桥段，英国作为一个奴隶贸易大国反而成了打破奴隶贸易进而终结奴隶制的主要倡导者。另一个颇具讽刺意味的事情是，强大的既得利益群体起初在议会中与废奴运动对抗了20年，反而让废奴运动取得了轰轰烈烈的广泛成就，甚至超出了倡导者最初的期待。因为旷日持久，反倒让更多人认清了问题，激起公众对奴隶制各方面的日益不满，最终使这场反奴隶制的运动超越了原本终结奴隶贸易的目标，成为先在大英帝国，后来又在全世界展开的彻底的废除奴隶制的运动。

有组织的废奴运动始于18世纪英国的贵格会，贵格会首先要求教友解放自家的奴隶。安立甘福音派教会又将反奴隶制的情绪演化成一场政治运动，由威廉·威尔伯福斯和亨利·桑顿领导了在议会中呼吁终结奴隶贸易的抗争。废奴倡议起初在议会中严重受挫，但他们不屈不挠，终于在1808年争取到议会以压倒性多数票通过禁绝国际奴隶贸易的决议。到此时，废奴运动的参与面越来越广，全英各地的抗议者云集伦敦，既有黎民百姓也有贵族，签名抗议者数以十万计。在大众传媒和公共交通还没有出现的时代，这么多人参与的抗议可谓规模空前。

不过，要在整个大英帝国废除奴隶制不能简单地靠推行法律。奴隶原本是法定财产，因此要让奴隶主解放奴隶就得给他们补偿，英政府在这一项上就花费了2 000万英镑。[424]19世纪时英镑的价值远远高于今天，因此这是一笔巨额开支。而这还不是废奴运动的全部成本。反对奴隶制的主张不仅针对英国，也谋求终结其他国家参与奴隶贸易。英国通过政治影响、经济贿赂、军事威胁等各种方式争取到很多国家的默许，英国人可以在公海上登上他国船只检查是否藏有奴隶，一旦发现奴隶就当场释放，并没收船只。但是法国等几个强国不愿屈服于英国的压力，于是很多国家的奴隶贩子开始在船上悬挂法国国旗以逃避英国人的登船检查，其中有些并没有经过法国的许可。后来，废奴运动发展到了法国，法国人也循英国先例禁绝了奴隶，并派海军巡逻搜查贩运奴隶的船只。美国南北战争以后，美国海军也加入了在大西洋上巡截贩奴船的队伍。最终，废奴运动的精神在整个欧洲文明圈凝聚成道德共识，就连沙皇俄国这样的专制国家也出面禁绝了中亚的奴隶贸易。

大英帝国在世界上的霸主地位让它有能力强令很多主权国家接受废奴的法令。即使在英军与拿破仑的军队激战正酣时，也还有海军在非洲外海巡逻，查截贩奴船。[425]而且，英国海军的行动范围不限于非洲一带，例如1849年就在巴西海域发动了对当地贩奴船的打击：

1849年至1850年……英政府置巴西主权于不顾，在巴西领海内对奴隶贩子采取了严厉行动，意在借此迫使巴西政府出台终结奴隶贸易的有效法律并颁布实施。英国人直抵巴西帝国的港口，在巴西领海上扣押并破坏巴西人的贩奴船只，威胁到了合法航运，更有甚者还以武力封锁海港，这让巴西帝国十分恼火。终于，巴西帝国政府以对方停止海上军事侵犯为条件，于1850年向英国的要求屈服。[426]

英国利用同样的海上军事手段，对往来东非的奴隶贩运开展了数十年的巡逻和拦截。印度洋、红海和波斯湾上的阿拉伯和印度奴隶贩子效仿大西洋上的欧洲奴隶贩子，转而使用专为跑赢和躲避军舰而设计的轻便流线型小船，中东奴隶贩子还常常驾小船进入英军大船无法靠近的浅海。虽然东非的奴隶贸易后来被西非超越，但规模仍然可观。19世纪，从印度洋和红海沿岸港口贩出的奴隶人口远远超过100万。[427]英国军舰在茫茫海上只是间或点缀，能截获的只是所有贩奴船中很小的一部分，这些船只一般把奴隶夹带在普通商品中一起运输，而不是像大西洋上那样整船运输奴隶。不过，英国海军在海上和港口的这些行动毕竟提高了奴隶贩运的风险与成本，还是起到了遏制奴隶贸易的作用。

在跨大西洋的奴隶贸易路线上，19世纪初的几十年从非洲向西半球贩卖的奴隶人数并没有减少太多，但由于公海上长年累月的持久拦截打击，跨大西洋奴隶贩运终于在1860年左右被彻底摧毁。此时，跨撒哈拉沙漠的奴隶贸易也大大减少[428]，部分原因是奥斯曼帝国在英国的压力下于1857年出台了贩奴禁令。[429]在奥斯曼帝国磨磨蹭蹭的让步下，从非洲贩运奴隶的数量逐渐减少，不过私下的黑奴走私还是没有禁绝，从高加索山脉往外贩运白人奴隶的买卖还是很活跃。[430]英国一度威胁，如果奥斯曼帝国对奴隶贸易的自主巡逻监督不到位，英方将向地中海派遣军舰，检查土耳其船只，一旦发现有运奴者就会予以惩处。[431]这可不是纸上谈兵的威慑，因为英国在其他地方已经有过主动出击的行动。

在废奴问题上，伊斯兰各国顽强抵抗，有的还武装起来反抗奥斯曼帝国和英国[432]，更多是逃避贩奴禁令。在非洲和中东的很多地方，全面废奴一直只是个缥缈的愿望。不过这在西半球已经成为现实，截至 19 世纪末，整个西半球都废除了奴隶制。在非洲，随着 19 世纪下半叶欧洲各国殖民地和势力范围的扩张，奴隶制也受到越来越大的压力。

英国的势力在非洲发展起来以前，当地的奴隶制已经开始衰落。后来法德两国在非洲、荷兰在东印度群岛、俄国在中亚的势力发展壮大之前，也有同样的现象。不过，废奴斗争的动力都来自西方文明，一些非西方国家虽然后来也主张反对奴隶制，但大多是为了维持本国在世界上的形象地位，这里所说的"世界"，主要是指西方世界。

进入 20 世纪，在两次世界大战之间，世界上出现了很多极权政府。很多人一度认为这种激烈冒进、民粹主义、种族主义的专制制度是"未来的潮流"，连不少民主国家的人也这么想。这时英国再一次对捍卫自由起了关键作用。20 世纪三四十年代，德、意、日三国的前期扩张屡屡得手，让这种思潮甚嚣尘上。而二战早期纳粹军队在欧洲战场上横行无阻，速战速决，连战连捷，令人瞠目。特别是对法国的闪击战只用了六周就取得了胜利，留下英国独力招架纳粹德国的强大攻势，全世界都担心英国自身难保。[433] 当时丘吉尔首相向全英和全世界发表演说，讲述英国的艰难局势：

敌人的全部狂暴和蛮力必然很快转移到我们身上。希特勒很清楚，他如果不打垮我们英伦三岛，就只能输掉战争。只有我们都起来对抗他，全欧洲才能保全自由，世界人民的生活才能走向宽阔而光明的高地。一旦我们失败，整个世界，包括美国，包括我们所熟悉、所在意的一切，都会又一次堕入黑暗时代。而有了邪路科学的助力，这黑暗时代可能更加漫长。所以，让我们做好准备，去担负起责任吧！如果大英帝国和英联邦能够千年长存，那么人们在回顾今天时仍然会说，"这是他们最荣光的时刻"。[434]

丘吉尔所言果然成真，纳粹把全部蛮力和狂暴都用到了英国身上。但德国空军令人闻风丧胆的狂轰滥炸能迫使其他国家投降，却没有让英国屈服，希特勒第一次遇到了敌手。英国的军事实力虽然不够发起大反攻，还是成功地拖慢了纳粹德国的征服计划，不仅为自己赢得了时间，还让当时军队已近瘫痪的美国能重整旗鼓，积蓄力量面对接下来的漫长战争。德国和日本最终能被打败，有很多国家军队的贡献，也由很多事件共同促成。但正是因为英国顶住了炮火冲击，即便在最绝望之时也不屈不降，才为世界赢得了这些可能。

这真正是他们最荣光的时刻。从此往后，自由才在世界上长存至今。

总结与引申

英国人的历史揭示出，人力资本对一个民族至关重要。人力资本既包括具体的技能，也包括受教育水平，以及有利于经济发展和自由体制的传统与法制。英国从一个文化和经济弱国发展为世界上技术领先、政治称霸的文明用了好几百年的时间，这也说明获取必要的人力资本有多么困难。其他民族大规模进入不列颠群岛，无论是作为征服者、和平移民还是难民，对英国的发展都起到了重大作用，也反映出文化传播的重要意义。罗马人、诺曼人、犹太人、伦巴第人、胡格诺派教徒等都在关键历史节点上做出过重要贡献，成就了后来的英国。

不列颠群岛的地理环境同样是一个重要条件，不仅在于地理影响了人们的行为和生活，更在于地理决定了可能性延伸的边界。英国是一个岛国，水运的成本远远低于陆运，在铁路出现以前这个优势尤其明显，英国人可以将煤炭等大宗重货物资廉价快捷地运往英国各地。德国、美国这样的内陆深广的国家不具备这个优势，就只有等到铁路诞生后才可能挑战英国的工业化地位。铁矿石和煤炭这两种工业时代最重要的原材料在英国的产地恰好相隔不远，且靠近可通航的水道，这也给了英国决定性的先发优势，让它走在了德国和美国的前头。而相较于缺乏这些资源又无法以合理成本进口的国家，英国的优势不仅是先发的，也是长期的。自身没有自然资源却能跻身工业大国前列的国家寥寥无几，日本是一个典型的例外。不过日本跟英国一样也是岛国，全国各地距离海岸不过 70 多英里 [435]，因此进口大宗原材料同样经济可行。但换作巴尔干半岛和撒哈拉以南非洲的很多国家就完全没有这样的条件，它们还存在难以逾越的种种地理屏障。

不列颠群岛能取得比世界大部分地区更多的成就，诚然离不开地理条件的优势和外来文化的输入，不过归根结底创造成就的还是英国人自己。他们的成就产生了巨大的效果，不仅影响了英国本土，也不仅仅是大英帝国或英联邦各地，更是影响了全世界。在英国，不同人群掌握必要人力资本的程度差异很大，这说明仅仅靠机会的眷顾还不足以在经济等各方面取得成功。相应的差距不能简单地归结为当时社会对不同群体有不同的设限，因为同样是这些人群，在移民北美、澳大利亚、新西兰等海外社会后，也表现出同样的经济和社会特征。

凭借英国的法制体系和公正中立的传统，伦敦成为吸引世界资本的一块磁铁，让英国有机会利用国内外的资本实现工业化。而在很多贫穷国家，外资要面对的是靠不住的法律和动辄没收的政策，也难怪它们无法获得急需的资本。

当然，英国的法制体系不仅对推动经济有实在的效果，其中的权力分立、公民权利制衡政府权力等设计更是为英国人夯实了自由的根基。17 世纪发生的历次革命，包括 1649 年查理一世被送上断头台和 1688 年将詹姆斯二世驱逐到法兰西的光荣革命，让权力分立成为英国宪法体系中更加名正言顺且不可或缺的内容。虽然后来很多国家照搬了英国的法律和政府体制，但真正能建立英国这样的自由政府的国家，大多有相同的历史传统，如美国、加拿大、澳大利亚、新西兰等。因为传统所根植的历史经验土壤，才是这套法律和政治制度能顺畅运转的核心保障。任何国家都不难学会制定这套制度，却难以生成其背后的历史与传统。正是这些无形的东西，保证了有形制度体系的行之有效。

第三章
非洲

在撒哈拉以南非洲的很多地方，各种地理条件都不利于经济和文化发展，甚至有扼杀性的影响，从而让非洲黑人遭受弱肉强食被征服的命运……但对生活在欧洲的欧洲人而言，非洲只是他们遍布全球的帝国版图中的一块。

要理解撒哈拉以南非洲，了解地理比历史更为重要。

——费尔南·布罗代尔[1]

从严格的地理意义上讲，不管是南非的白人还是地中海南岸的阿拉伯人，只要是生活在非洲大陆上的族群，就算"非洲人"。但是"非洲人"一词在实际使用中主要指生活在撒哈拉沙漠以南非洲的本土民族，也即非洲黑人。这种语义上的侧重不单是基于种族的分别，更有历史、文化、地理等方面的差异。跟英国人、斯拉夫人还有许多其他民族的情况一样，地理对非洲的影响不仅体现在拥有的自然资源、经济繁荣程度等实物层面上，也体现在对人的塑造上。尤其是地理阻隔严重妨碍了撒哈拉以南非洲与外界的文化交往，以及地区内各族群的交流。

在这里，北部横亘着比美国本土面积还广阔的大沙漠，东、西、南三面则分别为印度洋、大西洋和南极海域所环抱。撒哈拉以南非洲海岸线平直，很少具备形成远洋港口的条件，很多地方近海水域很浅，大型船只无法靠岸。虽然几百年来欧亚之间的很多国际贸易货轮都要航经西非再绕过非洲的南端，却极少在这里停泊。造成这种情况的部分原因是风向和洋流，在航海靠风力驱动的时代，从撒哈拉以南非洲返回欧洲的航程操纵困难，经济成本高，直到人们积累了大量关于洋流和航海的知识经验后才有所改观。[2] 因此，非洲很少参与全球的商贸网络。[3]

在现代交通革命推出铁路、汽车和飞机之前，也即在近代以前人类历史的大部分时期，热带非洲周边的种种地理屏障虽然算不上天堑，也是很难逾越的，这对经济和文化发展都产生了影响。法国著名历史学家费尔南·布罗代尔说过："外来的影响只能非常缓慢地渗透到撒哈拉以南非洲，如同涓滴细流。"[4] 在地区内的很多地方，地理对经济和文化交往的阻隔效应也很显著，最突出的是缺少可以通航的河流，陆地上又多有堑沟和裂谷地貌。

这就造成撒哈拉以南非洲的各族群长期以来不仅隔绝于外界的人群和文化，彼此之间也不相通。在文化方面，这体现在热带非洲地区有繁多的语言分区，以世界10%左右的总人口，使用着占世界总数三分之一的各种语言。[5] 语言的多样只是文化碎片化的表现之一，另外还有社会部落化、宗教多元化等。除此之外，当今世界上约6 000万非洲裔生活在西半球[6]，占非洲裔人口的很大比例，他们在那里受到了欧洲语言文化的同化。而在撒哈拉以南非洲，至今还能看到伊斯兰文明的明显印记，例如尼日利亚、苏丹、坦桑尼亚等国的北部地区信奉伊斯兰教，而南部信奉基督教或有传统信仰。这两种外来宗教的存在都反映了征服者曾经的影响。

非洲黑人以两种截然不同的方式被异族征服，一种是家园被占领，另一种是在外大批为奴。征服和奴役他们的既有其他非洲人，也有阿拉伯人和欧洲人。如同非洲历史的很多其他进程一样，这些悲剧的酿成也受到地理环境的重要影响。

非洲

在撒哈拉以南非洲的很多地方，各种地理条件都不利于经济和文化发展，甚至有扼杀性的影响，从而让非洲黑人遭受弱肉强食和被征服的命运。

自然环境

非洲大陆的一个显著特点是，虽然面积比欧洲大很多，但海岸线长度却比欧洲短。实际上作为面积仅次于亚洲的世界第二大洲，非洲的海岸线比其他各个大洲都短。[7]这种倒挂是因为那里的海岸线不像欧洲那样曲折紧凑，不能形成天然良港供泊船躲避风浪，而具备这个条件的欧洲各国很早就成了海洋强国。除了缺少港口，撒哈拉以南非洲的一些地方近海水深很浅，远洋贸易货轮往往要停泊在外海，再向能在近岸浅水中航行的小船卸货接驳，成本高昂。

除了在地中海沿岸和东非地理条件尚可的一些地方，非洲人很少从事航海。在非洲特别是撒哈拉以南非洲的很多地方，历史上没有大规模的海上贸易，也就没有贸易驱动的经济发展和与外族的大规模文化交流。虽然千百年来，撒哈拉以南非洲与欧洲、北非和中东之间也维持着一些贸易，但同其他大洲相比，国际贸易在非洲的贸易总量中占比很小。这不仅是因为缺少海上良港，还因为可通航的河段很少。有些河流的入海口处有沉积沙坝阻碍航行，另一些地方虽有良港，但能通达的内陆却很落后，没什么可供贸易的物产。另外，非洲滨海的平原地带狭长，平均宽度只有 20 英里，另一侧往往是悬崖峭壁，即便其他条件允许，这种地形也非常不利于大规模国际贸易。[8]

非洲很多地方降雨稀少且很不规律，河流只是偶尔能达到行船的水深。[9] 很多河流就算有一定水深也只能通行小船和驳船[10]，在水深足够航行大船的河段又常见瀑布和急流，不能通行国际贸易的远洋货轮。例如，扎伊尔河（刚果河）全长 2 900 英里，水量仅次于亚马孙河，但靠海的一段有很多急流和瀑布，远洋船舶无法溯流进入内陆。[11] 在世界其他地方，大河催生港口，港口发展成大城市，城市再带动周边地区和居民的经济文化发展。但地理条件不利的扎伊尔河不具备这些可能，这在非洲并不罕见。在撒哈拉以南非洲没有哪条大河能从海洋通航至内陆深处；[12] 在地中海南岸，能航行至内陆较远的只有尼罗河。尼罗河也孕育了非洲大陆上最著名的文明和两个最大的城市——开罗和亚历山德里亚。

除了尼罗河，如果把季节性通航的河流也算在内，非洲可通航河流主要集中在西非赤道地带[13]，正是这里产生了比其他大洲的热带地区规模更大也更先进的古代文明。总而言之，同欧洲和亚洲一样，非洲的城市中心和大型文化主要是在各条通航河道附近发展起来的，只是数量要少得多，这使得非洲一直是世界上城市化程度最低的大洲。[14] 从非洲向外运输的成本十分昂贵，货物必须体量小、价值高才够得上运费。历史上能符合这个条件的货物品种很少，其中黄金、象牙和奴隶成了非洲的三大主要贸易品。今天的尼日利亚沿海地区过去被称为"奴隶海岸"，它西边的邻国加纳沿海被称为"黄金海岸"，而加纳再往西的国家至今仍被叫作"象牙海岸"（即科特迪瓦）。

水路通航的便利程度可以用一个指标来衡量：欧洲土地面积的三分之一都是岛屿和半岛，而在非洲这个数字只有 2%。[15] 沿河沿海地区的比例较低，加之水道的通航性差，非洲比欧洲落后得就更远了。就算是位居西非大河水系核心位置的尼日尔河，流域面积是得克萨斯州面积的近两倍[16]，也不是处处可通航大船，部分河段因有急流险滩完全无法通航。[17] 在降雨最丰沛的时节，尼日尔河会变成"20 多英里宽的流动湖面"[18]，但到了旱季，部分河段的水深会降至不到 4 米。[19]

即使有这些不足，尼日尔河相比非洲其他大河已经算是条件优越了，被称为"热带非洲地区最便于航行的河流"。[20] 而在尼日尔河各条支流，例如在最大的支流贝努埃河上航行则困难得多。因为降雨的季节性特点，贝努埃河上游全年只有两个月能通航，通航时节常常是一片忙乱：

> 船只如果在贝努埃河上游多耽误一天，就会在沙洲上搁浅10个月！但如果太过小心或消息有误而早早撤回船队，又会落下大量宝贵的商品，只能以高出很多的成本从陆路运输出来……最早进入河段的是商人的独木艇，然后是大一点儿的船，等到洛科贾河段水量够大时，最大的有动力船和驳船才会抢抓时间，尽快溯流而上。短暂的丰水期快结束时，水位开始下降，大船必须先行撤出，然后是中型船，独木艇还可以支撑一段时间，继续转运少量物产。[21]

西非其他大大小小的河流，水位的剧烈变化都很常见。[22] 塞内加尔河在个别月份"可涉险通航"[23]，它跟尼日尔河类似，不仅径流量随季节大幅变动，还布满暗礁和急流。[24] 在东非，赞比西河等只有很短的部分河段可以通航。[25] 非洲河流之所以有季节性的大幅水位变化，部分是因为热带非洲是世界少见的没有主要山脉调蓄雪水的地区。如果有高山融雪就能与雨水相济，为河流提供补给。而热带非洲的河流完全依赖降雨，这里的降雨量又很不稳定，不仅季节差异大，年度之间也不均衡。[26]

对"可通航"的理解可以有很多种。比如在安哥拉的某些河段，"可通航"的是吃水不到8英尺①的小船。[27] 在西非有些地方的旱季，就连尼日尔河也只能通行8吨以下的驳船。[28] 相比之下，中国的长

---

① 1英尺 = 0.304 8米。——编者注

江有数百英里可以通航万吨巨轮，小型船还能向更远处航行千余英里。[29] 而纽约的哈得孙河可以通行航空母舰，直接开进曼哈顿中城。非洲河流的通航能力远远达不到这么高，最大的尼罗河连古罗马时代最大的航船都不能通过。[30] 此外，热带非洲很大一部分是高原，其实整个非洲几乎都在海拔1 000英尺以上，其中一半的地面在海拔2 500英尺以上[31]，江河流向大海要经历很大的落差，沿途的通航性自然不高。比较而言，亚马孙河在入海前的500英里落差只有约20英尺[32]，而扎伊尔河最下游的250英里落差却达到1 000英尺。[33] 正如一位地理学家所说，非洲大陆有"平顶高原之祸，它把几乎所有江河都变成了奔涌的激流"。[34]

　　撒哈拉以南非洲大部分内陆地区无法通行大型远洋航船，但沿海还是有小船往来穿梭的。这些小船能进入内陆，遇到瀑布断崖就卸货下船，搬船上岸，越过瀑布再装船，靠这些小船可以把远洋货轮载来的货物溯河运进内陆。同样，内陆各地之间的运输也可以用货下船、船上岸的办法绕过激流险滩与瀑布。有时人们还会把船和货从一条河流转移到另一条河流，扩大了商路的覆盖范围。例如几百年前，尼日尔河和塞内加尔河之间就有这样一条旱路，需要走上25天。[35] 这样，即便在大小瀑布遍布的河流上，间或可通航的河段加起来也会相当长，塞内加尔河有几百英里，扎伊尔河更是有1 500多英里。[36] 因此，非洲各地区并不是完全与世隔绝的，只不过各地贸易的种类与数量、货物运输的距离都受到很大限制。跟那些地理条件优越，能通过大段航道和海洋长途运输煤炭、矿石、粮食等大宗货物的地方比起来，非洲的落差太大。

　　20世纪下半叶，曾有研究对几个亚洲和非洲国家的粮食运输成本做了统计，结论是非洲消费者支付的粮价运费所占的份额更高。[37] 这还没有扣除很多粮食是在产地直接消费无须运输的因素，而要靠本地产粮正是因为从外地运来费用太贵。在19世纪至20世纪初交通技术革新传入非洲之前，在有现代欧洲设备到非洲沿海疏浚筑港、西方人到非洲建造铁路之前，高昂的运费对粮食市场的制约非常大，这在现代条件下的运输成本中是看不出端倪的。

一位历史学家曾指出，"西非相当大的一部分都处在一套汇入大西洋的水文地理体系之中"。[38] 此话自然不错，而要正确认识这套水文体系就必须正视它存在的种种局限。跟欧洲相比，非洲内陆到海洋的距离更远，且受地理条件所限，航行的手段非常有限。在欧洲大陆上，除俄罗斯外的各地到海边的距离都不超过 500 英里[39]，而在热带非洲有很大的腹地距海超过 500 英里，甚至有些地方超过了 1 000 英里。[40] 亚洲虽然有更大面积的内陆远离海洋[41]，却有通航条件很好的河流连通内陆。

非洲河流的流向经由也是一个问题。例如，尼日尔河的源头到大西洋直线距离只有 200 多英里，但要先向内陆蜿蜒盘转一大圈才入海，总长度达 2 600 英里。[42] 总而言之，内陆与海洋连通不畅，是影响撒哈拉以南非洲经济、文化、政治发展的主要地理障碍。

同时，在撒哈拉以南非洲如此广大的区域进行陆路运输也面临不少具体困难。这里舌蝇滋生泛滥，会叮咬人畜，传染致死性疾病，因此很多地方都不能用牲畜驮运。既然没有其他大洲那样水路和畜力运输的便利，非洲人只剩下一个无奈的办法，他们组织衣着鲜艳的运输队伍，把货物放在头上行进。但是人力运输的成本很高，限制了运输货品的种类、距离和速度。因此，除了不利的自然条件，经济条件的限制更大，只有体积小且价值高的物品，才值得用这么高的成本去运输。

热带非洲难以利用畜力，影响的不仅是运输，还有农业。农业地区没有耕畜，一来短缺耕作生产力，二来也缺少肥料。肥料对非洲很多地区十分重要，因为土地养分低，侵蚀流失严重，耕种后肥力下降很快，急需肥料改良。[43] 有些地方旱季很长，雨季集中且降雨势急量大，这样的雨旱规律加剧了土壤流失，因为在干旱条件下被暴晒过的土壤更容易被冲刷侵蚀[44]，热带暴雨会冲掉土壤中的养分。另外，热带气候还容易滋生疫病，比起温带地区和气候温和的高海拔热带山区，致死性的疾病更多。全世界死于疟疾者90%在撒哈拉以南非洲，可见热带病的厉害。[45]

就算把非洲各项不利的地理条件列出一张清单，也很难反映这些因素叠加在一起带来的困难。例如，水运欠发达本身就是一个大问题，加之大部分地方陆运条件艰苦，无法借助畜力，构成了更大的问题。降水丰寡变化剧烈，再叠加降水的地理分布不均，又成了更大的问题。有地理研究指出，非洲水量丰沛的地方"水无处可用"，而"最需要用水的地方"又降水稀少。[46]

好在撒哈拉以南非洲也不是处处同时遭受这么多不利影响。不过总的来看，热带非洲不少地方土壤肥力容易流失，导致固定的土地不能持续养活定居的人口，人们在一个地方生活几年就要搬走，寻找能赖以为生的新耕地，让原来的土地恢复肥力。因此整个社会是迁徙不定的，不能在固定地点建造耐久的建筑，形成社区。而在非洲地理条件相对优越的地区，定居社会就要常见一些，在欧洲、亚洲、西半球更是一种常态。[47]

彼此隔绝的族群衍生出局地的文化圈子，这倒不是非洲所独有的。但非洲的特别之处在于，整个撒哈拉以南地区到处是地理屏障，阻隔了人与物的流动。沿河流通航可以拓展文化交流的边界，但在撒哈拉以南非洲的大部分地方，地理屏障往往就在文化边界的外围不远。像这样孤立于大片文化发展区的地方，其技术、体制、经济发展往往比其他地方都要落后，苏格兰高地、巴尔干半岛部分地区和南太平洋岛国都是这样，撒哈拉以南非洲的很多地方也是如此。此外，这里绝大部分地区识字率很低，更制约了当地发展，也让人们不会主动通过书写文献认识历史和远方。虽然欧洲、亚洲的一些地方和世界上很多岛屿社会也曾经历这样的文化落后,但无论地域范围还是人口都远远不及非洲。

非洲的不同地区文化落后程度也不一样,并且随着历史的发展在更替演变。铁路、汽车、飞机等的出现提供了新的交通方式,低成本的广播、电视等电信传媒穿透了文化的壁垒,但这些进步都发生得很晚,只占人类历史中极小的一段。在此之前很久,因为地理隔绝了文化边界,不同族群之间以及非洲与外界广阔的文化世界之间就发生了文化的大分化。其实直到现代,在非洲起伏陡峭的地形上修筑公路和铁路仍然十分困难。例如,从吉布提到亚的斯亚贝巴的铁路,在首段60英里内要爬升2 000多英尺,末段的180英里又要爬升约4 600英尺的高度。[48]

众多天险阻碍了非洲的经济与文化发展,自然也造成了贫困。撒哈拉以南非洲的普遍贫困体现在很多方面。虽然国际汇率关系复杂,以收入衡量相对生活水平并不十分可靠,但非洲的人均收入很低是确凿无疑的。例如,尼日利亚的货币化人均产值不到美国的2%,坦桑尼亚不到1%[49],这显然不能单纯用汇率来解释。另一个更能体现生活水平的指标是人口平均寿命,欧洲、澳大利亚、美国、加拿大、日本等地一般在70岁以上,撒哈拉以南非洲的人口平均寿命只有50多岁,甚至40多岁[50],这还是借助了外国医疗和公共卫生援助才达到的。

在非洲大部分地区经济发展整体落后的大背景下,不同地区的经济发展与政治体制也长期存在差异。其中,西非的赤道地区即今天的尼日利亚、加纳及周边几个国家,从很多方面看都是撒哈拉以南非洲比较受眷顾的地方。那里的土地在非洲算得上富饶,有充沛的降水,还有尼日尔河流经。[51]这一地区出现过几个较大的王国,不过就算是非洲的福地,这里诞生的国家乃至帝国在世界上都排不上名次。在今天的尼日利亚曾有过一个奥约帝国,疆土面积约15万平方公里,比美国的科罗拉多州还要小。鼎鼎大名的桑海帝国地跨苏丹中西部的富饶河谷地区，面积勉强相当于今天的法国，不如美国得克萨斯州大。但在非洲，这些已经算巨型帝国了，大部分非洲人生活的国家只有其一个零头大小，全国人口还不如其他国家的一个城市甚至一个城镇多。[52]

无论是在非洲还是在别处，强势者都会仗势欺人。在西非，欺压人的方式既有征服，也有奴役。在撒哈拉沙漠另一端的北非，由于地理条件较为便利，地中海沿岸可以建设港口，发展起了相对发达的社会，于是北非人也恃强凌弱，压迫和奴役撒哈拉以南非洲人。在东非，地理条件好一些的地方能建造港口[53]，例如桑给巴尔岛的天然良港、东非大陆沿海的蒙巴萨和基卢瓦港。这三大港口后来都成了奴隶贩运的中心，把从落后的内陆掳掠来的奴隶卖出非洲。[54] 这边的奴隶主通常是阿拉伯人或有阿拉伯和非洲混合血统与文化背景的人，被称为斯瓦希里人。[55]

奴隶制度

奴隶制并不是非洲或非洲人独有的现象，世界七大洲除南极洲外都有过千百年的奴隶制历史。[56] 直到18世纪，东欧还有蓄奴现象[57]，中东则一直到二战后都还存在。[58] 但非洲的特殊之处在于，近几百年来贩人为奴的贸易规模极其庞大。

在非洲，奴隶在很多不同社会制度下从事多种工作，但西半球最典型的大种植园奴隶在撒哈拉以南非洲非常少见。有些蓄奴现象掩盖在奴隶主家长式使役的外表下，甚至有人质疑不应该被算作奴隶制。其实，在各种程度的奴隶制形式中，家长式使役程度最轻，而另一种是残暴的剥削，甚至以活人献祭。[59] 在埃及、苏丹、桑给巴尔等地，奴隶制的形式实际上是种植园的放大版。[60] 有些奴隶虽不是种植园劳工，也要与自由民分开居住，而不能像其他一些地方那样生活在家长式管理的宗族中。[61] 在家庭环境以外劳动的奴隶可能面临很高的死亡率，比如在坦噶尼喀和扎伊尔。[62]各地的奴隶占总人口比例不尽相同，有的占少数，有的占多数，即使在同一地区也不尽相同，比如苏丹和尼日利亚的情况。[63]大部分奴隶继续在非洲生活，如在苏丹被掳获的大多会待在苏丹，尼日利亚的就留在尼日利亚[64]，不过被贩运到国外的奴隶数量也十分可观。

16世纪，非洲对外输出的奴隶总数为每年一两万人。200年后，非洲奴隶的年输出量达到顶峰，为10万人左右。奴隶的来源和去处在历史上也发生过很大变化：16世纪中期，大部分奴隶来自非洲萨瓦纳草原的北部和东非之角；而自17世纪中期以后的100多年，非洲西海岸成了奴隶的主要输出地。这一时期，欧洲人在西半球的奴隶需求一跃超过了中东和北非伊斯兰国家。[65]

考虑到当时非洲的人口不多，更能看出奴隶输出规模之惊人。去往西半球的奴隶大多来自西非，那里在16世纪初人口只有约1 100万，到19世纪初增加至约2 000万。[66]在非洲的安哥拉、刚果等地，奴隶化的速度和规模超过了人口的自然增长，造成很多村庄人口减少。[67]此外，大规模跨地区的奴隶流动还造成了疾病传播，例如霍乱和天花都是沿东非的奴隶贸易路线传开的。[68]沿着贩奴路线还出现了粮食和其他贩奴所需物资的市场。[69]

阿拉伯人抓来的奴隶中女人多于男人，部分是为了满足奥斯曼帝国和其他伊斯兰国家一夫多妻的需求，这导致留在非洲萨瓦纳草原上的社会中，男人和儿童的比例过高。而跨大西洋奴隶贸易掳去的男人多于女人，因为他们主要被送到种植园里劳动，这又造成输出地西非的社会中女人和儿童比例畸高。[70]这两地发生的性别失衡都导致了传统性别角色的变化，例如西非一夫多妻的现象愈演愈烈。[71]两地输出的奴隶绝大部分是年轻人，因此奴隶的人口结构反映不出整个非洲的人口面貌，真实情况是非洲人口近一半是儿童。[72]

在15世纪末欧洲人发现西半球新大陆时，穆斯林商人已经像曾

第三章 非洲

经垄断东非和北非奴隶贸易那样，成为西非奴隶贸易的主导力量。18世纪到19世纪的伊斯兰"圣战"运动在西非缔造了新的伊斯兰国家，又推动了更大规模的奴隶贸易。[73] 总体来看，从1650年到1850年，仅从西非地区输出的奴隶就有至少500万人。[74]

内陆部族如伊博人常受到沿海强邻的侵扰，一旦被俘虏就会被拉走贩卖为奴。[75] 前来西非收购奴隶的欧洲人被当地统治者限制在几个港口范围内活动，非洲奴隶贩子则组成贩奴集团，获得垄断高价。[76] 在西非以南几百英里的葡属殖民地安哥拉，数十万非洲人到民间去抓奴隶，将他们驯化后转卖到大的奴隶市场，由葡萄牙人接手后再运往巴西。[77] 欧洲人跨大西洋贩运的奴隶大多是这样被买来而不是被直接抓来的。[78] 而阿拉伯人会自己下手抓奴隶，敢于冒险进入欧洲人不敢去的非洲大陆深处。缺乏免疫力的欧洲人则要等到有了现代药物保护，不再有死于热带病之忧以后，才会去这些地方。

几百年间，说不清有多少撒哈拉以南非洲人被成百万地抓走贩卖到海外。没有哪个统计数据能涵盖所有奴隶的来源和去处，学界的估算也各不相同。在几个世纪里，跨大西洋贩运的奴隶总数应该在1 100万上下，另有1 400万左右的非洲黑奴被卖到了西亚和北非的伊斯兰各国。[79] 两条路线上都有很多人在运输途中死去。[80] 这2 500万还远不是非洲奴隶的总数，在非洲内部还有大量奴隶从事农业、家务、军事等劳作，甚至在商业公司和政府企业中出力。[81] 这样看来，受奴隶制度残害的总人数是无法彻底弄清的，光是非洲就已经很复杂了，遑论全世界的情况了。

终结奴隶贸易是欧洲征服者在非洲实行的诸多政策之一。终结奴隶贸易并不是就地释放所有奴隶，然而能叫停奴隶贩卖这个有着百多年历史的行当，已经堪称里程碑式的成就了。后续争取释放存量奴隶的努力遭到了很多非洲人和阿拉伯人的抵抗与逃避，阿拉伯人的抵抗尤为激烈，因此奴隶的完全解放在非洲和中东比在西半球晚了很多。

从不同地区使用的词语中就可一窥其历史：西半球各国往往说奴隶的"解放"，是指特定时间特定地点一次性发生的历史事件；而在非洲则说奴隶制的"衰亡"，其过程漫长而坎坷[82]，直到20世纪初的几十年蓄奴现象仍然存在。

在非洲和中东一些伊斯兰国家，奴隶制存续的时间更久。20世纪中后期，沙特阿拉伯、毛里塔尼亚、苏丹等国仍然有人蓄奴。[83]毛里塔尼亚1980年官方宣布废除奴隶制，不过政府也承认蓄奴行为在民间仍有发生[84]，该国官员也觉得规定不严。十多年之后，毛里塔尼亚还有3万名黑奴，生存处境普遍很糟糕。[85]在21世纪即将来临之际，还有一些非洲国家有少量蓄奴的现象。例如，加纳的一个落后地区有这样的风俗：犯下某些错误的人需要从家族中交出一名处女给人做性奴，据估计殃及的女孩有数千人。[86]新千年即将到来之时，对年轻奴隶的商业剥削依旧没有绝迹，如1997年8月《纽约时报》曾报道，"在贝宁和尼日利亚，买卖儿童依然很常见"。[87]

经济史

撒哈拉以南非洲绝大部分地区在殖民时代以前都没有书面历史记载留存[88]，因此大部分历史已经湮灭，流传下来的只有一些口头传承、阿拉伯人和欧洲人的记述，以及考古学者和人类学者的研究推演。不过，通过已知资料我们仍然可以破除对非洲的一些误解。

非洲人并非只靠狩猎和采集自然物产生存。在欧洲人到达前的几百年，非洲就一直有农业，在没有舌蝇之害的地方还有畜牧业[89]，冶铁、炼金、制盐等的发展也早于白人的到来。[90]到中世纪晚期，非洲还成为欧洲进口黄金的最主要产地。[91]在19世纪沦为殖民地以前，非洲就有纺布制衣行当，历史可以追溯到千年以上，后来虽然从欧洲进口布料，也向欧洲出口自产土布。[92]通过与欧洲、亚洲和中东的互通有无，非洲的经济并不是停滞不前、一直坐失新机的。包括可可、花生、烟草在内，很多今天被视为非洲"传统"的作物其实都来自欧洲、亚洲或西半球[93]，西非种植的稻谷品种也大多来自亚洲。[94]

在殖民地时代以前，非洲就有了本地贸易和长途贸易，只是受到地理条件的严重局限。为适应地理的短板，这里发展出了贸易商队，形成长途流动的市场。不过商队行进十分缓慢，一个来回往往要花几个月的时间。[95]国际贸易就这样延伸到阿拉伯国家、欧洲、印度等地。整体来看，非洲的发展程度和生活水平远远低于欧洲，但是两者的强弱对比在历史上并非一直如此，而是发生过巨大变化。

在欧洲人沿西非赤道地区探险的早期，欧非实力对比并不像后来那样悬殊，当时欧洲人并没有占绝对优势。15世纪就发生过葡萄牙军舰在非洲沿海与满载当地战士的小船僵持不下的情景：虽然非洲人无法登上葡萄牙人高大的舰船，但面对操纵灵活的小船和难以近前的非洲海岸，葡萄牙军舰的武器也发挥不了太大作用。最终双方言和，依照当时欧非往来的主流进行了和平贸易。当时欧洲的军火发展水平还处于初级阶段，精度低，射击慢，在弓箭长矛面前并无明显优势。

欧洲的海盗也会劫掠非洲沿海的居民点，既抢物资也抓奴隶。不过欧洲各大国政府都把这类行为视作破坏贸易而予以遏止，非洲人也会自发打退海盗。因此在这一时期，欧洲人和非洲各族群之间的交往模式主要是和平贸易。[96]非洲统治者控制并管理着贸易，可以按自己的意图随时叫停或永久终止。于是，欧洲贸易商人当然会跟非洲统治者互赠礼物，以维持友好关系，保持贸易不断。[97]需要说明，非洲从欧洲进口的商品不都是自己没有的，例如塞内冈比亚（20世纪80年代曾短暂存在的由塞内加尔和冈比亚组成的联邦国家）每年从欧洲进口约150吨钢材，非洲本地也生产质量相当的钢材，但因为需要陆运，价格比欧洲海运来的产品还高。这一时期，即使欧洲人对非洲动武开战，也常常需要非洲盟友的帮助。葡萄牙人在非洲当地没有盟友，因此不止一次打了败仗，遭到歼灭杀戮。[98]

征服与文化　　　110

在欧洲人占领撒哈拉以南非洲之前，奴隶是双方的主要贸易品之一。奴隶贸易同样由非洲统治者严密掌控，他们一旦觉得不符合自身利益就可以随时中止。几百年后，非洲在实力对比中变为绝对弱势，反而不再有大规模的跨大西洋奴隶贸易。在19世纪80年代欧洲人开始"瓜分非洲"之前，西半球的奴隶贸易就已经几乎绝迹了。1888年，最后一个蓄奴国巴西宣布解放奴隶，至此，奴隶制在西半球所有国家都宣告终结。

欧洲帝国主义势力之所以等到征服西半球之后几百年才下手征服非洲，受到了几个因素的影响。其中最直接也最具决定性的因素在于疾病：欧洲人征服印第安人时，疾病是欧洲人的盟友，他们带来的疾病在美洲传播，导致大量印第安人死亡；而在欧洲人进军非洲的过程中，疾病是非洲人的强大盟友。不过随着奎宁的发现和其他医疗进步的实现，欧洲人在热带地区不再有染病丧生之忧，方才征服这里。同时，欧洲武器装备不断发展，特别是新发明的来福枪提高了射击精度，形成了对弓箭长矛的绝对作战优势。欧洲的工业革命积累了飞速增长的财富，各国政府能借此轻松调集帝国扩张所需的巨额资源。而别的地方工业还没有发展起来，实力落后于欧洲一大截，更便利了欧洲的帝国主义扩张。

非洲大陆在欧洲殖民力量面前迅速沦陷，正反映了两者悬殊的实力差距。像比利时这样的小国在欧洲列强博弈中不过是无足轻重的小卒，却也能在非洲中部划出一大片土地建立帝国，并将其命名为"比属刚果"。葡萄牙在欧洲各国中面积很小，实力也相对落后，但在非洲却建立起了更庞大的殖民帝国。而英、法等强国占据的非洲领地更是几倍于本土面积。这些疆土不全是在战场上打下来的，而是征服者与被征服者达成某种间接统治的妥协结果，以尽可能减少各自的损失。如此，本地当权者保留原来的地位，甚至在欧洲人的强权之下还有所巩固，而帝国殖民者通过这些人制定政策，并影响或掌控当权者的人选。非洲的主权就这样拱手让人了，手段不仅仅是说服、贿赂和欺诈，妥协的背后更是悬殊的军力差距。

偶尔欧洲军队也会遇到正面抵抗，经常是以非洲人惨败而告终。1873年，一支英军以寡敌众，遭遇了阿散蒂人的战队，交战后对方的伤亡却远超己方。在后来的很多年里，这样的情景不断在非洲上演。[99]1898年，喀土穆附近发生了史上著名的乌姆杜尔曼之战，英军出兵2万人轻松打败苏丹的6万大军，杀敌几千人，自己只折损了不到100名士兵。[100]欧洲人正是通过这样的小规模惩戒性征讨来张扬军威，让非洲人臣服的。取得非洲各地控制权的不仅有欧洲列强的政府，欧洲一些民营公司和白人移民社群也凭借先进的武器占地称主，还有一些阿拉伯人的民间集团也在撒哈拉以南非洲各地建起了自己的小殖民地。虽然非洲人也曾在局部战役中偶尔取得胜利，但终究在技术、财富和组织管理上都占下风，不得不屈服投降。

在个别地方，战斗持续了很多年，例如20世纪初期的坦噶尼喀。不过往往是非洲一方全力殊死拼杀，而欧洲方面只调动很少的兵力与火力。非洲有些地方的反抗力量比较凶悍，欧洲人不情愿为殖民而投入太多的人财物资源，便与他们达成协议，权宜共处。例如在东非的马赛部落，权宜妥协就代替了战争。但妥协的条件会因势而变，结果欧洲人的控制权不断扩大，最终还是完成了对当地的全面征服。[101]

实际上，整个非洲大陆都被欧洲列强以某种形式征服了，主要原因是这只需要动用他们军事和经济实力的很小一部分[102]，而不是因为非洲能产生多么丰厚的价值。欧洲的传教士、商人、政客、军人等不同利益集团各怀动机，跃跃欲试，到非洲去殖民和扩张，但财政官员懂得计算经济成本和效益，因此常常反对。[103]在有些地方，如矿产丰富的刚果和南非，征服殖民的回报大于成本，但这只是个别情况。后来，欧洲人维持殖民统治的经济、军事和政治成本越来越高，转头放弃非洲之迅速丝毫不逊于当年征服的速度。自20世纪中期起的短短 20 年间，广袤的非洲大陆上几乎所有地方都相继独立建国。

虽然在殖民时代以前非洲已经发展出了自己的经济技能、制度体系和社会规则等，但是欧洲文明的到来仍然产生了重大影响，特别是在撒哈拉以南非洲。欧洲人不仅带来了征服与压迫的苦痛，也引入了犁铧、识字教育、轮式车辆等很多基础性的变革。欧洲各国在非洲各部落中建起强权以后，部落征战偃旗息鼓，法律与秩序得以确立。这对经济发展产生了深刻的影响，从罗马征服不列颠和苏格兰的历史中我们已经看到。例如，过去因为防御薄弱而无法利用的田地现在也能耕种了。因此，虽然白人在罗得西亚占领了大片土地，当地人的自有耕田反而比欧洲征服前更多了。[104] 欧洲的医药、铁路、学校和丰富的商品更是改变了非洲各国的经济和文化面貌。

从经济上看，欧洲对非洲的作用远远大于非洲对欧洲的作用。跟很多关于殖民经济的研究所述相悖，非洲并不是欧洲的主要投资和出口目的地。在 20 世纪早期，英国对加拿大的投资超过对非洲和印度投资的总和[105]，对美国的投资又高于加拿大。[106] 法国和德国也不情愿向非洲投入太多资金[107]，欧洲其他各国同样只跟非洲开展小额贸易。虽然德国的海外帝国面积比本土还大，但在一战前，德国对比利时这个小国的出口额都能达到向德属殖民地出口额的 5 倍。[108] 法国的情况与之类似，对比利时的出口额是对广大非洲殖民地的 10 倍之多。在德国的全球出口中，销往非洲殖民地的份额只占不到 1%。[109]

非洲作为原材料产地对欧洲的意义倒是大些，但从非洲进口的货物大部分产自有限的几个地方，例如南非的黄金和钻石、西非的可可和棕榈油等。整体来看，非洲产品占英国进口额不到 7%，名列各大洲末尾，甚至不如人口很少的澳大利亚。[110] 此外，非洲殖民地既不是欧洲投资者利润的主要来源，也不是欧洲各国政府收入的主要渠道。例如，在一战爆发前的几年，德属殖民地的支出持续大幅超出其上缴的收入，需要德国纳税人来填补亏空。在私营经济领域，在德属殖民地经营剑麻种植园的 19 家公司，只有 8 家能够分红；经营可可种植园的 22 家公司，只有 4 家能够分红；58 家橡胶种植园，只有 8 家能够分红；48 家钻石矿，只有 3 家能够分红。[111]

不过，从非洲的视角看，情形就不一样了。虽然对非贸易只占欧洲各国对外贸易的很小一部分，对欧贸易却占了非洲对外贸易的一大块。[112] 在殖民时期，非洲的进出口总额大幅增长。例如，德属东非的花生、橡胶、咖啡、剑麻等出口量在 1905 年至 1913 年间翻了几番。[113] 英、法、比属非洲殖民地从 1938 年至 1958 年也出现了出口的大幅增加。[114] 与之相应，非洲的进口和本地的自产自销量也在增加，提高了当地人的生活水平。例如在比属刚果，1950 年至 1958 年实际消费增长了 77%。[115] 此外，欧洲在非洲的很多殖民地建立了一整套现代工商业经济体系。

欧洲人还带来了新的农作物和农业技术[116]，建设了港口、铁路、电报、汽车运输系统等现代基础设施。[117] 举一个例子就能看出这对非洲的巨大经济意义：跟过去的手提肩扛相比，一节火车能装载的货物相当于 300 个人的运力，两天的运输距离相当于过去商队两个月走的路程。[118]

除了欧洲征服者直接推动的经济变革，在新的法律和秩序下，非洲大片地区合并统一起来，吸引了印度和黎巴嫩移民前来创业谋生，分别在东非和西非建起新的零售网络，甚至是国际贸易网络。[119] 印度人在东非的广大地区成为经济发展的主力，印度卢比甚至成了很多地方流通的主要货币。[120] 印度人和黎巴嫩人大多是在欧洲列强占据非洲后才来到这里的，殖民统治结束后很多人又主动或被迫离开，他们对非洲的经济发展也做出了巨大贡献。

然而，非洲在获得这些好处的同时也付出了巨大的代价，包括征服战争造成的伤亡，也包括后来在抗争与镇压中的牺牲，还有征服者对非洲人的诸多凌辱、不公和残暴。在这种种侵害中，强迫劳动最为普遍，也最受非洲人痛恨。在不同的殖民地和不同时期，强迫劳动的条件差别很大，就算是签约劳工的劳动条件也可能十分恶劣。在葡属安哥拉，19世纪末的几十年里，没人听说过有哪个去了圣多美岛的签约劳工能活着回来。[121]1904年，德属西南非洲（今纳米比亚）的赫雷罗人起义杀死了123个欧洲人，一位德国将军随后下令对赫雷罗人不分男女老幼、士兵平民，一律格杀勿论。到那位将军被召回柏林前，赫雷罗人8万人口中有大约6万遭到屠戮。[122]

不过，参与征服撒哈拉以南非洲的不光有欧洲人，也不都是国家主体。谁拥有军火，谁就占有极大优势，来自阿拉伯和欧洲的自由探险者也靠着军火进入非洲封闭落后的地方，划出地盘自立为王。例如在南部有波尔人占地耕作，在北部有阿拉伯人和斯瓦希里人圈地收租、抓捕奴隶。先是有这些民间的征服行动，后来到19世纪末20世纪初才发生以欧洲国家为主体的大规模帝国主义殖民，将非洲的国家和人民连带此前的小殖民地一齐吞并。自由探险者的小王国和欧洲民族国家的新殖民主义势力之间最激烈的交锋要数两次布尔战争。当时的布尔人加盟共和国以荷兰白人后裔为主，不过已经与荷兰政府没有什么联系了，英国人通过这两次战争把它纳入自己的治下。

欧洲征服者对非洲的影响，善也好恶也罢，不过是历史长河中短暂的一段，前后只有三代人的时间，比当初罗马人统治不列颠、中国封建王朝统治东南亚一些地区和摩尔人统治西班牙的时间都要短得多。欧洲列强"瓜分非洲"始于19世纪80年代，到20世纪50年代就开始大面积撤出，最先是非洲北部的伊斯兰国家利比亚、摩洛哥、突尼斯相继独立，其后的20年独立风潮迅速向南蔓延，尼日利亚、坦桑尼亚、乌干达、刚果、肯尼亚等非洲国家纷纷宣告独立。[123]当年罗马人放弃不列颠之后出现了大规模的倒退，在非洲的很多地方也出现了同样的情形，欧洲统治者离开后，当地发生了技术崩溃、经济衰退、政治混乱的局面。

取得独立后，几十个非洲国家的政府被军事政变推翻，刚刚争取到的民主旋即失落，残暴的独裁者再次上位。民间有一句谚语讽刺这种现象："一人投一票，一共投一次。"本就关系复杂的各民族开始反目成仇，有的甚至酿成大规模的流血冲突。在尼日利亚，约3万名伊博人被穆斯林匪帮杀害；在布隆迪，图西族人屠杀了20万胡图族人；乌干达的伊迪·阿明政权更是屠杀了30万人。[124]非洲曾是一个粮食能够自给的大洲[125]，但经此种种，本地粮食生产低迷，一些地区非但总产量不见增长，要养活的人口还在攀升。[126]在很多国家，粮食产量连年下降。例如，赤道几内亚在20世纪七八十年代粮食产量连续负增长，两个10年的平均降幅分别达到4%和9%。[127]布隆迪的全国粮食产量降幅在1994年为6%，1995年达到18%；卢旺达1992年降幅为3.2%，到1994年则为50%。[128]

非洲各国独立之初都曾有过豪言壮语和乐观展望，但不久就变成了全方位的苦涩失望和痛苦倒退。当政者的第一反应不是重新思考造成这些恶果的出发点和实际政策，反而处处谴责曾经的帝国主义殖民者和少数民族群体，甚至赖到美国身上，然而那时美国几乎没有参与非洲的历史，既无贡献，也无贻害。

非洲各国

其实哪里的历史都一样，非洲国家也经历了起落沉浮，强者征服弱者，无力反抗者受人剥削奴役，等等。例如，祖鲁人在19世纪征服了非洲南部的很多地方，到1879年英国人来到这里，跟他们正面交锋争夺领地。双方首战中祖鲁人取胜，战场上留下这样的血腥场面：

> 两个年轻的英军鼓手被从下巴处用挂肉钩吊起，肚膛像宰羊一样

被剖开。很多白人仰卧在那里，紧攥拳头，五官痛苦地扭在一起。

战死的1 300多人几乎全被掏空了内脏，他们被翻过来仰面朝上，长矛从胸口一直划开到大腿根，睾丸散落到地上，任祖鲁人赤脚踩过，在地上漫出一摊摊血迹。有几个人被剥去了头盖骨，还有的被砍掉了四肢，切下生殖器塞到嘴里，还有些人的下巴被砍下带走，带着胡须的下巴成了胜利者的纪念品。[129]

这一次最终英国人打赢了祖鲁人，而没有俘虏太多对手。但过了不到一代人的时间，英国人为争夺南非的控制权又两度开战，对手布尔人同样是欧裔，是荷兰人和更早之前移民的混血后裔。在第二次布尔战争中，2.6万名布尔人妇女和儿童殒命英军集中营。[130]非洲的帝国主义殖民总是这样黑暗，无论殖民者是白人还是黑人。以放牧为生的图西族人曾经征服农业民族胡图族几百年，在两族之间造成了更为严重的血腥后果。20世纪下半叶，胡图族和图西族分别成立了自己的民族国家卢旺达和布隆迪，随后两国的主体民族都对居少数的另一民族大开杀戒，引发屠杀—报复—大规模流亡的无休止循环，直到20世纪末都没有终结的迹象。

尼日利亚

大约每五个非洲人中，就有一个是尼日利亚人。尼日利亚是世界上黑人人口最多的国家（排名第二和第三的是埃塞俄比亚和美国），也是世界排名第十的人口大国，总人口超过8 000万。[131]同很多非洲国家一样，尼日利亚民族构成复杂，使用不同的语言，信仰不同的宗教。这个国家也是殖民时代的产物，就连国名都是一名英国记者给起的。[132]

在欧洲人到来之前，尼日利亚所处的热带西非地区已经有悠久而完整的历史了。早在公元前500年，今天的尼日利亚一带就出现了冶铁。[133] 西非地区还出现过庞大复杂的本土政权[134]，那里曾经村镇密布[135]，到 20 世纪初，有一半人口生活在城镇中。[136]

尼日利亚在 19 世纪属于英国势力范围，到 20 世纪成为英国殖民地，后来于 1960 年取得独立。英国进入尼日利亚的历史分为几个阶段，转折点都是为应对当地局势和国际事件而做的临时权宜。英国人最初只是希望保护并进一步扩大自己在这个地区的各种利益，又不想付出管理殖民地的高昂成本，但到后来在政治和军事上越陷越深。19 世纪初，英国做出了禁止跨国奴隶贸易的历史性决定，而西非是绝大部分跨大西洋奴隶贩运的来源地。因为这一举动，英国相当于揽下了对西非长期而巨大的政治和军事责任。此外，英国还在那里有传教、经商等各种利益，也让它有动机在当地稳固地位。但是尼日利亚从来都不是英国的主要经济资产，英国殖民官员也不愿被派驻到那里，被派去的很多官员都伺机谋求到更好的地方当差。[137]

英国意欲不投入太多成本就在这一地区站住脚，便采取了依靠既有政权统治的方式，尽可能少动当地原本的机制、文化和社会体系。不过矛盾的是，英国要在这里站住脚，本身就是在打破现状。当局需要尼日利亚人充当殖民统治的底层官吏，由此形成了非洲人中的一个新阶级：他们受过英语教育，接受西方的理念，熟悉西方的做事方式。而当地各民族对新的行为方式、新的发展机会等的接受程度不同，导致他们之间经济实力与社会地位的对比相较于殖民前发生了变化。英国人统揽了军权，禁止部落之间交战，这样原来各部落的军力强弱就不再重要了。此外，有英国人在这里，尼日利亚人就可以到原来敌对部落的领地去，甚至可以搬过去安宁地生活。英国军队不费吹灰之力就占下了尼日利亚，让当地人对一切欧洲和现代的事物敬奉有加，甚至传为神话。因此，无论欧洲殖民官员的本意是多么不想干预，他们的到来都引起了革命性的深刻变化。

还有一批欧洲人抱着比殖民官员更大的野心来到这里，他们就是基督教传教士。传教士一般先于殖民官员来到非洲，他们在伦敦游说政府，对挺进非洲的决策产生了很大的影响，即使财政官员和殖民官员顾虑经济前景不佳而反对也敌不过他们。传教士不仅在非洲发展信众，还要彻底地改变他们的生活方式，要废除奴隶制，还要转变他们的性道德观念、识字程度、卫生习惯，让他们接受西方文化方方面面的影响。在今天的尼日利亚一带，英国传教士早在英国政府到达以前很久就开始活动了。久而久之，在尼日利亚的传教士人数达到了几百人，发展起数千教堂，拥有几十万信徒。[138]

到1898年，尼日利亚所有的西方教育都是由传教士兴办的，这种现象直到1942年仍没有太大变化[139]，只是随着本地精英阶层的壮大，需要殖民政府在教育上做更多的投入。尼日利亚的教育体系是基督教会式的、以欧洲为中心的，在占该国人口一半以上的北部穆斯林地区不受欢迎，因此教会教育主要集中在南部，造成了各部落的受教育程度一直相差甚远，这对未来的经济、社会、政治发展都产生了历史性的影响。而在南部地区，一些族群对教育的接受程度高于其他族群，其中最愿意接受西式教育的是伊博人。这是一个生活贫穷又整体性差的族群，曾经是奴隶贩子的主要目标，生活在尼日利亚的贫瘠地区。因此，伊博人把西式教育视为不可错失的难得机会。

尼日利亚最大的民族豪萨－富拉尼人是一个北方部落，在20世纪中期人口占全国的28%。而伊博人占总人口的18%左右，是该国的第二大民族。西南部的约鲁巴人规模与伊博人相当，占17%，但有着非常不同的历史、经济条件和文化源流[140]，且人均收入全国最高。[141] 此外还有许多其他族群，有的聚居，有的散居在以其他族群为主的广大地区。在包括尼日利亚的很多地方，都会用到"部落"一词，但这个词的本义有些误导人，常让人想到生活在野外、与世隔绝的一批人。但其实尼日利亚较大的部落有数百万人口，有的居住在城市，有的生活在农村，一个"部落"的地理分布范围可以像一个欧洲国家那么大。

随着尼日利亚的小农自给经济逐渐发展为英国主导下的货币经济，花生、棕榈制品和其他农产品出口大幅增长。20世纪的头20年，花生出口量增长超过两倍，棕榈制品出口量增长了3倍还多。可可的势头更盛，1939年的出口量达到20年前的5倍多。[142] 虽然尼日利亚整体还是一个小农经济的农业国[143]，还是有些城市陆续发展起来，大多位于西部约鲁巴人为主的地区。其中伊巴丹在1911年时人口为17.5万，1921年增长至23.8万，1931年达到38.7万。而北部穆斯林地区的传统商业中心卡诺在1931年只有9.7万人，以伊博人为主的东部更是没有一座人口超2万的城市。不过，到1953年，东部地区有了5座人口超过4万的城市，其中4座比北方除卡诺外的所有城市都大。这反映了伊博人的蓬勃发展，生活在东部聚居区以外的伊博人也享受到了发展的好处。站在20世纪中期的时间点上比较，西部地区的人均收入相当于北部的两倍，而东部居于两者之间。[144]

不同地区的经济差距在一定程度上反映了受教育水平的差异，也体现了约鲁巴人较高的经济起点。在整个殖民历史上，尼日利亚的教育普及度非常低，而且分布极不平均。1953年，只有8.5%的尼日利亚人接受过以罗马字母体系为媒介的西式教育，5.4%接受过阿拉伯文认读教育，大部分集中在北部穆斯林地区。[145] 接受西式教育特别是英语教育，是进入政府谋职或参与英国人把控的现代工商业进而改善经济状况的重要前提，在此方面地区间的差异极大。

例如1912年，在占全国人口一半以上的北部地区，所有小学加起来只有不到1 000名学生，而国内其他地区有3.5万小学生。到1926年，北部地区小学生数量达到5 200人，而其他地区有13.8万人。随着西式教育在各地铺开，教育差距也越来越大。1957年，北部地区接受西式教育的小学生有约18.5万，而其他地区则高达230万，此时北部的人口依然占全国一半以上。在中等教育和高等教育上这样的差距也长期存在。1937 年，北部地区接受西式教育的初中生不足 100 人，而其他地区有 4 200 人。20 年后，北部的初中生人数达到约 3 600 人，而其他地区已有 2.8 万多人。[146]

高等教育的差距更加显著。1951 年，北部地区所有的 1 600 万人中只有一位正式的大学毕业生，还是一位改信基督教的基督徒。[147]同一时期，在国内外高等学府深造的尼日利亚人全部来自南方。[148]在尼日利亚独立前夕的 1959—1960 学年，伊巴丹大学中的北方学生只占 9%。直到 1966 年，赴海外深造的尼日利亚人数量已经有了大幅增长，但仍然只有 2% 是豪萨－富拉尼人。[149]

受教育程度的巨大鸿沟自然会体现在就业差别上。20 世纪 50 年代初，尼日利亚的 160 名医生中有 76 位是约鲁巴人，49 位是伊博人，而只有一位是豪萨－富拉尼人。[150]在军队中，四分之三的步兵是豪萨－富拉尼人，而五分之四的军官是南方人。到 1965 年，军官中有一半是伊博人。[151]即使在北方政府治下的地区，需要医疗和技艺的行业也是南方人多于北方人。[152]在北部地区的邮递、银行、铁路[153]等领域的文职和半技术工种上，伊博人占了多数。此外，商人、手工匠人和工厂工人中也有大量的伊博人。[154]

伊博人的经济起点肯定不比北方人好，他们是来自贫困地区的穷人[155]，迁居北方后还被当作外来户对待，根据当地法律，只能居住在主流社会之外，孩子也要上单独的学校。[156]北方人担心外来思想与生活方式会侵蚀穆斯林社会的传统，因此对国内移民也非常抵触，禁止基督教传教更是毫不意外。

受过一定教育的阶层在尼日利亚不断壮大，即使仍然只占少数，也在历史上扮演了重要的角色。20 世纪 20 年代初，有近 3 万本地人从事现代精英和准精英职业，主要是文员、教师、手工匠人等，另有 100 多名神职人员和十几位医生、律师、公务员等。到 20 世纪 50 年代初，本地教师达到 3.5 万人，文员 2.7 万人，手工匠人 3.2 万人，本地出身的经理、神职人员、公务员、医生和律师的数量也都达到了几百人。[157]

在尼日利亚的历史上，这些新晋精英和准精英阶层既曾是英国殖民统治的拥趸，也曾是殖民统治的破坏者。受过一定教育的本地新兴阶层[158]反对非洲的传统价值与规则，认为那一套陈腐落后，早期对西方的影响持欢迎态度并积极传播，以之为对抗旧观念的手段和推动启蒙进步的动力。[159]但是，随着对白人种族主义和殖民者其他劣迹的憎恨日益加深，这一阶层又引领民众走上了寻求独立的道路。[160]这背后不是突变转折与机缘巧合。要建立独立的尼日利亚国，首先要有作为民族国家基础的民族，新兴的西方化黑人精英靠借力殖民统治者将国家疆域内的不同族群凝聚起来。例如，英国人修建铁路就得到了受过教育的非洲精英的欢迎，认为这有助于团结建国。[161]

甘愿为殖民者效力的当地统治者与殖民官员沆瀣一气，让他们失去了本地受教育新精英的支持，这些人对国家的未来有了全新的憧憬。[162]非洲多地以西方民主为模板发展起政治制度，兴起了工会，这些机制在20世纪40年代取得长足发展，成为培育新式、西化的本地政治领袖的讲习所和训练场。正是这期间成长起来的黑人领袖自1960年开始推动并促成了尼日利亚的独立。

跟非洲很多其他地方一样，由于千差万别的民族被殖民者以人造的国界划在了一起，尼日利亚独立之时也成了内部斗争开始之日。独立之前，不同的部落与地区对形势走向就有不同的态度。伊博人是拥护独立的先锋，急切盼望建立强大的国家政府。[163]约鲁巴人有自己的独立建国主张，希望给各地区更多的自治空间，而国家主要维护部落间的团结。[164]更根本的分歧出现在南方和北方之间，北方人认为太早独立会让北方立刻被南方人接管，而南方人已经在北方的政府和民间若干领域占据优势，受教育人数远超北方，未来必将轻松处于上风。当时在英国的间接统治下，北方的传统领袖和权威对当地的生活

征服与文化　　122

方式和未来走向有更多的控制权,一旦国家独立,南方人就会掌控这里,情况将不再如从前。

问题不仅在于两边的观念不同,更在于双方没有一个互相认可的现成传统来公开、克制、包容地表达分歧,于是媒体和政坛上频频出现尖刻的相互指责,"法西斯分子""帝国主义走狗"等蔑称俯拾即是,部落沙文主义的言论甚嚣尘上。[165]一位北方政治领袖向南方人演说道,"我们互相鄙视,指责对方自大",只因为一边接受西方教育与文化,而另一边奉行东方的教育与文化。他还讲道:"坦白地说,北方百姓宁愿信任白人也不愿意信任南方黑人或受过教育的北方人。"[166]

后来的历史证明,这绝非夸张。尼日利亚原打算在20世纪50年代独立却没能实现,不是因为英国不允许,而是尼日利亚人内部不能就何时独立以及国家采用何种政体达成一致。在终于确定了独立日期和宪法之后,还一道出台了对现由欧洲人担任的政府职务进行"本国化"的新政策。在北方,这个"本国化"实际上是"北方化",重点没有放在驱逐欧洲人上,反而是下大力气赶走南方的尼日利亚人。[167]

独立后的第一次人口调查牵扯了很多部落和地区间的矛盾争议,最终因有作弊嫌疑而被废止。[168]刚刚独立的10年,暴乱、阴谋、政变屡有发生,1966年1月,总理巴勒瓦在一场军事政变中遇刺身亡。新成立的国家没有哪个民族占到总人口的三分之一以上,不同部落与民族分别聚居在几大地理分区,在这样的背景下,各类政治事件都会从民族角度被夸大解读。遇刺的巴勒瓦总统出身北方穆斯林地区,而政变集团的多数领袖是来自南方基督教地区的伊博人军官,从此军政府的所作所为势必在民间遭到憎恨、抵抗直至公开反叛。

1966年6月,北方城市发生骚乱,当地的伊博人遭到冲击,造成几百人丧生和大量财产损失,不过这仅仅是后续更大灾难的小序曲。7月,北方穆斯林军官发动了反对军政府的政变,将伊博人为主的政权赶下台并处死其领袖。9月,北方爆发了针对伊博人新一轮更加血腥的暴乱。

北方的士兵将伊博人士兵从兵营中赶出来，用刺刀杀死了几十人。穆斯林闹事者闯进北方每座城市中的伊博人居住区，用长棍、毒箭、火枪等大开杀戒，在这场全面屠杀中丧生的伊博人数以万计。[169]

据估计，暴乱造成3万人死亡，超过1万名伊博人难民逃离北方投奔东南部的伊博人聚居区。伊博人感到身处尼日利亚已经无法安全自保，从此下定决心脱尼独立，追求建立独立的比亚法拉共和国。1967年5月，比亚法拉共和国宣告独立，随即爆发了持续两年多的内战。共产主义阵营和西方阵营纷纷支持富产石油的尼日利亚，因此尼日利亚能获得现代武器以对战叛军。尼日利亚政府军控制了比亚法拉的出海通道，也就切断了它的粮食和军火供应渠道，造成被围困的伊博人每天有数千人因饥饿而死。[170]

经历了战争、饥荒和瘟疫的比亚法拉，逾100万人死亡，另有300万伊博人成为流离失所的难民。[171]1970年，当比亚法拉回归尼日利亚之时，该地区的制度和经济基础已毁坏殆尽，很多人担心伊博文化会灭绝，甚至战胜者的军队可能对伊博人开展种族灭绝。

不过，这里没有发生像布隆迪、乌干达等非洲国家那样的大规模屠杀，也没有上演本地历史上发生过的悲剧。这次尼日利亚采取怀柔政策，恢复了战区的产业经济，还续用了伊博人的政治军事人才，包括前比亚法拉政府的部分官员。1982年，比亚法拉政府的流亡首脑也获得赦免。伊博人再次成为尼日利亚社会中积极进取的成员，在公共和私营部门都扮演着重要角色。[172]

尼日利亚曾经的军政府让位给了民选政府，行政区划也做了改革，意在打破原来的民族集团，防止重蹈民族矛盾将国家拖入内战的覆辙。新政府的组织结构主要效仿美国而非英国。[173]

尼日利亚独立后的坎坷历史贯穿着四个重大且彼此关联的问题：（1）民族和部落敌对；（2）为争取执政权而不计代价的权斗；（3）普遍的腐败；（4）经济崩溃。哪个民族都不信任其他民族的统治，在选举和人口调查中，各民族都使尽浑身解数谋求优势，甚至不惜诉诸暴力和欺骗。投票参与率高被很多人视作充分民主的指标，但在尼日利亚和其他一些国家，这反映的却是政治分化带来的狂热参与。另外一个现象是，在不同民族占主体的不同地区，候选人支持率有较大差别。直到1979年，虽然颁布了旨在缓解各民族各自为政的新宪法，选举中的这种现象仍然存在：5位总统候选人各自在至少一个州获得绝对多数票，而在另外的某些州只获得不到5%的支持率。[174]

执政掌权非常重要，不仅因为这样能避免被敌对部落欺压，也因为政府在经济事务中参与很多，政治地位成为取得财富和权力的最佳途径，对个人、部落、地区来说皆是如此。1964年，联邦、省区和地方三级政府雇员数占全国工薪人口的一半以上。[175] 政府还掌控着向地方分配的巨额资金，实际上就是分发给不同部落。比如，1961年，占全国人口一半以上的北部地区上缴的个人所得税只占当年个税总收入的9%，却收到了联邦政府拨付地方资金总额的45%。同一年西部地区上缴的个人所得税达64%，然而只获得联邦政府拨付资金的四分之一。[176] 从部落的角度看，就是约鲁巴人用自己的钱补贴了北方的豪萨-富拉尼人和其他部落。另外，政府雇员的薪酬远远高于民间，同时还有通过贪污获取额外收入的机会。一位尼日利亚研究专家将这种情况总结如下：

议员、部长、高级公务员等的薪资一般是政府雇用普通劳动者的7至30倍，这还没算他们的车辆津贴、住房补贴和其他酬劳。而相较于他们通过为私营业主徇私谋利、向私人输送公款等聚敛的财富，那点儿正当收入简直微不足道。[177]

政府官员能够徇私敛财的基础，在于政府拥有调配大量资金和严格控制经济活动的权力，包括发放贷款、发包合同、银行授信、参与公众机构与公司决策、军费预算支出、牌照许可颁发等等。手握这些决定权的人往往出身低微甚至赤贫，不仅自己翻身致富，还能帮衬亲族，不过前提是必须保住职位。[178]一旦丢了饭碗，在民间将找不到地位和收入相当的工作，职业前景乃至整个人就会被毁掉。

尼日利亚突出的腐败现象以及对异见者的无情镇压都是当时社会环境的产物。公众对政客彻底失去信心，引发了1966年、1979年和1983年的三次军事政变。政变后对被驱逐下台的政客进行的调查清算揭开了他们腐败的面纱，贪污数额之巨令人咋舌。其中一位省长挪用公款高达3 000多万美元，如果用来支付已拖欠数月的公务员工资，足以偿付四分之三。选举中同样腐败盛行，曾有一位约鲁巴人省长候选人因为对手舞弊而一度败选，后来法院调查发现他其实胜选了100万票之多。[179]

作为石油出口大国，尼日利亚在油价高企的20世纪70年代经历了繁荣。石油保障了联邦与州级政府60%到80%的财政收入，创造的巨额财富令各类人群都感到满意。70年代的10年间，政府支出和民间投资都快速增长。然而，从80年代初开始，国际市场石油价格下跌，在尼日利亚引发了剧烈的经济和社会失衡。

到1986年，出口石油的产值跌到了6年前的五分之一。[180]从1985年到1988年短短3年，尼日利亚货币也贬值为原值的五分之一。联邦政府中5万人失业，州级政府和私营部门也有大量人员下岗。[181]在经济繁荣时期，大量外国劳工从非洲其他国家来到这里工作，到了经济困难时期，他们则被人仇视，遭到群体驱赶，其中很多人被撵到了加纳。[182]在形势最差的80年代初期，尼日利亚的国民经济产值连续4年下跌。[183]新的军政府推行节缩政策，包括缩减对国有航空公司和公用事业的补贴，并出售部分国有企业资产。到1988年，以不变价格计的国民经济产值开始回升，甚至可以消纳通胀。[184] 产值的正增长持续到了20世纪90年代，一度失控的通胀也被控制到了每年29%以下。[185]

此外，国家还主动将民族问题去政治化，建立民主政府。1979年，一位北方穆斯林当选总统，与其组团竞选的副总统候选人是伊博人。[186] 这位总统1982年当选连任，但在1983年底被又一次军事政变赶下台。新的军政府执政很久，在1997年还表态次年要举行大选，只是严格控制组党，不允许成立真正有胜算的党派。[187]

独立后的第一代尼日利亚人所面临的重重困难并非意料之外，相较于当年罗马人撤走后不列颠的情形，尼日利亚的遭遇并不特殊，也不严重。虽然面临北方可能独立的威胁，东部地区甚至短暂实现了独立，尼日利亚最终仍然是一个统一的国家。而且它显然从经济、社会、政治问题中吸取了教训，并将其贯彻到新的宪法和政策中。尼日利亚（以及其他一些国家）最根本的问题在于，一国没有经历另一国的历史发展进程，难以全盘复制别国根植于自身历史的机制与文化，尤其难以自行生成的是诚信。在1997年的一项国际调查中，尼日利亚被评为全世界腐败最严重的国家。[188]

坦桑尼亚

坦桑尼亚位于热带东非海岸，国土面积约为意大利的3倍，但人口仅相当于意大利的一半，单位面积的人口密度与美国相近。坦桑尼亚包括两个此前各自独立的国家，分别是大陆上的坦噶尼喀和海上的桑给巴尔岛，坦桑尼亚这个名字就来自这两个名字的组合。

坦桑尼亚最著名的地理标志是乞力马扎罗山。此外，北部与乌干达共有维多利亚湖，南部与马里和莫桑比克共有坦噶尼喀湖。这两大湖都在世界十大湖泊之列，维多利亚湖面积比密歇根湖还大，坦噶尼喀湖也大于伊利湖。坦桑尼亚跟非洲很多地方一样，降雨稀少且不规律，年降雨量超过 30 英寸的地方大约只占全国的一半。[189] 历史上，这里屡遭干旱，土壤条件差，几乎没有常流河，只有随雨量季节性变化而出现或消失的浅水溪流。[190]

这里陆上国土的一半以上因舌蝇之害[191]而无法使用耕牛等牲畜。全国土壤与地形条件差别很大，人口密度也相应不同，土壤肥沃、降水充足的地方人口相对密集。截至 20 世纪晚期，仍有 90% 以上的人口居住在农村。坦桑尼亚是世界上最贫穷大洲上的最穷国家之一[192]，在世界银行 1995 年的国家收入排名中，排在 174 个国家中的第 172 位。[193]

今天，坦桑尼亚所在的东非地区历史上生活着高度分散的不同部落，独立后的坦桑尼亚仍然有 100 多个民族，其中最大的民族占全国人口的比例还不到 13%，最大的 5 个民族加在一起也只占全国人口的四分之一左右。[194] 这里跟尼日利亚不同，民族关系不算核心问题，但也存在一些部落因受教育程度较高而在优势职业中占比更多，招致其他民族嫉恨的情况。[195] 不同的部落使用不同的语言，历史上还存在某些部落奴役其他部落的情况。[196]

在欧洲殖民者到来之前的千百年里，东非沿岸地区与非洲内陆联系甚少，与桑给巴尔岛乃至波斯湾沿岸居民的联系反而更多。这反映出水运成本与陆运成本的巨大差异。[197] 往内陆方向虽然也有贸易，但仅限于短途。[198] 与东非海岸地区维持贸易关系的主要是阿拉伯国家和桑给巴尔岛，后者实际也由阿拉伯人控制。桑给巴尔作为一个繁荣的贸易中心，以贩卖象牙和非洲黑奴而闻名，阿拉伯人从这里出发，进而征服东非海岸的部分地区，首要目标是开拓贸易根据地，比如 1784 年占领基卢瓦、1822 年占领奔巴岛以及 1837 年占领蒙巴萨港。在桑给巴尔的民族中，除了有本地的非洲人和阿拉伯人领主，还有数量庞大的印度商人以及来自德、英、美等国的经商者。在经商方面，印度人占有绝对优势，到 1861 年桑给巴尔岛上四分之三的不动产都被他们收入囊中。[199] 而自 18 世纪起，印度人也一直把控着非洲大陆上的内河贸易。[200]

东非海岸地区受到的外来影响既有欧洲的帝国主义殖民，也有阿拉伯人的殖民和印度人的商业垄断。早在 15 世纪晚期，葡萄牙人就初次到访这里，不到 10 年的时间，他们洗劫了蒙巴萨和基卢瓦城，不久就宣布占领了海岸地区。不过，这次占领既不彻底，也不稳固，在后来的近 200 年里，叛乱、侵略、派系阴谋斗争等时有发生，直至葡萄牙人被阿拉伯人赶走。[201] 此时虽然还没有坦噶尼喀和桑给巴尔这两个国家，但地区政权的规模已经在不断扩大，治下的族群成分也越发多元，只是还不像西非那么复杂。[202]

跟世界上其他封闭孤立的文化一样，非洲的内陆部落发展落后于沿海稠密繁华的城镇。不过，还是有火枪等外来事物传入了内陆，既变革了打猎的方式，也改变了部落间的实力对比。人们有了火枪之后，开始猎杀更多的大象，小型部落也必须寻求自保，与那些首领拥有枪支的大型部落结盟。因此在欧洲殖民者到来以前，这里的部落帝国规模有所壮大。[203]

19 世纪 80 年代，德国占领了坦噶尼喀，不过当地人的浴血反抗一直持续到 20 世纪初。[204] 根据德国的官方记载，在最后一次抗争中，有 2.6 万非洲人丧生，这还没算上许多人死于战争所造成的饥荒和疾病。[205] 一战爆发后，英国海军通过海上封锁和军事入侵取得了坦噶尼喀的控制权，德国在这里的统治就此结束。

德国统治坦噶尼喀的时间虽然只有短短一代人，却对这里的经济和文化产生了很大的影响。这一地区的主要海港，也即后来坦桑尼亚的首都达累斯萨拉姆，就是在德国统治期间发展成一座重镇的。[206] 德国人一方面带来了新的资金、新的农作物和新的交通方式，另一方面在以战争屠戮反抗者之余，还以税赋和强迫劳动对非洲人进行残酷压迫。[207] 德治期间最为深远的文化遗产，大概要数对斯瓦希里语字母进行拉丁化，并在语言多样的东非地区推行斯瓦希里语为通用语言。[208] 殖民统治还造成了族群分裂，例如东非的马赛部落就被分别划到了英属和德属两个殖民地。[209]

德国人也涉足了桑给巴尔岛，但既不是通过军事征服，也没有达到印度人那样无孔不入。早在 19 世纪中期，就有德国商人在桑给巴尔岛经商，到 1870 年，德国人把持了岛上近三分之一的商业经营。[210] 名义上阿拉伯人仍然是这里的统治者，但其实权却随着英国势力的扩张而越来越小，最终英国成了这里的实际控制人。1890 年，英、德两国达成协议，承认英国为桑给巴尔的保护国。

德、英两国的殖民统治是印度人愿意积极参与桑给巴尔和东非大陆经济的一个主要原因。正是因为有殖民统治的保护，印度人才大批前来，深入内陆腹地永久定居[211]，从此成为东非大陆上最大的经商族群。[212] 英国是印度的殖民国，因此常常将印度人带到非洲殖民地[213]，而德国在统治坦噶尼喀期间也鼓励印度人向这里移民。[214]

坦噶尼喀和桑给巴尔的主要贸易品之一是人口，即奴隶。出身传教士的探险家戴维·利文斯通在 19 世纪 60 年代初记载，从尼亚萨兰（今马拉维）被贩往桑给巴尔一地的奴隶就多达 1.9 万人。[215] 这里跟东非别的地方一样，阿拉伯人是奴隶贩子中的主力。英国发起的禁止奴隶贩运的斗争持续了几代人时间，招致非洲人和阿拉伯人的不少反抗。[216] 在桑给巴尔这样的阿拉伯人统治地区，废奴斗争尤其艰难。[217] 直到 1922 年英国彻底控制坦噶尼喀，奴隶制才被完全禁绝。[218]

一战结束后德国人被赶走，印度人顺势取得了达累斯萨拉姆的大部分房产。[219] 在坦桑尼亚，印度人把控着全国约 50% 到 60% 的进出口贸易，80% 的剑麻生产，80% 的交通运输，以及 90% 的城镇房地产。此外，他们还经营着数百家日杂小商店，大部分位于农村。这些印度人中大多数是古吉拉特人[220]，在印度国内就是重要的经商族群。

东非内陆部落的生活方式因此遭到尤为严重的破坏，一方面农业创新给他们带来了实惠，另一方面很多本地手工技艺不得不让路给来自印度的、大规模生产的廉价产品。全国大部分地区还遭受了牛瘟，这让牛几乎绝迹，这对于以放牛为生的马赛人打击尤其大。殖民战争使非洲人口锐减，不少地方变成荒草丛生的无人之境，成了野生动物和舌蝇的乐土，舌蝇的泛滥区相比以前更广了。[221]

在这片缺少水力和畜力运输的土地，殖民者需要大量人力从事搬运，在非洲其他的英属、法属和德属殖民地都是如此。德国人在东非征用了几万名脚夫，英国征用了 20 万之多。搬运工的死亡率很高，有时甚至高达 20% 至 25%。[222]

在德国和英国的统治下，出口带来的经济增长持续且可观。1883 年至 1913 年，坦噶尼喀的出口额增长了 10 倍。[223] 以英治的 1938 年和德治的 1913 年相比，坦噶尼喀殖民地的出口额翻了一番还多。[224] 其中剑麻出口是原来的近 5 倍，咖啡为近 10 倍，花生也跻身主要出口品之列。[225] 这么大量的出口，当然不能只靠欧洲人持有或控制的公司：1933 年，全国生产的咖啡超一半产自非洲人经营的 600 多个咖啡园，而坦噶尼喀出产的棉花几乎都是由维多利亚湖周边的小农户种植的。[226]

虽然非洲人已经表现出为市场生产产品的主动性与责任心，但此时的世界发生了经济大萧条和二战，这两大历史事件让殖民统治者变本加厉地进行强力剥削。大萧条期间全球市场价格下跌，但分配到非洲的人头税却没有减少，扣除物价因素实际还更高了。为了保证收齐这项税款，殖民官员强制非洲农民扩大出口作物的种植，甚至不惜挤压粮食生产。如此一来，当本地粮食收成不好时，非洲人只得依靠政府的灾荒救济。

二战的爆发让政府越发收紧控制，特别是由于英美在亚洲生产橡胶的殖民地被日本占去，世界橡胶供应短缺。为了生产战时所需的"战略物资"，并保证生产这些作物的农业劳工能吃得上饭，殖民政府开始积极干预经济。这导致强征劳力的数量大幅增加，从 1941 年的不到 1 000 人增加至 1944 年的 3 万多人。[227] 这一时期政府计划经济的做法为战后的类似试验开了先河。政府不断推出各种农业生产计划，不给非洲人自主选择的余地，但这些计划往往以失败告终。[228]

历史上，殖民政府在给当地创造经济和社会收益的同时，也制造了很多痛苦。与在别的地方一样，殖民统治在本地人中间培育了一个西方化的阶层，这群人受过一定教育，希望祖国的未来既不要像过去的老样子，也要有别于殖民统治的现状。当然，在这些西方化精英憧憬的未来中，他们将跻身社会顶层。坦噶尼喀独立运动的领袖朱利叶斯·尼雷尔就受过西式教育，曾经是一名教师。尼雷尔成立了坦噶尼喀非洲民族联盟，首先唤起了受过一定教育的西化的非洲人心中的不甘和理想。[229] 虽然遭到殖民政府的抵制与压迫，坦噶尼喀非洲民族联盟还是成功达成了其最主要的目标——坦噶尼喀于 1961 年宣布独立，三年后又与桑给巴尔联合组成坦桑尼亚。新国家仍然有殖民时代的一些文化印记，比如官方语言斯瓦希里语是由德国推动传播的，首都达累斯萨拉姆是由阿拉伯人兴建的，名字也来自阿拉伯语。[230]

尼雷尔出任坦桑尼亚总统，因其崇高的追求和人道主义宣言而被称为"非洲贤人"，享誉世界。在国内，他试图通过专制手段推行建设一个平等的社会主义社会的理想。政府出台政令将全国大部分人口划入一个个村庄，但不问他们自己的意愿如何。[231] 跟历史上许多国家实行过的社区合作化农业一样，坦桑尼亚的合作化农业导致人们都懒于在公田上出力，而把劳动劲头都用在了自留地上。[232] 10 年之中，坦桑尼亚的人均单产连续下降，从玉米出口国变成了进口国。此外，数百家收归国有的企业破产倒闭。[233] 通往赞比亚的坦赞铁路故障频发，只得把从上到下的管理者全部换成中国人。曾经繁华的桑给巴尔也跟全国一道发生经济衰退，甚至连基本的供电都保障不了。[234] 而这还是在坦桑尼亚接受了世界最多的人均外国援助，仍享受大量长期无息贷款的基础之上。[235]

征服与文化　　132

政治上，尼雷尔将成千上万的政治犯关进监狱。20世纪70年代，坦桑尼亚的政治犯数量一度超过了南非[236]，根据大赦国际的资料，其中很多人遭受了酷刑折磨。[237]尼雷尔在多次所谓"选举"中都毫无阻力地获得绝对多数赞成票。尼雷尔还协助其他三个非洲国家推翻了既有政权，在推翻乌干达的阿明政权后，他换上了自己的傀儡统治者。而在对傀儡的表现不满意时，尼雷尔又将他换掉并监禁。[238]不过，尼雷尔本人不端架子的作风和性格，以及理想主义的宣言让他备受西方知识界的推崇。[239]至于1 700万坦桑尼亚人如何看待尼雷尔我们就不得而知了。

坦桑尼亚的经济溃退影响到了国内国外，破坏了工农业生产，遍及社会的方方面面。例如，20世纪60年代中期棉花产量为7.9万吨，到80年代初降至5万吨左右。腰果产量在10年内减少了一半多，剑麻产量下降了约60%。工业方面，20世纪80年代在产的工业产能只有总设计产能的10%到30%，国民经济总产值下跌，年均通货膨胀达到了35%。另外，可能最致命的是，尼雷尔政权终究失去了为其政策提供补贴的国际借贷和援助机构的信任。[240]自1980年至1985年，坦桑尼亚的人均纯收入下降了12%。[241]

1985年末，尼雷尔辞任总统，接任的阿里·哈桑·姆维尼推行了政策改革，表现出不同的个人风格。政府的经济管控有了些许放松，人均实际收入出现了10来年的首次增长。[242]政策的变化导致执政党内部出现不和，此时的尼雷尔虽然放弃了总统职位，却仍然是执政党的领袖。不过，到1990年，坦桑尼亚已经实现国民经济产值连续4年实际增长，也出台了新宪法允许多党竞选。[243]显然，该国从独立后初期所犯的错误中有所反思，而且至少已经踏上了走向重要变革的道路。

1995年，阿里·哈桑·姆维尼离任，本杰明·姆卡帕继任总统，人们称他所组建的内阁"年轻化，有能力，没有老面孔，焕然一新"。[244] 但是，很多顽疾并没有消失，无处不在的腐败已经烂到了司法系统。据坦桑尼亚媒体报道，甚至有律师宣称，"什么判决都能用钱买到"，"只要钱够多"就根本不需要掌握多少法律知识。[245] 社会上一些著名的公众人物遭到刺杀，凶手显然是职业杀手。[246] 姆卡帕总统在 1995 年启动了一个反腐败平台，其中反腐败委员会的一份报告让旅游部长不得不引咎辞职。[247] 然而，在整个非洲都非常普遍且根深蒂固的官员腐败现象究竟能否管得住，还是个问号。不管怎样，在坦桑尼亚这个农业占经济重头的国家，新政让国民经济自 20 世纪 90 年代以来保持了可比口径的正增长，直到 1995 年还在持续增长。[248] 至少，这一时期由天灾造成的损失远远小于独立之初一二十年里人祸带来的灾难。

加纳

西非国家加纳以国土面积论略小于英国或美国的俄勒冈州，但人口只有不到英国的三分之一，截至 1980 年的识字率只有 30%，到 1990 年才提高到 60%。[249] 在英国殖民的 100 多年里，这里被称为"黄金海岸"，1957 年加纳独立后改回了传统名称。

地理条件上，加纳没有能够停泊和装卸大型船只的天然港口。跟非洲许多地方一样，大型轮船只能在近海停泊，将货物分拆到驳船小艇上运至岸边[250]，这必然会增加运输成本，降低运输效率。因此，只有特定的高价值货物才能收回高昂的运输成本，这阻碍了经济的发展。这里的河流遍布急流险滩[251]，内河航运的通达距离严重受限，因为河道很浅，船只的载重吨位也不大。[252] 在这样的条件下，加纳的主要城镇自然都位于沿海，主要在海运货船能到达的贸易枢纽周边发展起来。[253] 加纳的自然资源十分丰富[254]，但自然地理条件决定了这里没有资源外运的条件，各个族群在文化和政治上很难统一起来，更不用说与外界更广阔的文化体系相连通了。

在文化上，加纳人按民族身份和语言可分为一百来个族群，且没有一个族群能占到总人口的 15% 以上[255]，宗教信徒分为基督徒、穆斯林，也有各种本土宗教的信徒。跟非洲别处一样，这里在历史上就有强大部落去征服抢掠弱小部落、掠人为奴的现象，其中阿散蒂部落是最大的征服者和奴隶主部落。

阿散蒂人生活在西部的高地上，从 17 世纪起就开始控制周边部落，到 19 世纪下半叶之前一直在不断地壮大自身的军事力量，直到与英国发生正面军事冲突。早期的阿散蒂人跟后来的英国人一样，采取间接统治的策略，通过不断发展的"阿散蒂联邦"来统治。[256] 这一时期，欧洲人在沿海建立了一些贸易定居点，主要从事黄金贸易，这也是黄金海岸名称的由来。早在 1471 年，葡萄牙人就来到这里，1482 年建起了第一个防御堡垒。到了 17 世纪和 18 世纪，荷兰人、英国人、丹麦人、瑞典人纷纷在沿海建起商埠，并认识到军事拱卫的必要性。不久后出现了一边是沿海的欧洲列强相争，一边是内陆的非洲人交战的局面。

英国政府在黄金海岸的策略和在别处一样，觉得殖民地惹出的麻烦很可能比占到的便宜多，因此不愿意付出太大代价。不过英国的民间集团跃跃欲试，政府批准许可，还在一定程度上监管其经营，民间公司则负责出人出钱，甚至出军事武装。一如从前，这种低成本的帝国主义殖民方式在非洲有一定的生命力。本地族群因为不团结而容易被外部势力渗透，这种不团结也威胁到了英国与当地政权妥协合谋建立起的实际秩序，部落间的角力、零星的军事冲突和大规模的战争让局势一直动荡不安。最终，英国政府越陷越深，当阿散蒂部落开始进犯与英国人有协议和联盟的沿海部落之时，更是不得不出手了。此外，英国自 1808 年发起的废奴运动给黄金海岸的经济以强力一击，让靠奴隶贸易支撑经济的非洲人与英国人的矛盾越发加深了。最终，英国政府还是从民间势力手上接管了黄金海岸。

19世纪初，阿散蒂人屡次侵扰沿海地区，不仅扰乱了贸易，还强迫驻守的欧洲人承认阿散蒂人在当地的利益。1821年，英国夺得了这里的控制权，并于1826年在沿海非洲部落的帮助下打退了阿散蒂人的又一轮侵扰，1831年签署的协议开启了长治久安与贸易发展的时代。[257] 阿散蒂人最后一次来犯是在1873年，英国出兵不到3 000人，和非洲当地的援兵联手打退了阿散蒂人，乘胜攻入他们的地盘并火烧国都。阿散蒂人虽然骁勇善战，却敌不过现代武器。后来他们又发动了几次反抗，反而让英国顺势收掉了全部领土。[258]

在几代人的时间里，黄金海岸以直接或间接统治的方式被蚕食，成了英国的殖民地。20世纪初，英国进一步巩固了在这里的殖民统治，强化了自身势力。在英国治下，黄金海岸在防治对本地困扰最大、造成死亡最多的热带疾病方面取得了不少进展，对外出口也大幅增加。因感染疟疾而死亡的人数大大减少，黄热病几乎被根除，兽病中的牛瘟也得到了控制。[259] 经济方面，黄金海岸即后来的加纳出口总额从1907年至1928年增长了4倍多，1959年比1928年又增长了近10倍。[260] 1879年才引进的可可成为主打出口产品，占国民经济产值、就业总量和出口创汇额的比例都很高。[261] 黄金海岸从此一直保持着世界可可的主产国地位。此外，进出口贸易及黄金和锰的生产大多为英国人所把控，国内的商业贸易则掌握在黎巴嫩人和印度人手中，而可可生产仍然由非洲人自己进行。

从1898年起，英国人开始在这里修建铁路，连接各个商贸中心，发展与外界的现代交通。这里最大的海港是英国人修建的人工港，于1928年投入使用。[262] 英治期间还培养了当地人才，包括虽然总量不多但不断增长的受教育阶级，他们主要在19世纪成立的一批教会学校接受教育。早在1881年，传教士就在黄金海岸设立了100多所学校，招收了约5 000名学生。[263]

基督教传教士在黄金海岸形成了一股重要势力，先是在沿海地区，后又拓展到内陆的南部地区。但由于交通不便，也因为伊斯兰信仰已经先入为主，基督教向北部的渗透比较艰难。传教士在各地修建了教堂、学校、医院、诊所，对各地产生了不均等的影响，更加剧了不同部落间的文化差异。另外一个扩大了非洲人内部差异的因素，是殖民政府雇用了大量当地人做办事员，这些人虽然出身当地，但就职后多少都会受到西方文化的影响。

跟别的地方一样，后来正是由这些受欧洲教会和殖民政府影响而西化了的少数群体倡导了独立运动。反殖民运动中涌现的领导者都特别善于以政治手段调动普通民众的不满与仇恨，而这批领导者转身又要担起另一项完全不同的任务——建立一个能站得住脚、不辜负各方的新国家。

非洲的一个规律是，本地成长起来的精英大多集中在行政职务和教师行业中，相当大的比例是政府雇员。20世纪40年代，黄金海岸有3 000多名当地人担任公务员，另有3 000多人做教师，但经商的只有不到1 500人，从事可可贸易的不到1 400人[264]，而可可是该国最富优势的产品。[265] 不过，通过可可经济的带动效应，私营经济对加纳新的西化阶层的兴起有过很大贡献。可可最早由非洲人引进黄金海岸并成为非洲的特产，当地的很多小农户都从事可可种植。[266]

20世纪20年代，"英属西非国民大会"民族主义组织中来自黄金海岸的成员有相当多是商人（虽然主力是律师）[267]，比其他非洲国家中商人的占比要大得多。推动独立的先锋克瓦米·恩克鲁玛具有当时非洲领袖的典型特征，他接受过西方教育，政治上非常活跃，除此之外完全没有政治背景。他主要在年轻人和接受过一定教育的人群中比较有号召力[268]，政治风格属于"仪式主义"类型，搞思想意识效忠和个人崇拜的神秘主义。[269] 殖民政府以煽动民众的罪名将他逮捕下狱，反而强化了他在民众中的号召力。在1951年的大选中，恩克鲁玛所在的党派胜出，彼时在监狱中服刑的他受邀出任领导人，带领加纳走向独立。

恩克鲁玛有宏大的意识形态目标，不仅面向加纳全国，更旨在推进泛非主义，希望非洲黑人团结起来形成一个超越国界的超级国家。恩克鲁玛当政期间，权力高度集中在国家层面，而地方政府权力很小，行政机构掌握大权，立法和司法都受其统领。最终，权力集中到恩克鲁玛个人身上。他禁绝了反对党，未经审判就预防性地将政治对手监禁多年，并用自己的心腹取代了原来的政治与军事精英。

加纳争取独立的起点，包括其人才、自然资源、人均收入[270]、外汇储备等基础都好于其他撒哈拉以南非洲国家，却在殖民结束取得独立后随即发生了经济衰退。1958年加纳还有近5亿美元的外汇储备，到1965年却转为赤字，外汇债务达到10亿美元。[271]恩克鲁玛的经济政策虽未见得效果显著，仍可算布局宏大。他组织建设了很多"prestige"（意为体面气派）项目，包括投资1 600万美元建设非洲统一组织大会堂[272]，还在已有15家外国航空公司运行加纳航线的基础上坚持发展了国家航空公司。[273]1966年，恩克鲁玛在访问中国的途中，其国内发生军事政变，他在加纳的统治结束了。后来，恩克鲁玛到几内亚开始流亡生涯，时任几内亚总统塞古·杜尔授予他几内亚"联席总统"的荣誉头衔。

新上台的加纳政府问题很多并胡作非为。新的统治者给自己购买了几十辆奔驰车，单价都在10万美元以上，用飞机运回国内。在新政府治下，全国可可经销机构收入的外汇一半都不知去向。可可作为加纳最重要的出口产品属于政府管控，1966年至1969年，可可豆和可可脂的出口量均大幅下跌，三年内可可豆出口跌幅达40%，可可脂下跌了一半还多。锰和铝土矿的出口量同样缩减。[274]商店出现缺货，交通系统开始失修，加纳人开始逃往科特迪瓦和利比里亚生活。[275]20世纪50年代加纳的经济还是正增长，到60年代就出现了人均净产值的下降，从1970年到1982年更是以年均2.65%的降幅快速衰

征服与文化

退。[276] 在这 13 年里，国家外债从占年产值的不到四分之一攀升至总产值的三分之一以上。[277]

1978 年加纳又发生了政变，年轻的空军中尉杰里·罗林斯把军政府赶下台，发起了惩治腐败的行动，指控前元首在外国银行私藏非法所得 1 亿美金。[278] 一年后，罗林斯将政权交还给平民政府。但加纳的经济困局并未出现好转，国家债务继续攀升，贷款违约多年，通货膨胀保持在年均 100% 以上的高位。[279] 因为道路基础设施和运输车辆年久失修，产出的可可无法运到港口出口，在政府的仓库里堆积如山。[280] 1981 年底，罗林斯中尉再次掌权，军人开始在首都阿克拉抢劫店铺，随后平民也加入了抢掠，而警察只是作壁上观。[281]

罗林斯推行的政策有强烈的理想主义和民粹主义色彩，比如政府控制物价，让生产可可这一本国命脉产品不再有利可图。政府还规定汇率，使外资公司在加纳赚不到钱而纷纷退出，造成社会就业和收入的大幅下跌。[282] 国民经济产值出现下降，在 20 世纪 80 年代前期年均降幅达到 4%，投资额也下降了三分之一。[283] 加纳的人均收入在 1965 年时还是尼日利亚的两倍多，到 1985 年已经不足尼日利亚的一半。[284] 国内粮食短缺，医护人员减少，人均寿命也在缩短。[285] 然而，罗林斯在国民中的支持却没有减少，经济上虽然失败，但政治上取得了成功。1983 年，罗林斯听从世界银行的建议，对加纳的经济政策进行了基础性改革，政府开始以多种方式放开市场，结束了物价管制，允许本国货币在国际市场上贬值，还裁汰行政冗员 5 万名——此前从 1972 年至 1982 年，政府行政机构人员规模扩大了 10 倍。同时，国有企业也被推向市场出售。[286]

这些政策对国民经济产生了巨大的影响：1983 年至 1988 年，加纳的年均经济增长率达到 6%。曾经缺货的商店再次进满了商品，街道上甚至出现了进口汽车拥堵的情景。政府一改过去多年压低人工控制可可价格的做法，将从农户处的收购价提高了两倍。在此后的 5 年里，可可产量增长了20%，向邻国走私可可的情况也有所减少。加纳经济的转折向好不仅反衬了过去的恩克鲁玛体制和政府集中管控时代，也与撒哈拉以南非洲其他国家持久的经济颓势形成了鲜明对照。相比之下，撒哈拉以南非洲其他地区1987年的人均产值实际下降了5%。[287] 进入20世纪90年代以后，在更开放的经济政策和相对自由的政治环境下，加纳的可比口径国民经济产值还在持续增长。政府取消了党禁，组织公投通过了新宪法[288]，当年的军事政变领导人杰里·罗林斯在1996年被选为总统。从整体上看，至少此时的加纳有了希望，可以期待在21世纪走向更好的未来。

科特迪瓦

科特迪瓦共和国有1 400多万人口[289]，国土面积比法国还大一些。跟许多非洲国家一样，科特迪瓦也是欧洲殖民者划出来的国家，国境将很多本是一体的民族分隔开来，一族同胞分处两国的情况比比皆是。国境之内同样是族群分裂，全国有60个民族，其中没有一个超过总人口的15%，且祖籍不在科特迪瓦而在西非其他地区的人占总人口的比例超过四分之一。全国有很多种当地语言，语言的差别基本上对应着民族的分野。国家以法语为官方语言，正式国名"科特迪瓦共和国"也来自法语，国内教育、行政以及城镇经济领域都通行法语[290]，这也是殖民时代的遗产。

在殖民时代以前很久，这里就开始了与欧洲的商业接触，贸易的商品有黄金、胡椒、奴隶，当然还有象牙。到18世纪初，因为人为猎杀导致大象数量减少，象牙贸易基本上终止了。如今可考的法国与科特迪瓦的联系始于15世纪，法国人最早来此定居可追溯至17世纪。当时零星来到这里的有传教士、商人、探险家等，他们都得到了当地非洲政权的许可，与19世纪到来的法国殖民者不同。跟其他列强一样，法国殖民者带来的既有进步，也有压迫。他们在这里建起学校，发展现代经济，以医药科学战胜了致死性传染病。与此同时，也在当地强征劳力，高额征税，使当地人不得不为白人劳动挣钱，让本土的庄稼撂荒遭毁。强征劳力不仅造成了经济的损失和生活方式的破坏，还让千万人在残酷繁重的劳动中死去。[291] 为了不让殖民地成为法国的沉重经济负担，殖民官员承受着很大的压力，有些便诉诸暴力，通过鞭打、监禁甚至处决等方式逼迫非洲人缴税。他们还粗暴地改变当地的农业格局，例如强力推广经济作物可可的种植。[292]

科特迪瓦是法属西非殖民地的一部分，而法属西非又是法国全球殖民体系的一环，包括法属赤道非洲、阿尔及利亚、中南半岛、马提尼克岛、法属圭亚那等地。法国征服科特迪瓦的时间也在19世纪末的20年里，与其他欧洲列强占领非洲大致同期。法属西非殖民地的总面积约有法国本土的9倍大，但直到1920年，总人口只有1 200万。科特迪瓦大部分地区是人迹罕至的森林地带[293]，直到20世纪下半叶，还有大量未开发和长期撂荒的土地。[294]

如前所述，非洲很多地方缺少能泊船的海港和通航的内河，科特迪瓦也是如此。海岸边没有适合大型海运船只靠岸系锚的港口，而内河中连通行小船都十分危险和困难，只有少量河段可以行船。降雨量的季节性大幅变化让河流运输条件更加复杂，一年之中干旱时河床裸露，涨水时洪水湍急。到了现代才出现了铁路和运河，提供了更可靠的运输和出行方式，海港条件也大大改善。[295] 欧洲人来到这里之前，本地人分部落聚居，与外界的联系主要靠长途贸易商人。除了河流通航不畅，南部有一半国土被密林覆盖，也构成了地理险阻。[296] 这里受外部的干预很少，伊斯兰世界的影响是其中之一。穆斯林商人和征服者把伊斯兰信仰传播到科特迪瓦北部，带来了深远的影响。到20世纪后半叶，全国人口有四分之一信奉伊斯兰教，穆斯林人数是基督徒人数的二倍，其他人多信奉非洲本土宗教，其中也杂糅了伊斯兰教和基督教的元素。[297]

在独立后的前 20 年里，科特迪瓦的历史发展道路与别的非洲国家大不相同。这要归结于一位领袖人物的道路选择，虽然他的风格与其他国家独立后普遍的威权主义并无太大的不同。费利克斯·乌弗埃-博瓦尼是法属西非早期的一位政治领袖，他领导的政治运动以科特迪瓦为中心，为法国殖民统治下遭受疾苦的非洲人鼓与呼。但他追求的是在殖民统治的框架内进行改良，而不是独立。乌弗埃-博瓦尼是一位非洲酋长的儿子，出生于 1905 年，从小接受法国教育，长大后做了医生，也当过富有的种植园主和政府医疗官员，1944 年步入政坛。自 1946 年起，他留法十多年，先是作为科特迪瓦驻法国议会的代表，后来成为首位在欧洲政府内阁中担任职务的非洲人。[298]

当时一小群受过教育的非洲人受到法国的文化同化与接纳，变成了"黑皮肤法国人"。这种趋势的用意一石二鸟，既能消除反殖民的声音，还能笼络本地人中潜在的领袖。但是，法国的实力在二战中衰退了，纳粹扶持法国维希政府作为傀儡，损害了法国殖民统治的合法性。纳粹支持维希政府在非洲殖民地推行种族主义和剥削政策，也招致了民众的反抗与阻挠。非洲人团结一致的精神从此被激发出来，成为战后独立运动的重要推动力。[299]

二战后，乌弗埃-博瓦尼领导了反对强迫劳动的斗争，这种民愤极大的现象到 1946 年终于被禁止，给乌弗埃-博瓦尼赢得了广泛支持。在此后的若干年里，民众陆续获得了一些公民地位和政治权利。1960 年，科特迪瓦独立，成为法语国际社会中的一个独立共和国，乌弗埃-博瓦尼当选首任总统。

科特迪瓦独立后推行的政策在不少方面跟大部分非洲国家截然不同。这里力避政变、处决等纷争，很长一段时间内都不发展其他国家普遍建设但经济不合算的"面子产业"，对外国资本进入和利润流出的限制也很少，还抵挡住了把外国人赶走、把就业机会留给非洲人的政治冲动。因此，到 20 世纪 80 年代，在科特迪瓦生活的法国人比 20 年前该国刚独立时有所增加，他们还在政府部门和经济运行中担任重要角色。但是国内年青一代接受教育后需要工作机会，力主政治"非洲本地化"，从而对局势心怀不满。[300] 科特迪瓦还任用来自中国台湾的专家，引进巴西、印度、菲律宾等国培育的良种。[301] 20 世纪 80 年代，据世界银行估计，在科特迪瓦全国需要大学文凭才能胜任的工作中，五分之四由外国人担任。[302]

科特迪瓦独立之初是非洲也是世界上最贫穷的国家之一。不过，虽然经济发展基础差，土壤贫瘠，也没有丰富的矿藏，科特迪瓦还是成了非洲少数几个在独立后经济发展比殖民时代更快的国家。这里虽然没有大型油田，却成为撒哈拉以南非洲经济增长最持久的国家，也跻身世界经济增长最快的国家之列。[303] 在 1960 年独立之时，科特迪瓦的人均实际收入比邻国加纳略低，但在独立后的 10 年里，人均收入以年均 4% 的速度递增，高于法国统治的 20 世纪 50 年代 2% 的增长率。到 1982 年，科特迪瓦的人均实际收入已经比 1960 年时高 50%，比当时的加纳高 65%，[304] 而且一直保持着非洲国家少有的粮食自给状态。[305]

在这些政策下，农民发展富裕起来，而西方化的知识精英倍感失落，[306] 情形正好跟其他非洲国家相反。在独立后的前 25 年里，全国农业产值翻了一番，民间消费、出口额和国内生产总值等指标都增长到原来的 3 到 4 倍，起点较低的制造业更是扩大规模 5 倍之多。[307] 只用了四分之一个世纪的时间，该国人均收入就增长了 10 倍，在没有石油资源的撒哈拉以南非洲国家中名列第一。[308] 同样拜这些政策所赐，科特迪瓦的国民经济收支能长期保持平衡，没有出现第三世界国家普遍遭受的国际收支问题。[309]

科特迪瓦也有贪腐等经济和社会问题，不过这跟某些非洲国家的动乱、饥荒、屠杀比起来不值一提。然而，这些成绩并没有给这个国家或其总统带来像坦桑尼亚的尼雷尔和加纳的恩克鲁玛那样的外界关注和赞誉。乌弗埃-博瓦尼很少追随"泛非主义""社会主义"这样的主张，同时也是非洲国家领导人中少有的有过经商经历的人。

撒哈拉以南非洲的其他政坛要人，无论是国家元首还是在政坛的位高权重者，大多有白领或专业人士背景，例如学校教员。出身行政职员的人在加纳、塞内加尔、几内亚、坦桑尼亚等国议会中都占五分之一以上席位，在尼日尔、马里、布基纳法索等国议会中占五分之二以上席位，在前比属刚果更是占到五分之四的席位。[310]科特迪瓦在1960年独立之时，国家议会和内阁成员中有40%的人此前从事行政或教育工作，三分之二曾是政府雇员。[311]不过，总统的背景与众不同，而在非洲，国家元首的作用极大，因此科特迪瓦采取了独特的政策，并因此发展出了与众不同的经济、社会和政治局面。

乌弗埃-博瓦尼不但推行与加纳的恩克鲁玛截然不同的政策，还跟他立下了著名的赌约，较量谁的政策会更成功。虽然当时加纳的发展水平更高，拥有的自然资源更多，但后来两国的经济状况发生了逆转，清楚地证明了两种策略的效果。即便在加纳左翼政策力主的改善穷人社会地位一事上，科特迪瓦的政策也取得了不错的效果。虽然科特迪瓦的收入分配没有加纳更平均，但将两国实际收入最低的20%的人群相比较，科特迪瓦是加纳的两倍多。实际上，科特迪瓦收入最低的20%的人口比加纳大部分人的收入都要高。[312]这反映出前者的国民实际收入在提高，而后者的在下降。不过科特迪瓦收入最高的20%，也即在非洲属于"富人"的那部分人，按当时欧洲和美国的标准只能算收入平平。

能取得这么好的成绩，主要是采取的政策好，而不是归功于矿产资源或其他优势。到了20世纪70年代后期和80年代，现实再次以痛苦的方式昭示了这个结论：科特迪瓦终归没能抵住政治潮流的诱惑，转向了曾在非洲各国造成经济重创的政策。政府不再将公共支出重点放在基础设施建设上，不再让民间市场主导商品和服务生产。自

20 世纪 70 年代后期起，科特迪瓦的新政策将政府投资导向制造业和其他国有企业，具有比较优势的出口产品创汇也被用于支持这些企业。此外，科特迪瓦在国际上有较好的声誉，因而可以从国外举债。不过，短期的繁荣没有为长期可行的政策打下基础。当 1978 年咖啡和可可等出口品价格下跌，1980 年石油危机导致的世界经济衰退来袭后，科特迪瓦的经济繁荣时代就宣告结束了。从 1975 年到 1980 年，该国的外债总额飙升 400%。到 1990 年，偿还外债的成本占掉了出口收入的 39%，而在 20 年前这个数字只有 7%。[313]

即便在早期经济景气、被观察者称为"经济奇迹"的年代，科特迪瓦也并非完全自由的市场经济，而是像非洲国家普遍的做法一样，有一定程度的政府管控经济，这导致了不良的后果。例如，通过获得外国"软援助"贷款对稻谷生产进行国家统一计划，导致大量补贴种稻，产品供过于求，给政府储粮设施带来巨大压力，实际成本远高于预算，于是市场售价远远高于国际市场价。[314]

自 20 世纪 80 年代开始，科特迪瓦的名义国民收入开始下降，而人口还在持续增长。长期一党治国、一人治国的弊端终于显现出来，腐败现象、经济问题、政治管制等都开始出现。1992 年，首都阿比让发生独立以来最严重的骚乱，反对派政治领袖因此被捕入狱。[315]

乌弗埃-博瓦尼于 1993 年 12 月去世，国民议会前议长亨利·科南·贝迪埃依照宪法接任临时总统。贝迪埃最大的竞争对手首相阿拉萨内·德拉马内·瓦塔拉在他当选后主动辞职。这一动作，加上长时间的全国哀悼期间政界禁止发声，使得权力交接得以顺畅进行。新政府继续推动乌弗埃-博瓦尼在任后期启动的企业私有化，经济形势有所好转。[316] 在国民经济产值连年下降之后，国民生产总值终于重回正增长，1994 年的增幅较小为 1.8%，次年扩大到 7%。[317] 出任临时总统近两年后，贝迪埃在 1995 年 10 月以压倒性多数票当选为正式总统。不过，虽然他赢得了高达 96% 的选票，还是因为禁止两个反对派领袖参选和禁止反对派集会而被认为胜之不武。[318]另外，虽然经济和政治形势向好，新总统还是会监禁记者，而有些人只不过写了些温和的批评报道。此前在 1995 年 5 月，贝迪埃政府以涉嫌策动军事政变为名逮捕了 11 名军官，但没有公开具体细节。大赦国际组织则指控科特迪瓦监禁了 200 多名政治反对派。[319]

整体来看，科特迪瓦独立早期的一二十年走自己务实发展的道路，在经济和政治上都取得了成功，至少避免了赤道非洲地区其他国家出现的种种严重问题。但后期政策转向跟其他非洲国家趋同，也陷入了与别处类似的处境。

海外非洲人

跟成百上千万被贩运到伊斯兰国家和西半球的奴隶相比，主动迁徙到其他国家的非洲人很少。因此，海外非洲人的故事很大程度上就是非洲奴隶和他们后代的故事。到 20 世纪中叶，有一些非洲侨民从欧洲和美国回到非洲，领导本地独立运动，后来成为非洲新独立国家的领导人，这类人虽然数量少，但历史意义重大。即使把主动迁徙的非洲移民和侨民排除在外，"海外非洲人"这个概念也不能等同于非洲奴隶及其后代。其实在非洲境内受到奴役的非洲人比贩运到海外的更多，但他们大多被历史遗忘了。

伊斯兰国家

在中东和北非地区的伊斯兰国家，从撒哈拉以南非洲贩来的奴隶比欧洲在西半球的海外领地更多[320]，但今天在西半球尚有 6 000 多万有明确自我身份认同的庞大黑人群体[321]，而在这些伊斯兰国家却不存在。这种反常现象的原因包括奴隶在被运往中东和北非地区的路途上的死亡率更高，到达后对当地疾病的抵抗力更差，生育率也很低。

奴隶都是从很远的地方被运来的，常常来自偏僻闭塞的村庄，因此对运输途中和目的地的各种疾病可能缺乏机体抵抗力。虽然后来在伊斯兰各国普遍出现了奴隶解放的潮流，但从中受益的多是军奴和其他高级行业中的奴隶，这些奴隶又往往是白人而不是黑人。[322] 一般来说，黑人从事的都是重体力的下等劳作，这类奴隶最容易终身遭受奴役，而且他们的子孙也要继续为奴。不过，他们本来也子嗣不多，因为奴隶之间的婚姻和性关系都受到压制。[323] 而这不多的孩子中还有很多夭折了，能活到成年的少之又少。[324]

伊斯兰国家还普遍有使用阉人服务妻妾的风俗，这更减少了非洲奴隶繁衍后代的机会。据记载，公元 10 世纪，巴格达哈里发帝国的朝廷中有 7 000 名黑人和 4 000 名白人做太监。[325] 随着历史的发展，欧洲国家的军力强大起来，能更好地抵抗伊斯兰国家，于是很少再有过去那样大批的欧洲人为奴的情况。19 世纪早期的几十年里，沙皇俄国征服高加索地区后，截断了原来将欧洲奴隶贩运到奥斯曼帝国的通路，于是引进白人奴隶的数量大幅下降。[326] 然而，直到 19 世纪 50 年代，奥斯曼帝国政府还需要颁布诏令禁止从俄国控制的格鲁吉亚和切尔克西亚地区贩运白人奴隶。[327] 到 19 世纪末，白人奴隶在阿拉伯地区以外已基本绝迹，而大部分伊斯兰国家废除黑人奴隶制则要等到 20 世纪的两次世界大战之间[328]，甚至直到 20 世纪末在毛里塔尼亚和苏丹仍有人蓄奴。[329]

在跨大西洋路线上，拥挤窒息的运奴船，来自欧洲人和其他非洲部落的疾病交叉感染，以及当时条件下跨洋航行的各种危险也带来了不小的代价。在 18 世纪贩奴最活跃的英国向西半球运奴的船上，死亡的奴隶占到 10%。相比之下，去到伊斯兰国家的奴隶有很多人要被迫徒步穿越浩瀚炙热的撒哈拉大沙漠，其死亡率是跨大西洋航线的二倍。[330] 沿着其中一条撒哈拉贩奴路线散落着数千具人骨，其中大部分是年轻女性和女童。这些遗骨往往靠近水井，表明他们临死前还拼命地想找水喝。[331] 有的奴隶因长时间在炙热的沙地上行走而足部肿胀，如果跟不上队伍就要被遗弃在沙漠中[332]，暴晒饥渴而死。一位奥斯曼帝国官员在1849年的一封信中写道，1 600名黑奴在前往利比亚的途中被活活渴死。[333] 在另一条路线上，甚至有传言说，即使不认识沙漠中的路也无妨，只消循着人和骆驼的尸骨走即可。[334]

自从有了大规模蓄奴现象，奴隶丧生的情况就变得司空见惯。1886年，一位对奴隶制感到羞耻的奥地利人写道："黑人的村庄被焚毁，男人都被杀光，妇女和儿童被迫开始进行耗时数月、行程可怖的跋涉。"[335] 从乍得湖周边等奴隶被掳来集合的地点出发，穿越撒哈拉沙漠到地中海沿岸的路途大概要走3个月，往往只有最强健的人才能活下来。[336] 前往一些伊斯兰国家还要走水路，但这有可能被英国海军截获。船主一旦发现可能被截，就会直接把奴隶扔到水里淹死，不会留着活口让其成为贩奴的证据。不过，穿越撒哈拉的徒步行进仍然是造成死亡最多的路线。据估计，每有一名奴隶活着到达开罗，就有约十人死在路上。[337] 这种情况完全不是例外，据传教士探险家戴维·利文斯通等人的说法，要在来源地抓好几个奴隶才能有一个活着到达地中海沿岸。[338]

在此过程中女性尤其处于弱势[339]，对女奴的需求又比对男奴的更多。女奴在伊斯兰国家能卖上更高的价钱，主要是被买去做家仆和侍妾。其中埃塞俄比亚妇女的售价比黑人妇女高，而来自高加索地区的白人妇女售价最高。[340] 而对男人来说，一个特别的危险是遭受阉割，成为伊斯兰国家普遍用来伺候妻妾的阉人。伊斯兰律法禁止阉割，因此一般要在进入奥斯曼帝国实际控制区之前就下手，过程十分残忍。据估计，有90%的成年和未成年男子因阉割而死，如果遇上阉割手艺较高的奴隶贩子，死亡率会显著低些。[341] 阉割后的奴隶价格要比普通奴隶高很多。[342]

在奴隶队伍行经之处，常常能见到濒死和已死的奴隶。戴维·利文斯通就曾描述过他在亲眼见到这种"惯常场面"时是如何"让人看了恶心，拼命想从记忆中忘掉"的。例如他写道："一个女人拖不动行李和孩子，孩子被人抓了去，她亲眼看着孩子被撞到石头上，脑浆迸裂。"[343] 为阿拉伯奴隶贩子的残忍所震惊的不仅仅是作为基督教传教士的利文斯通，连久经沙场的埃及统治者穆罕默德·阿里也惊愕非常。[344]

非洲奴隶贸易在伊斯兰世界的主要流入地是奥斯曼首都伊斯坦布尔，那里有最大也最繁忙的奴隶市场。[345] 女奴被列队展示，检查盘问，通过公开竞拍出售，常常有外国游客在旁观看。后来，伊斯坦布尔的奴隶市场在1847年被关闭，奴隶贸易转向地下。[346] 不过在其他伊斯兰国家，奴隶市场仍旧公然开放，本地人和外地人都可以参与。1868年，一位英国船长看到桑给巴尔奴隶市场的一幕，他写道："12岁以上的女孩被排成几排，接受一拨又一拨阿拉伯奴隶贩子的检查，他们下手之卑劣，让人不堪描述。"[347] 他讲的这个市场一直经营到1873年。当时，英国向桑给巴尔发出最后通牒，要求必须终结奴隶贸易，否则将遭到英国海军的全面封锁[348]，随后两艘英国巡洋舰从外海驶向这里，奴隶市场方才关闭。这是1873年打击海上奴隶贩运行动中的一环，从此奴隶贸易只剩下本地交易，但是仍然没有被禁绝。[349]

在运输途中和到达目的地后，奴隶贩子对待奴隶的方式不尽相同，但也要看奴隶是被运往哪里，从事什么劳动。在伊斯坦布尔做家仆的奴隶跟到东非种植园劳动的奴隶相比，受到的对待会温和得多。奴隶们到达各个伊斯兰国家后，担当起各类不同工作，有的在波斯湾做采珍珠的深潜蛙人[350]，有的在印度洋和红海上做海员[351]，有的在埃塞俄比亚[352]和桑给巴尔[353]做农业劳工，等等。不过总的来说，相较于西半球的奴隶，伊斯兰世界中的奴隶更多当了家仆，很少在种植园中做劳工。

奥斯曼帝国富有的男人常常有若干妻妾，需要几百名女仆和很多

第三章　非洲

阉人服侍。在苏丹的王宫里，黑人太监服务后廷女眷，而白人太监服务前朝宫府。[354] 这两组太监中的头领都积攒了一些财富并形成了一定势力，有的权钱兼具。不过显然，他们既不能传宗接代，也无法传续自己的文化。有些得宠者能出任军队或朝廷的高官，原因是他们不会妄图建立新的王朝，也不会因职权或女色而腐化。

阿拉伯世界的奴隶买主跟把奴隶贩运来的贩子不同，他们一般对待奴隶要比西半球种植园社会温和些，但相关的历史证据不多，因为伊斯兰国家没有发生过英美等西方社会那样有组织的废奴运动，也就没有太多关于如何对待奴隶的资料。像《汤姆叔叔的小屋》这样的文学作品在这些国家不会有市场，也没有弗雷德里克·道格拉斯自传那样的黑奴回忆录。伊斯兰世界关于奴隶制的书写记载整体极少，似乎奴隶制从来就不是一个议题。[355]

西半球的种植园奴隶没有被禁闭在高墙之中，因此外界可以看到他们，很多人认识到对奴隶的虐待而积极批判奴隶制度。奥斯曼帝国的家奴和宫廷奴隶都生活在围墙之内，他们身上发生过什么很少有人知道。今天的人们更无从知晓当时奴隶的思想活动，他们在异域他乡卑贱地生活有何感受，被阉割的太监如何面对无法有家庭的事实，一个侍妾在被主人占有，或在被主人赠予、转借或出售时又有何感想，这些都已无从得知。我们现在能知道的，是当年伊斯兰国家的非洲黑奴生育后代的比率极低。有些跟主人育有后代的黑人女奴隶能得到自由身，但这非常少见，远远不够形成有规模的黑人后代族群。因此，今天我们看海外非洲人的故事，主要看到的都是西半球的非洲裔后代。

西半球

在哥伦布发现新大陆的前4个世纪里，被运往西半球的非洲人比欧洲人还多。到1820年，被运往西班牙拉美殖民地的非洲人几乎是欧洲人的一半，被运往巴西的非洲人差不多是欧洲人的 6 倍多，被运往西印度群岛英、法、荷、丹等国殖民地的非洲人更是欧洲人的约 8 倍。只有美国的情形例外，不过虽然前往这片"新世界"的白人占多数，但也没有比贩运过来的黑人多出 20%。[356]

截至 1820 年，抵达西半球的非洲人数量是欧洲人的 4 倍。[357] 但是，因为奴隶的死亡率要高得多，西半球要维持住奴隶数量稳定，就必须持续大规模地引进奴隶，因此迁移人口并不反映某一时间点存量黑人和白人的比例。所以，1820 年美国白人常住人口与黑人常住人口的比例为 4∶1，但在西半球其他大部分地方，非洲裔人口还是高于欧洲裔，只是差距没有迁移人口的比例那么悬殊。[358] 后来，随着欧洲移民的增多和非洲奴隶贩运的减少，西半球的人口结构发生了大幅变化。到 1835 年，美洲的白人数量已经是黑人的两倍多。[359]

英国于 1808 年正式宣布禁止奴隶贸易，但跨大西洋的奴隶贩运没有立刻绝迹，直到 1831 年，到达西半球的欧洲人才超过非洲人。自那以后，贩运奴隶的数量开始缓慢减少，到 19 世纪 50 年代出现断崖式下降。而来自欧洲的移民数量大幅上升，到 19 世纪 30 年代比非洲人多了近五分之一，19 世纪 40 年代多出了五分之四，而到了 19 世纪 50 年代则增加了近 20 倍。[360]

来到西半球的欧洲人和非洲人的差别不仅在于种族不同，也不仅在于前者是自由人而后者不是。在文化上他们至少有两大差别：一是欧洲文化和非洲文化背景的差别，二是这两种文化在"新世界"的生命力不同。来自欧洲同一文化社会中的人往往在西半球形成聚居社会[361]，而同在一个种植园劳动的非洲人却常常来自文化迥异的不同地区，受环境所迫被白人管理者强行安排在一起，还要学习新国家的语言。不过，西半球的奴隶主要来自西非，而西非各文化有一定的相通之处[362]，因此在新世界里黑人和白人的文化处境还不至于天差地别，但是差别肯定存在。有时，奴隶主会故意把说不同语言、来自不同文化背景的奴隶放在一起，以避免他们抱团，串通出什么阴谋来。

西半球的奴隶主要在种植园体制中日复一日地从事种植和收获某种作物的繁重劳动，在热带地区是种植糖料作物，在美国南方是棉花。除了在种植园劳动的奴隶，还有别的作物耕作和杂役需要人手，不过非洲黑奴主要从事的都是机械重复、没有技术含量的体力劳动。所以他们从进入西方社会那天起就处于底层，只学会了口语等当地文化最基础的内容和最简单的手艺，非洲故乡的文化或多或少都被丢掉了，而他们又没能全面地吸收欧洲文化，最典型的例子就是在美国。

自17世纪起，北美殖民地的大部分黑人就是在当地出生长大的。[363] 在西半球种植园社会中，美国是唯一一个没有从非洲持续大规模引进奴隶却能维持黑人人口相对稳定的社会，而且出现了自然增长。[364] 相比之下，巴西在历史上引进的奴隶数量是美国的6倍，而美国保有的奴隶人口却比巴西多，占到整个西半球奴隶人口的36%，而巴西只占31%。即便是加勒比海上的小岛国如海地、牙买加、古巴等，引进的奴隶总量也多于美国。[365] 这造成的结果是，其他社会因为不断引进新的奴隶补缺口，非洲文化会传习得更好。例如，巴西直到18世纪末还通行非洲语言。[366] 非洲音乐的影响更是遍及西半球[367]，比如在美国，黑人以非洲音乐为基础发展出新的音乐，成为美国流行音乐的主要流派之一。

美国之所以与众不同，最大的原因可能还是地理位置。美国距离非洲太远，是西半球种植园社会中与非洲相隔最远的国家，从非洲运送奴隶到巴西补缺口要比去美国近得多，也容易得多。19世纪中期，在美国买一个奴隶的价格是在非洲沿海买奴隶价格的30倍。[368] 美国的奴隶主自然不愿意损失掉这份财产，甚至小心到遇有对奴隶太危险的工作，宁愿雇用爱尔兰移民去做。[369] 在南北战争之前的南方，奴隶中的婴儿夭折率仅是西印度群岛的一个零头[370]，比距离非洲较近的国家中的奴隶婴儿夭折率要低很多。

在加勒比和巴西，人们觉得相较于把奴隶婴儿养大成为劳动力，从非洲买新奴隶更划算。[371] 这就意味着引进更多的男性奴隶，把奴隶使唤得更狠，即便折损他们的寿命也在所不惜，而孕妇和新生儿也得不到很多照顾。正因为这样，加勒比和拉丁美洲奴隶的死亡率很高。[372] 巴西的奴隶平均寿命越来越短，而牙买加的奴隶人口在18世纪以每年 1.5% 至 3.7% 的速度自然减少。[373] 虽然常有人提及拉美的奴隶社会比英美系社会有更好的保护奴隶人权的法律[374]，但在整个西半球，法律一般都对奴隶主没什么约束力。[375] 即使有奴隶因为劳累过度或被残忍鞭打而死，这样的行为也可能完全不会受到惩罚。

在奴隶待遇方面存在根本差别是因为，有些社会从非洲运输新的奴隶填补缺口很方便，经济上也划算，而在另一些社会中则不然。这方面劣势最大的正是美国，所以它会更好地保护存量奴隶的生命，对奴隶孕妇和新生儿也更关怀。只有到1808年英国宣布禁止奴隶贸易后，奴隶的以新代旧不再那么容易，巴巴多斯的奴隶人口才得以繁衍并维持规模。在牙买加也是一样，这种情况发生在奴隶制度穷途末路之时。[376]

西半球各社会的种族政策也反映了它们各自的人口结构。不管是在拉美还是在牙买加等英属殖民地，如果一个社会的非洲裔人口（包括奴隶和自由民）远超欧洲裔人口，黑奴和黑人自由民的法律和社会差距就会不断拉大。"有色人种自由民"被人为划分出很多种族层次，承认每个层次有不同的权利水平，事实上是要对非洲裔人口分而治之，再分而克之。而在欧洲人占绝对优势能压住所有非洲裔人口的地方，例如加拿大和美国南方，法律和实践都只把人种截然分为黑人与白人两类。相应地，同是西半球的非洲裔，肤色差别的社会意义在拉丁美洲和加勒比比在美国更大。

非洲裔细分群体在待遇上的不同，导致了不同地区种族团结和认同的差异。例如在拉丁美洲和加勒比，有色人种自由民蓄奴的现象比在美国要常见得多。而在美国最显著的例外是新奥尔良，那里在 1803 年美国购买路易斯安那之前曾是拉美殖民地，因此有较多的黑人蓄奴现象。[377] 新奥尔良的有色人种自由民家庭中有三分之一蓄有奴隶，在南北战争期间有 3 000 名有色人种自由民加入南方军队。[378] 另一个例外是南卡罗来纳州的查尔斯顿，也有很多来自英属西印度群岛和圣多明哥的有色人种自由民蓄有奴隶。[379] 而在美国其他地方，所谓黑人蓄黑奴的现象常常是黑人把自己的家庭成员名义上叫作奴隶，因为获得正式身份文件的法律手续成本太高。有些白人特别是贵格会教徒也有一些名义上的奴隶，原因与之类似，那些奴隶除了在身份上受到束缚，其实过着自由民的生活。

人口结构对西半球非洲人的发展还有很多其他影响。有的西半球社会有欧洲社会的各种要素植入，欧洲裔人口男女平衡，各行各业各个阶层也较为齐全，而非洲人及其后裔可能被限制在有限的低层次职业和地位上，美国基本上就是如此。而在主要由男性征服下来并定居的其他西半球殖民地中，很多职业包括一些手艺行当需要由非白人来做。那里的男性还会与非洲裔和当地女性通婚，繁衍出一个混血阶层，其中既有自由民也有奴隶。拉丁美洲的大部分地区及欧洲各国在加勒比的殖民地都是这样的情况。

至于非洲裔人口中有多大比例成了自由民，在西半球各个社会中不尽相同。例如在牙买加，18 世纪时不到十分之一的黑人是自由身，到 1834 年奴隶解放之前也才仅有 11%。[380] 在巴巴多斯，非洲裔奴隶的比例更为悬殊。[381] 不过在西班牙殖民地的有色人种中，自由民比例常常高于奴隶，阿根廷、墨西哥、秘鲁、波多黎各等西属美洲地区都是如此，[382] 只有 19 世纪下半叶以前的古巴是个例外。[383] 不过，在西属美洲殖民地的很多地方，奴隶制规模不大，黑人占总人口的比例也不高。而在葡属殖民地巴西，奴隶制的规模较大，一些省份有色人种中的自由民比奴隶多一些，在另一些省份则不然。[384] 在法属马提尼克岛，有色人种中奴隶比自由民多，但同一时期法属圣多明哥的情况则相反。[385]

自由民与奴隶是两种对立的身份，在西半球很多社会中，两者之间还有若干层级划分。种植园劳工身在监工的鞭子之下，是其中最低的层级；而作为家仆的奴隶，特别是城市中的家奴不用受一般奴隶那样残忍的压迫，还有机会接触欧洲社会的上流文化。例如，虽然西半球社会明令禁止奴隶学习读写，但一些家仆还是能潜移默化地接触上流社会的谈吐，而不是听那些只识几个大字的白人监工的粗鄙言语。城市中的奴隶还有机会自己在外面找到雇主，把挣到的钱交给奴隶主一部分，换取跟自由民相当的生活。[386] 不过，"有色自由民"也并非完全自由，还是要面对白人无须面对的繁文缛节甚至羞辱性的法律束缚。

西半球的奴隶一般男性多于女性，热带国家的甘蔗种植园尤其如此。但在西半球的有色人种自由民中，女性却多于男性。[387] 这表明女性比男性更容易获得自由身，一般是因为给奴隶主或监工生了小孩。因此，有色自由民与黑奴之间常常不仅仅是法律身份的差别，在肤色、文化圈子和性别比例上也有不同。

种植园中的劳工是最不容易被释放或逃脱的，而家仆、城市中的奴隶、有些手艺的奴隶都很容易从白人那里挣到钱或获得青睐，乃至建立跨越种族界线的个人关系，这都有助于他们最终获得自由。另外，混血奴隶更容易得到稍体面一点儿的工作，其中更幸运的只是名义上的奴隶，跟自由民几乎没差别。在南北战争后的重建时期成为美国首位黑人参议员的布兰奇·布鲁斯，童年时曾跟白人奴隶主的儿子一起学习，被当作干儿子一般，不少人怀疑奴隶主就是他的亲生父亲。[388] 这种名存而实非的奴隶并不少见，其中很多是黑白混血。例如，在内战前的萨凡纳，黑人自由民社区中有两座教堂的牧师是当地最富有的黑人，但他们的法律身份仍然是奴隶。[389]

有色人种自由民中的混血儿比例在不同社会中各不相同，不过混血裔在自由民中的比例高于在奴隶中的比例。在美国，37%的黑人自由民有官方的黑白混血身份，而奴隶中的混血裔只占8%。[390] 这倒不是说未归于"混血裔"的黑人都是纯粹的非洲血统，因为"黑白混血裔"（mulatto）这个词在美国习惯上仅指白人血统占一半或以上的人，而没有涵盖很多其他非—欧混血的情形。但是无论"黑白混血裔"这个词在各个国家的含义有多广，用它指称自由民都要远远多于指称奴隶。例如在巴西，绝大部分有色人种自由民都是黑白混血，而绝大部分奴隶是黑人。[391] 巴巴多斯和苏里南的有色人种自由民超过一半是黑白混血。[392] 黑白混血裔在西半球奴隶社会中的地位一般要高一些，只有在美国例外。[393] 美国的法律和实践中只有黑人和白人两种分法，不过黑白混血裔还是享有一些不成文的优势。[394]

一些有色人种自由民后来发达富裕起来，特别是在拉丁美洲，甚至能进入白人社会，但终究只是一小部分人。大部分有色人种自由民虽然没有多大成就，但比黑奴在识字、文化圈子和生活自主性等方面还是有巨大优势。这些人也更容易习得技能，积累财富和人脉，虽然未必很多。受教育和接触文化的机会在非洲裔美国人中的分配非常不均等——先是家仆，后来才是劳工，自由民先于奴隶，黑白混血裔又先于黑人。美国非洲裔在历史上的巨大社会差异体现得很清楚：一些黑人在废奴之前就有机会上大学并顺利毕业，而到了1940年，全美国黑人的平均受教育程度仅相当于小学六年级水平。[395] 20世纪中期，华盛顿特区大部分从事专业工作的黑人都是战前有色人种自由民的后代[396]，而自由民在美国黑人人口中的比例最多时也没有超过14%。[397]

西半球非洲裔人口的社会、经济、文化差距还造成了社会割裂，花了几代人甚至几百年的时间去弥合。在秘鲁，早在17世纪，土生黑人就跟非洲出生的黑人有不同的信仰，后来土生黑人中又分出了黑白混血和黑人。[398] 在整个奴隶制时代，西半球的黑白混血自由民都努力把自己的社会身份与黑人区别开，不管是黑人奴隶还是自由民。在美国的非洲裔社会，基于肤色的公开歧视不像在南美和加勒比社会中那样普遍。不过，直到奴隶解放后的几代人，美国黑人中的精英群体仍然大多肤色较浅，在社会生活中也自成一体。[399]

以19世纪的费城为例，85%的黑白混血男子娶的是黑白混血女性，93%的黑人男子娶的是黑人女性。个别有黑白混血女性嫁给黑人男子的情况，该男子多从事非洲裔社会最体面的职业。[400] 相反，黑人女性嫁给黑白混血男子的比例只有不到3%，这些男子常做最底层的工种。这两种趋势都表明，黑人社会中肤色较浅者能获得更优越的社会地位。所以两者差的不只是肤色。黑人社区与黑白混血裔社区相比较，犯罪率更高，住房条件更差，儿童入学率也更低。[401] 而黑白混血裔从事体面职业的比例更高，平均拥有的财富也更多。[402]

在上述这些方面，费城并不是个例。南北战争之前的萨凡纳也是这样，有色人种自由民中最富有的人大多是黑白混血裔，他们往往只与黑白混血裔通婚，而不会找非洲裔中肤色更深的人。在萨凡纳，同为黑人的奴隶与自由民之间的通婚都比黑白混血裔和黑人的通婚更普遍。[403] 在后来的若干代人中，无论南方北方，有色人种精英群体的肤色都较一般黑人更浅，且对自身的这种特征非常敏感，甚至以此为自豪。[404] 这些人和白人常常将自身的成功归结于白人基因，而不认为是历史条件和文化机会所致。[405] 这个社会现象背后，起作用的是经济意义重大的人力资本流动，具体情况取决于他们与白人有何社会联系以及血统关系如何，因为他们获得的人力资本都来自白人。

在战后南方重建时期的新奥尔良，91%的有色人种政治家是黑白混血裔，有时会用"四分之一黑人血统""八分之一黑人血统"等专门词语来区分。[406] 一战期间，曾有一个美国军营将浅肤色黑人和深肤色黑人分开做心智测试，发现肤色较深的一组文盲率更高，心智测试分数更低。[407] 这种结果不是孤证。对美国黑人群体进行的全面心智评估发现，混血外貌者的得分明显比纯血统黑人要高。[408] 这种肤色与社会素质之间的关联不是简单的"感觉"或武断的"刻板印象"，而是事实。我们可以将其解释为，有的族群比其他族群更早接触到了高阶层的欧洲文化，而不是血统基因本身造成的，不过不管怎样解释都不能改变事实本身。非洲裔中肤色较浅者享有优势，行为习惯也显著不同于其他非洲裔，还表现出一定的自傲与虚荣，努力撇清与一般非洲裔的共性，形成了一个单独的群体。

非洲裔中的这种区别不仅限于美国，而且直到 20 世纪后半叶都还存在。在巴西的城市里，直到 1980 年，黑色皮肤和棕色皮肤的人群仍然分开居住，其程度不亚于黑人和白人的隔离，而比棕色皮肤与白人之间的隔离程度更甚。[409] 虽然巴西城市里的种族分居没有如今美国那么严重，但其非洲裔人口的历史差别不比美国小，且同样持久而未见减弱。这不仅体现在居住的疏远上，也表现在通婚的障碍上。[410]

世界上很多族群都是如此，获得发展的先机对民族命运产生了深远影响。在奴隶获得解放以后很久，法律上早就不再区别对待有色人种自由民和普通黑人了，但两者的后裔在人生成就上仍然存在巨大的鸿沟。以识字率为例，1900 年美国黑人的整体识字率才达到有色人种自由民在 1850 年的水平。而在人口城市化率上，美国黑人到 1940 年才达到有色人种自由民在 19 世纪中期的水平。

奴隶制的余波

奴隶制在除南极以外的全部六个大洲存续了数千年后，仅用了半个世纪多一点儿的时间就在整个西半球被废止了，最晚的巴西于 1888 年废除奴隶制。在这之前约 25 年，亚伯拉罕·林肯发表了美国的《解放黑人奴隶宣言》，而在那之前的 50 多年里，英属各殖民地就已经废除了奴隶制。虽然废奴取得了重大成果，但奴隶制的社会影响并不容易消除，此后又延宕了若干代人的时间。

美国南北战争终结了将非洲裔人口分为奴隶和自由民的机制性歧视，却不能终止社会内部的分裂。肤色分层甚至更加刻板[411]，大批新获得解放的黑人在人数上压倒了原来的有色人种自由民，而后者定要守住自己社会地位的优势。新奥尔良地区有加勒比文化的传统，一直都是社会内部肤色分层最极端的例子。在其他地方的黑人族群中，基于肤色的阶层排斥也不鲜见，例如在芝加哥直到20世纪40年代，在华盛顿哥伦比亚特区直到二战后仍然很普遍。[412]

无论是西方文明的保守辩护者还是激进批评者，都试图证明奴隶制对西方经济与文化发展有过重大贡献。例如，有人称是古代奴隶制催生了希腊和罗马的古典文化。但在过去的500年的奴隶史中，大量证据表明这样的说法很难成立。

巴西对奴隶的使用之广和剥削之深，在西半球乃至全世界都是不多见的。然而，1888年巴西作为西半球最晚废奴的国家，仍然是一个经济落后国。该国后来的工商业发展主要是欧洲移民的功劳，他们只用了两代人的时间就实现了巴西经济的全面持续转型，比此前蓄奴几百年取得的成绩都更显著。巴西经济最发达的地区也是整个拉丁美洲工业的中心，恰恰是在南部德国、意大利、日本等国移民迁居的地区。[413]直到20世纪晚期，东北部以非白人为主体的地区还很落后，而经济较繁荣的地方主体民族仍然是白人。[414]美国与之类似，奴隶制最集中的地区往往也是经济最落后的地区，那里的白人很少有像蓄奴从未成为主流的地区那样的高收入。在欧洲，最先废除奴隶制的西欧各国走在了发展前列，也是引领世界进入现代工业化时代的先锋。

种族压迫是西方社会和奴隶制度留下的另一个问题，伊斯兰各国从未有过西方世界这种程度的种族歧视，但在大规模引进黑奴后，种族差别对待的现象也有所发展。[415]在西半球各国，种族压迫最严重的是美国，特别是在南方曾经的蓄奴州。1892年是美国对黑人私刑泛滥的高峰时间，161名黑人遭私刑处决[416]，而当时的拉丁美洲和加勒比地区还没有出现这样的现象。[417]

长期以来，巴西种族之间缓和的关系与美国形成了对比，虽然后来巴西"完全没有种族主义的国家"形象跌下了神坛，但那里的种族压迫显然比美国少很多。不过出人意料的是，即便如此，巴西黑人与白人之间的受教育差距也比美国大，巴西非洲裔的社会上升通道也不如美国的非洲裔。[418]1976年，巴西的黑白混血人口平均收入大约是白人的一半，而黑人的收入仅相当于白人收入的三分之一多一点儿。[419]相比之下，美国非洲裔在几十年前的平均收入就达到了白人的一半以上[420]，1976年，美国黑人男性的收入已经相当于白人男性的五分之三，而黑人女性的收入更是达到白人女性的91%。[421]这样的现实显然有悖于认为种族歧视影响经济状况改善的观点，而使用"人力资本"的概念可以比较好地解释在两国非洲裔人群中出现的差异。美国黑人即使在殖民时代也多是土生土长的，因此成为全世界受欧洲文化影响最彻底，也是后来人生发展得最好的非洲裔人群。如果以海地的黑人与美国黑人相比，更能说明问题。海地黑人从白人处取得独立已有200多年，如果种族压迫真是贫困的主因，他们应该是西半球最富裕的黑人，而美国黑人应该是最贫穷的。但实际情况恰恰相反，这同样说明了人力资本的作用大于种族压迫的影响。

习得欧洲文化的非洲裔在很多其他方面也表现出了优势。即便是在奴隶制时代，从巴西返回非洲的黑人侨民也比非洲土生土长的黑人更受欢迎，他们的后代也出了很多非洲精英中的翘楚，在尼日利亚就是如此。[422]19世纪早期迁往利比里亚的美国黑人在100多年里一直保持着相对于本地非洲人的优越地位，掌握着专政统治，直到1980年被政变推翻。[423]而在土生的非洲人中，与欧洲人联系更紧密者，包括在港口、首都、教会学校等地学习、生活、工作的人，经济条件的改善比在偏远农村的人要迅速很多。不仅在欧洲殖民统治期间如此，在独立后相当长的时间内也是如此。大部分新独立的非洲国家的领导人都曾在欧美接受教育，已经被全面西化。这些人就算推行泛非主义，也是来自根植于欧洲的思想（类似"泛斯拉夫主义""泛德意志主义"等），这在强调社区、家庭、部落亲缘的非洲本土文化中是前所未闻的。

西半球的非洲人透过奴隶制度认识欧洲文化，因此很难将奴隶制带来的影响同欧洲文化的影响区别开来。大部分在西半球为奴的非洲人只能接触到欧洲文化中的最底层，只要够在种植园中劳作就行了。而西半球的法律和实际生活都在防范非洲裔掌握西方文明的根本要素，例如阅读和书写，更不用说让他们接触更深层次的价值观，如人的自由与尊严等。不过，西半球还是出现了非洲裔通过种种方式自主探索高级欧洲文化的漫长过程。

到19世纪中叶，美国大部分有色人种自由民都具备了识字能力，到奴隶解放运动50年后，全美所有黑人超过一半具有读写能力。这被视为"人类历史上罕见的成就"。[424] 相比之下，南斯拉夫到20世纪20年代才达到52%的识字率，而同一时期的阿尔巴尼亚有五分之四的人口还是文盲。[425] 及至20世纪末，印度的识字率还没有达到美国黑人在20世纪初的水平。

过去人们多将黑人和白人之间持续存在的收入、职业和其他社会地位的差距归结为种族歧视，但美国社会中来自加勒比地区的黑人的处境形成了反例。截至1990年，来自牙买加、巴巴多斯、特立尼达和多巴哥三地的移民收入中位数都与美国社会整体相当，甚或更高。[426] 当然，这些国家的选择性移民导致人口样本具有非典型性，但此处不是为了拿加勒比黑人与美国黑人做比较，而是要用事实检验那种认为种族差异源自歧视的理论。

总结与引申

非洲和其他很多第三世界国家的现代历史都能总结出一条规律：欧洲殖民国家和被殖民的当地民族间存在财富、技术等方面的巨大差距，因此产生了悬殊的实力差距。如此巨大的差距让很多欧洲民族只需要调动少量资源就能击垮非洲人破釜沉舟的防御战，从而获得大片土地。但在大多数情况下，这些土地对欧洲的整体谋略并无太大的经济意义。一项对过去300年战争史的研究指出："发动一年殖民战争所造成的伤亡和经济损失往往还不及一个月的欧洲内战。"[427]

诚然，非洲之于非洲人有极其重要的意义，对一些欧洲殖民官员、传教士和涉足非洲的商业集团也很重要。但对生活在欧洲的欧洲人而言，非洲只是他们遍布全球的帝国版图中的一块。然而政府官员，特别是英政府的官员，却要操心非洲会不会成为麻烦之源和财政负担。英国之所以采取"间接统治"策略，通过当地的政府和体制管辖，只做微调以满足殖民需求，就是意图以最小的成本换取一定程度的控制。除了像肯尼亚的"白人高地"以及罗得西亚和南非这样的白人移民社会，在其他大部分地方，欧洲人并没有想过像在北美和澳大利亚那样将自身社会移植到非洲国家去。不过，间接统治作为欧洲人的一种权宜选择却对殖民地的制度、社会和未来命运产生了深刻影响。很多时候，原本有限或受限的本地旧势力在得到殖民帝国貌似强力的支持后，发展成了当地的小型专制体制。

事实上，一些当地的白人成了更大的独裁者。殖民者不愿意给予太多的经济投入，他们要求将一些思想、人物或运动扼杀在萌芽状态，因为如果不加以控制，星火燎原，这些隐患日后可能需要调动军队甚至发动战争才能平息。低成本殖民统治的另一个手段是对白人做神秘化包装[428]，且包装的不仅仅是种族方面的自然差异。这个方法奏效了很多年，不过白人的脆弱或缺点一旦显露人前，就很难再维持下去。

欧洲在非洲殖民统治的空中楼阁随着20世纪60年代各国纷纷独立而风雨飘摇。但是非洲各国很少需要像西半球的乔治·华盛顿或西蒙·玻利瓦尔那样，发动破釜沉舟的独立战争。在低成本镇压不再可能以后，殖民政府大多感到不值得发动大规模战争来维系现状，于是直接从狱中释放了好几个国家的领袖，并扶植他们成为独立国家的领导人。

也有个别国家的独立是经过艰苦惨痛、旷日持久的斗争才取得的，例如肯尼亚、阿尔及利亚、罗得西亚（后改名津巴布韦）等。反对独立的主要是已经定居在那里的欧洲人，而不是殖民帝国内部的利益集团。从更广泛的视角看，这是本地民族与外来移民之间恶劣关系的一种写照。移民的后裔生长于斯，他们既不愿意离开，也不愿意接受曾经被自己统治的本地人反过来统治自己，因为双方长期以来一直互有猜忌和敌意。爱尔兰的阿尔斯特省和以色列的约旦河西岸地区的情况与之类似，说明经济利益和肤色差别都不是这种现象的核心原因。

虽然非洲人也表现出同其他被征服民族一样的规律，但在某些方面也有独特的特点。跟北美殖民地或罗马帝国统治下的不列颠不同，非洲各国大多既没有成为殖民国社会的翻版，也没有真正融入殖民国的法治体系和社会传统。很多新独立的非洲国家能在表面上模仿西方民主社会，但毕竟西方在这里统治的时间很短，不太可能将数百年的传统全盘复制过来，而正是这种传统支撑了欧洲和欧洲海外移民社会的民主体制。正因如此，非洲独立后很少有民主体制能长期存续。

同样，欧洲的经济成就也很难直接移植到非洲。一方面是因为非洲很多地方的地理和气候条件不利，长期妨碍着经济、文化和政治的发展。另一方面，非洲接触欧洲文化的时间很短，欧洲的政治体制很难被直接拿来使用，经济成就同样难以照搬。虽然如此，欧洲文化还是对非洲产生了相当多的影响，既有潜移默化的熏陶，也有成体系的学习。不过，虽然很多新独立的非洲国家有明显的向西方学习的意愿，例如成立制造业工厂等，但真正从西方世界传播到非洲的科学、技术、组织管理经验等都非常有限。

后来的非洲国家领导人有很多曾有多年甚至几十年留欧留美的经历，但他们没有把西方强盛背后的实践经验和科学知识带回非洲，带回的更多是欧美知识界的社会理论和伦理道德辩论。非洲独立后25年的痛苦历程，也是非洲领导人一手缔造的，他们此前不管在非洲还是西方都没有实际的治理经验，却拿着西方学界未经证实的理论在自己国民的身上开展了大规模的社会实验。

这种实验的结果往往是灾难性的。自1965年起的25年间，乌干达、坦桑尼亚、乍得、赞比亚、加纳、塞内加尔、马达加斯加、扎伊尔、尼日尔、贝宁、中非共和国等国家的年人均产值都是负增长。[429]一代人的时间过去了，很多独立国家的人民反而比帝国殖民时代更穷了。在经历了经济崩溃、社会灾难、政治压迫等残暴与乱局后，部分国家及其领导人从20世纪80年代起开始转向，从国有计划经济转向开放，调动起民众的积极性与活力。尼日利亚和加纳等经济遭受重创的国家从此出现了经济向好的转变。到1997年，十多个非洲国家实现了年增长5%或更高的经济发展。[430]

经济向好的局面说明，务实为先的道路终于开始取代对宏大愿景和壮阔叙事的沉迷，而后者正是非洲多国刚取得独立时的普遍状态。然而，即便进入20世纪最后一个十年，非洲整体的经济增长速度，无论是相对增长百分比还是绝对增长的数值，都低于很多其他国家。不过这也不是非洲的个别现象，研究发现，世界各国的一个普遍规律是经济增长与自由程度呈正相关。[431] 非洲的大部分地方虽然已经独立了 30 多年，但自由仍只是人们的憧憬。如今的非洲各国比独立之前积累了更多对何种政策将带来何种结果的第一手经验，这种经验是苦难换来的，也对未来形成了有价值的启迪。一项对这一时期非洲的研究总结道："30 年的实际经历不可轻易抹杀。"[432]

第四章
斯拉夫人

东欧的斯拉夫人既做过征服者,也被他族征服过……命运的反转让人意难平,这造成了历史的苦难记忆和对辉煌失落的悲愤,给今天的东欧各民族特别是斯拉夫民族平添了一些怨愤。

> 东欧历代的体制前赴后继地尝试了一千多年，试图对生活在这里的数十个民族施以政治霸权，却无一遂愿。
>
> ——弗里斯特·麦克唐纳[1]

东欧的斯拉夫人既做过征服者，也被他族征服过。他们曾是欧洲中世纪连锁征服中的一环，从中亚过来的一拨又一拨征服者把生活在这里的部分斯拉夫人赶出了乌克兰草原，进入巴尔干半岛和今天中东欧这片地区。斯拉夫人来到这里后又将凯尔特和日耳曼诸民族赶往更西边。中世纪后期，日耳曼人回头将斯拉夫人向东撵回了奥德河。[2] 在南线，斯拉夫入侵巴尔干半岛，将世居在那里的弗拉齐人赶到了周边的山里。历史上斯拉夫人也多次被其他民族征服，有蒙古人、日耳曼人、保加利亚人、奥斯曼土耳其人等等。同属斯拉夫人的不同支系也有互相统治的情况，历史上，俄罗斯人既统治过波兰人和乌克兰人，也统治过高加索、中亚、波罗的海等地区的其他非斯拉夫民族。

一些曾经建立大帝国的民族如波兰、波希米亚、匈牙利等，后来却被过去弱小完全不是对手的民族征服，如奥地利、普鲁士、俄罗斯。[3] 族群命运的反转让人意难平，这造成了历史的苦难记忆和对辉煌失落的悲愤，给今天的东欧各民族特别是斯拉夫民族平添了一些怨愤。哈布斯堡王朝、俄罗斯帝国和奥斯曼帝国等都是由很多民族组成的，各民族都希望能与征服者治下的同胞团聚，民族之间也会出现争斗。所有这些因素叠加起来，使得东欧在历史的很长一段时间里都是一个"火药桶"，那里充斥着民族战争、政治刺杀、专制镇压民众起义等事件，更不用说饱经战乱之苦了。一族一国的内战和国家民族之间的对抗，让这片土地生灵涂炭。

包括斯拉夫人在内的东欧和巴尔干地区各民族，历史上都在技术、经济、教育和其他发展指标上落后于西欧。经济和文化的落后一方面反映了东西欧在地理上的差异，另一方面，西欧受到罗马帝国的深远影响，而东欧没有。

地理的影响

西欧有一大地理优势是东欧所不具备的，那就是可以从海上便捷地联通世界。西欧各地距离海洋都不超过350公里，而东欧有些地方距海洋却有1 000多公里。[4] 受北大西洋暖流的影响，西欧的冬季没有严寒，比同纬度的亚洲和北美地区温和很多。不过暖流的效应越向东越弱，那里的大陆性气候造成了冬季的寒冷，河流结冰期也比西欧更长[5]，就连波罗的海也会出现连续封冻几个月的情况。[6] 在巴尔干半岛，群山挡住了来自地中海的亚热带暖风，水汽不能到达东欧和南欧的大部分地区，包括达尔马提亚的内陆。亚德里亚海沿岸有山脉阻隔，使地处内陆的萨拉热窝冬季气温可以比不到100英里外的海滨低10摄氏度左右。[7] 东欧的很多河流不是流向海洋而是注入湖泊或内海的，而海洋上才有国际远洋贸易航线，因此东欧一直很难通过成本低廉的水路连接世界各地的市场和沟通各地的文化。多山的巴尔干半岛缺少通航的水道，通向海滨的陆路又被沿海很近的大山阻隔。据后人估计，奥斯曼帝国时期这里通过陆路运输麦子100公里，成本就会超过麦价。[8]

如此高昂的运输成本带来了沉重的经济负担，不仅限于运粮食，还影响了商贸和产业发展的各个方面，也造成了这里长年的文化闭塞。当西欧各国作为贸易网络的中心连通世界各地之时，东欧大部分地区特别是巴尔干半岛还处于"自给自足"的状态[9]，也即隔绝、落后、贫困的状态。仅有的对外贸易是向西欧各国出口羊毛、粮食、木材等初级原料，并换回产成品。[10]巴尔干地区的气候和土壤也很不利，没有西欧降雨均衡、土壤肥沃的优势条件。[11]能养活人的土地多是散落山间的小地块，因此巴尔干半岛的村庄常常是在与其他村庄和外界隔绝的状态下发展起来的。

对俄罗斯来说，东欧的气候比西欧寒冷，这导致当地虽然有很多河流却不能被全年利用，北部的港口也是如此，一年中大部分时间都处于封冻状态。在俄罗斯南部气候温暖的黑海沿岸也有港口，但通往外海必须经过狭窄的博斯普鲁斯海峡和达达尼尔海峡。这两处海峡之前由拜占庭帝国控制，后来被土耳其人掌握。直到1829年签署条约之后，俄国船只才被允许通过这两个海峡。自此，从俄罗斯大量出口粮食才成为有利可图的贸易。[12]这一变化的重大意义从一个例子可见一斑：当时俄罗斯的粮食运到达尔马提亚沿海，售价比从克罗地亚运来的粮食还便宜，因为从俄罗斯走水路成本更低，而克罗地亚虽然离得近，但只能靠陆运。[13]

斯拉夫人生活的地方大多没有西欧那样丰富的资源，但俄罗斯有丰富的煤炭、石油等矿藏，是世界上矿产最富饶的国家之一。[14]但是，直到近代俄罗斯人才有能力勘查清楚矿产资源的潜力，因为19世纪末以前大部分俄罗斯人都还是文盲。跟世界其他地方一样，如果不具备相应的人力资本，物产本身并没有太大意义。

文化发展

在斯拉夫人居住的东欧，文化汇流之情势复杂而波澜壮阔，丝毫不亚于这里风云变幻的军事史和政治史。自从中世纪马扎尔人（匈牙利人）从东边入侵匈牙利平原以后，生活在巴尔干半岛的斯拉夫人和北边的斯拉夫人之间就形成了龃龉不睦的状态，这使得后来的几百年里斯拉夫各族群间出现了文化裂痕。[15] 不过，就算在有文化裂痕以前，斯拉夫人也从未在政治上统一过。千百年来，他们以部落为单元聚居，没有民族国家式的政府体制。同许多别的民族一样，斯拉夫人忠诚认同的对象往往限于本地，而不在整个民族层面上。[16] 例如，同属斯拉夫人的塞尔维亚族和克罗地亚族之间就存在嫌隙，捷克人和波兰人、俄罗斯人和乌克兰人也是如此，他们在历史上冲突不断。不过，斯拉夫文化最令人瞩目的特点还是其与西欧的巨大差别。

东西欧之别

西方文明（也即罗马文明及其后继）在影响了法、德、英等国几百年后才传到斯拉夫人那里。基督教在公元 4 世纪成为罗马帝国的钦定国教，但在罗马帝国时代，斯拉夫人一直没有皈依基督教，这在宗教和世俗层面上都影响了历史。在四分五裂各自为政的欧洲，天主教廷及其使用的拉丁语是一股团结凝聚人心的文化力量，也是欧洲最主要的知识媒介。罗马帝国衰亡后，西方留存下来的教育体系与学术精神大都以教廷为依托，因此在整个西欧受过教育启蒙的人都使用同一种语言。一个读过书的法国人能像德国人一样无障碍地阅读德国学者的作品和德国大学的藏书，因为举欧洲之大，这些文献都用拉丁文写成。然而，斯拉夫人是在若干个世纪后才加入这个文化圈的，他们的文化中没有西欧那样丰富的文献典藏。在外族为斯拉夫人发明文字语言之前，斯拉夫人根本没有书面文献传世。

不管是在历史上还是到了今天，很多人总是认为东欧和巴尔干半岛很"落后"，但其实那里的经济和政治发展水平跟世界大部分地区是基本相当的。只是同少数几个西欧国家及其衍生的美、澳等海外移民社会比较起来才显得落后。

千百年来，处在罗马-拜占庭文化内外的两个社会之间产生的文化断裂，虽然只是造成欧洲各地经济、社会、政治发展差距的一个原因，但这些差距不可谓不巨大。19世纪初，英国已经实现了工业化的起飞，而当时东欧的人均实际收入只相当于英国的一半，到1860年又降到只有三分之一。[17] 直到20世纪，巴尔干部分地区的人均实际收入仍然只有西欧工业化社会的四分之一。[18] 造成这种经济落差及其他差距的原因，可以追溯到几百年前。[19]

关于贫穷的一个最常见也最缺乏论证的认识，是将其归结为"人口过剩"。但是至少在中世纪，不论按单位国土面积人口还是单位可耕地面积人口计，东欧的人口密度都远远低于西欧。[20] 在中世纪到过欧洲的人多半会发现，那里大量的土地还没有被利用。当时的东欧就像是从摩尔人手中刚夺回来的西班牙，"只要伸手拿，随时有土地"。[21] 然而，不管是那时的东欧还是西班牙，都没有像人口过剩致贫理论所预测的那样，因为地多人少就能发展繁荣。

斯拉夫人在中世纪早期刚进入东欧时，还在搞原始的刀耕火种式轮作农业，不过到7世纪就大部分转为定居耕作。[22] 千百年来，东欧的耕作水平一直落后于西欧，一方面是因为西欧的可耕地越来越少，农民必须不断改进耕作方式；另一方面是因为西欧继承了希腊-罗马时代保护私人土地产权的法义，而东欧没有这个文化基础，到很晚才确立地权的原则。凡是斯拉夫人能效仿西欧做法的地方，都取得了跟西欧差不多的成果。这主要发生在受日耳曼人文化影响的地区，例如德意志帝国的波希米亚和波兰西部。[23]

在巴尔干半岛，至少是在其城市地区，基督教在罗马帝国时代早已有之。然而到了中世纪，斯拉夫人大举入侵，城镇被摧毁，基督教被异教赶走，原始的乡野生活取代了成熟的城市社会。[24] 从整体上看，东西欧之间的文化差异反映的是深刻而持续的文化鸿沟，鸿沟的一边是从未进入拜占庭帝国范畴的地方和人群，另一边是罗马和拜占庭文化传统的继承者。

这种文化上的两分比地理的分区更加明显。例如在中世纪早期的西欧，苏格兰和丹麦等处在基督教区域中的非基督教飞地，经济技术发展都比较落后，因为基督教信仰继承了罗马的文化传统，而其他宗教没有。[25] 举例来说，罗马人很早就会铸造硬币，但在中世纪的欧洲，莱茵河以东地区到10世纪才开始有铸币，苏格兰人和丹麦人到那时还不会铸币。铸币技术随基督教和其他西欧文明成果的传播推广开来，最早于10世纪晚期传到了波兰，又在11世纪初传入匈牙利。[26] 后来即便俄国政府掌握了自主造币的技术，17世纪的俄国商人也不愿意收付本国戈比，而更偏爱德国、荷兰、瑞典等国铸造的高质量货币。[27] 从15世纪起，德国和意大利的很多地方出现了印钞机，但直到17世纪才成规模地传入东欧和巴尔干半岛，最先到达的是日耳曼文化居主流的地方。[28] 筑池养鱼等技术也发源于西欧，很久以后才向东传开。[29]

中世纪发展起来的军事手段，如骑兵铠甲、马刺、弓弩、城堡、攻城机械等等，也以相同的方式从欧洲基督教区传往非基督教区，主要是指东欧，也包括凯尔特人地区和北欧一些非基督教或较晚皈依基督教的地区。[30] 意大利的城市12世纪就有了硬化马路，到15世纪西欧其他大城镇也开始效法，后来才传到东欧的城镇。[31] 棉布印花技术发源于埃及，也是先到西欧再传到东欧的。[32] 纺织布帛也需要从西欧向东欧出口，因为东欧土布的质量很差。[33] 犹太人的启蒙运动同样肇始于西欧，后来才传播到东欧。[34]

中东欧地区的城市比西欧小很多。历史上，东欧主要向西欧供应粮食、木材、皮毛等原材料，并换取产成品。这种贸易关系体现在中东欧的贸易路线都是东西走向的，主要贸易集市都在沿线举办。[35] 传染病防控方面也是如此，东欧和南欧持续落后于欧洲西北部。以天花为例，在欧洲其他地方已经通过疫苗将其控制了很久以后，天花仍然在东欧和巴尔干各地肆虐。[36]

铁路建设也一样。19世纪上半叶，西欧各地纷纷迅速建起了铁路，东欧却开始得较晚，发展缓慢，规模也小，巴尔干地区尤其如此。到1860年，萨瓦河及多瑙河以南的地区还没有修起1英里的铁路。[37] 直到1878年，塞尔维亚才开通首条铁路[38]，第一次世界大战爆发前，巴尔干地区很少有通车的铁路。[39] 进入20世纪，汽车也是从西欧传进东欧的。[40]

东欧和巴尔干地区不仅缺少实体基础设施，经济基础设施也很不健全，没有金融、商业、产业公司等支撑的货币经济。[41]19世纪中期，西欧就用上了机械织布机，而东欧还在继续使用手工织布机。[42] 西欧已经搞起了固定市场和成熟的分销体制，东欧却还只有临时集市贸易。西欧的纺布、皮毛实现了工厂化生产，而东欧还在靠家庭作坊。[43] 整个19世纪，欧洲西部和中部很多城市的规模扩张了几倍，但巴尔干地区连小集镇都没有多少，在整个东南欧，除了君士坦丁堡，再无像样的城市。[44]

前述这些明显的差异其实并不能完全反映斯拉夫人经济和技术发展的落后，实际上，斯拉夫人的城市化发展水平比城市化的建设水平还要低。虽然斯拉夫人是中世纪东欧的主体民族，那里的城镇居民却主要是日耳曼人、犹太人和其他非斯拉夫族裔。[45] 巴尔干的情况与之类似，人口主体是斯拉夫人，但越大的城市土耳其人越多。[46] 斯拉夫人大多在乡下以务农为生，仅够维持自己温饱，没有余力去探索更

第四章 斯拉夫人

好的活法，也无心跟上别处前进的步伐。据说到 19 世纪末，塞尔维亚的农民还只认得家门口 10～15 英里的地方，对再远的地方一无所知。[47] 在 1900 年的奥匈帝国，文盲率在波兰成年人中为 40%，塞尔维亚-克罗地亚人为 75%，鲁塞尼亚人为 77%，而日耳曼人的文盲率只有 6%。[48]

这种现象不仅仅出现在斯拉夫人身上，东欧和巴尔干地区的各民族普遍如此。例如，超四分之三的罗马尼亚人到 1899 年还是文盲，到一战前夕，一半的罗马尼亚学龄儿童无学可上。[49] 罗马尼亚是个农业国，到 1930 年还有五分之四的人生活在农村[50]，罗马尼亚人的城市化程度比仅占该国人口 29% 的少数族裔还要低。在罗马尼亚的很多城镇，罗马尼亚人反而成了少数族群[51]，做着家仆和其他不需要技术的卑贱工作，而高级职业都被日耳曼人、犹太人等占去了。1930 年，罗马尼亚的布科维纳省只有三分之一的城市人口是罗马尼亚人，在比萨拉比亚的城市人口中，罗马尼亚人还不到三分之一，在特兰西瓦尼亚这一比例是 35%。[52] 简言之，那些妨碍了斯拉夫人发展的地区条件同样影响了罗马尼亚人和其他非斯拉夫民族的发展，只有日耳曼人和犹太人例外，然而他们的先进文化其实是源自本地区之外的。

对东欧各民族来说，接触不到西欧的先进文明不仅让他们享受不到由其带来的经济、医疗和其他好处，在更深的层次上，也使得他们缺乏全面理解现代工商业社会的头脑。有一则小故事充分说明了这一点，讲的是一个鲁塞尼亚人被问到请他做一个屋顶要收多少钱：

他一听说这么接活儿便为难起来，不肯自己出价。然后雇主把活儿交给了一个犹太人做，犹太人又找到这人，给他说了个定数，这人才应下来，包工包料。那犹太人也自然有的可赚。[53]

世界各地做过中间商的少数族裔对故事里犹太承包商的角色都不

陌生，他们充当了文化纽带，让之前因文化隔阂而无法直接交易的双方完成了互惠交易。这些中间人常常被指"攫取利益"，但若非如此，不在同一文化圈子里的交易双方根本就无法达成交易。

在语言与文学方面，东欧和巴尔干地区的斯拉夫人也落后于西欧各民族。希腊和罗马的语言文学可以追溯到几千年前，至今仍为西欧的文化人所传承。而斯拉夫各族的语言在中世纪由外族人创造出文字以前，完全没有书面记录，文字的创立也是靠改造拉丁字母表或希腊语而编制的西里尔文字。[54]自那以后，东欧和巴尔干地区为数极少的知识阶层才开创了斯拉夫语言文学，不过他们常使用拉丁文或选择某种西欧民族语言写作，在阐释严肃话题时更是如此。

在各种斯拉夫语言中，最早的在公元9世纪就有了书面文字，而波兰语直到16世纪才有拉丁字母书写体系。此外，有些斯拉夫语言的文字属于拉丁语字母体系，而另一些是拜占庭帝国使用的西里尔文字。现代塞尔维亚－克罗地亚人的塞尔维亚语和克罗地亚语之别，主要就在于前者使用拉丁字母而后者使用西里尔字母。[55]然而，斯拉夫语言的书面化不能像中世纪早期其他欧洲语言那样只转写语音，因为斯拉夫语言不像古典拉丁文和希腊文，很多复杂概念表达不出来。[56]古典语言中有很多古代哲学文本和其他思想深刻的作品面向的是受过教育的精英，而民族通用语言主要由文化视野非常有限的农民、牧民等群体使用。

在有了书面文字后，各种斯拉夫语言的文献仍然数量少、涉猎窄。例如捷克的民族主义者在发表爱国反德意志的宣言时，竟还要使用德语。在18世纪，倡导民族主义的捷克语推广者写出的作品主要限于童话故事、浪漫小说，以及从德语和其他语言翻译过来的作品。[57]这背后的原因在于，捷克语作品的真正读者只有普通大众，受过一定教育的捷克人早已习惯了阅读德文、拉丁文或其他语种写成的复杂文本，这些语种有丰富严谨的文学宝库。再如乌克兰语和白俄罗斯语，首次出现在话剧中是为了塑造喜剧角色或戏谑语言取乐。[58] 另外，大部分俄罗斯人、塞尔维亚人、保加利亚人信奉希腊东正教，采用西里尔文字体系，而大部分波兰人、波希米亚人、克罗地亚人信奉罗马天主教，采用拉丁字母书写体系，这在斯拉夫民族中造成了更多的文化割裂，同时也让不熟悉拉丁字母的民族更难跟上西欧的文化、经济和政治发展。

文化转移

千百年来，东欧在农业上的很多进步都源自西欧先进耕作方法的传入，例如犁铧的改进、耧头的发明、庄稼轮作的革新等等。[59] 有时随着先进农业技术传入的还有西欧的人，主要是日耳曼人。他们常常能给迁入地带来繁荣，因此受到波兰、匈牙利和其他中东欧国家有地贵族的欢迎。为了吸引这些人的到来，一些国家通常会给予他们土地、税赋、纳粮等方面的优惠，甚至暂停执行各地法律和惯例，允许村庄以日耳曼律例治理。[60] 在西里西亚一地，截至 13 世纪末就有 200 个村庄按日耳曼律例治理。到 14 世纪中期，增加到 1 200 个村庄和 120 个小城镇。[61]

日耳曼法律在东欧的城镇社会中传开，也管辖到生活在这些城镇中的非日耳曼族裔。在中世纪的东欧，生活上的城市化和文化上的日耳曼化共同发生，这跟中世纪爱尔兰、苏格兰和威尔士的城市化和英格兰化的并行不无类似。[62] 例如，克拉科夫市的地方志在 1312 年以前均以德文写成，此后才改用拉丁文。而在那之后的几十年里，波兰人才成为克拉科夫的主体人口。[63] 仅在 12 世纪，就有约 20 万日耳曼人迁居易北河－萨勒河一线以东的地区。[64] 那时的人口跟今天的不可同日而语，如此大量的人口迁徙必定比今天同样规模的迁徙产生的影响更大。到 17 世纪中期，迁入东欧的日耳曼人口达到了 100 万。[65]

东欧的波兰人统治者命令当地农民学用日耳曼人的农业技术，这在一定程度上推动了日耳曼文化向东欧的渗透。[66]在中世纪的中东欧，城镇成为外来人口的文化飞地，主要是日耳曼人，也有不少犹太人，还有后来几百年内迁来巴尔干、希腊、亚美尼亚等地的土耳其人。[67]例如，在匈牙利的两座主要城市中有法国人聚居的"拉丁领地"，巴尔干半岛上也有以日耳曼人为主的矿业社区。[68]这并非外来人口向既有城镇的集聚，而是这些城镇里大部分居民都从外边迁来，甚或就是外来人口兴建的。本地的斯拉夫人绝大多数还在务农，既没有城市生活经验，也没有在城市安身立命的技能。虽然中东欧也有一些土生土长的商人，但同来自西欧和其他有着悠久商业传统的地区的商人比起来，他们只是小巫见大巫。[69]在克罗地亚和特兰西瓦尼亚（罗马尼亚中西部的旧称），中世纪发展起来的城镇大多由日耳曼人兴建。虽然也有德布罗夫尼克等港口城市的主体人口是斯拉夫人，但其发展深受意大利文化的影响，萨拉热窝也主要是由奥斯曼土耳其人建造起来的。[70]

东迁的日耳曼人多数还生活在斯拉夫人或马扎尔人的统治下[71]，不过偶尔也有日耳曼骑士或贵族征服斯拉夫人地区并进行统治。还有当地贵族主动引入日耳曼骑士为己所用，辅助治理斯拉夫民众。[72]一些土地就这样在日耳曼人和斯拉夫人手中争过来再夺回去，例如勃兰登堡。[73]在整个中世纪，日耳曼文化通过种种进程在中东欧地区形成越来越广的势力影响。[74]今天的德国以东的广大地区在当时也受到德意志日耳曼文化的影响，例如捷克人改信基督教就是日耳曼牧师的功绩。[75]

日耳曼人在东欧留下很多历史痕迹，斯拉夫语言中出现了不少德语。例如捷克语和波兰语中"封地"一词来自德语"fief"，匈牙利语中跟军事有关的词语如"头盔""铠甲""城堡"等[76]，波兰语的"持续""磅""压舱石"等[77]也都来自德语。德语对捷克语的影响不仅仅是词汇，还有句法。[78]塞尔维亚–克罗地亚人的一种方言也借用了大量德语（以及匈牙利语）。[79]又如，中世纪梅克伦堡（德国东北部地区的旧称）的斯拉夫人统治者给自己的孩子取名都是日耳曼名字。[80]

在波兰、波希米亚、匈牙利等地，最早的一批教师中很多人都来自西欧。[81]东欧的第一所大学布拉格大学在1348年成立时，大部分教员是日耳曼德国人。当地的捷克学者对日耳曼教员占多数愤愤不平，于是给捷克人以更多优待，这造成日耳曼教员大量出走，大学不得不关停多年。[82]从此拉开了后来在很多地方反复上演的一幕：因为政治上的憎恨而阻碍甚至摒弃了文化资本的转移。文化资本的重要性在一个事实上可以清楚地体现出来：东欧各地经济发展得最好的不是自然资源最丰饶的地方，而是那些同西欧联系交往最多的地方，例如波希米亚就比俄罗斯富庶。[83]罗马尼亚虽然有丰富的石油资源，粮食生产率却较低，因为当地的农业生产方式落后于西欧。[84]

中东欧

千百年来，东欧和巴尔干地区各国的国界发生过很大变化，甚至有些国家在地图上全然消失而后重新出现，例如波兰和乌克兰。而对"中东欧"这个说法的不同理解，本身就反映了该地区历史上战乱频仍的动荡状态。有些人以地理为边界，把中东欧定义为俄罗斯以西、德国以东的地区，也有人以具体的河流、山脉、海洋划界[85]，还有人以语言来区分，认为是在德语区、意大利语区和俄语区之间的区域。[86]还有其他很多不同的定义被提出又被弃用，以至有人说中东欧在某些时期就是指除了伊比利亚半岛外的整个欧洲。[87]不管怎么说，可以认为这一地区的核心是由今天的波兰、匈牙利、罗马尼亚、捷克、斯洛伐克及巴尔干各国组成的区域。自中世纪初期以来，斯拉夫人一直是这一地区众多民族人口的主体。

国界的变动反映了这里千百年间经久不息的军事冲突（20世纪的两次世界大战都是在中东欧爆发的），也体现在中东欧很多主要城市曾经有过的诸多名字上：格但斯克旧名但泽，加里宁格勒过去叫哥尼斯堡，布拉迪斯拉发曾称普雷斯堡，等等。[88] 过去的清真寺被改作教堂，反映出巴尔干地区的征服与反抗带来的族运逆转。[89] 从中世纪到现代早期，中东欧的斯拉夫人先是被困在奥斯曼帝国和哈布斯堡王朝战争的前线，20世纪的大部分时间里，又夹在敌对的阵营集团之间。

虽然千百年来斯拉夫人一直是中东欧的主体民族，但在他们之前，东欧一些地方就有犹太人和亚美尼亚人等在繁衍生息，常被认为是这里的原住民。[90] 19世纪末，约有200万日耳曼人生活在匈牙利，另有300多万生活在波兰，在东欧境内（包括俄罗斯）还有200多万土耳其人，约750万犹太人。但是斯拉夫人中的波兰人超过了所有非斯拉夫人的总和，波兰人共1 500万，分布在奥地利、德国、俄罗斯之间的广大区域。[91] 不过，非斯拉夫人的力量不可小觑，斯拉夫各民族也有散居在其他斯拉夫民族或非斯拉夫民族聚居区的情况。民族分布的交错带来了宗教信仰的杂处，天主教、新教、东正教、伊斯兰教等彼此碰撞。此外，还有一些颇具规模的非主流信仰，如15世纪捷克人中的胡斯运动等。在所有这些之外，又有王朝家族之间频繁的争斗以及国王同强势贵族的较量。世界上几乎再没有哪里有这样五方杂处的人口构成与文化交汇，以及交错难解的冲突矛盾了。

文化上的彼此渗透常常伴随着激烈的斗争。自认高人一等的族群不想让劣等族群及其文化冲淡了自己的优越性，而嫉恨他族经济社会地位的人也会团结起来为自己争取福利。因此，东欧的一些日耳曼人公会禁止斯拉夫人加入，还有法律规定，如有会员同斯拉夫人通婚一律驱逐。在斯拉夫人一边，反德的情绪也有很多表现形式。轻则将日耳曼人称为"狡诈之徒"，重则有14世纪在克拉科夫对日耳曼人的屠杀。此外，14世纪由波兰人建造的医院骑士团，禁止任何日耳曼人出任职位，连日耳曼神职人员也不可以。同一时期，捷克人建立

第四章　斯拉夫人

的奥古斯丁修道院也要求入院皈依者必须"父母双方均是说捷克语的民族"。[92]

跨文化交流诚然能带来经济社会效益，但其产生的痛楚感受足以被用于政治操弄，在中世纪如此，在20世纪依然如此。例如在布拉格，捷克人与日耳曼人之间长期斗争，从奥匈帝国到捷克斯洛伐克独立时代，再到二战时期的群雄并起和战后，从未停息过。面对捷克文化阶层的高度日耳曼化，捷克人早在18世纪就发起了复兴捷克语的运动，推行捷克语作为文学与表演的语言，但遭遇了很大的困难。[93] 运动最终取得成功，并为后来捷克人更宏大的民族主义追求奠定了基础。不过直到19世纪的大部分时间里，社会上还"从来没听到哪个军官说捷克语"。[94] 在200多年里，布拉格政府一直由说德语的官员把持，捷克人直到19世纪60年代才在市议会中取得了多数席位，到19世纪80年代才基本控制了地方政府。1892年，捷克人迎来了一个划时代的变化，曾经用德、捷双语书写的布拉格街道路牌改为只有捷克语。[95]

这一时期，两个民族之间文化冲撞的核心是语言。布拉格最富裕、最有势力的居民一直是说德语的人群，因此即使是捷克人或犹太人，想谋求经济和社会地位上的进步，也要学习德语，还要融入德语文化生活。城市中受过教育的人群都说德语，商业活动也靠德语沟通，军队和神职人员中权位较高者不论是否出身日耳曼族裔都说德语。[96]

19世纪，文化认同取代了血统成为社会身份的决定因素，布拉格的日耳曼人更愿意自认是城市化的波希米亚人，是哈布斯堡王朝的公民，而不仅把自己视为日耳曼人。[97] 捷克人则在新兴的本族知识阶层的倡导下，开始强调本民族身份认同。同一时期，其他国家也出现了新知识分子领导的民族主义运动。[98] 这些知识分子往往出身捷克的手工匠人家庭，或有其他殷实的家境，受过良好教育却没有体面的工作。他们创作了很多捷克语文学作品，还开始提出民族主张，在民众中争取了一批支持者。[99] 多年来，日耳曼人普遍认为自己是波希米亚人，而不强调日耳曼民族的身份，但捷克的民族主义浪潮促使日耳曼人与之对垒而开始了民族身份的觉醒。[100]

在民族两极化的影响下，日耳曼人和捷克人在社会中愈加疏离分化。捷克人的政治鼓动对布拉格和波希米亚各城市的日耳曼人和犹太人企业造成了暴力冲击。[101] 同时，雄心勃勃的捷克人走上政坛谋取政府职位，而日耳曼人和犹太人仍然把持着工商业。一战后，捷克斯洛伐克建国，政府开始给捷克人以别族没有的优待。[102] 这后来成了一种普遍趋势，其他国家很多有民族主张的族群也照此行事。当一战结束时，突出政治诉求的奥匈帝国"巴尔干化"达到高潮，奥匈帝国向协约国投降，原来的军队分裂成不同的民族，各自为营。[103]

统治与压迫

同世界上很多文化分裂、经济落后、政治离散的民族一样，中东欧的斯拉夫人也受到各种压迫，被本族和外族中的显贵蓄为农奴，被送到欧洲和中东的奴隶市场上贩卖，被奥斯曼帝国和哈布斯堡王朝等先后征服。这样的命运有时接踵而至，有时并行发生，持续了千百年之久。

中世纪欧洲的斯拉夫人大部分世代务农或放牧，在平原地区主要务农，在山地则两者兼有。[104] 公元6世纪到7世纪，最早的斯拉夫人来此定居后，开始从事农业，那时，还没有农奴制。在国家政府还没有出现的时代，农民要从军力强大的贵族那里寻求庇护，免受战乱之苦。久而久之，在中东欧很多地方（但并非全部），这种依附关系发展成了农奴制。农奴制不仅让人受制于依附关系，还让他们丧失了迁徙的权利。意欲逃跑的农奴被抓回后常常会遭受残酷折磨，比如点燃头发、劈开鼻子等。[105]

奴隶的社会身份比农奴更低下，两者的主要区别在于，农奴属于某块土地，转卖时要跟土地绑定，而非随时随地能被出售的个人财产。另外，农奴有一定的权利，虽然大部分权利需要靠贵族地主建立的法庭来保障，这使得这些权利在跟地主发生矛盾时完全不起作用。相比之下，奴隶连这种最基本的保障都没有，可以被奴隶主随意买卖、交换甚至杀害。[106] 有的奴隶是因为犯罪或欠债被贬，还有一些是贫苦的农民日子过不下去，只好把孩子卖为奴隶。奴隶制在中东欧十分普遍，外来侵略者和征服军也会掳掠斯拉夫人到其他地方为奴，卖到西班牙、德国、埃及、叙利亚等地。[107]

一项对奴隶制的国际研究形容达尔马提亚滨海地区是"人类历史上持续输出奴隶最久的地方之一"，奴隶的来源既有在当地占主体的斯拉夫人，也有住在更东面高加索山脉和巴尔干各地的斯拉夫人和其他族裔。[108] 在非洲首次向西半球输出奴隶之前的几百年，就已经有斯拉夫人被大规模奴役了：突厥侵略者奴役了几十万俄罗斯人[109]，达尔马提亚滨海的斯拉夫人更是被其他欧洲民族奴役了至少600年之久。[110] 在这里，同属斯拉夫人的不同民族互相贩卖，也伙同伊朗人、土耳其人等外族，趁自己被奴役之前先去奴役他人。[111] 斯拉夫人被贩卖为奴的现象十分普遍，乃至在很多西方语言中，"奴隶"这个词（例如在英语中是"Slave"）都来自斯拉夫人的名称"Slav"，在阿拉伯语中也是如此。[112] 这段历史的背后，有着一系列的地理因素：

> 像其他长期出口奴隶的地方一样，迪纳拉山脉也有导致贫穷、人口压力、政治分裂和矛盾冲突的特定自然环境。一道山脉纵贯海岸，像在海边耸起的高墙，再往内陆又有其他山脉与之平行延展，起伏相连，把人们居住的地方分割成一条条狭长的谷地，当地称为"polya"。这些谷地彼此隔绝，中间是贫瘠的山脉，植被稀少，交通不便。只有几条河流穿过高墙一样的山脉，却也不能通航，河流切割出的峡谷到很晚近的时代才能行车。由于山区环境复杂，自然灾害往

往影响范围不大，有时仅限于一道山谷之内。这造成了人们对资源的激烈争夺，常常体现为匪帮劫掠和派系冲突。[113]

虽然这里的地理环境与非洲有很大差别，但地理条件对人们生活产生的实际影响却颇为相似，也造就了文化和政治上分裂不一的族群，易受外来者的影响和危害。这里跟非洲一样，出面抓人为奴的和贩卖奴隶的不是同一拨人，士兵、土匪、海盗等先去抓人，再由普通商人把他们当作新商品去售卖。在中世纪的欧洲，虽然很多奴隶交易中心是在基督教区域，如威尼斯、杜布罗夫尼克等[114]，但不少奴隶贩子是犹太人，就像东南亚的华裔商人和非洲中部的尧人一样，把人口当作商品一样贩卖，这样的行为在当时看来完全没什么不妥。

在中东欧内部，本地贵族发现蓄农奴比买奴隶更有利可图，因此奴隶制在中世纪后期开始式微。[115]在东欧地区，中世纪末期到现代早期，国家的形成构成了奴隶制逐渐消亡的主要因素，在世界其他地方亦如此。随着俄罗斯国家的壮大，任何人再想奴役他们都必须应付强大的国家军队。东欧其他地方也出现了国家领土，国家以军事力量将当地的人民保护起来，让外来进犯者望而却步。但在地势崎岖的巴尔干山地，建立这样的民族国家要困难得多，因此这里的人们在更长的时间里处于无国家保护的状态。不过，这里最终还是出现了政治意义上的国家，也受过帝国的庇护，因此不再大规模地输出奴隶。及至西欧各国在大西洋对岸建起殖民地并组织大量奴隶劳动的时代，非洲已经是仅剩的几个奴隶产地之一了。

中世纪，奥斯曼帝国征服了东南欧，大量斯拉夫人落到土耳其人的手中。土耳其人定期从斯拉夫人中强征男童做奴隶，强迫他们改信伊斯兰教，训练他们加入新军部队或者为奥斯曼帝国政府跑腿办事。在 15 世纪"征服者穆罕默德苏丹"统治的 30 年里，有 1.5 万到 2 万个孩子被从父母身边夺走[116]，这样的情形直到 17 世纪下半叶才消失，到那时已经有约 20 万男孩被掳离家。这些男童不都是斯拉夫人，因为原则上对被征服的基督徒同样要强征男童，不过在现实中大部分是斯拉夫人，只有很少是希腊人和亚美尼亚人。[117]

奥斯曼人对巴尔干地区的统治持续了 500 年，也给这里的历史打上了深刻的烙印。他们在不同时期以不同程度将很多欧洲人跟欧洲文化的发展割裂开来，而这一阶段正是欧洲大陆发展演进的关键时期。在奥斯曼帝国，斯拉夫人跟其他被征服的非穆斯林一样，被法律政策定为低人一等。在奥斯曼官方认可的基督教社会中，斯拉夫人被归入希腊东正教体系，也就是说，他们无论在宗教上还是在俗务上，都要从属于希腊人。但不管怎样，在被奥斯曼人征服以后，东南欧地区大多数族群的境况还是比之前有所改善的。[118]

奥斯曼帝国通过各种严苛且不平等的法律，在这饱受战火之地建立起了法治，使这里的人们不用再像从前那样依靠贵族阶层的任性裁断，原来的贵族在被奥斯曼人征服后只好逃出去。奥斯曼法律减轻了农民的沉重负担，农奴制也销声匿迹了。因此在奥斯曼统治初期，百姓没有太多反抗。等到帝国后期的几百年，自上而下的控制有所减弱。从国都伊斯坦布尔到各个地方，基层官吏掌握了更多权力，开始贪污腐化，给百姓加以沉重的负担。这时斯拉夫人和东南欧其他民族对奥斯曼统治的反抗才渐成气候。

东南欧历经若干基督教政权和奥斯曼帝国之间几百年的征伐洗礼，地区间的矛盾完全不是宗教信仰或民族之别那么简单。例如在 14 世纪，苏丹巴耶塞特一世在与匈牙利人和罗马尼亚人交战时，军队中还有塞尔维亚人。[119] 此外，奥斯曼帝国的王侯中常有信奉基督教者，但不管在立场上还是在战争中，他们都站在奥斯曼土耳其人一边。

起初，奥斯曼帝国对其他宗教采取相对包容的态度，肯定比中世纪欧洲人对犹太人或基督徒对异教徒的态度更开放。虽然伊斯兰律法将穆斯林置于更高的地位，强令非穆斯林多缴税并施加繁多的约束限制[120]，但在奥斯曼帝国扩张的早期，其社会还是比较包容的，人们在生活中近乎平等。而到了后期，帝国衰微落魄之时就不复如此了。民族成分和宗教信仰相比，宗教之别又比单纯的民族差异重要得多。

奥斯曼帝国的包容从一定程度上反映了早期的国民构成主要是非穆斯林的实际情况。直到16世纪，新一轮征服过后穆斯林才成了国民的主体，于是对非穆斯林的排挤也愈演愈烈。[121]其中的原因不仅仅是人口构成的变化。早期的奥斯曼帝国不断扩张，所向披靡，传播伊斯兰教的雄心高涨，他们对自己文化的优越性和军力的强大非常自信。欧洲军队和联盟一再战败，无力阻挡奥斯曼大军挺进欧洲腹地。就算1532年奥斯曼军队在维也纳城下铩羽而归，也主要是怪寒冬将至，战斗打不下去，而不是因为抵抗的欧洲军队有多强大。

但到了奥斯曼帝国后期的几百年，同欧洲的实力态势发生了逆转。哈布斯堡王朝和俄罗斯帝国分别在欧洲中部和东部崛起，对奥斯曼形成了强劲竞争。同时，威尼斯发展成为海上强国，整个西欧也已成为不可轻视的力量。奥斯曼帝国渐渐失去军事上的强势地位，文化优越感也在西欧现代早期的经济、社会与思想智识发展的映衬下黯淡下去。奥斯曼长期与东欧和巴尔干等落后地区打交道，所以瞧不起欧洲文明[122]，也未曾努力跟上西欧的进步，因此后来欧洲文化和军事实力的全面反超让他们惊愕不已。

几百年来，欧洲各国在战场上一直是奥斯曼帝国的手下败将，现在却能大获全胜。眼见着对方武器精良为己所不能敌，海上陆上腹背受敌，欧洲民众也开始反抗奥斯曼的统治。在战事失利、危机四伏、迷梦初醒的情境中，奥斯曼帝国转而对付国中的基督教民众，将他们视作潜在的叛徒而怀恨在心。在基督徒看来，帝国已经礼崩乐坏，奥斯曼官吏的腐败与横征暴敛尤为严重，不安分的军队被从首都打发到各地，之后更加猖狂……这些都将他们作为被统治民族仅存的一点儿忠诚消耗殆尽，武装反抗愈演愈烈，在19世纪初的塞尔维亚独立战争中达到了高潮。遥想14世纪末,奥斯曼帝国靠军事战胜科索沃的塞尔维亚人而发家[123],到头来还是因为塞尔维亚人的成功反抗而走向穷途末路。

对塞尔维亚人和其他被奥斯曼统治了几百年的斯拉夫民族来说,一方面他们与欧洲其他地方的发展隔绝开来,另一方面奥斯曼政权的宗教隔离又把他们与主流穆斯林文化割裂开来,除非他们改宗皈依伊斯兰教。即便在东正教社会中,按奥斯曼帝国的安排,斯拉夫人在文化上也低希腊人一等,这也限制了巴尔干地区发展出独立的斯拉夫文化。

然而,还是有一个显著的例外,即亚得里亚海边的诸侯城邦杜布罗夫尼克。奥斯曼帝国允许其自治,前提是按年纳贡。杜布罗夫尼克是一个港口城市,向西方的贸易和思想开放,因此一边受到意大利文化的影响,一边又成为南部斯拉夫地区的文化发展中心。西欧文化的典籍在此被翻译成斯拉夫语言,甚至还出现了以斯拉夫语言写就的文学作品,相比之下,奥斯曼帝国中的斯拉夫人只有靠口头传承的民俗文化。建筑师和画家也在杜布罗夫尼克发展出一片天地,不过作品很少能传到斯拉夫人生活的内陆地区。这样,达尔马提亚海滨的杜布罗夫尼克等一批城镇不仅成了西欧文化传入的门户,也培育出了与底层文化不同的高级斯拉夫文化。这些与西欧交往频繁的中东欧城市,参与了欧洲大陆文化进步的历史。[124]

此外,在中东欧,斯拉夫人作为被统治者生活其中的还有哈布斯堡王朝。在那里,斯拉夫各民族与统治阶级的关系远比征服与被征服的关系复杂得多。哈布斯堡王朝由很多疆域组成,有着复杂的征服历史,有些地方还有多层臣属关系,比如匈牙利人高克罗地亚人一等,两者又都受哈布斯堡王朝的日耳曼人统治。顶层的统治者可以让底层臣民稍好过些,也可能更难过些,具体取决于统治者和中间贵族阶层之间关系的变化。反过来,国中的克罗地亚人相较于高他们一等的匈牙利人，对帝国统治者的忠诚度可能在某些时候还会更高。正因这般复杂，克罗地亚人为反抗匈牙利人推行马扎尔化而发起的民族主义运动一开始没有被哈布斯堡王朝视作威胁，甚至还得到了一些支持。[125] 许许多多身份、阶层、民族元素的汇入，共同构成了哈布斯堡王朝。这里的日耳曼人和斯拉夫人之间[126]、塞尔维亚人和匈牙利人之间[127]，以及其他许多群体之间，不断展开权力斗争，经历着文化的碰撞。

在这些汇入交融中，有一个明显的趋势：知识分子在推动文化和政治的民族主义上起了先锋作用。在捷克人、塞尔维亚人、克罗地亚人等各个族群中，都是学生、律师等知识分子启蒙了民族身份认同，抵制了日耳曼文化和马扎尔文化的同化，广大农民则对高涨的民族情绪和身份认同主张反应迟缓。[128] 不过，虽然哈布斯堡王朝内部斗争不断，却一直到一战后西方列强划而治之时才分裂消亡。

斯拉夫民族国家的出现

很多民族通过整合部族社会壮大起来，有和平融合也有武力统一，进而发展出了民族国家。而斯拉夫人的情况不同，现代斯拉夫民族国家多是通过武装反抗外族征服者而建立起来的。塞尔维亚人在奥斯曼帝国的起义，俄罗斯人打退蒙古征服者又反过来将其征服的斗争，都是斯拉夫民族建立民族国家的典型例子。波兰既征服过他族，也被他族征服过，自 1795 年俄罗斯、普鲁士、奥地利三国将其领土分而治之起，波兰这个国家消失了 100 多年。一战后，哈布斯堡王朝和奥斯曼帝国瓦解，很多斯拉夫民族获得解放，建立起了民族国家，其中有首次建国的捷克斯洛伐克和南斯拉夫，还有复国的波兰。

波兰

一战后重新建国的波兰，与 13 世纪到 15 世纪时相比，疆界发生了很大的变化，更是无法媲美 16 世纪囊括了立陶宛和乌克兰等地的鼎盛时期，当时的波兰共同体一度是欧洲大陆上的强国。18世纪末波兰解体，其62%的国土和45%的人口被俄罗斯收入麾下，另有20%的国土和23%的人口归了普鲁士，18%的国土和32%的人口并入了奥地利。[129]旧波兰的分崩离析不仅让波兰人从此在政治上不再独立，还让原属于一个民族的生产者和贸易市场被不同国家的边界分隔开，三个国家的不同政策造成波兰人在新进入的经济体中承担了完全不同的角色。例如，分属三国的波兰地区通过铁路能分别去往俄罗斯、普鲁士、奥地利，但彼此却不连通。

波兰在历史上直到20世纪早期一直是以农业为主的国家，但在18世纪到19世纪引进了西欧的技术和资金，发展了一定的工业。俄国境内的波兰地区成了沙皇治下工业最发达的地区[130]，这里的产业工人实际收入虽然比不上西欧，却也高于俄国普通工人的收入水平。[131]这表明，波兰诸省在当时是西欧技术向东进入欠发达的俄罗斯帝国的通道。

但普鲁士治下的波兰境况就大不一样了。普鲁士及后来的德意志帝国能及时接触到西欧的新技术，因此波兰人在这里的地位与在俄罗斯截然不同，他们只是为德国的工业化社会提供农产品和原材料，输送农业和大工业劳动者。虽然德国的波兰人生活在经济相对落后的地区，其生活水平还是高于生活在俄罗斯经济发达地区的波兰人和奥地利境内的波兰人。[132]原因很简单，相较于其东边和南边的邻国，德国的经济要发达得多。德国的波兰人不是被动地获得较高的生活水平，他们的受教育程度和勤劳程度都好于生活在俄国和奥匈帝国的同胞。这里的农业生产更为组织有序，机械化程度不断提高，农产品产量也高于划归俄国的波兰地区。[133]在美国的波兰裔移民中，大部分高技能工人也来自普鲁士。[134]

在奥匈帝国中，奥地利和捷克地处受西欧技术与产业影响的前沿，而波兰地区和加利西亚则是农产品和其他初级材料的产地，人民

征服与文化　　190

普遍贫困。据估计，19世纪下半叶加利西亚的人均粮食消费量只有欧洲整体水平的一半。[135] 不过，奥匈帝国对波兰语言和文化的限制少于俄罗斯和普鲁士，因而19世纪晚期，加利西亚成为波兰文化的一个中心，影响辐射至周边国家。[136] 另一边，俄罗斯和普鲁士对波兰语言文化的严格管控并不总是有效。例如，1882年至1883年，沙皇秘密警察组织在一次剿灭行动中发现了100所地下办学的波兰语学校。[137] 当时，立陶宛和乌克兰民族主义运动正在蓬勃发展，切断了此前在波兰共同体中与波兰人的政治和文化联系。在俄罗斯治下的这几个民族再不愿寻求重建共同体，而是积极主张立陶宛、乌克兰和波兰独立建国。

虽然波兰人发动了一系列政治运动和未遂起义，统治民族也做出了各种不同的响应调整，但直到19世纪末，仍然没有迹象显示将出现一个重新独立的波兰。另一方面，波兰人从未满足于现状，在1870年至1914年的移民潮中，划归俄罗斯、普鲁士和加利西亚的波兰地区都有大量波兰人迁出，每个地区都超过100万人。[138] 但是靠引进西欧技术，这些地方的经济还是得到了发展。用电就是在这一时期普及的，华沙等几个波兰城市还建起了自己的发电厂。从1894年到1904年，华沙、伦贝格、克拉科夫等地相继有了有轨电车，富人阶层还开始拥有电话和汽车。[139]

第一次世界大战期间，德国和奥地利入侵俄国，攻下了波兰地区，从而占据了波兰故国的全部领土。但是到一战结束后，西方同盟国取得胜利，俄国新生的共产党政权还很脆弱，西方只需要考虑如何处置战败国的土地，于是决定将波兰恢复为独立国家。

重获独立的波兰，各部分原是在俄国、德国和奥匈帝国三种截然不同的经济环境下发展起来的，因此必然发展程度不一。例如，德国治下的波兰地区铁路网比俄国的波兰地区发达很多[140]，直接原因是德国的经济要发达得多。更重要的是，作为德意志帝国曾经的一部分，生活在波兰西部的波兰人经济条件更为优越：

> 在曾经属于普鲁士的西部地区，农民和小资产阶级都很有经济进取心。而在波兰的南部和东部地区，农民生活相对原始落后，中间阶层主要是专业人才和官僚，而经济上属于小资产阶级的仍然主要是犹太人。这些差异反映在当时各地的面貌上，在曾属于德意志的地区，农业集镇、制造工厂、煤矿、冶炼厂等形成的小城镇遍布乡野。而其余大部分地区则是田地成片，森林连绵，其间零星散布着村庄，更少有城市。偶有几个城市只是作为行政管理和驻军的中心。[141]

一战发生在波兰重获独立前，也成就了波兰的独立。曾分属不同国家的波兰经过战火蹂躏，蒙受了重大的经济社会损失，40%以上的桥梁、63%的火车站、48%的铁路车辆都遭到了损毁。45万波兰士兵战死在为不同国家打仗的战场上。[142] 如果说这些创伤还能靠时间抚平，那么波兰迟迟未能工业化则是更根本性的损失。到20世纪30年代末，波兰人口中只有30%进入城市生活。[143]

捷克斯洛伐克

捷克斯洛伐克也是一战后由战胜的西方在战败国的土地上建立起来的，但它不是原有国家的复国，而是把民族和经济发展程度都不同的成分杂糅在一起的产物。捷克的腹地曾是中世纪的波希米亚王国，现在成了捷克斯洛伐克的一个省，而斯洛伐克则是当地人在被动员之下勉强同意并入的，加上曾分属波兰和匈牙利的一些其他地区，共同组成了经济意义上的捷克斯洛伐克。捷克斯洛伐克的人口有一半生活在波希米亚地区，这也是全国经济和文化最发达的地区。1921年，波希米亚的文盲率只有2%，而鲁塞尼亚省的文盲率却高达50%。[144] 国内各民族和各地区的其他差距同样巨大，而主体民族捷克族和其他斯拉夫人只占三分之二左右。[145]在两次世界大战之间，民族争端频发，最终导致捷克与斯洛伐克分裂，在进入20世纪的最后一个10年，斯洛伐克宣布独立。

作为一战后产生的民族国家，捷克斯洛伐克的运气比波兰和其他一些中东欧国家要好一些。大战促成了捷克斯洛伐克的独立，却没有对这里造成太大的创伤。在奥匈帝国解体所形成的民族国家中，捷克斯洛伐克的经济最为发达，其钢材和生铁产量占整个中东欧地区的一半[146]，但是全国仍然有五分之四的人口是农民。[147]在斯洛伐克的首都布拉迪斯拉发，斯洛伐克人只占人口的少数，城市中的大部分居民是日耳曼人或匈牙利人。[148]国内的工业发展主要集中在西部的波希米亚省，其中有相当一部分掌握在当地的少数族裔苏台德日耳曼人手中，他们是德国和奥地利以外人数最多的一支日耳曼人。[149]

捷克斯洛伐克的建国并没有终结国内捷克人和日耳曼人在过去100年里愈演愈烈的民族纷争。新生的国家成了他们新的争斗场，给两边都造成了更大的悲剧。跟其他新取得独立的民族一样，一战后捷克人倚仗新取得的权势开始歧视国内的少数群体。公务人员优先招录捷克族[150]，政府为资金从日耳曼人和日耳曼–犹太人银行流向捷克人开办的银行大开方便之门，还将日耳曼人的大庄园拆分成小规模的农场，从而惠及捷克农民。[151]

其中更根本且更棘手的问题在于，生活在波希米亚的日耳曼人本来就不愿意隶属于捷克人建立的新国家，他们也主张捷克斯洛伐克建国所援引的"民族自决权"。然而，在波希米亚边境，日耳曼人和捷克人居住的地区犬牙交错，无法划出独立的日耳曼区。更重要的考量是拱卫边防，日耳曼人多聚居在边境的山地附近，一旦他们独立出去，新国家的边防天险就会拱手让人。在"民族自决权"的诉求被否定后，日耳曼人发起了激烈的抗争，捷克军队开枪镇压，造成超过50名日耳曼人死亡。[152]20世纪20年代，新生国家内部的民族斗争日渐恶化。20世纪30年代，纳粹在邻国德国上台，这在捷克斯洛伐克的日耳曼人中引发了激进的纳粹运动。运动在1938年的慕尼黑危机中达到高潮，捷克斯洛伐克面临德国入侵，不得不选择解体，西边以苏台德为主的日耳曼区域被希特勒占领。6个月后，德国控制了整个捷克斯洛伐克并在此统治了6年，其间对捷克人和斯洛伐克人犯下种种暴行，留下了民族创伤，而对日耳曼人则加以优待，换来了很多日耳曼人对纳粹制度的忠诚。

二战结束后，日耳曼人遭到了激烈的反攻，既有民间的暴力，又有官方的歧视，只有能自证忠于捷克斯洛伐克的人才允许保留公民身份。[153] 最终，捷克斯洛伐克的日耳曼人有300多万在战后被驱逐，境内日耳曼人只剩下1930年的十分之一。另外还有1.8万多名曾宣誓效忠捷克斯洛伐克的日耳曼人自己选择离开[154]，这也充分说明当时该国民族两极分化的情形。日耳曼人的离开造成有些地方人去地空，直到50年后，日耳曼居民被驱逐的苏台德地区还有大量废弃的城镇和房舍。[155]

后来，苏维埃军队赶走了纳粹德国，却没有带来捷克斯洛伐克的解放，该国被纳入东欧国家的苏维埃集团，直到20世纪90年代才重获独立。历经半个多世纪，捷克和斯洛伐克终于再次成为主权国家。

捷克斯洛伐克大规模驱逐日耳曼人，是二战后发生的最大规模的民族驱逐之一。但这种现象并不罕见，被驱逐的也不仅仅是日耳曼德国人。1944年至1948年，中东欧地区出于各种原因主动或被迫迁移的人口大流动共涉及3 100万人。[156] 这里很多国家对国界做了大幅调整，并力图在新勘定的国境之内达成民族成分均一，这种努力在一定程度上取得了成功。例如，罗马尼亚在1930年有72%的人口是罗马尼亚族，到1977年上升至88%；波兰在1931年有69%是波兰族，1991年时达到97%。[157] 捷克斯洛伐克虽然驱逐了大量日耳曼人，捷克族占总人口的比例却仅从51%小幅上升至54%，而斯洛伐克族从

征服与文化　　194

16%大幅提高到了31%。[158]匈牙利到1990年已经有99.5%的人口是匈牙利族，但这与1930年时92%的水平相比提高得并不多[159]，匈牙利民族比较单一，主要是因为一战后签订的和平条约将很多领土割让给了周边国家。

南斯拉夫

南斯拉夫完全是另外一番景象，这里从未有过民族的单一化。截至1921年，全南斯拉夫有近四分之三的人口使用塞尔维亚－克罗地亚语，包括很多分裂对立的族群，如穆斯林、克罗地亚族、塞尔维亚族等。他们虽然民族源流相近、语言相近，却对峙、摩擦不断。此外，国内还有很多人口较少的民族，如斯洛文尼亚族（占不到9%）、日耳曼人（占4%）、匈牙利族和阿尔巴尼亚族（各占不到4%）等。[160]规模和人口尚且不论，南斯拉夫境内众多民族的突出特点是彼此敌视，而掌权的塞尔维亚人对其他各民族采取铁腕政策，让局势更加糟糕。[161]在南斯拉夫的政党中，除共产党外，其他政党都只代表自己出身的民族或地区，因此这些政党会故意加剧族群和地区间的矛盾。[162]从地域上看，南斯拉夫由过去的奥斯曼、德意志、匈牙利、意大利等文化区各取一部分组成，曾经有各不相同的政治体制和技术体系。如1918年建国时共有4种不同的银行、铁路和货币体系[163]，在马其顿和波黑还有农奴制的残余，直到1919年被新政府废除。[164]

除了社会和政治的分裂，南斯拉夫的经济也很贫弱。巴尔干地区自古以来就是穷苦之地，一战造成的生命和财产损失更使其雪上加霜。一战中塞尔维亚人因战死亡的比例是法国的两倍以上，是英国的三倍。在一战和后来的全国伤寒大流行中，塞尔维亚族损失了十分之一的人口，还有四分之一的牛、三分之一的马和一半的猪羊。这样的巨大创伤让塞尔维亚族的经济状况一蹶不振，也让他们对新生的南斯拉夫政权及其掌握的发展资源有了非我莫属的执念，认为那些没有经历过重大创伤,甚至来自敌国的族群只能任其调遣。[165]

像东欧很多地方一样,南斯拉夫的经济发展很大程度上依靠从西欧引进技术、资金和管理。德国工业巨头克虏伯公司在这里建立了钢铁厂,法国人建起了铜冶炼厂,英国人建起了铅锌冶炼厂。东欧较发达的国家也给予了帮助,例如捷克斯洛伐克和波兰都曾向这里全套输出纺织厂和纺织技术工人。[166]

直到20世纪的最后10年,各民族间的怨恨仍未消失,毕竟对峙由来已久,拼凑而来的南斯拉夫最终解体了。这个国家在二战期间饱受磨难,克罗地亚族投靠了纳粹侵略者,而塞尔维亚族与之开展游击战,国家内部更加不团结。战后共产党政府的领袖铁托采取铁腕政策,才勉强维持了国家统一。东欧剧变后,南斯拉夫爆发内战,造成了自纳粹以来世界上最惨烈的战况,国家终告分裂。

历史成就

虽然在两次世界大战之间,中东欧的部分国家、地区、民族还有很高的文盲率(如南斯拉夫为52%,阿尔巴尼亚为80%)[167],这里还是出现了不少世界领先的数学家、科学家和艺术家。这一地区虽然不太重视大众普及基础教育,但大学保持了较高的智识水平。这一时期出现的世界级人物包括波兰数学家、匈牙利数学家和科学家(如冯·诺伊曼、爱德华·泰勒、利奥·西拉德等)、捷克与波兰语言学家、罗马尼亚和南斯拉夫雕塑家、匈牙利作曲家(如贝拉·巴托克),当然还有出身日耳曼和犹太族裔的杰出人物卡夫卡和里尔克,等等。[168]不过,这一地区的很多高等教育机构因为培养出大批"经济上无用、政治上无能"的知识分子而受到诟病,因为学生往往学习软学科,而不是相较于西欧真正落后的理工科。[169]在东欧,与其他地方一样,这些软学科培养出来的知识分子成了族群分化和政治不稳定的主要来源。

俄罗斯帝国

　　俄罗斯人在同一片土地上建立过两个以俄罗斯人为主、多民族共存的帝国，第一个是以民族名称命名的俄罗斯帝国，紧随其后的是苏联。俄罗斯的地理条件在很多方面都与东欧类似，不同的是它有非常丰富的自然资源。这里的地形与别的斯拉夫人国家类似，有世界上最大的连片平原[170]，作为亚欧分界的乌拉尔山海拔不算太高，不会比东欧的其他山脉更险峻。

　　俄罗斯帝国及其后继的苏联领土极其广阔，这一点非常重要。作为世界上最大的国家，苏联的领土面积是美国的两倍有余，比整个南美洲加在一起还大。这个"苏维埃社会主义共和国联盟"的欧洲部分占欧洲面积的一半还多，而那只是全苏联面积的四分之一。广阔的国土上有多样的地理环境、气候和丰富的矿藏，但各地之间相距遥远，交通成本很高，特别是大部分自然资源和水道都位于亚洲部分，而大部分人口却生活在欧洲部分。[171] 一份1977年的研究表明：苏联90%的能源矿产位于乌拉尔山脉以东，而近80%的能源需求却在欧洲部分。[172]

　　俄罗斯河流众多，总径流量占全世界的十分之一，但这些河流的实际经济意义却很有限，最大的河流并不对应最重要的经济意义。很多河流向北注入北冰洋，或是流入内陆湖海，不能连接到世界的贸易网。全流域面积中五分之三以上都汇入北冰洋。[173] 俄罗斯最著名的伏尔加河其实不是第一大河，叶尼塞河与勒拿河的水量都比它大两倍还多。伏尔加河之所以重要，是因为流域人口占全俄罗斯的四分之三，工农业占全国的五分之四，是欧洲最长的河流。因此，伏尔加河的航运量高居俄罗斯和苏联境内的各大河流之首。每到冬季，这一地区的河流常有几个月的封冻期，使其无法充分发挥经济作用。就连伏尔加河在莫斯科周边的河段，一般也在 12 月来临前开始封冻，直到次年 4 月中旬才化开，航运功能因此被削弱。伏尔加河在南端汇入位于内陆的里海，俄罗斯还有很多这样的内流河。

在自然资源方面，俄罗斯不仅强于东欧各国，也在全世界出类拔萃。这里的铁矿石储量世界第一，陆地森林资源占世界的五分之一，锰矿储量仅次于南非居世界第二[174]，1980 年的实际锰产量至少是其他任何国家的两倍。[175] 苏联还在很多年里保持了石油产量第一的纪录，年产量占全世界的 10%~20%。[176] 这里天然气总储量占世界的三分之一[177]，并多年保持世界最大镍生产国的地位。[178] 苏联几乎所有的自然资源都能自给自足，还对外出口大量黄金和钻石。1978 年，苏联供应了世界总量近一半的工业级钻石。[179] 然而，丰富的自然资源并没有很好地改善居住者（包括俄罗斯人和俄罗斯帝国、苏联以及独联体内的各民族）的生活水平。

这反映了在幅员如此辽阔的国家开采和运输成本之高昂，特别是资源产地与人口中心之间缺乏水路交通的状况。后来耗巨资建设的跨西伯利亚大铁路，正是为了加强俄罗斯亚洲部分的资源产地和欧洲部分人口中心的交通联系。在俄罗斯历史的大部分时期，国民大多不识字，因此人力资本也十分匮乏。直到 1897 年，俄罗斯帝国仍只有 21% 的人识字。[180] 即使后来的苏联时期教育普及，还培养了大批科学家和工程师，但政府把资源更多地向军工产业倾斜，使得百姓生活水平没有得到明显改善。苏联解体后，俄罗斯虽然不再把重心放在军工上，但仍没有改变本地区持续贫困甚至恶化的趋势。这凸显了政治和法制因素对经济发展的阻滞，从沙皇俄国时代到苏联再到民选政府时代，一直如此，这造成了国家在经济方面的落后。

征服与文化

俄国同其他很多国家一样，既征服过别国，也曾被他人征服。从 13 世纪中期到 15 世纪后期的 200 多年里，今天俄罗斯的这片土地曾经是成吉思汗辽阔的钦察汗国的一部分。当时的汗国从今天的中国延伸至东欧腹地，向南直到中东。不过，正像罗马人没有直接占领不列颠一样，蒙古人对俄罗斯人的土地也没有直接占领和治理。钦察汗国让俄罗斯保持原有治理体制几乎不变，只令其纳贡，在原体制之上安排蒙古领主主持政务，并从俄罗斯人中选拔贵族进入统治者行列。

在蒙古入侵之前，其实还没有"俄罗斯"的概念。蒙古人作为征服者当然不会主动营造"俄罗斯"的族群认同，事实上他们还故意挑起各股地方势力的斗争，但通过几百年的军力组合和政治结盟，莫斯科大公国发展强大起来，并终于强盛到足以在战场上挑战蒙古领主，开始自己推选统治者，停止向蒙古人纳贡。随后，莫斯科大公国向四面八方扩张，建立了由莫斯科沙皇统治的俄罗斯帝国。在鼎盛时期，俄罗斯帝国的疆土从欧洲直抵东亚，甚至越过白令海峡进入北美，直至 1867 年将阿拉斯加卖给美国才退出美洲。

俄罗斯是这个帝国中最强大的力量，却也是欧洲最落后的地区之一，在经济、技术、商业发展等方面都远远落后于西欧，直到 20 世纪初还是欧洲识字率最低的地区。[181] 在帝国时代早期，1682 年至 1725 年在位的沙皇彼得大帝对俄罗斯的落后有最切身的体会，也最有进步的决心，为了向西欧学习技术，他做出了巨大努力，甚至乔装成工人微服私访。但是，彼得大帝将西方的做法直接移植过来的方式完全不是西方的逻辑，而是典型的独裁模式。他在莫斯科召集俄罗斯商人，强令他们生产毛织布，国家按成本价收购，在交足国家配额之后，余下的产品才能售卖赢利，还预收罚款以防不能足额完成任务。[182] 彼得一世就这样发展起了工业，还建设起了圣彼得堡，但其实那里的自然地理和经济条件都很不适宜，只是彼得大帝喜欢而已。一位经济史学家对此写道：

> 在俄罗斯的整个欧洲部分，很难找到比阴冷、潮湿、泥泞的圣彼得堡更不合宜的地方来建设一个重要的经济和政治中心了。盛产铁矿、原木和燃料的乌拉尔山地区远离国内主要市场，距离仅有的几个能出口高品位铁矿石的港口更远。因为昂贵的运费和无处不在的中介流通成本，俄罗斯铁矿石的价格高到难以承受。[183]

彼得大帝一心想从西欧引进技术让俄国走出落后的局面，而当时印度的工农业也领先于俄罗斯，因此沙俄也需要印度的产品和人力。18世纪20年代，莫斯科政府下令，要求阿斯特拉罕州的官员允许东方来的商人溯伏尔加河而上开展贸易，于是一批印度商人来到这里，为当地贸易发展做出了重要贡献。在阿斯特拉罕城，印度贸易商和借贷商的经济实力比为数众多的当地俄罗斯商人还强。[184]

虽然早在18世纪早期彼得大帝就为俄国的发展和西化做出了很多努力，但俄国的现代工业发展主要是19世纪后期才开始的，那时已经到了沙俄时代的最后几十年，1917年沙皇俄国就覆灭了。此前的现代化努力造成了社会局势的紧张，这在多大程度上激起了推翻沙皇的革命，仍是一个未有定论的课题。

当时的俄罗斯人绝大多数是生活在专制统治下的不识字的农民，很多人在1861年前还是地主的农奴。虽然在其他地方如中亚地区，人们过着完全不同的游牧生活，但沙俄治下的其他民族的情况也没好到哪里去。在沙俄统治者看来，民众的生命与劳力贱若草芥。圣彼得堡就是主要靠强征劳力建成的[185]，彼得大帝甚至导演人们自相残杀的试验，以比较西方作战方法和俄国传统战役方法哪个更厉害，20人因此丧生。[186] 上层贵族和底层农民之间，几乎没有中产阶级。[187]

国家不把商人当作财富，而是视为利用政权的渔利者，认为他们既威胁到国库，又会与贪腐官员争利。

在沙俄的社会环境中，贵族鄙视商业和商人。这个社会由大量不识字的底层农民、无心工商业发展的贵族和敌视资本主义的知识分子组成[188]，那么只能倚重外部力量实现经济现代化就毫不让人意外了。

外国人

17世纪末，彼得大帝在全欧洲招揽科学家、手工匠人和各种生产型人才，让他们来发展沙皇俄国的经济和军事实力。俄国最早的工业就是17世纪由外国人建设起来的，早期工业使用的高技术劳动力和管理经验都来自外国。[189]18世纪的圣彼得堡和19世纪早期的乌克兰都有大型的外国技术工人社区[190]，此外阿斯特拉罕州还有印度小店主和借贷商人在经商。[191]18世纪中期，阿斯特拉罕州40%的出口和53%的进口是亚美尼亚移民完成的。当时的250家棉纺厂，209家是亚美尼亚人开办的，38家丝织厂中也有32家为亚美尼亚人所有。[192]

一直以来，俄国的经济和文化发展都要依靠引进外部的知识和技术：克里姆林宫有很大一部分是意大利建筑师建造的；西伯利亚和阿拉斯加之间的白令海是由俄国政府雇用的一位丹麦航海家发现的；外国人在俄国的冶金、机械乃至政府治理等方面，都起过先锋探索作用。[193]其中既有侨居的外国人也有永久移民，有个人创业者也有群体，例如18世纪在伏尔加河和黑海沿岸定居下来从事农业耕作的德国人。历代沙皇也大多拥有德国日耳曼血统，如叶卡捷琳娜二世原是日耳曼人的一位公主，嫁给了后来成为彼得三世的俄国王子，才妻承夫位当上了俄国沙皇。她的子孙中有很多娶了日耳曼裔女子，在沙皇家族中传续了以日耳曼为主的血统。这只是俄国上层阶级西化的一个方面，除此之外，他们还使用法语，熟习西欧的文学、礼仪和社会思想。[194]不过，这种世界主义倾向进一步加大了俄国精英与平民之间的文化鸿沟。

俄国地域辽阔，人口众多，某些领域取得一点儿经济进步，就会体现为绝对产量的大幅增加。18世纪早期，虽然俄国的生铁生产效率仍大幅落后于西欧[195]，但已经成为欧洲最大的生铁生产国。[196]到19世纪中期，俄国的纱产量超过了德国。[197]但是，推动经济发展的关键角色仍然是外国人，资本也多来自国外。俄国的第一家羊毛纺织厂由荷兰人兴建，第一家铁矿和铜矿采选企业分别是由德国和荷兰工程师开办的[198]，高加索地区的油田则是由英国人和瑞典人开发的。[199]

沙俄最大规模的工业化始于19世纪90年代，并一直持续到一战。但即使已经到了近代，外国人仍然在俄国工业化中起主导作用，国内少数族裔也做出了劳动贡献，包括犹太人、波罗的海沿岸的日耳曼裔、受过教育的波兰族等等。1885年至1913年，俄国的工业产值年均增长近6%。[200]1860年至1913年，工业增长率超过了英、法、德等国，甚至可以同美国相媲美。[201]俄国工业化的发展起点和发展水平都不及西欧和美国，但成绩不可谓不突出。沙俄在1913年所达到的工业产值，要到十多年后苏联时期才再次实现。[202]

过去，俄国大部分国际贸易要靠外国商船完成，到了沙皇治下的工业化时代，这一情况仍未改观，国际航运量中只有3%由本国船只承载。[203]在石油行业，近四分之三的投资来自英国。[204]1899年，至少60%的煤炭由外国企业生产[205]，而街面行驶的有轨电车几乎全部产自比利时。[206]到第一次世界大战前夕，全国约三分之一的制糖厂是犹太人的产业，糖产量占全俄的一半还多。[207]差不多同一时期，俄国规模第二、第四、第五的农机制造厂都是英国公司，规模第一的则是美国万国联合收割机公司在此兴办的工厂。[208]电力建设行业主要由德国公司把持，另外，美国西屋电气的法国子公司也是重要的参与者。[209]

外国经济在俄国的参与规模从一个侧面揭示了其经济发展水平的

落后。外国人擅长提供俄国最缺乏的要素，首先是科技力量和高效诚信的管理，其次是资本。而俄罗斯经理人则是出了名地低效和贪腐。一个法国人在 1904 年记录了他的观察："这些俄罗斯管理者，客气点儿说也是奢靡成性。"[210] 即使后来有越来越多的俄罗斯人经过培训走上了管理岗位，外国公司仍然很谨慎，不用俄罗斯人做会计。[211] 商业腐败反映的是沙皇体制中无处不在的贪腐[212]，直到苏联共产党执政[213]，甚至到苏联解体，这个痼疾都没能被根除。[214]

而外国公司之所以拥有科技领先地位，主要是因为他们把西欧最新的进步技术移植到了俄国。[215] 资本从西欧大量流入的同时，俄国国内也筹集了大量资本，虽然普通民众依然贫寒，但俄国还是有自己的有产阶级的。因此，俄国的落后不是缺少资本造成的。缺乏企业精神和技术才是问题的关键。一旦具备了稳妥可靠的管理和西方的技术，从俄国国内和西欧投资者那里就能募集到大量资金。虽然外国公司投资俄国是新鲜事物，但它们不是初出江湖的新企业，而大多是在西欧或美国已经有良好口碑和多年经验的大公司开办的分公司、子公司。这些公司有可靠的管理层，借此能从俄国内外募集大量资金。

1900 年，俄国主要工业中外资占比接近一半，比 1890 年时的四分之一有了大幅提升[216]，实际上这些工业大部分都是外国企业家开办的。由此可见，即使在俄国工业受外国支配程度最高的时期，大部分资本也来自国内，其中只有很少量来自沙皇政府。因此，俄国缺乏的从来都不是资本，而是调动利用资本的能力，这恰恰是外国人能提供的。

在俄经营的这些外国公司很少使用自有资本开办全资子公司，多数都有俄国资本的参与，也有一些俄国董事或经理。但外国管理层往往保留控制权，即使持股权益低于 50% 也要如此。外国人大多从事他们最擅长的工作，即企业内部管理以及对技术和市场机会做出判断；而俄方人员往往在处理对外关系上能发挥重要作用，特别是跟腐败的政府官员以及那些狡猾诡诈的俄国人打交道。[217] 在处理外部关系上，不谙俄国人处事方式的外国经理常常搞得一团糟。[218]

对俄国工人的管理日渐成为外国企业家面临的一大问题。困难不仅仅在于俄国工人技能低，无法操控先进的西方设备，虽然这确实导致了看似低成本的俄国劳动力实际用起来并不节省成本的问题。还有一个问题是，俄国工人不习惯工业化劳作的规矩和节奏，经常三天打鱼两天晒网，不大可靠。

这些问题在工业化初期和在对劳动纪律要求较高的行业中最为突出。例如，俄国南部刚兴建钢铁工业时，钢铁工人几乎只用外国人。[219] 但是从西欧引进工人的成本很高，必须给出高工资以补偿他们的搬家安置和在俄国生活的不便。因此，企业主还是尽可能地尝试培训并留住俄国工人。这样，外国工人就只是在建厂初期临时填补空缺。不管怎样，用外国工人填补空缺的手段还是反映出俄国过去的经济很落后。

此外，让俄罗斯人跟外国人协作劳动也很困难。虽然俄国工人会积累技能和经验，但他们对外国人的敌视也会与日俱增，其背后是愈演愈烈的极端思想，并在1917年十月革命时达到高潮。从短期来看，俄国工人的仇外情绪加速了劳动力的本国化，减少了普遍存在的内部矛盾摩擦。例如，在1900年一家玻璃厂发生的骚乱中，俄国工人放火烧毁了60名比利时工人的住所和财产，逼得他们只能返回比利时。[220] 另外一家法国在俄企业在1907年的一份报告中称：

人们必须认识到，在过去几年中，工人群众接受了很多灌输说教，民族情绪过分高涨。好几家工厂的经理接连被害，已经清楚地显示了这种迹象。[221]

总而言之，俄罗斯人对国内生产力更高、经济条件更好的少数族群如日耳曼人、犹太人等怀有愤恨，又把这愤恨推而广之转移到外国人身上。然而，就在外国公司数量上升、竞争越发激烈、投资收益大幅下降之时，对外国"剥削"的仇恨也在日益高涨。起初在1895年，投资回报率可以高达17.5%，到1898年降至不到10%，1900年跌至5%以下，1906年进一步跌至不到3%。[222] 工业化的重要原料钢材在这一时期价格大幅下跌，原因是俄国人的排外情绪推动本国基础工业实现了自给自足。[223]

外国人在俄国经济发展中的重要作用没有随着沙皇的倒台而终结。在共产党掌权的最初几年，经济遭受了很多创伤和挫折，短短几年后，苏共就转而向西方寻求管理、工程、技术等方面的人才以及设备和资金。光是为了将经济恢复到沙俄时期的水平就下了很大功夫。到1920年，苏俄的铸铁产量仍然比1913年低3%，而且比1718年彼得大帝时期还低。[224] 同样，20世纪20年代初，苏俄的很多产品产量都低于沙皇时代，包括铂金、农产品、蒸汽机车、重型电气设备、沥青、氨、燃料等等。[225] 沙俄时期曾出过一些航空领域的先驱人物，如伊戈尔·西科斯基和亚历山大·塞维尔斯基等，但在十月革命后两人都移民美国，后来对美国的飞机工业做出了重大贡献。苏联却要依靠外国人帮助设计和制造国产军用和民用飞机，在十月革命后的前10年一直如此。[226]

外国的管理和工程技术人才以及资金的大量流入让苏联经济的很多领域得以复苏。例如，沙俄曾是世界上最大的石油生产国和出口国，但到1921年苏俄的石油钻井量尚不足20世纪初的1%。[227] 20世纪20年代中期，一家美国公司开始在高加索地区钻井采油，同时日本企业也在苏联远东的萨哈林岛（库页岛）上开发油田。炼油厂则由来自英国、德国和美国的公司建造。外国企业不仅重振了石油行业，还带来了更先进的技术。[228] 1923年至1928年，这里的原油产量提高了近3倍。

苏联其他经济部门的情况与此类似。苏联人管理的煤矿移交给美国人管理后，煤炭月均产量立刻提升了 50% 以上，锯木厂的产量则提高了 75%。[229] 一些著名的外国企业，如德国的克虏伯公司和法本公司，美国的福特、杜邦、美国广播唱片公司、万国联合收割机等都有重要贡献。还有很多其他国家的企业也参与了苏联的经济建设，如苏联的轴承主要来自瑞典和意大利，塑料和飞机进口自法国，涡轮机和其他电机技术来自英国，等等。[230]

20 世纪 20 年代苏联经济基本恢复后，外国人员、设备、资金的涌入没有就此结束。斯大林在"一五"计划中提出的"社会主义建设"几乎都是由来自欧洲和美国的资本家实际完成的。1936 年，根据苏联的统计，重工业一个部门就有 6 800 名外国专家工作，其中约四分之一是美国工程师。[231] 斯大林的"一五"计划中最大的项目是一座钢铁厂，它由美国工程师设计，脱胎于美国印第安纳州加里市的钢铁厂。[232] 从 1928 年至 1932 年，苏联的新建钢铁工程项目基本上都由美国人设计，美国工程师和一些德国工程师监理，采用美国和德国设备。[233] 直到 1930 年，苏联的汽车工业还是只能生产沙皇时代的菲亚特卡车。苏共掌权以来新建的第一家汽车工厂是由福特汽车公司在 20 世纪 30 年代初兴建的[234]，参照的原型是福特汽车著名的美国胭脂河工厂。[235] 苏联建起的欧洲最大的拖拉机工厂，零部件也是在美国制造，到苏联后在美国工程师的监督下组装的。[236]

威廉·埃夫里尔·哈里曼在 1944 年一份给美国国务院的报告中指出，斯大林与他交谈时曾提及，"苏联大型工业企业中约三分之二是在美国的帮助和技术援助下建立起来的"。[237] 不管怎样，苏联经济得以快速恢复和发展，这让包括西方民主国家在内的很多人认为，社会主义的计划经济和苏共的经济体制是行之有效的。

本地民族

在沙皇俄国及后继的苏联社会中,种族和民族构成一直非常复杂。全国人口调查显示有 100 多个民族,其中 20 多个民族的籍贯在其他国家。[238] 1897 年的人口调查表明,俄罗斯族只占沙皇俄国人口的 45%,而 1989 年苏联的人口调查显示,俄罗斯族占全国人口的比例不到 51%。[239] 因此,俄国并非由一个数量占压倒性多数的"主体民族"和若干边缘的"少数民族"构成,它实际上包含很多不同的民族,在各自的聚居地区占据多数,有自己不同的语言、历史和文化。还包括一些生活在各加盟共和国的更小的族群,其中一些亚民族也有自己的语言和文化。所以沙俄和苏联都不是简单的多民族社会,不像西半球和东南亚一些地方移民形成的社会。列宁曾把沙皇俄国称作"多民族的监狱"。

不同于欧洲其他列强需要到海外去征服军力弱小的民族来建立帝国,俄国在陆地上就与一些弱势国家和民族相邻,主要是其南边和东边,西边也有几个。于是,俄国从邻国开始向广阔的欧亚大陆进行军事扩张,缔造了世界上面积最大的国家。被俄国征服和吞并的既有亚美尼亚、乌克兰等独立国家(其中乌克兰的面积比法国还大),也有生活在中亚广大地区的各游牧部落。最终,苏联境内的穆斯林比埃及还多,土耳其人比土耳其国内的人口还多。[240]

在俄罗斯帝国和苏联中,俄罗斯族同其统治的其他民族之间的关系体现出了征服民族和被征服民族关系的各种形式。在俄国的亚洲部分,俄罗斯族给当地民族带来了此前没有的先进技术,他们在城市中定居下来,而当地民族主要生活在周边的乡村。[241] 但是在波罗的海地区则是被征服的民族原本比较先进,生活水平也比俄罗斯族高,直到苏联解体都是这样。技术、经济等各方面的先进与落后之别不只是因为欧洲民族和非欧洲民族的差别。例如,同为斯拉夫人的白俄罗斯族，到20世纪20年代还以务农为主，聚居地区的城市里主要是其他民族居民，直到20世纪中期，白俄罗斯族才成为白俄罗斯当地城市人口中的主体。[242] 苏联治下的各民族文化发展程度差异相当大，从一个指标上可以看出：1922年，民族人口识字率最低的塔吉克斯坦，不到4%，最高的拉脱维亚和爱沙尼亚超过了80%。[243]

从整体来看，俄罗斯族对中亚各民族起到的作用很像西欧之于东欧的作用，或是欧洲帝国殖民者在尚未工业化的殖民地所起的作用：俄罗斯族带去了西方文明的技术、组织管理经验和工商业生活方式，虽然不一定直接惠及当地民族，因为现代行业往往由俄罗斯族的小社会把持，但毕竟还是把现代化带到了这些地方。在一些方面，他们也推动了当地民族文化的巨大进步。有些被征服民族原来没有自己的文字，需要外来者基于他们的语言创造出文字。在一战和二战之间，共有40多种民族语言开始有了文字[244]，这跟几百年前东欧的情形不无类似。

像欧洲其他地方的早期历史一样，地方方言被全国性的标准语言代替，这本身就是一种重大变革，前后耗时很多年。苏联民族众多，在为经济社会现代化而推广普及俄语的同时，各民族的语言和方言都在创造文字，统一语言的进程就更加复杂了。这个幅员辽阔、多语并存的超级大国希望能以俄语为通行语言，将广大的地域统一起来，推动经济发展，让苏联能与欧洲其他国家形成军事抗衡。另一个复杂的问题在于，不管以何种形式使用何种语言，苏联很多地方的教育都处于起步水平，1926年全国人口只有40%会读写，而西伯利亚和中亚地区的识字率只有个位数。[245]

从沙皇时代到苏联时期，亚洲部分的各民族长期以草原放牧或乡村农业为主要生活方式，而俄罗斯族和其他欧洲民族生活在城市，实行现代经济和政治制度。[246] 但是，俄国的民族关系从来都不是征服者俄罗斯族和被统治的地方民族之间的截然两分，哪个民族都不是这样的。因为日耳曼人、犹太人和其他西欧文化传承者的历史地位，俄国的欧亚各民族（俄罗斯族除外）常常在经济和政治上附属于别族。19世纪，拉脱维亚人进入本地的城市生活，发现城市经济文化生活的主流是日耳曼人；立陶宛人的城市里则是波兰人唱主角；还有一些民族在经济和文化上要仰仗犹太人、亚美尼亚人等更发达的族群，而在政治上又臣服于俄罗斯族。[247]

这种多层次的民族附属关系造成的结果是，低层族群的愤恨不满不直接针对俄罗斯族，而是指向其他种族，如格鲁吉亚人对亚美尼亚人。[248] 因此，在1991年苏联解体后，虽然各民族脱离苏联控制取得独立，但民族争端没有减少，新独立的国家爆发出新的民族暴力和战争。

从沙皇到苏联时期，有一种现象能充分说明外国人对本地人的控制：各个受统治民族长期以来都只在自己故乡的城市中占人口的少数。这又让人想起几百年前的东欧。举例来说，1871年，拉脱维亚族只占其首府里加人口的24%。[249]1897年，乌克兰的各大城市中只有28%的人是乌克兰族，在格鲁吉亚这个数字是33%。[250] 甚至直到1918年，白俄罗斯仍有高达97%的城市居民不是白俄罗斯族。[251]

无论是在沙皇时代还是在苏联时期，在各个本地民族那里施行的策略都会随着时间和地点的变化而变化。贯穿始终的一个关键问题是，要不要以及在多大程度上将被征服民族融入俄罗斯文化。如果本地民族的文化本来与俄罗斯相似，比如同属斯拉夫人种的乌克兰和白俄罗斯，同化是更好的选择；而中亚各民族文化差别迥异，就不用去同化了。正因如此，虽然沙俄在欧洲部分官方遵奉东正教，但叶卡捷琳娜二世仍然在中亚民族中推行伊斯兰教，希望他们能笃信宗教，认为相较于推广已经扎根民间的伊斯兰教，让这里的人们改信基督教难度太大。但是这类决策会随着时间和地点的变化而变化，特别是遇到沙皇更迭甚或同一位沙皇改变主意时。苏联时期也是这样，列宁对非俄罗斯族的各民族采取怀柔政策，但到了斯大林执政时期又改回了过去殖民统治少数民族的做法。不过颇具讽刺意味的是，斯大林本人也不是俄罗斯族。

虽然苏联时期的官方意识形态宣称各民族一律平等，也在民族文化自治和带领非欧洲民族工业化等方面采取了一些切实举措，但收效普遍不大。截至1932年，在顿涅茨盆地工业区工作的5万名鞑靼人中没有出过一位工程师或技术员。[252] 半个世纪后，中亚民族仍然是劳动大军中的低技能群体。[253] 苏联发现，培养当地产业技术工人和受教育精英群体需要的时间太长，且成本太高，因此效仿别国此前的做法，越来越依靠外部移民来填补当地缺少的技能和人才。[254]

搬到苏联各加盟共和国定居或侨居的俄罗斯人不能代表全族的素质面貌，他们往往比俄罗斯共和国的普通人以及迁居地共和国人口的受教育水平高很多。[255] 这就构成了大规模的人力资本转移，也扩大了莫斯科政权的权力与控制力。而且，这些俄罗斯人并非都是祖籍俄罗斯。1979年的人口调查显示，约400万非俄罗斯血统的人选择自己的民族为"俄罗斯族"，他们在实际工作和生活中大约也是如此。[256] 被统治民众改换身份认同自己为统治民族的一员，在其他帝国中也是一种常见的现象。

在斯大林时期，出于经济效率和政治控制的考虑，少数民族的文化和政治自治越来越受限制。从此逐渐地，特别是自20世纪20年代末至30年代初工业化开始以来，俄罗斯族越发在现实生活中占据主导地位，全苏联各民族形式上的平等遭到一定破坏。所有少数民族学校都必须学习俄语[257]，很多传统上使用拉丁字母和阿拉伯字母的少数民族文字被改为俄语的西里尔字母体系。[258] 苏联历史学家开始为沙皇时期俄罗斯族对其他民族的征服进行"平反"，而其他民族的爱国英雄形象、歌谣、文学作品等被低调处理，甚至被遏制。[259] 不过，这算不上民族压迫最严酷的方式。在解决民族问题和其他一些问题的政策中，一些恐怖手段也被用到。

在苏联时期的波罗的海三国，数千人遭到杀害。20世纪80年代，白俄罗斯发现了20世纪30年代斯大林清党杀人形成的群葬坑。二战期间，苏联以莫须有的"不忠诚"之名，将伏尔加河流域的日耳曼人和鞑靼人等全体流放至内陆。20世纪30年代乌克兰的人祸大饥荒造成数百万人死亡。二战时，苏联人还对东欧被征服领土上的精英进行系统性的迫害，在卡廷森林等地屠杀了1.4万多名波兰军官。[260] 而在波兰境内被逮捕和驱逐的人数更是有几十万，甚至超过100万。即使在波罗的海沿岸的小国，被驱逐的人口也高达几十万，主要都是有反叛潜质的精英。[261] 在苏联官方的鼓励下，反犹太主义一度抬头[262]，以"城市流浪汉"清理或其他好听的名目为借口。

1953年斯大林去世，对非俄罗斯族的一些最恶劣的歧视与迫害随之终结，也让非俄罗斯族获得了一些实质性的文化自治和进入精英职业的可能性。1953年，苏共中央全会宣布，各加盟共和国的第一书记应由出生在本共和国的人士担任，而非"莫斯科中央派驻的俄罗斯族"。各加盟共和国发生政治变革，推举更多的本地人进入当地政坛。[263] 其中乌克兰发生的变化尤其引人注目：1953年以前，从未有过乌克兰族担任当地共产党的最高领导人，不过从1955年到1972年，政治局多于十分之九的成员都是乌克兰族。[264] 那些二战期间被全体驱逐而背井离乡的民族，也获准重返故土。[265]

上述变革中不乏起到重要作用的，但也有不少只是做做样子。每个加盟共和国名义上的最高长官即共产党的第一书记后来多由加盟共和国当地民族担任，但第二书记多数还是俄罗斯族。虽然第一书记位置更显赫，但是第二书记是实际负责制定党的政策的人，因此前者更多只是承担行政职责，实际权势更低一些。[266] 第一书记一般只在本加盟共和国从政，但第二书记却可以作为中央政府派员在苏联全国调动。这样一来，虽然第一书记在一个岗位上工作的时间较长，但一旦出现问题，他们会在人事清洗中最先被牺牲掉。[267]

政策随时间的流逝在不断演化，但演化的大方向是在 20 世纪 70 年代末各地变得几乎一致的模式：第一书记由各加盟共和国本地民族担任，第二书记由俄罗斯族担任。1954 年至 1976 年，第一书记有 69% 由各加盟共和国本地民族担任，而第二书记有 61% 由俄罗斯族出任。[268] 非俄罗斯族的第二书记也不见得是当地民族，1976 年全苏联只有一位由本地民族人士出任的加盟共和国第二书记。[269]

在苏联中央政府中，各少数民族出任官员的比例取决于该职位是实权职位还是象征性职位。在议会机构"最高苏维埃"中，各少数民族都有充分的代表，不过在集权体制下，"最高苏维埃"还远不是"最高"权力机构。在最高苏维埃中，非斯拉夫民族的比例其实反而高于其人口比例，占有 40% 的议席，但他们在全国人口中的占比只有 26%。但是最高苏维埃中央委员会和部长会议几乎都由斯拉夫人领导，经济计划部门和安全部队等也是如此。[270] 苏共的中央委员会和书记处更是斯拉夫人占绝大多数。[271] 1973 年，苏共中央书记处书记几乎全部是俄罗斯族。[272] 赫鲁晓夫执政期间，政府曾争取让非俄罗斯族进入中央政府的领导职位，但进入 20 世纪 80 年代以后，又恢复到斯大林时代俄罗斯族在党的领导席位上占绝对多数的状况。到 1980 年，在苏共中央担任最高的 150 个领导职位的，除了三人都是斯拉夫人。[273]

在军队中，从 1940 年到 1970 年 30 年间授衔的将军有大约 91% 是斯拉夫人。[274] 到 1982 年，苏联军官超过 80% 是俄罗斯族，再算上其他斯拉夫民族超过 90%。[275] 而兵士中则有一半以上是乌克兰人。[276] 到了戈尔巴乔夫时代，这种格局也没有改变，将军中有 98% 是斯拉夫人，包括 85% 的俄罗斯族、10% 的乌克兰族和 3% 的白俄罗斯族。[277] 在俄罗斯以外的苏联地区，企业和项目的领导也多是俄罗斯族。各加盟共和国秘密警察"克格勃"同样大多由俄罗斯族领导。居住在各少数民族加盟共和国的俄罗斯族往往在当地的苏共体制中担任重要角色，反过来，少数民族除了在本地加盟共和国任职，很少进入党的机要岗位。[278]

苏联时代的民族人口分布格局是：俄罗斯族扩散到各加盟共和国中，但其他加盟共和国的民族多数还聚居在本地。1959年，俄罗斯族占乌克兰人口的五分之一，占吉尔吉斯斯坦人口的四分之一，占拉脱维亚人口的近三分之一，占哈萨克斯坦人口的40%以上。[279]位于中亚的哈萨克斯坦首都，地理上距离中国和印度都比距离莫斯科更近，但居民中70%是俄罗斯族。[280]俄语随之传播开来，少数民族人口中使用俄语为母语或第一外语的比例在1970年为48%，1979年上升至62%。[281]但俄罗斯族中只有3%的人会说其他语言，因为他们没有学外语的需求。就算是生活在其他加盟共和国的俄罗斯族，也很少有学习当地民族语言的。例如生活在中亚的几千万俄罗斯族，只有不到10%会说中亚民族的语言。苏联时代爱沙尼亚一所技校的俄罗斯族学生甚至以公开宣称自己完全不会爱沙尼亚语为荣。[282]

1989年的人口调查显示，苏联某些少数民族的地理集中度比1926年更高了[283]，正是自那时起，斯大林开始了对经济和社会的改造，直到二战爆发前，这种改造使得很多民族人口的集中度不断下降。[284]战后发生了各民族人口聚集的回流，因此有些民族在1989年时的集中度达到比1897年沙皇统治时期更高的水平。[285]1926年47%的亚美尼亚族人生活在亚美尼亚，到1989年这一数字为67%。1926年83%的土库曼族生活在土库曼斯坦，1989年上升至93%。不过，民族地理集中度如此大幅提高毕竟少见，更多是几个百分点的上下浮动。[286]不管怎样，有些民族坚持世代生活在自己的故乡，例如波罗的海三国的民族集中度达到90%以上，这与苏联官方宣传的"同一个苏联民族"形成了鲜明的对比。这些少数民族完全没有发生像美国等多民族国家少数族裔那样的扩散流动。

在苏联时代的最后 10 年，地方领袖的力量壮大，各加盟共和国的民族主义情绪兴起，纷纷出台了各种面向本地优势民族的优惠照顾政策，特别是在就业和大学录取等方面。[287] 这些优待政策激励了生活在本民族共和国之外的人们重返故乡，跨族通婚的后代也按政策取向选择自己的民族成分。20 世纪 80 年代还发生了俄罗斯族离开少数民族共和国的大潮，一方面是当地对本地民族的优待政策使然，另一方面是地方民族情绪高涨，间或出现反俄罗斯族动向。

决定民族成分的当然不只有地理位置，还有文化认同。截至 1979 年，99% 的土库曼族人以本民族语言为母语，四分之三的白俄罗斯人，五分之四的乌克兰人，以及超 90% 的亚美尼亚人、立陶宛人、格鲁吉亚人、哈萨克人、乌兹别克人等都说本民族语言。在 1979 年的人口调查中，这些结果相较于 20 年前基本上没有变化，1989 年苏联最后一次人口调查结果也还是这样。[288] 虽然面临着文化同化的压力，各民族在地理区域和语言上的差异仍然很显著，有的还被强化了。[289]

到戈尔巴乔夫执政末期，苏联作为统一联盟前路不明，在其他民族加盟共和国生活的大量俄罗斯族的前途命运成了当地领导人和俄罗斯族自己的心头之患。1991 年进行的一项调查显示，在所有少数民族加盟共和国中，没有一国有三分之一以上的俄罗斯族愿意自我认同为该国的公民。而调查覆盖的 10 个加盟共和国，9 个有超过四分之一的俄罗斯族认为逃离潮"可能"或"很可能"发生，在其中 3 个加盟共和国，持这种预期的人甚至占了大多数。[290] 在中亚各加盟共和国，对逃离潮的担忧尤其突出，因为当地的先进技术和管理经验主要掌握在俄罗斯族手中。

乌克兰

"乌克兰"这个名字的本意是"边疆"。从沙皇时代到苏联时期，作为"边疆"的地理特征一直塑造着这片辽阔土地的面貌。几百年间，周边邻国相继打进来占领乌克兰的土地：北欧斯堪的纳维亚人、波兰人、立陶宛人、奥地利人、土耳其人，当然还有俄罗斯人，都曾在不同时期占领过乌克兰的部分或全部，乌克兰人在历史上大部分时间都屈服于征服民族。但另一方面，他们也是强大的斯拉夫主体民族的一部分，从沙皇到苏联时期都有文化和政治优势地位。历代沙皇把乌克兰人称作"小俄罗斯人"，而把沙俄帝国的核心民族叫作"大俄罗斯人"。乌克兰独立后，不再是谁的边疆，因此去掉了名字"the Ukraine"中的定冠词"the"，"乌克兰"一词实际含义也从"边疆"变成了一个专有地名。

以国土面积论，乌克兰比西欧各国都大，而以 1990 年时的人口论，西欧各国中只有英国、法国和联邦德国的人口超过了乌克兰。当时乌克兰有 5 200 万人，其中乌克兰族占 72%，俄罗斯族占 22%。乌克兰自然资源丰富，长期以来还是俄罗斯及沙俄其他地方的主要粮食产地。到苏联解体前夕，乌克兰供应了整个苏联四分之一的谷物、四分之一的牛肉、三分之一的蔬菜和一半的砂糖。[291] 在苏联各加盟共和国中，人口比乌克兰多的只有俄罗斯。[292]

历史上，乌克兰没有统一的国家是常态，偶尔的统一时期反而是个别，而既统一又独立的乌克兰更是罕见且短暂。公元 9 世纪至 11 世纪的基辅罗斯国由今天乌克兰人的祖先以及俄罗斯人和白俄罗斯人构成，但后来一部分乌克兰人分裂出去，一些人建立了独立的公国，还有一些地域被周边国家吞并。13 世纪，基辅罗斯被成吉思汗的后代征服。1240 年，蒙古大军踏破今日乌克兰的首都基辅。一个世纪后，立陶宛人又征服了乌克兰，从此这里成了东欧各国争夺冲突的前线。1569 年乌克兰重新统一，却归波兰统治。

在反抗外族统治、争取民族独立的乌克兰抗争者中，最著名的是传奇般的哥萨克骑兵。他们本来出身绿林匪帮、冒险家、游击队等，在 15 世纪反抗波兰统治的斗争中壮大起来。乌克兰人争取独立无果，联合俄罗斯抗击波兰的努力失败了，后来联合波兰抵抗俄罗斯的尝试也告徒劳。到了 18 世纪，俄罗斯和波兰反而瓜分了乌克兰。在乌克兰各地，哥萨克骑兵掀起了不懈的反抗斗争，抗争之猛烈迫使波兰人三次从俄国搬救兵。最终到 18 世纪下半叶，俄国境内的乌克兰哥萨克人被击溃，而波兰自身发生了分裂，其中原属乌克兰的地方大部分并入俄国，唯一的例外是加利西亚地区归属了奥地利。[293]

俄国很早就开始了对乌克兰的同化和对乌克兰文化的打压。沙皇于 1720 年发布禁令，要求除了宗教书籍外一切书刊不得以乌克兰语出版，1804 年又禁止以乌克兰语为媒介的教学。[294] 乌克兰人中有地的贵族愿意接受文化同化，但平民大众还保留着自己的民俗文化，19 世纪乌克兰文学、历史和其他文化形式还出现了一次复兴。[295] 沙皇政府逮捕了乌克兰民族主义活动者，还将其领袖流放到中亚 10 年。后又出台新的禁令，禁止乌克兰语出版物，也不准从国外引进乌克兰语作品。同一时期，在沙俄以外的奥地利加利西亚地区，乌克兰语言文化的发展扩大却得到当局的允许。[296]

1905 年俄国革命之后，沙俄政府放宽了此前的限制，20 世纪初乌克兰民族主义重新兴起，国家议会杜马中的乌克兰代表团积极争取更多的文化自由。沙俄政府不但没有满足其要求，反而在一战中借军事占领加利西亚的短暂时期对那里自由宽松的乌克兰文化进行破坏。[297] 1917 年沙皇被推翻，乌克兰人宣布成立自己的自治共和国，仍从属于俄罗斯。但莫斯科的苏维埃政府不予认可，虽然苏共在乌克兰只得到 10% 的支持票，还是组织起了所谓的"全乌克兰议会"，成员几乎清一色是俄罗斯族，且有约四分之三是布尔什维克党人。议会宣布成立乌克兰苏维埃政府，并寻求莫斯科的支持。

应乌克兰方面的请求，1918 年 1 月苏俄军队占领乌克兰，并宣布成立由莫斯科中央政府控制的共产党政府。后来，苏俄军队被以德国为首的同盟国赶出了乌克兰，战败后缔结的《布列斯特－立托夫斯克和约》规定，停战的前提是苏俄必须承认乌克兰独立。然而，后来在一战中同盟国败给了协约国，《布列斯特－立托夫斯克和约》随之被废除，苏俄对乌克兰重新发动了军事行动，混乱的内战一直打到了1919年，苏俄和波兰再次将乌克兰分而占之。20年后，二战爆发之初，苏联和纳粹德国瓜分了波兰，波兰境内的乌克兰地区又转回到苏联手中。

苏联统治乌克兰初期，列宁曾对乌克兰民族主义者采取怀柔绥靖的策略，在保留乌克兰语言文化上做了让步。然而，管理乌克兰的苏共官员中少有乌克兰人，他们没有列宁那般仁慈。直到20世纪20年代中期，在中央政府的干预下，乌克兰的苏共统治者才允许更多的乌克兰族入党和参加政府治理，放宽了使用乌克兰语的限制。随之乌克兰文化出现了一小波复兴，但苏联中央又觉得复兴得太过了。1930年，斯大林开始了对乌克兰的第一次大清洗，拉开了后来在苏联各地开展清洗的序幕。曾在1930年出版过著作的259位乌克兰语作家，到1938年只有36人还能继续发表作品。1934年被选入苏共中央委员会的共有115名乌克兰代表，到1938年只剩下三位。[298]

不过，这些清洗还比不上20世纪30年代发生在乌克兰的大饥荒。斯大林的农业合作化运动导致农业生产难以为继，乌克兰农民开始消极抵抗和武装抗争。造成这场大饥荒的主要因素包括：（1）苏联政府无情地榨取农业产品，甚至不给农民留口粮，有时连来年的种子都不剩下；（2）虽然俄罗斯盛产粮食，但乌克兰与俄罗斯的边境禁止进出口。1930年至1933年的大饥荒席卷了苏联大部分地区，造成数百万人死亡，而乌克兰的情况尤为严重。饿死人的现象大多发生在乌克兰境内和高加索北部的乌克兰人聚居区。[299]

饥饿与绝望中的乌克兰人开始吃猫狗、老鼠、秕草、蚯蚓甚至死人等一切东西。还有人为了吃饭而起来以个人或集体的力量反抗苏联军队，往往付出了生命的代价。当时在农民中饿死人非常普遍，以至每天都有收尸车到大街上、住户家中和郊外收尸，有些地方一天甚至要收两次。这么多的饿殍无法逐个安葬，于是出现了大量乱葬坑。据估计，大饥荒期间乌克兰饿死的人有 500 万之众。[300]

饥荒的背后不仅有经济运转低效和政治冷漠的原因，还伴随着彻底的、严酷的恐怖治理。饥荒后，当局对乌克兰政界和知识界进行大规模的清洗和处决，都昭示了要彻底剿灭乌克兰一切形式的反抗的政策取向。政策不但一手造成了饥荒，还带来了灾难、恐惧和暴行，这又为随后的大清洗提供了借口，方便把地方官员抓来做灾荒的替罪羊。而事实上，恰恰是这些被清洗的乌克兰苏共官员从一开始就给中央拉响警报，认为给乌克兰下达的农业指标过重，农民就算饿死也完成不了。即便是饿死了几百万人，查抄走了每一粒存粮，起初设定的缴粮目标也从未完成。不过莫斯科的中央政府确实完成了另一个更重要的目标——粉碎了乌克兰的反对力量，巩固了苏联政权。

苏联这种政策其实是有意为之，最惨烈的饥荒竟然发生在粮食主产区，而这里正是农民反对农业合作化的中心地区，也是乌克兰民族主义的大本营。乌克兰的城市居民同样出现了食物不足的情况，但没有像农村饿死人那么严重，为防范农民进城，乌克兰采取了严格的措施，其森严程度不亚于防范乌克兰人到俄罗斯去讨粮食。在此情形下，苏联政府居然还拒绝了外国的援助，并矢口否认乌克兰发生了饥荒。当时一位苏联官员在跟另一位苏共干部的交谈中总结道：

> 农民正在同我们的体制进行你死我活的残酷斗争。今年是检验我们力量和韧劲的一年，有这么一场饥荒才能让他们知道得服从谁。饥荒是饿死了几百万人，但集体农庄制度还是要继续下去。我们会打赢这一仗。[301]

多年来，通过在乌克兰搞出各种骇人听闻的事件和政策的变化，乌克兰语言被慢慢侵蚀了。1936年，乌克兰86%的学生在有乌克兰语教育的学校就学，到1973年，这个比例降到了60%。40%的学校以俄语为媒介教学，比乌克兰的俄罗斯族人口比例高了一倍。同样的趋势也体现在乌克兰的科学文献发表上。1946年，乌克兰发表的大部分科学文献用乌克兰语写成，但短短4年后，以俄语发表的文献数量就超过了乌克兰语，到了1975年，新发表的俄语科技文献数量达到了乌克兰语的4倍。[302]

乌克兰人发起了多种形式的抗争，从组建非正式的文化团体到以非暴力的地下组织争取独立。在苏联的劳改集中营中，约40%的政治犯是乌克兰人，他们组织领导了集中营中的很多斗争和抗议活动。然而，抗争者主要是知识分子，鲜有工人阶级。[303] 直到乌克兰独立后，学校中接受俄语教育的学生数量仍然与乌克兰语教育的数量大体相当。[304]

在苏联时期，乌克兰文化在佩特罗·谢列斯特任期有最为宽松的环境。谢列斯特于1965年就任乌共第一书记，毫不避讳地对乌克兰民族主义者进行绥靖与合作，允许一定的言论自由。例如，一位乌克兰作家虽然在西方出版了批评俄罗斯人对待乌克兰人不公的书籍，却没有遭到单位开除。1972年谢列斯特下台，被官方批为搞"地方民族主义"和"民族狭隘思想"[305]，显示出苏共高层的容忍度是有限的。随后，乌克兰民族主义者抗议示威，纵火和被逮捕的案件越来越多。[306] 对下台的谢列斯特的批判中有一条说他的历史观有问题，理由是他没有认识到沙皇征服乌克兰人归根结底对乌克兰人是有利的。[307] 像这样的文化问题政治化有很多表现，比如有些乌克兰文化的表达形式在莫斯科和列宁格勒可以允许，但在乌克兰本地却被禁止[308]，原因是在俄罗斯族受众中这不会点燃民族主义的燎原之火。

1991年8月24日乌克兰宣布独立，结束了长达数百年的外族统治，特别是俄罗斯人的压迫。乌克兰独立带给俄罗斯人的震撼比苏联任何一个加盟共和国的独立都要大，部分原因是俄乌两个民族间历史、民族、文化上的种种联系。就算乌克兰已经独立，其文化生活中还是与俄罗斯有很多本质上的相通之处。[309]

中亚

在沙皇俄国和苏联中，与斯拉夫主体民族差别最大的要数中亚各民族，差别体现在民族、宗教、语言、人口、地理、历史等各个方面。

中亚地区土地广袤，面积比整个西欧还大，生活在这里的土耳其人历史上过着游牧生活，大多是穆斯林。而中亚贫瘠的土壤远不足以支撑西欧那么高的人口密度，因此这里人烟广布但十分稀薄。不过中亚的全部人口加在一起也很庞大，1989 年为 4 900 万人，占全苏联人口的六分之一左右。[310] 这 4 900 万人中，约 3 300 万是土生土长的中亚人[311]，其余主要是俄罗斯人和其他大量迁入中亚的移民，除此之外，还有日耳曼人、鞑靼人，以及二战期间强迁过来的一些人，防止他们和以德国为首的轴心国内外勾结。俄罗斯人治下中亚各地的人口构成变化可以参考哈萨克斯坦的情况：19 世纪中期哈萨克族占哈萨克斯坦人口的 91%，1926 年降到 57%，到 1962 年进一步降至 29%，1989 年苏联解体前夕回升至 40%。在沙皇时代和苏联时期都有俄罗斯人占据哈萨克最好的土地，还推行破坏当地生活方式的政策，这导致哈萨克族在绝对数量上的萎缩。[312]

若干世纪以前，中亚曾是丝绸之路上连接欧亚贸易的重要节点，当年成吉思汗在欧亚大陆腹地建起世界上最大的陆上帝国，这里也处在中心。但在后来的几百年里，这里无论是在经济、军事上，还是在政治上，都成了落后之地。地理发现开辟了欧洲前往亚洲的海上路线，虽然在开凿苏伊士运河以前这条海路要绕过整个非洲和印度，但因为海运成本大大低于陆运，丝绸之路自此不再是从前那样辉煌的商路了。后来有了苏伊士运河和工业革命，中亚进一步沦为世界发展的边缘地带。

在军事方面，由于火药技术的发展特别是火炮的发明，千百年来骑马征战的作战优势不再，那种铁骑大军冲出中亚横扫远东、中东和东欧，让人闻风丧胆的局面一去不复返了。曾经征服中国、统治俄国的中亚民族到头来反被中国和俄国统治。19 世纪，沙俄控制了中亚，到 20 世纪 20 年代，斯大林的共产党开始将中亚分而治之，形成了哈萨克斯坦、土库曼斯坦、乌兹别克斯坦、塔吉克斯坦、吉尔吉斯斯坦 5 个加盟共和国。苏共对中亚做了全局性的改造，但他们对中亚各民族的了解和认识非常有限，比如列宁从未亲自到过广大的中亚地区。[313]

从沙皇时代到苏联时期，俄罗斯族络绎不绝地迁入中亚，打乱了这里传统的生活方式，并控制了政治。从此，中亚人赖以生存的牧群能使用的草场越来越少，俄罗斯人占去了土地，在经济上也改弦更张。恰巧此时美国发生南北战争，导致欧洲棉花断供，中亚随之扩大了棉花种植规模，生产水平也提高了，后来直到 20 世纪末都是沙俄和苏联的主要棉花产地。[314]然而，这一系列的农业调整对环境产生了严重的影响。到 1990 年，由于种植各种庄稼大量取水，咸海的水面面积已经不足原来的一半，水量更是减少了一大半。[315]

如果说沙皇统治对中亚的传统社会造成了破坏，那么苏共的统治可以说是带来了重创。俄国十月革命后的内战对中亚人民的生命和牲畜都造成了巨大损害。从 1917 年至 1920 年短短几年间，牲畜数量骤降一半。[316]而 1921—1922 年的饥荒仅在哈萨克斯坦一地就造成了近 100 万人死亡。[317]斯大林在 20 世纪 20 年代末开展的农业合作化，同样对人畜生命造成毁灭性的伤害。

在中亚搞农业合作化就要强迫游牧民族定居下来，这造成本来

第四章 斯拉夫人 　　221

需要大面积草场游牧的牲畜难以为生。1929年，绵羊和山羊的总数在2 700多万头，到1934年下降至不到300万头；同一时期，马匹数量从400多万降至不到250万。人口方面，哈萨克族人口从1926年至1939年减少了近90万，其中有些在反抗合作化的过程中被害，有些没挺过大饥荒，还有一些逃到了中国和阿富汗。[318] 哈萨克族是各民族中受害最深的，此间大部分死亡都是由于饥荒或饥荒导致的疾病。[319]

中亚几个加盟共和国国界的划分，只是很粗略地反映了民族和语言的分界线，各个加盟共和国都有很多他族聚居的飞地。例如在土库曼斯坦有大量的乌兹别克族，在乌兹别克斯坦也有大量的哈萨克族居住。甚至曾有一段时期，在乌兹别克斯坦首都塔什干周边，哈萨克族占了居民的多数。[320] 中亚加盟共和国的国界划分确实造成了很多民族在政治和文化上被迫结合。除了国界问题，中亚各地还遍布着大大小小非本地优势民族聚居的飞地，也有大量的斯拉夫人迁入，以俄罗斯族为主。

苏联政府最关注的事业有教育、城市化和工业化。然而，多年来上述指标在中亚地区的大幅提升却没能给中亚各民族带来教育水平、城市生活和工业化水平的同等提升。相反，这里的现代化发展主要是由大量迁入的斯拉夫人带动的。其中最极端的例子就是哈萨克斯坦，从20世纪60年代到80年代，迁入的俄罗斯族数量甚至超过了当地的哈萨克族。[321] 直到1989年，由于哈萨克族生育率较高以及俄罗斯族迁出等原因，哈萨克族才重新成为当地人口最多的民族，却也不过占人口的39.7%，而俄罗斯族仍然占到37.8%。[322] 俄罗斯族在这里占据优势地位的一个表现是，哈萨克人口中63%能听懂俄语，而生活在哈萨克斯坦能听懂哈萨克语的俄罗斯族却只有不到1%。[323] 在中亚各加盟共和国的城市中，本地民族都不占多数，但在农村地区都是主体民族。

中亚民族低下的经济和政治地位其实可以追溯到沙皇时代。1914

年，土库曼斯坦的低技术产业工人近五分之四是乌兹别克人，而机械化生产的工人中有五分之四以上是俄罗斯人。从 20 世纪 20 年代末到 30 年代初，乌兹别克斯坦规模工业中的从业者只有 7% 是本地民族。大约 10 年后，到纳粹德国入侵苏联之前，这一比例才上升至 23%。[324] 直到 20 世纪 70 年代，乌兹别克族在本国的化工、纺织、机械、拖拉机制造等工业企业中仍然只占明显少数。1979 年，在塔什干的新地铁建设队伍中，本地民族工人数量不到三分之一。[325] 在塔什干机场工作的飞行员只有 10% 是亚洲民族，除了空乘和货运工人，在其他机上和地面工作岗位中，中亚民族只占 14%。[326]

苏联军队里的中亚民族多被派去做建设工程，即使有些中亚民族在先进技术兵种服役，也多是从事技术性较低的工作。对中亚民族士兵的种族歧视和蔑称并不鲜见，其中极少有人被擢拔为军官，到龄后有机会继续服役的也很少见。[327] 很多中亚民族服役所做的事情明显不是军事工种，也不会配发武器，接受不到使用武器的训练。不过，在本地内部的安全维稳力量上，中亚民族倒是占了大头，例如监狱和集中劳改营里的看守管教。在这些岗位上，中亚民族终于有了难得的对俄罗斯族囚犯颐指气使和欺凌压迫的机会，这些人因为手段残忍而臭名昭著。[328]

虽然哈萨克斯坦的中产阶级工作大多为俄罗斯、乌克兰等其他民族把持，但到苏联解体前的几年，哈萨克人还是占到了白领管理阶层的半数，而在蓝领工人中只占很小的比例，技术工种为 3%，非技术工种 11%。[329] 这样，哈萨克人也陷入了那条老路，即落后社会中新兴的教育精英会纷纷在政府官僚体系中谋职，寻求上升通道。

苏联统治的中亚有大量斯拉夫人生活，但跨族通婚在很大程度上仅限于斯拉夫民族之间以及中亚各民族之间。有人统计了近 30 年的通婚情况，中亚的俄罗斯族和哈萨克族人口都数以百万计，却只有 49 宗哈萨克族女子嫁给俄罗斯族男子的案例。[330] 就连中亚各民族之间的通婚也不常见。大部分乌兹别克人（86%）和哈萨克人（94%）会与本民族的人结婚，在人口较少的民族中，塔吉克人的同族婚姻率为77%，土库曼人为91%，吉尔吉斯人为95%。[331] 乌兹别克女子所生的小孩，只有不到2%的父亲是非乌兹别克人。[332]

中亚各民族之间虽然有显著分别，但还是以各种形式体现出社会和文化亲缘。苏联治下的中亚民族如果不生活在自己的加盟共和国，也多生活在中亚别的加盟共和国。[333] 类似地，就算跨族通婚对方也多是另一个中亚民族。[334] 中亚各民族的文化亲缘在国际社会中也有所体现。20世纪70年代驻扎在阿富汗的苏联军队里的中亚士兵，因为民族和文化源流均与阿富汗当地人相似，因此能与他们称兄道弟。[335] 有鉴于此，苏联政府后来用欧洲士兵换下了中亚士兵，这也反映出从沙皇时期以来俄国政府一直不信任军中的中亚人。虽然沙俄在1874年出台"普遍征兵令"，但直到1916年军队急缺兵丁时才真正开始从中亚征兵，不过征兵还是在中亚引发了武装反抗。[336]

中亚各加盟共和国的人口出生率很高，因此人口结构偏年轻，儿童数量庞大。在主要由斯拉夫人构成的俄罗斯、乌克兰、白俄罗斯等加盟共和国，10岁以下儿童占总人口的14%~15%，波罗的海三国的情况与之类似。但在中亚各国，10岁以下儿童占比达22%~30%。俄罗斯族家庭中近三分之二是两口或三口之家，但超过一半的乌兹别克家庭有六口人甚至更多。[337]

斯拉夫人与中亚民族的关系，颇类似于此前几百年欧洲各国人与欧洲以外的第三世界国家的关系。在苏联时期的中亚，斯拉夫人特别是俄罗斯族统领了经济、政治和文化生活的方方面面，主导了中亚的城市化和工业化进程。他们就像文化管道，把欧洲文明的思想、产品、技术、实践等传入中亚，而原来以劫掠奴隶为生的土耳其人这时失去了营生，只能酗酒抽大烟，陷入穷困潦倒。[338]

至于中亚民族在苏联治下生活得怎么样，要看是跟同时代的俄罗斯人比，跟本民族的过去比，还是跟生活在苏联之外的土耳其、伊朗、阿富汗等国的类似民族比。1980 年中亚的人均收入水平与苏联整体相比，低者如塔吉克斯坦，为苏联整体水平的 47%；高者如哈萨克斯坦，为苏联整体水平的 74%。不过比内不足，比外尚且有余，到 20 世纪中期，中亚各加盟共和国的人口死亡率都低于伊朗[339]，包括农村在内的医疗服务覆盖水平更高[340]，接受高等教育的人口比例也高出伊朗几倍。[341] 乌兹别克在 1917 年以前几乎全民是文盲，而到 1958 年，在乌兹别克斯坦接受高等教育的学生中有三分之一是本地民族。[342] 跟阿富汗相比，乌兹别克无论是经济发展、医疗保障还是教育，都处于遥遥领先的地位。[343] 苏联政府还组织周边中东国家到中亚旅游参观。[344] 由此可见，中亚民族因为与技术更发达的社会有所交流，获得了经济发展、医疗和教育等各方面的收益，当然也付出了代价。

苏联解体之后

在波罗的海沿岸聚集着三个小国：立陶宛、拉脱维亚、爱沙尼亚，每个国家的人口都不如纽约多，加在一起也赶不上东京。然而，就是这样的三个小国开启了脱苏独立的进程，导致世界上最大的国家宣告解体。但最终正式签署解体决议的是俄罗斯、乌克兰、白俄罗斯三大斯拉夫的总统，既没有其他十几个加盟共和国参与，也没有苏联的末任总统戈尔巴乔夫参加。

1991 年 12 月 25 日，苏联宣布解体，俄罗斯的帝国时代画上了句号。从此俄罗斯人管理俄罗斯，而在那些过去属于苏联现在取得独立的国家中，还有 2 500 万俄罗斯族成了外国人。"独立国家联合体"于 1992 年 1 月 1 日取代苏联，包含了苏联的大部分加盟共和国，但各国之间的关系以及各国与俄罗斯的关系都与以前大不相同了。剧变给流落他国的俄罗斯人造成了最显著、最严重的痛苦——在曾经被俄罗斯管治的国家，他们成了似乎低人一等的少数民族。

其实在苏联解体前，随着中亚本地保护主义渐盛，给本地民族在就业和大学录取方面越来越多的优惠照顾，斯拉夫人就已经开始逃离了。逃离潮的规模很大，导致一些技术工种出现人才短缺现象，虽然中亚当地人的工作技能在提升，但仍然无法胜任。[345] 仅在1992年一年，离开哈萨克斯坦的俄罗斯人就多达25万。[346]

苏联各加盟共和国的经济发展程度各不相同，不过这似乎并不决定他们的脱苏倾向强烈与否。波罗的海沿岸的拉脱维亚、爱沙尼亚、立陶宛三国在苏联各加盟共和国中经济最发达，而这几个国家也是最早宣布脱苏独立的，还因此招致了经济制裁和军事报复。波罗的海三国还拒绝跟其他加盟共和国一道加入独联体。与之相反，在苏联时期一直属于穷国的中亚各加盟共和国在争取独立上最不积极。在戈尔巴乔夫试图挽回苏联的无谓努力中，他最铁杆的盟友努尔苏丹·纳扎尔巴耶夫就是哈萨克斯坦的总统。[347] 造成这种现象的原因可能在于，包括俄罗斯在内的经济发达的加盟共和国消费量小于生产量，实际上负担了对中亚五国等生产不足消费的穷国的补贴。[348]

苏联解体后，各加盟共和国之间的经济联系仍在不同程度上有所维系，不仅在独联体内部，也包括最早脱苏的波罗的海三国。例如，各国继续流通俄罗斯卢布，直到俄罗斯的通胀失控，央行换发新版卢布，并随意规定新旧卢布的结转汇率，一些加盟共和国才开始发行自己的货币。虽然各国都在开拓新的贸易伙伴，苏联时期生产布局的地区分工以及与之相应的交通网络还继续影响着各加盟共和国之间的贸易格局。然而，各国总是要实现向单一经济体的转型的，在过去的苏共体制下各方虽有协作，但彼此并不熟悉。这就造成各加盟共和国在探索新方式的过程中，人民生活水平出现了大幅下滑。[349]

斯拉夫人的迁徙

　　斯拉夫人的跨大西洋迁徙开始时间远远晚于西欧人。在航海时代，跨大西洋的人员流动多是沿着贸易航路，因此与新大陆之间没有大量贸易的地区也很少有移民流出。后来，随着远洋蒸汽轮船的发明，纯客运轮船也能盈利，移民运输方才从贸易航路上分离出来。如此，生活在东欧、巴尔干半岛以及欧洲地中海沿岸的人们获得了与西欧人同等的进入新大陆的通路。从 1880 年至 1914 年，400 多万人从东欧移民西半球，其中 90% 去了北美。这些移民中近 200 万是犹太人，斯拉夫人则包括 100 多万波兰人以及几十万俄罗斯人和乌克兰人。[350]

　　在东欧出现移民大潮的时代，美国的工人工资比斯拉夫国家高出几倍，加拿大政府也在积极招募移民，许诺在西部大平原上给移民免费的宅基地，去往加拿大的东欧移民多在那里定居下来。[351] 美国成了斯拉夫人乃至全欧洲人移民海外的首选目的地，也有一些斯拉夫社群散落到全球各地，远的如巴西、澳大利亚，近的如法国、德国、英国等。例如，参与 19 世纪澳大利亚淘金潮的，就有波兰人、捷克人和克罗地亚人。[352] 在 20 世纪 20 年代，南斯拉夫移民前往法国、比利时、荷兰等地做矿工。[353] 两次世界大战之间的 20 年，有超过 200 万波兰裔离开家乡，后来返回的只有 90 万人。波兰人流入最多的国家是法国，法国接纳了 62.2 万波兰人，其中约三分之一后来返回了波兰。而迁往德国的约 4.75 万波兰人超过 90% 又回到祖国，德国后来成了波兰人在农忙季节临时帮工的劳务输出地。在同一时期去往美国的约 27.2 万波兰人中，后来返乡的只有不到 1.2 万人。[354]

　　当然，不管是在东欧还是别处，移民都不只是去往海外。20 世纪初期，东欧至少四分之一的成年男子都有过离开出生地外出工作和生活的经历。跨大西洋移民不过是在具备远洋客运条件以后，悠久移民传统的延伸。例如，波兰农民依农时外出务工的情况在欧洲比在美国普遍得多，美国的波兰移民只有约五分之一做了农民，而在德国和拉脱维亚，绝大多数波兰移民都是农民。[355] 此外，向南美移民的数量也很可观，所从事的行业也很不相同。截至20世纪40年代初，移民阿根廷的波兰人有1.1万多人，到巴西的在11.5万至15万人之间。[356] 在1927年至1938年的十多年里，巴西的波兰移民只有10%从事农业，而阿根廷的波兰移民务农的有62%。[357]

从东欧流出的移民很大一部分是逃亡的难民。二战前夕，法国有波兰裔人口近50万，其中在法国出生者不到10%。[358] 二战期间，数以百万计的东欧人被发配到德国充当奴工，到战争结束时，仅波兰奴工的数量就达到了350万。[359] 从战后到修建柏林墙阻拦移民外逃，有250万人逃离民主德国，占其总人口的15%。[360]

二战后，西欧各民族国家纷纷独立，生活水平的差距和其他种种对比，使东欧出现了大规模的移民潮。在二战结束后的5年里，有2 000多万东欧人向西转移[361]，当然这里不仅仅是斯拉夫人。这个数字不包括死在路上的人，以及在东欧内部迁移的人，也不包括被遣送到苏联的150万波兰人。[362]

在19世纪下半叶东欧人开始向外移民的一个世纪里，斯拉夫人到海外以后的命运反映了他们在东欧所掌握的（或者缺乏的）技能水平。在1893年至1903年的10年里，从俄占波兰流出的人口42%是佃农，另外14%是农民，农业劳动方式很落后。[363] 相比之下，生活在普鲁士治下波兰地区的波兰人农业水平先进，还跟德国人一样掌握着某些工业或手工劳动技能。[364] 在移民潮期间来到美国的波兰移民，只有十六分之一的人有某种谋生手艺。不过这些波兰移民倒是出了名地节俭，挣不到几个钱还能从牙缝里省出积蓄，哪怕靠吃"过期的面包和香肠"。[365] 而他们中那些掌握手艺技能的人大多来自普鲁士。[366]

需要专门技能的岗位本来就很少，1927 年至 1938 年，大量波兰人移民其他国家，各地都出现了波兰移民数量比技术岗位多的情况，当时这两者占总人口的比例均不到 10%。[367] 1933 年澳大利亚的人口调查显示，在澳工作的绝大部分克罗地亚人从事不需要技能的体力工种[368]，同一时期绝大部分在澳的捷克人也是低技术劳力或农民。[369] 到了二战以后，大部分乌克兰移民还在从事非技术和半技术工作。[370]

东欧移民潮的一个世纪在历史长河中不过是短暂的一瞬，但上述格局也并非一成不变。在捷克移民大批出海的 60 多年里，早期大部分移民都是农民，到后来就是手艺人居多了。[371] 一项对生活在明尼阿波利斯的喀尔巴阡卢森尼亚（今乌克兰西部一个州的旧称）男性移民的研究表明，第一代移民中无一技之长者占 55%，到第二代只占 10%，第三代进一步降至 3%。[372] 到 1980 年，生活在美国的东欧移民整体收入比其他白人还要高，受教育年限也更长。

这体现出这一群体城市化程度更高、年龄偏大的实际因素，不过从中还是可以看出几代人之后发生的巨大变化。出生在 1905 年至 1914 年间的东欧人有 22% 从事专业技术或管理工作，而出生在 1935 年至 1944 年间的人这一比例达到 45%。1980 年，生活在美国的所有东欧裔男子，30% 从事管理和专业技术工作，具体到不同民族，低者如斯洛伐克人为 20%，高者如俄罗斯人达 48%。在女性中，25% 从事上述工作，低者如斯洛伐克人为 18%，高者如俄罗斯人达 37%。[373] 在斯拉夫裔美国人群体中，人力资本指标的大幅改善不仅说明他们抓住了美国的各种机会，也反映了斯拉夫人和斯拉夫国家整体的进步。

总结与引申

与英国的历史不无类似，斯拉夫人的历史也揭示了人力资本尤其是人力资本流动的重要性。在中世纪的欧洲，斯拉夫人本是原始的不识字的部落民族，发展到今天不仅普及了文化，而且拥有世界级的文学作品，还借助来自西欧和美国的文化输入，融入了现代世界的工商业经济。这些来自西欧文明的影响既有实物如犁铧、铸币、印刷机等，也有知识、文字和思想。

千百年来，日耳曼德国人在非斯拉夫民族中一枝独秀，在以斯拉夫人为主体的东欧和巴尔干地区扮演了从事工商业的重要角色，对这里的现代化发展起了关键作用。作为外来民族，他们不仅从无到有地帮助很多斯拉夫国家建立了工商业经济，还授人以渔地在斯拉夫人中培育了工商业的经验和技能，普鲁士波兰人和波希米亚捷克人的情况就是明证。历史上的这种分工一方面让日耳曼人在斯拉夫人中享有各方面的优越性[374]，另一方面也给日耳曼人招来了仇恨，偶尔还会升级为暴力：从1312年的克拉科夫叛乱，到19世纪波希米亚的多次暴动，再到二战后东欧和巴尔干地区对日耳曼平民的杀戮和大规模驱逐，都是例证。对带来先进人力资本的外族有这种矛盾心态不仅仅体现在斯拉夫人身上，印度人对英国人，西班牙人对犹太人，东非人对印度人，东南亚人对华人……很多国家的很多民族都曾如此。斯拉夫人仇视的富裕外族也不限于日耳曼人，东欧还是现代世界反犹太主义情绪最盛的地区之一。

在几个世纪的历史发展中，斯拉夫民族也走出了具有世界影响的数学家、科学家、艺术家等，还出现了一些举世公认的天才，例如19世纪俄国的一些著名小说家。不过与此同时，普通大众还远远没有扫除文盲，国家经济也没有实现工商业化，政治自由和治理稳定在很多地方都还只是奢求。在政治民主、经济发达的国家，集体成就、经济经验、与时俱进的传统等都构成了人力资本的基础，对推动经济和政治发展不可或缺。但在东欧和巴尔干地区，虽然不同领域出现了一些天才人物，却在很长一段时间里仍然缺乏这样的人力资本基础。大学成批地培养毕业生，但代替不了那种通过经历经验培养起来的人力资本。相反，很多人拥有大学学位却没有实用技能，反而加剧了欧洲各斯拉夫国家的官僚主义和政治不稳定。

现代东欧各国的政治制度在很多方面借鉴了西欧国家，例如捷克的宪法就与英国的很相似。[375] 然而，保障这些制度顺利运转的历史和传统是借鉴不了的。在中东欧这个经历了战后民族分裂、积怨深重的地区，很多国家一下子就采取议会制度实际上无法发挥作用。在一些国家还多有以民族身份结成的小党派，互相结合成统治集团轮番登场，造成忽左忽右的起落局面，法律和政策的稳定更是无从谈起。有些国家经济贫弱，获得公共财政权是绝好的致富手段，因此政治常常演化为对权力的激烈争夺，变成以一敌众的缠斗闹剧。还有些国家没有自由政府，也没有自由政府所应有的自律传统，媒体充满戾气，与街头的政治暴力遥相呼应。例如在南斯拉夫，议会辩论期间竟然会发生交火，某党派领袖在一次交火中竟然死于流弹。[376]

既然如此，到一战结束二战开始之前，议会制政府已经在中东欧的很多国家失去了市场，在波兰、匈牙利、南斯拉夫、罗马尼亚、保加利亚等国，议会制政府要么被政变颠覆，要么让位给了专制统治。[377] 在俄国，自由议会政府更是昙花一现，从之前几百年的沙皇专制结束，到后来70多年的苏共统治，议会制政府只维持了不到一年的时间。这一时期对欧洲以及美澳等欧洲裔海外社会之民主传统的最大挑战，来自苏联的治理体制及其在全世界的意识形态盟友，但是其意识形态的核心理论马克思主义却是从西欧传入东欧的。

即便有苏联的极权统治，民族分裂、民族主义盛行的情况也还存在，与东欧和巴尔干各地曾经的乱局浩劫类似。从1917年十月革命到二战期间，再到20世纪末苏联衰落，不少地方都争取到了脱苏独立。而只有在前两个时期，苏联红军得以通过武装干预收复了脱苏地区。

不同民族效忠国家的程度各不相同，从沙皇时代到苏联时期一直

第四章 斯拉夫人

如此。一些被苏联收服的小部落社会很顺利就接受了征服者较先进的文化，还有像来自中国、奥斯曼帝国、伊朗等地的小移民群体和寻求庇护的难民，同样也是忠于苏联的一员，即使他们还保留着本民族的文化。[378] 与此同时，其他民族却在以不同的方式做出抗争，从非暴力不合作运动到武装反抗，就算代价沉重也从未止步。

至于不同地方对俄国霸权的接受程度，很难说只取决于民族或文化亲缘的界限，甚至可以说基本上不是按这些区别来的。在民族源流和语言上，乌克兰人比亚美尼亚人跟俄罗斯人更近，但亚美尼亚人更容易接受俄罗斯人的统治，这可能是因为在坎坷的历史经验中，他们没有很多别的可行的制度。同一个民族的忠心程度也会随时间的流逝而变化。在一战中曾有日耳曼人效忠俄国参加对德国侵略者的反击，但到二战中他们就站到了纳粹德国的一方。民族完全不同的鞑靼人，也站到纳粹一方与苏联对抗。所以，影响不同民族立场的，不是民族或文化上的亲缘远近，更多是苏联的政策，特别是集体合作化政策带来的后果。

要对异族征服的后果和净影响做出历史评估非常困难，对沙俄和苏联也概莫能外。从苏格兰高地到非洲，无论在何时何地，绥靖政策都有巨大的好处，在沙皇时代和苏联时期也一样。一位既不支持沙俄也不支持苏联的著名学者这样说过："在俄罗斯进入阿塞拜疆以前，当地处于封建无政府状态，是俄国人带来了泛高加索地区数百年未曾有过的和平与秩序。"[379]

在沙皇俄国及后来苏联的一些地区，出现了西方帝国殖民统治的典型局面：物质上发展繁荣，政治和精神上却遭受压迫，矿产和农产品等原材料得到开发利用，还建起了现代技术的工厂，大部分由欧洲人运作。在这些方面，中亚是显著的例子。不过，苏联也有一些地区原本就比俄罗斯征服者的经济文化更发达，后来也一直是这样。例如，苏联统治时期爱沙尼亚和拉脱维亚的人均收入大约比俄罗斯高出三分之一。[380] 一些帝国主义研究理论指出，通过剥削征服民族，帝国殖民者的经济才发展得更好。但我们也看到在较贫穷的中亚，财富实际上也流向了中亚各国。

帝国殖民者与被征服民族关系的各种形态在苏联的各加盟共和国中都能找到。虽然沙皇和苏共在很多方面与欧洲列强不无类似，但苏联的特殊之处在于，其国家版图是在二战后才扩张起来的，此时正值别的欧洲帝国式微或消亡，世界各地殖民地纷纷独立之际。苏联对其他国家的影响力和控制力不见减弱反而与日俱增，这不仅体现在东欧各地和阿富汗身上，也体现在一些海外附属国如古巴、埃塞俄比亚的身上。俄罗斯人的势力范围不仅包括以俄罗斯人为主体的整个苏联，还延伸到整个华约组织，而从民族的角度看，俄罗斯人只占华约总人口的三分之一多一点儿。在遍及世界的苏联阵营中，俄罗斯人占比还不到四分之一。[381] 不过，自20世纪80年代末开始，俄罗斯的霸权快速衰落，直至在东欧完全消退，甚至在苏联内部也遭到挑战，这预示着苏联将重蹈其他欧洲帝国的覆辙。

站在历史的视角上，我们不但要问苏联为何会解体，更要问为什么西方帝国殖民主义在别处已经衰落之后，苏联还能存续那么久。强有力的政府控制、无情的人事清洗、大规模的杀戮等都起到了一定的作用。同时，苏联精心营造自己反帝国主义的形象，这一形象广为外界接受并被西方知识界反复强化，从而让苏联免受欧美国家对帝国主义殖民的批判和压力。在国内政策方面，西方不少颇有名望的知识分子也为苏联张目，淡化或否认其失败之处。例如，萧伯纳和曾获普利策奖的《纽约时报》专栏记者沃尔特·杜兰蒂[382] 都曾忽视、淡化甚至全然否定20世纪30年代在乌克兰发生的人为大饥荒。在戈尔巴乔夫任上苏联解体前夕披露出来的事实证据显示，相较于罗伯特·康奎斯特在《悲伤的收获》这本惊人的研究著作中所估计的几百万人，实际死于这场饥荒的人还要更多。正如索尔仁尼琴所说，"西方新闻界

第四章 斯拉夫人

的思想永远容纳不了苏共的全部暴行"。[383]

数百年来,俄国学习借鉴西方文明推动自身发展,也因此成为欧洲经济技术发展成果向中亚和其他落后地区传播的通道。在经济和民众文化素质方面,俄国相较于欧洲是不足的,但相较于欧洲以外的国家又是有余的。19世纪,中亚对俄国制造商品的需求迅速走高,虽然这些商品的价格和质量都无法与欧美货媲美。[384] 欧洲的技术与文化发展带来了面貌的巨大变化,充分显示了同一历史时期不同国家、不同民族生产力的巨大差异。不过人们对这些差异的政治反应往往是仇恨,比如俄罗斯人仇恨推动过本国经济发展的外国人,也仇恨国内比自己过得好的犹太人和日耳曼人,而落后的中亚人也仇恨俄罗斯人。

跟世界上许多地方一样,借鉴其他民族的知识和技能会获得经济收益,也会造成政治乱局,两者之间有持续的张力和冲突。如果文化传播是靠征服完成的,由之产生的仇恨就会尤其突出和持久。苏共的官方意识形态称,无论何族都是"苏联人",但到了20世纪80年代末中央政府的管控放松后,这种说法变成了辛辣的讽刺,苏联治下的格鲁吉亚、阿塞拜疆和中亚各国爆发了种族流血冲突[385],很多人在冲突中丧生[386],苏联不得不派出数千兵力维持统治秩序。而更具讽刺意味的地方在于,当时的苏联把种族、民族、国家的冲突都视作暂时的错位现象,认为可以通过革命予以革除,但实际上,这些现象不但仍然存在,反而反噬了苏联,在其解体中起了推波助澜的重要作用。

看20世纪中东欧斯拉夫人的文化历史,就不能不看苏联的体制,因为苏共在苏联执政70多年,其势力范围影响东欧各国也有40多年。苏共体制带来的一个政治经济后果是,在这种体制下,统治者可以对数千万治下的人口发号施令,安排孰先孰后。因此,苏联领导人不管想达成什么目标,从建设核超级大国,到发展航空航天技术,再到培养奥运冠军等，都可以实现，而不计对东欧人民的生活水平和自由带来多大的成本。

在苏联东欧阵营解体前的几十年里，那里成了世界工业化地区中唯一出现婴儿死亡率上升、成人寿命缩短的地方[387]，环境的退化也比其他工业国家更严重。

东欧剧变后，各国虽然有了更多的自由，但获得自由的程度却各不相同，主要取决于一国此前有没有经历过真正的自由。例如，捷克斯洛伐克能恢复在两次世界大战之间有过的民主政府，而南斯拉夫不但没能建立此前从未有过的民主制度，还堕入了民族内战的兵燹，其惨烈程度自纳粹以来无出其右。这表明，政治因素跟经济因素一样，在一国的人力资本中有很重要的地位，其内容应包括制度化实现自由政府所必需的经验与传统。中东欧在一战后二战前发生的民主政府崩溃，以及初次尝试民主政治的非洲等地在20世纪下半叶发生的民主政府倒台潮，都凸显了这个结论，即政治人力资本虽然无形，但有形资本要靠它发生作用。当然，俄罗斯拥有丰富的自然资源和利用自然资源的科技能力，有如此优厚的基础，国家还是很贫穷，就绕不开可靠的法律体系这一无形机制的重要性了。没有可靠的法制，就无法像法制齐全的国家那样通过发展市场经济实现繁荣。

在20世纪最后一个10年里，苏联阵营的各国纷纷取得或重获独立，各自在本国也在斯拉夫各民族中开创了文化、经济、政治发展的新局面。斯拉夫人率先把人类航天员尤里·加加林送入太空轨道，而20世纪最重大的一次强国解体就发生在苏联身上，这或许更好地说明了斯拉夫人在不同领域取得的天差地别的成绩。

第五章
西半球印第安人

欧洲的疫病和技术在征服中起了关键作用,也瓦解了印第安人原有的文化,从而决定了印第安人的命运走向。

从地质上说，在欧亚大陆先民渡海登岸之前的美洲大陆和现在并无二致。先民登陆让南北美洲成为有人居住的环境，而哥伦布发现新大陆并带来西班牙人之后，又极大地改变了这个环境。欧洲人所面对的新大陆和印第安人所面对的是完全不同的环境，而对欧洲闯入者来说，这里又是跟家乡西班牙和英格兰完全不同的环境。

——爱德华·福克斯[1]

旧大陆的欧、亚、非洲各民族在经济、文化、军事等各方面的成就迥然不同，西半球的众多原住民也是如此。当一些印第安人还在以物易物时，另一些已经能熟练地使用货币，会记账，并发展了成熟的贸易网络。有些印第安部落像中东和中亚民族那样以帐篷为家，另一些却懂得营建楼宇、纪念碑和城市。西班牙征服者在1519年攻入阿兹特克国都特诺奇蒂特兰时，看到的是一座比故乡塞维利亚还大的城市。

在美洲的西南部，欧洲人到达前几百年印第安人就修建起了多层住宅。其中一座宽敞的四层建筑，直到19世纪都是北美最大的住宅楼。[2]玛雅人、印加人、阿兹特克人等都掌握着高超的石材建筑技艺和其他许多建城和耕作技术。当欧洲人发现新大陆时，西半球生长的玉米就是一种被高度驯化的品种，其培育程度之高已经不能在野外自生传种，而需要人为耕作了。[3] 西半球有南北美洲两块大陆，两者都比欧洲要大，因此不能想当然地认为西半球的民族构成没有其他地方那样多元复杂。这里既有在欧洲人到达前就已经发展出复杂城市文明的玛雅人、阿兹特克人、印加人等，也有直到20世纪后期还生活在亚马孙丛林里的原始部落。

西半球原住民的治理形式也千差万别。其中一种极端情形的代表是庞大的印加帝国，由世袭贵族治理，从中选出最高领袖。领袖被奉为神明，甚至直视他的眼睛都要被判处死刑。另一种极端情形是北美的很多原住民部落，首领是按需临时选出的，其权力影响也仅限于部落成员所赋予的范畴。这两种情形之间还有各种不同的治理制度，比如玛雅人的统治者拥有巨大的权力，但每个统治者只能管辖特定的区域。

在欧洲人到来之前，西半球已经有了很多值得称道的技术与智力成就，不过也有不少其他地方习以为常的东西在这里却是闻所未闻的。在发现新大陆以前，欧、亚、非各地已经有数百年冶铁的历史，但西半球从未利用过钢铁。而钢铁正是欧洲人挺进西半球的利器，西班牙人凭借铁质武器盔甲才征服了中南美洲。当欧洲人刚到美洲，只在沿海地带形成脆弱的小社会时，印第安人就非常积极地与之贸易，他们带来的钢铁风靡一时，迅速取代了他们原来用各种材料制成的炊具、刀具等。

在欧洲人到来前，西半球缺少的物品最不可思议的是轱辘，在其他地方，会使用轱辘常被认为是文明发展史上的一大里程碑。不过，轱辘的缺位不是因为思维认识上想象不到，玛雅人给孩子的玩具上其实有圆盘配件[4]，只是在成人的世界里没有实际应用。这里真正缺少的是在欧亚等地让轱辘能派上用场的搭档——能牵引轱辘前进的牲畜。在欧洲人到来以前，南北美洲都没有牛马等驮运牲口。

在哥伦布发现新大陆之前，西半球大部分地区缺少的另一大要素是文字。只有中美洲的玛雅人有过成熟的书写体系，北美的大部分原住民连最初级的文字形式都没有。因此，欧洲人的知识更容易传承积累下来，并获得扩散传播，而西半球大部分原住民只能靠其他方法留存和传播自己的所知，如个人回忆、集体传统、歌谣等。在世界其他地方，这些形式在书写（以及地图、计数等系统化记载知识的方法）出现之后都已变为次要的记载方式。

地理格局

仅从自然地理意义上讲，西半球的山山水水对原住民和对后来的欧洲移民没什么两样。但西半球在欧洲人到来以前完全没有牛、马、羊等牲畜，这让粮食供给的格局大不相同，农业的面貌也很特别，最重要的是这决定了每个印第安人部落、国家、文明能影响到的文化圈的大小。旧大陆上的马匹和骆驼把丝绸之路变成了横贯欧亚大陆万里、连接中国与欧洲的通达大道，西半球完全没有能与之比肩的道路来连通北美大西洋沿岸的易洛魁人和中美洲的阿兹特克人。意大利人能从中国学会制作面条，但易洛魁人无法从阿兹特克人那里得到什么，甚至都不知道他们的存在。

西半球的农业天然地受缺乏畜力驮运的限制，也没有牲畜粪便来育肥保土。因为没有牲畜，陆路显然无法实现长途大量运输。而水路即便有通航条件，也因为到岸之后没有接驳驮运的牲畜而十分受限。早在白人到来之前很久，西半球的印第安人已经能驾小舟进入内陆和沿海的河道，但因为不能用畜力大量运输，建造载重大船既靡费成本，也不符合现实条件。在南美的少数地区，羊驼可做驮运动物，北美的因纽特人和一些大平原的印第安人还用狗拉货物，但这两者的驮运能力跟牛马相比差得太远了。

跟撒哈拉以南非洲的很多地方类似，西半球不仅因为缺少牲畜而限制了运输的载重与距离，更缺乏能让远距离交换经济可行的货品，这类货品必须有浓缩的价值才抵得上高昂的运输成本，比如常用的人力脚夫的成本。例如，大宗粮食在欧洲可以运输上百英里，但在欧洲人带来驮运牲畜前的西半球却不行。即便有些地方有跟西欧一样密集的水路网络，陆上交通的闭塞也限制了可水运的货品。显然，贸易内容与范围的局限也会限制文化交往的内容与范围。

新大陆被发现以前，亚马孙雨林、落基山脉和北美西南部的大沙漠等地理屏障当然也是大规模文化交流的主要障碍，但在整个美洲地区，缺少驮运畜力构成了远距离文化交流的一个更普遍的阻碍。它虽比不上非洲的地理天险，却比欧亚两洲的地理阻隔产生的影响更大。

美洲没有耕牛和马等驮运牲畜，也没有肉牛和羊等放牧牲畜，这造成了另一个后果：很多以这些动物为宿主传染给人类的疾病在这里也不存在。没有疾病当然是好事，但没有疾病也就没有相应的抵抗力，而其中不乏天花等可能造成很大伤害的瘟疫。如果西半球一直没有这些疫病，那么印第安人缺乏抵抗力就不是问题。但在携带了这些病菌的欧洲人到来后，后果就十分严重了，这不仅造成了本地人的染病或死亡，更让南北美洲从印第安人的大陆变成了欧洲入侵者的大陆。因此，最强大的入侵者其实不是侵略者意义上的欧洲人，而是作为这些疾病的宿主的欧洲人，这是欧洲人和印第安人都未曾想到的。

欧亚大陆主要沿东西分布，而西半球的大洲则是南北方向的。农牧业技术的发展在旧大陆能快速传播很远，因为同纬度上的动植物更为近似，而沿南北方向则变化很大。正因如此，水稻栽培才能从亚洲传到欧洲进而传入北美，而香蕉的种植就不能从中美洲传到加拿大。适应了热带气候的动物也无法在南方或北方寒凉的气候中生存，因此狩猎和驯化这些动物的经验即便能传播很远，也只在此类动物生活的地带才有用。西半球的南温带和北温带之间距离太远，因而在哥伦布发现新大陆之前，南北之间的知识经验无法沟通分享。总之，气候作为一种重要的地理条件，限制了西半球原住民的文化圈范畴。

欧洲征服者到来后，西半球的地理环境也发生了一定的变化。欧洲人在明面上带来了大群的新动物，但暗里还携带了新的疾病和欧洲的各项科技。这些新事物改变了当地人的生活，也让欧洲人把自身文化的很多内容带到了美洲。比如，在北美西部的大平原上，印第安人战士骑牛冲锋成了一种新的"传统"；在阿根廷的潘帕斯草原，为西班牙地主放牧牛群的加乌乔人也多是纯血统或混血的印第安人。

西半球有很多天然港口和内河能从海洋深入内陆，在白人侵略者乘坐大船到来后，这种地理便利就有了巨大的经济意义。这些大船虽然由欧洲设计制造，却比本地人的小舟能更好地利用新大陆的地理条件。因此，欧洲人在西半球开发建设最先进的地方不是此前印第安人发展得最充分的地区。最发达的印第安人文明出现在中美洲和安第斯山脉中，而欧洲人开发得最好的是跟西欧地理条件最相似的地方，即拥有天然良港、临海宽阔平坦、河网发达、水深够行驶大船的地方，另外还有工业所需矿藏的所在地。

只有在最狭义的地理概念上，才能说西半球对当地人和欧洲人有相同的地理条件。实际上，植物、动物、病菌等群落环境都发生了根本变化，陆地和水中也多了很多新情况，欧洲传来的技术同样带来了自然环境变化的新可能。这些技术不仅来自欧洲，因为欧亚大陆的地理便利，欧洲人带到西半球的文化要素可能来自距欧洲很远的地方，但也能被融合为文明的一部分。欧洲人能横渡大西洋，要归功于中国人发明的船舵，他们靠埃及人研究出来的三角几何学在汪洋大海上定位，采用印度发明的数字计数，等等。欧洲人从全世界学来的知识以字母文字记载积累下来，造字的是古罗马人，记录用的纸张是中国人发明的。欧洲人的军队依赖火药驱动武器，而火药也是亚洲的发明。因此，在西半球发生的这场文化遭遇战，实质是旧大陆广大地区的文化之集大成，与新大陆局限的环境中产生的文化之间高下悬殊的碰撞。广阔的文化圈具有巨大的优势，这在征服的过程中展现得淋漓尽致。

征服与文化

欧洲人刚到达西半球时，跟数千年来世界各地的侵略者一样，十分暴力和贪婪，面对被征服者，他们极其狂妄自大。在哥伦布的船队登岸以前，当地的印第安人征服者对将要被征服的印第安人也一直如此。欧洲人进入西半球发现新大陆[5]，不仅是当地人社会的历史分水岭，更是人类历史上最重大的事件之一。随着新大陆的发现，地球两边的人们了解到对方的存在，开始了物质与文化的大规模交流，继而发生了跨大西洋的大规模迁徙。

在地球的两边，过去的日子从此都一去不复返了。此前闻所未闻的食物漂洋过海，成为千万里之外人们的重要食材，例如爱尔兰人餐桌上的土豆。一些经济作物也被带到前所未至的地方，甚至成为当地的主要经济作物，如马来亚的橡胶、尼日利亚的可可等。红薯传入中国，成为抵御饥饿的重要口粮，产量后来居上竟超过了世界其他地方的总和。[6]反过来，一些物品自东半球向西半球的流入也带来重大变革。西半球此前没有马匹，后来美洲大平原上的印第安人却熟习骑马打仗和配枪打猎。人类历史上第一次出现了成百上千万人的跨大洋迁徙，有自愿前往的欧洲人，也有被迫离开故乡的非洲人。不同病菌环境开始接触，给南北美洲的印第安人带来深重的灾难。酒精的传入甚至比新病菌的影响更为严重且持久，那些身体有了抵抗力而存活下来的印第安人又要经受酒精的荼毒。

疾病的传播当然不是单向的。哥伦布的船队从西半球返回欧洲后，带回的梅毒广泛传播。不过相较于欧洲病菌对印第安人的影响，欧洲人受传入疾病的影响远远不及西半球。在新大陆的热带地区，欧洲人和印第安人在面对非洲传来的黄热病时都不堪一击。[7] 在之后的几个世纪里，印第安人以不同方式、在不同程度上融入了一套来自欧洲、与自己截然不同的文化。经受的种种天灾人祸让他们对原来的传统和领袖的信念发生动摇，因为这些无法帮助他们抵御新的灾祸。18世纪初，一场天花瘟疫夺走了近一半切罗基人的生命，他们不再相信本地的药师，转而认为欧洲的医生水平更高。[8] 在罗阿诺克的欧洲人村庄附近生活的印第安人挺过了早期的瘟疫，他们诉诸宗教来解释遭受的苦难，认为欧洲人的上帝比印第安人的神灵有更高的神力。[9]

总之，西半球的原住民不仅失去了土地和自由，还在不同程度上丢掉了得以安身的文化传统。在一些地方，当地人的血统也被改变了，到了20世纪后半叶，美国的印第安人已经极少有人是未经通婚的纯血统了，而在拉丁美洲，混血儿比纯血统的印第安人更多，在有些地方甚至比纯血统的欧洲裔还要多。

西半球的大部分民族在欧洲人到来前都没有自己的文字体系，此前的历史只能通过散见的考古学证据和其他线索拼凑出一个大概的面貌，这跟英格兰的盎格鲁-撒克逊人、斯拉夫人以及撒哈拉以南非洲等无文字社会的早期历史不无类似。甚至在白人到来以前，西半球到底有多少人口都是一个见仁见智、颇具争议的问题。有的学者估计低至840万，也有的学者估计高达9 000万至1.12亿。[10] 相对明确的是，不同地方的人口密度各异，南美洲高于北美洲，沿海高于内陆，太平洋沿岸高于大西洋沿岸。[11] 跟世界其他地方一样，农业最发达的地区人口也最稠密，如阿兹特克和印加帝国，而以狩猎采集社会为主的地区人口最稀少。[12] 当时，生活在今天墨西哥一带的狩猎采集人群被同一地区的印加帝国作为野蛮人圈围在固定的地界内生活。[13] 这是世界各地的普遍规律，发达的社会歧视、征服、奴役甚或杀死落后的狩猎

第五章　西半球印第安人

采集族群。

欧洲人带来的病菌侵袭了没有或少有抵抗力的印第安人，西半球原住民人口出现断崖式下跌。据估计，到19世纪末，美国的印第安人相当于白人登陆时的四分之一到三分之一。[14]在西半球的其他地区，印第安人人口萎缩得更是厉害，今人对16世纪西班牙人初到墨西哥时当地的人口规模众说纷纭，但普遍认为，自1520年起的一个世纪，当地印第安人人口锐减，有估算从2 200万减少到了仅200万。[15]西班牙人征服秘鲁后，那里的印第安人同样减少了约90%。[16]20世纪巴西的印第安人人口只相当于欧洲人登陆时的5%。[17]而在加勒比海地区，印第安人几乎全部覆没。[18]

新的疾病能扩散出灾难性的影响，一个重要原因是印第安人对西半球的控制被欧洲人夺去，而这又是因为欧洲侵略者占尽技术优势，在军事较量中处于上风。来自发达社会的军队能以少胜多打败人数众多但技术和组织落后的社会，这在历史上并不鲜见，罗马侵略不列颠和欧洲人占领非洲都是如此。但西半球的交战双方人数相差实在过于悬殊：不管当时西半球印第安人的实际人口规模更接近前述哪个估计值，都是数以百万乃至千万计；而直到17世纪中期，西半球的欧洲裔数量都不到100万，这距离哥伦布发现新大陆已经过去了150多年。[19]到这时，西班牙人已经建起了从北美旧金山湾到阿根廷普拉特河纵贯美洲的大帝国。

这样比较新大陆初期的几代印第安人和欧洲裔人口，揭示了在对西半球的争夺中两个族裔的对比态势，但也有一定的误导性。印第安人和白人内部都并不团结，因此种族之间既有对抗也有联盟。很多印第安人跟新来的外人联合在一起同其他印第安人作战，或是为报复其他印第安人过去的征服和压迫，或是为战胜分得战利品，或是为取得其他好处。[20]欧洲人内部也因种种原因而互相争斗，与印第安人联盟对付其他欧洲人。例如，英、法两国在北美多次发生战争，双方都拉来印第安人盟友并肩作战。还有一些纯粹是欧洲人对欧洲人或印第安人对印第安人的战争。荷兰人曾派遣一支海军编队袭击了英国人在弗吉尼亚的定居点，英国克伦威尔政府派出赴美远征军，强迫英属北美各殖民地忠于王室的政府投降。在南美，同是西班牙人的不同军团为了争夺从印加帝国攫取的战利品而兵戎相向，但是在这些战利品被运往西班牙的路上，英国海盗早已在公海上等待拦截。总而言之，殖民时代的敌我之分不是基于种族，而是基于权宜的利益。1701年，一位英国殖民官员在信中谈到，西部的易洛魁人是英方抵御法国军队的"唯一防线"，这里所说的法国军队也包括法国人的印第安人盟友。[21]

直到美国建国之初的头几十年，北美很少发生白人和印第安人之间的大规模战争。而到了19世纪中期以后，美国每十年要发生几百次大大小小的战争[22]，其背景是白人社会壮大之后，有了人数和军械上的优势，便开始谋求更多土地。但就算是这样，白人获得印第安人的土地还有很大一部分是通过"半征服"的手段，美国政府仍然向印第安人支付大量土地补偿，只是补偿价格仅相当于市场价的一半左右。[23]

近代欧洲发生的征服，是一方国家组织动员起来出兵攻打另一方，在战场上取胜就能占领对方国家的国土，接管当地人的主权。但早期西半球的很多征服方式与之不同，很多时候仅靠西班牙、葡萄牙等国资助的欧洲战团打几场散兵游勇的仗就可以了，根本没有大西洋彼岸的统治者或官员来有效地统筹与指挥。在风帆船时代，通信效率很低，往往是在这边打着西班牙、葡萄牙旗号的所作所为木已成舟后，消息才传回伊比利亚半岛。即使是西班牙派到西半球的总督，对一定距离以外的战事也是鞭长莫及。比如科尔特斯在墨西哥，皮萨罗在秘鲁，都是将在外，君命有所不受。

与南美的情况类似，英国早期在北美的殖民地也是东拼西凑，通过自发无序定居扩张得来的，且多通过买地而不是军事征服。不过一块殖民地之内的情况也可能大不相同，例如在宾夕法尼亚，虽然费城的贵格派领袖与印第安人签有条约，但生活在西边的苏格兰裔爱尔兰人移民常将其视为一纸空文，随心所欲地择地而居，根本不管是在费城政府划定的界限之内还是之外。苏格兰裔爱尔兰人移民在英、美、澳都是一样，素来有不买而占人之地的传统，如此作为不足为奇。

在欧洲人的社会规模和武器水平没有发展到称霸整个西半球以前，印第安人还在很多边远地区独立生活且保有战斗力。例如在18世纪的阿根廷，开疆拓土的西班牙移民常受到印第安人的滋扰，甚至被抓去做俘虏，要么付赎金救回，要么被蓄作奴隶，特别是作为侍妾。印第安人喜欢把女人留活口而把男人杀掉，当时的印第安人部落中西班牙俘虏并不鲜见，数量甚众。后来的一次西班牙大军攻打阿根廷印第安人的行动，解救了600多名俘虏，他们平均被俘时间近9年。更多的西班牙俘虏被用赎金赎回，偶尔也有男俘虏自行逃脱，但女人很少能逃走，甚至有些被赎回来的女子会自愿返回印第安人部落生活，因为她们已经成为印第安人的妻妾，失去声誉让她们无法继续在西班牙社会中生存。[24] 俘虏欧洲人为奴的现象绝不仅仅发生在阿根廷。18世纪中期有一份报告讲述了宾夕法尼亚州西部一个偏僻的欧洲人村庄受到印第安人袭击的情况，描述说："印第安人的村庄中到处都有被关押的俘虏，男女老少皆有。"[25] 易洛魁人抓去的白人女子也多选择留在当地生活，因为她们曾经所在的白人社会认为她们已经被毁了。[26]

新大陆的发现对后世产生了深远的影响。除了从美洲获得新的食物、草药、烟叶等，欧洲人还发展了同殖民地之间的巨额贸易，并在新大陆各国取得独立后延续了下来。欧洲过去几百年的贸易格局发生改变甚至被彻底打破了，商业的流动发生了转向。黎凡特地区作为面向中东和远东的跨国贸易货源地开始衰落，而美洲成了欧洲很多产品内需和外销的主要地区。

产自阿根廷和美国的小麦被大批运往欧洲，成了越来越多欧洲人的日常主食，也让很多种植小麦的欧洲农民丢掉了生计。糖在欧洲曾经是少数人才能吃到的奢侈品，有了西半球种植园的大量供应后变成了大众消费品。产自新大陆的棉花也走进了欧洲的寻常百姓家，棉布衣服成为比羊毛服装更廉价的选择。这些变化带来的影响不可小觑：欧洲工业革命以前，普通人要用收入的一半以上来购买粮食，一辈子只能买几次衣服，旧衣市场很活跃[27]，甚至医院还要防范缺衣少穿的人从尸体上扒衣服。[28]在这样的背景下，来自新大陆的棉花大大改善了欧洲人的生活水平。

西半球的金银也大量流入欧洲，造成全欧洲物价的上涨，也让欧洲有钱去填补长期以来对亚洲的贸易赤字。亚洲对欧洲产品几乎没有需求，但欧洲要从亚洲进口丝绸、茶叶等各种商品。自16世纪初开始的150年里，西半球向西班牙输送了约18.5万公斤黄金，使欧洲的黄金保有量增加了约五分之一。同一时期流入西班牙的白银更多，超过了700万磅①，欧洲的白银保有量增加了3倍。[29]16世纪西班牙的"黄金时代"主要归功于西半球殖民地源源不断输送来的金银。

再往后的一个世纪，随着金银流入的减少，没能发展起对外贸易的西班牙开始衰落。那里缺乏有技术的劳动力，还轻视劳动和经商[30]，过去这些营生主要是犹太人和摩尔人基督徒在做，但到15世纪末16世纪初时，两者都被驱逐了，只留下几乎没有人力资本的西班牙人。空有从新大陆运来的金银资本，不过是让政府和民众短时间内坐吃山空罢了。到了17世纪中期，西班牙的进口量远远超过了出口，来自美洲的运银船抵港后不消几个礼拜，银子就被花得所剩无几。[31]西班牙人自己也说，黄金像从屋顶上倾泻下来一样，源源不断

---

① 1磅≈0.45千克。——编者注

又立刻流走。[32]

新大陆对旧大陆的影响不仅仅在于物质层面，还引发了思想的革命。千百年来，欧洲人总是心怀崇敬地回望罗马帝国的辉煌成就，纪念古代宗教或世俗政权之优越。不过这时他们开始疑惑，古人连世界是否有另一半都浑然不知，又岂能是今天不容置疑的向导？[33] 西半球没有主动去动摇欧洲的传统权威，事实上却改变了欧洲人的思想。与此同时，科学也在兴起，科学发现和地理发现接踵而至，都推动了这种思想变革。欧洲人从此开始思索未来而不是求诸过去，不管是福是祸，求进步成了引领欧洲人思想和行为的主题。在今天回看，新大陆的发现显然对欧洲的物质和文化发展都产生了长远的影响。不过在当时，欧洲人无法一下认识到如此重大的意义。例如，法国在1480年至1700年出版的书籍中，以奥斯曼帝国为主题者是以西半球为主题的书籍的两倍多。[34]

欧洲人对生活在南北美洲的印第安人也产生了巨大的文化影响，这至少体现在两个截然不同的方面。除了直接从欧洲人身上学习借鉴，面对征服者夺走土地和资源，过去的生活方式难以为继，印第安人只得去适应。就算是躲避逃走，保留原来的社会传统和治理方式，也很难再过回从前的日子。另外，正像新大陆的发现让欧洲人对祖先和传统的信念遭到了冲击一样，印第安人在一连串的战事中不断落败，这同样破坏了他们对首领、传统和文化的信心。于是，很多印第安人开始接纳基督教传教士，接受他们带来的宗教和世俗的欧洲文化。到17世纪末，在纵贯美洲的西班牙帝国中，本土传统宗教只在一些闭塞的地方还有残留。[35] 不过，基督教的形式之下也掺杂着本土宗教的不少传统要素。这种征服者带来的新宗教与本土传统融合的情况，在世界其他地方也不少见，例如奥斯曼治下的巴尔干半岛、不同外族统治下的印度等等。

颇具戏剧性的是，侵略者能奴役印第安人的地方，往往是印第安文明较为发达、人口稠密的印第安人聚居地，如阿兹特克和印加帝国曾经的领地。[36]而那些相对落后、地广人稀、自给自足的狩猎采集部落，不管是靠战争手段还是经济手段都很难实现奴役。还有一些组织有序、兵丁众多的印第安人国家，欧洲人也难以奴役。在北美的一些地方，也存在印第安人出卖其他原住民为奴的情况。[37]但整体来说，欧洲人觉得只从印第安人手上夺取土地，而从欧洲或非洲运输劳力前来工作是比较便宜的方式。

没人能说清印第安人最早在什么时间来到西半球，考古证据显示，印第安人并非起源于美洲。南北美洲与别处不同，没有发掘到早期人类或类人灵长动物的骨骼遗存[38]，这表明，印第安人来到西半球时其生理演化已经达到了现今的水平。印第安人使用的几百种语言可以归为不同语族，却跟欧、亚、非的各种语言都无关联，唯一的例外是白令海峡的亚洲和美洲两侧都有使用的因纽特语。今人推测，印第安人正是在史前时代从亚洲经过那里进入西半球的。

最先进入西半球的探险者、征服者和殖民者是来自伊比利亚半岛的欧洲人。1492年，哥伦布首先登上西半球的新大陆。10年后的1502年，葡萄牙开始接受从西半球运输来的巴西木，并将其产地命名为巴西。同年，一支由30艘船、2 500名船员组成的西班牙远征舰队在圣多明哥登岸。[39]16世纪早期，西班牙探险者开始进入中美洲和南美洲。1513年，巴尔博亚在巴拿马地峡第一次见到了大陆另一边的大洋，为其取名太平洋。6年后，科尔特斯发动了对墨西哥的征服。1530年，皮萨罗从巴拿马出发，率众向南远征，占领了印加帝国。另一海上强国荷兰一边与西班牙连年交战，一边紧随其后。在荷兰之后，又来了当时正在崛起但还没到巅峰的英国。与此同时，法国在加勒比海占领岛屿为殖民地，又在北美大陆上殖民定居，从今天的加拿大沿着密西西比河流域一直延伸至新奥尔良。

欧洲列强进入西半球的时间顺序和势力范围大体上反映了它们在

全球的地位。当时的西班牙是头号帝国主义殖民强国，不仅实力雄厚，而且在向海外投放殖民力量和统治落后民族方面有着丰富的实际经验，早在哥伦布出海前很久就征服了加那利群岛。而在刚发现新大陆的时候，英国的实力与西班牙完全不在一个量级上。当西班牙在阿兹特克和印加帝国捷报频传时，英格兰仅仅能在家门口吞并威尔士。除了在美洲和欧洲的殖民成果，西班牙人还去了菲律宾，在那以后才有英国人占领印度、锡兰、马来西亚等亚洲地区，并最终形成大英帝国。

其实在那不久之前，欧洲还在为驱逐外敌入侵自顾不暇。哥伦布首次出海航行那一年，西班牙人才刚刚在格拉纳达打赢了持续数百年的抗击摩尔人收复失地的战争。也是在同一个世纪里，俄国人才停止向蒙古进贡，奥斯曼帝国还在巴尔干半岛上挺进，尚未进入中欧。西欧列强作为帝国殖民者，关键的长处在于，能将海上军事力量投放到大洋彼岸的地球另一端，而当时煊赫一时的奥斯曼帝国和俄罗斯帝国的实力主要是在陆上。

西班牙从殖民地源源不断接纳黄金的同时，也大量地从英国、法国和荷兰商人手上收入来自北美的动物皮毛，这些商人的货源则来自跟印第安人的贸易。葡萄牙人在巴西建立了甘蔗种植园，这既改变了欧洲人的饮食，也改写了西半球的历史。后来种植园的模式迅速传入英、法、西、荷在加勒比群岛的殖民地，这些地方都使用了大量的非洲黑奴。

17世纪中期之前，荷兰从葡萄牙人手上夺走了巴西，此前他们就在非洲沿岸从葡萄牙人手中抢夺地盘。荷兰人还在北美建立起殖民地，其中最出名的是新阿姆斯特丹，后来英国人又将这里占去，命名为纽约。[40] 不过跟伊比利亚半岛的西班牙、葡萄牙两国比起来，英国人只能算后来者。科尔特斯征服阿兹特克后一个世纪的1630年，英国人才在马萨诸塞建立第一个殖民地。法国人在1608年建立魁北克殖民地，1642年又建立了蒙特利尔。法国人贸易和领地的不断扩张导致了与英国人的正面冲突，特别是在纽约以及北美东海岸的英国移民社会，这些地方就是后来美国的雏形。

中南美洲

中美洲是西半球最早出现文明的地方，最著名的是奥尔梅克文明，以及被称为"新大陆上最灿烂的文明"的玛雅文明。[41] 而地域面积最大的印加帝国出现在南美。整体来说，这些文明都比北美印第安人的文明先进，比加勒比海的古文明更要先进很多，当然，南美的丛林中也有一些原始部落。中美洲文明最令人瞩目之处在于，这是热带雨林地带少见的相对发达的古代文明。印加文明也是在热带的纬度上发展起来的，但是基本上处于高海拔地区，因此不太受热带气候和热带疾病的影响。

玛雅

玛雅文明是西半球最伟大的文明之一，也是唯一一个有成熟书面语言记载的文明。玛雅人有完善的计数体系（甚至比当时欧洲人使用的罗马数字更优越）和历法，还掌握美术、天文知识，建起了有宏大建筑和纪念碑的城市，其中一座玛雅迷宫长近300英尺、宽240英尺。玛雅人跟西半球的其他原住民一样也没有铁制工具，但他们就地取材，用火山黑曜石来切割，也会使用石器。今天人们认为，玛雅文明的古典期从公元3世纪中期一直到10世纪初，在欧洲人抵达新大陆之前，玛雅文明已历经兴衰起落。但玛雅文化没有完全消失，16世纪的西班牙征服也没将其消灭。20世纪下半叶，世界上还有600万玛雅人生活，其中一位还获得了诺贝尔奖。[42]

玛雅文明的领地位于尤卡坦半岛和周边的大陆。[43] 各地的土壤、水文、气候条件等差别很大，有沙漠也有雨林，有热带低地也有凉爽的火山台地高原，有滨海地带也有内陆腹地。尤卡坦半岛北部干旱地区的年降雨量只有不到40英寸，而在南部一些高原地区则高达100英寸以上。[44] 半岛北部是连片的石灰岩地区，上面覆盖的土层比较稀薄，肥力较差。在半岛的北部和中部，庄稼生长所需的水源几乎完全依赖降雨，而南部的土层较厚，还有河流湖泊。地形海拔越向南越高，大约每公里升高20厘米。[45]

在这些地理和气候限制下发展起来的早期玛雅农业，要在耕作年之间撂荒几年恢复土地肥力。在南方需要撂荒4到7年，而在北方则为8到20年。下一次耕作之前要先烧荒，形成草木灰以增加土壤肥力。这里跟西半球其他地方一样，没有牲畜所以没有粪肥。种种条件决定了养活人口所需的土地面积要远远大于特定时间的耕地面积。[46]

玛雅文明的各地气候和地理条件各不相同，因而动植物相差很大。这构成了不同地区物品交换的基础，与之相伴的是大范围的文化交流。古典期最早的城市社会出现在低地的贸易要冲处。[47] 古典期以后，仍然有超过60%的玛雅人居住在重要商路的沿线，靠耕作、打鱼、制盐、贸易等多种生计过活。区域贸易非常发达，靠海而居的人们甚至不用在当地自己种粮食，可以从内陆获取粮食、布匹等。[48] 与其他的伟大文明一样，玛雅文明从历史上同时代的其他文明中借鉴了很多。玛雅人的语言中有其他语言的借词，其历法显然来自更古老的奥尔梅克文明，后来的托尔特克文明中的一些内容也被吸收进了玛雅文明。[49]

玛雅虽然取得了不少智力和物质成就，却不是一个人道的社会。战争是玛雅人的一项要务，而战争最大的目的之一是俘虏、折磨、屠杀敌方将士和首领。一位玛雅研究专家这样写道："这些以血统为傲的王朝统治者的最高目标，是在战争中俘虏敌方城邦的首领，加以折磨羞辱（有时长达数年），然后搞一场俘虏必输无疑的球赛，输掉后就砍他们的头。"残忍暴行在世界各地都不鲜见，但玛雅社会不但对这样的暴行泰然处之，还将其制度化并引以为荣。玛雅的画作与文字记载，有很多将敌人俘虏开膛活剥，或是折磨俘虏让其求饶，敌方首领被玛雅首领羞辱，玛雅战士身披敌人骷髅做成的衣袍等情景。[50] 玛雅文明中还有活人献祭，阿兹特克和印加文明亦如此。献祭的不仅有俘虏，还有为玛雅首领陪葬的成人和儿童，玛雅人认为这些人可以在来世继续服侍首领。不一定有战争才能俘虏敌人，有时玛雅人会为新首领即位而专门发动战争去俘虏敌人，杀来献祭庆祝。[51]

玛雅文明的范围从来都不仅限于玛雅政权的管辖领地，而是覆盖了很多头领的不同领地。[52] 各个领地起落沉浮，有盛有衰。在玛雅文明古典期曾有一个地方长期领先，即以蒂卡尔城为中心的古文明。[53] 在玛雅文明中，楼宇、纪念碑等城市建筑并不罕见，但没有哪个城市社会能达到阿兹特克和印加帝国城市的规模与密度，或者相当于欧洲大城市的水平。据估计，蒂卡尔城及周边区域总人口9.2万，其他一些城市也有上万的人口。高地上的城市则规模偏小，相较于玛雅文明发祥地的低地城市，政治和经济重要性较低。[54]

公元9世纪前后，由于某些今人不可知、考古界仍很有争议的原因[55]，玛雅文明开始式微。在南部低地区域，建筑和雕刻遗存数量以及陶瓷等手工品的数量都大幅减少。成百上千的文化点被遗弃，低地大城市的人口规模萎缩，不少村镇人去屋空。[56] 从玛雅艺术作品中对首领的描绘来看，在玛雅衰落时期，原来被尊为神一般的首领地位也有所下降，开始跟统治精英阶级共享权力。[57] 这一时期，虽然低地一些主要社会衰落甚至消亡了，但是尤卡坦半岛上出现了人口和经济繁荣的趋势。[58]

几百年后西班牙人来到新大陆之时，一度繁荣的各玛雅文明中心城市已经成为废墟，有些已被荒草湮没[59]，只有一些非物质文化保留下来。在西班牙人闯入之前很久，原住民侵略者就已经把新的人口和文化带到了玛雅地区。[60]现今可考的玛雅人跟西班牙人的首次接触是在1511年，当时玛雅人捉住了西班牙沉船的几名幸存者，杀了几个做人祭，开宴大吃人肉。另外几个因为太瘦看起来不好吃，所以先留着养胖了下次过节再吃，不过他们逃掉了。[61]

6年后，一支西班牙战队从古巴出发到中美洲大陆去抓奴隶，在这里遭遇玛雅人并展开战斗，西班牙人损失惨重，将领身负重伤，回到古巴后不治身亡。又过了两年，西班牙人带着200人和4艘船的舰队回来复仇。玛雅人再度出击，杀死一人，伤50人，第二次进攻的将领同样负伤，铩羽而归。

1519年，西班牙人再次出征玛雅。这次力量壮大了许多，舰队由11艘船、500名兵士组成，领军者是埃尔南·科尔特斯，他此前征服了墨西哥，后来又征服了阿兹特克。西班牙人成功登岸后，摧毁了当地神庙中的神像，并在其中一处竖起了十字架。在进军玛雅的途中，有人给科尔特斯献上一个名为玛丽娜的孤儿小女孩，她能说当地的两种语言。科尔特斯把她当作翻译和侍妾[62]，她帮助他跟当地各部落达成联盟，一些部落也借此机会袭击洗劫有世仇的敌人。最终，科尔特斯统率的军队远远超出了起初登岸的西班牙战队的规模。

科尔特斯在1521年攻下阿兹特克都城以后，派出一名军官率队深入玛雅内陆远征。西班牙传教士巴托洛梅·德拉斯·卡萨斯这样记录这次征服："他所到之处，烧杀抢掠，无所不摧。"卡萨斯描述的种种暴行，西班牙人不会像玛雅人一样引以为荣，多年来传教士对西班牙人在西半球的行径一直进行着道德谴责。最终，卡萨斯和其他传教士报告的情况引发了西班牙社会的普遍关注，人们开始谴责暴行，谋求改变，偶尔也对在拉美犯下罪行的人进行惩罚。然而惩罚得太轻，很难防止暴行与压迫的继续发生。

16世纪20年代，西班牙征服者对玛雅人的战斗连连大捷，对玛雅人形成了广泛的恐惧震慑，但也没能将整个玛雅地区收入麾下，因为玛雅文明的地界从来不是由一个统治者管辖的。这一方面导致玛雅人不能联合起来反抗西班牙人，另一方面也使得无论西班牙取得什么样的"决定性"胜利，都无法征服全部玛雅人。这种情形与中世纪英格兰人征服爱尔兰不无类似。在中美洲，从卡萨斯所记载的1523年首次出兵玛雅，到1546年西班牙人最终攻克整个尤卡坦半岛，共耗时20多年。而还有一个玛雅国度奇琴伊察继续存在了150多年。[63]

西班牙人征服尤卡坦半岛以后，开始对玛雅人进行经济上的剥削、宗教上的强制和社会层面的压迫，玛雅人遭遇了跟其他印第安人一样的命运。他们必须向本地的西班牙统治者纳贡，这很像封建领主时期的欧洲人要向天主教廷缴纳什一税，还要被强征徭役、强行搬迁，以巩固世俗领袖的统治、宗教领袖的传教和拉丁文化的同化。1550年至1563年，几百万人被迫迁徙。西班牙人除了进行各种成体制的剥削，有权势者还通过一些既不合国法又有违教规的手段欺压印第安人，为自己和亲族聚敛财富。

在包括今天墨西哥、中美洲大部分地区和美国西南部的"新西班牙"地区，征服者建立了若干彼此重叠甚至常有冲突的政治经济制度。其中最重要的一项就是"赐封制度"，有人愿意将其比作欧洲的封建封地，只不过它不是一种永久拥有的财产，而是西班牙政府将几代人（偶尔仅一代）的土地以委托的形式颁给受封者，本意为奖励其征战之功，但常被用于封赏殖民官员的亲戚朋友。与欧洲的封建封地相似的是，赐封制度的对象也包括土地和土地上的人，受封者从中纳收现金、物产和劳力，以支持统治者的个人生活和殖民政府的整体运转。在这个过程中，不少印第安人部落被几易其手。[64]受封者的主要任务是向印第安人传教，确定征收贡品的额度，规定如何对待印第安人等。至于这些官方规定能落实到什么程度，则因人因势而异，一些印第安人被奴役致死，也有一些被贩卖到加勒比群岛为奴。[65]

很多暴行是公开的秘密，一般是西班牙王室不愿去惩处的事项，

第五章　西半球印第安人

直到后来王室对这里的实权变大，遏制暴行能获得更多好处，这种情况才有所改变。躲避征服者施暴最普遍的方式是逃离，逃往还没陷入西班牙统治的地区。逃亡潮的规模很大，以至西班牙人不时发起军事行动，将逃亡者成千上万地抓捕回来，交还给原来的领主。[66] 此外，印第安人的叛乱也频频发生。[67]

欧洲人征服玛雅，包括征服西半球其他原住民，带来最大的影响之一是新疾病广泛传播，造成大量死亡，印第安人人口陡然下降，也大大削弱了他们武装反抗的能力。例如，西班牙征服之初，尤卡坦半岛的玛雅人可能多达 80 万，但到了 1550 年下降至 23.3 万，1601 年进一步减至 16.3 万。此后，玛雅人口保持相对稳定，在 17 世纪中期左右开始回升。目前很难判断玛雅人口减少有多少是疾病传播造成的，又有多少归因于从西班牙人手中逃亡和迁徙。不过能确知的是，由于商旅的往来，商路沿线的部落受传染病的影响尤其严重，一些地方甚至人迹全无。[68] 除了西班牙人从欧洲带来的疾病，进入美洲的非洲黑奴还带来了热带黄热病，给玛雅人和西班牙人都造成了浩劫，其影响在尤卡坦半岛直到 20 世纪仍未消散。[69]

西班牙人对玛雅的征服与罗马人征服不列颠和欧洲各国征服非洲有所不同，他们没有带来什么重大的技术或先进的管理方式。西班牙人引进了骡马，改善了贸易条件，但贸易商人几乎都是玛雅人。[70] 在本地区最重要的两种经济活动农业和纺织上，玛雅人的水平还停留在西班牙人到来以前，西班牙人也很少从事农业和纺织。这里发生的最深刻的经济变化不是经济活动的质变，而是经济产出被剥削并大量向精英转移。西班牙人是真正的掌权者，他们公然轻蔑当地宗教与文化。过去的玛雅统治精英都成了二等人，当地社会原来的很多阶层渐渐降格为贫农。随着西班牙人和非洲人的持续涌入，族群血统发生融合，形成了欧洲人和印第安人混血的麦士蒂索人和黑白混血的穆拉托人，玛雅和其他印第安人的文化也被拉丁化。最终，在玛雅人自己的土地上，纯玛雅血统、继承玛雅文化的人群反而成了少数。[71] 不过以血统论，直到 18 世纪下半叶，尤卡坦半岛大部分地区的主体族群仍然是印第安人。西班牙人占总人口约 8%，纯非洲血统和部分非洲血统者占 12%。这些有非洲血统的人也大多融入了西班牙拉丁文化。[72]

在玛雅文明曾经繁荣的地方，西班牙征服者建立起的并不是严格意义上的殖民地，不是像英属北美那样由大量征服民族的移民构成的社会，那里也不是封建领主社会或资本主义社会。虽然从某种意义上说，西班牙人统治者和受统治剥削的印第安人之间的关系具有封建领主的属性，但那里从未试图搞成封闭自足的封建社会，玛雅人在西班牙人到来之前和之后都一直在进行生产，在市场上互通有无，西班牙统治者只是攫取贡品和征用劳役。西班牙人创立的这种社会肯定不算经典的资本主义社会，因为政府会对经济进行管控和垄断，还禁止对外贸易。此外，西班牙精英聚敛财富不是靠从经济活动中直接得利，而是靠在统治体系中的权位谋利，包括直接从印第安人处征收财产或者侵占土地、实行垄断等方式。当地的西班牙社会规模不大，其中的统治精英更少，因此形成了盘根错节的政治、经济、宗教、亲族、社会等制度和联系，更助长了拉美殖民地本来就有的腐败与滥权，这些弊病在殖民时代结束后很久依然顽固地存在着。

阿兹特克

16 世纪早期西班牙人到达墨西哥谷地时所称的阿兹特克人其实包括很多民族，当地人把他们统称为"墨西哥人"。在 12 世纪早期到 14 世纪中期的两百多年里，墨西哥人数次迁徙，最终来到墨西哥谷地定居。他们不完全过着游牧生活，途中曾在很多地方驻留定居，时间长短不一，在打猎捕鱼的同时也有农业耕作。跟西半球其他地方一样，墨西哥人也没有轮式车辆和驮运牲畜，无法携带那些不能徒步跋涉的人前行。因此，在向新的地方迁徙时，他们会把老人遗弃在原地，让其自生自灭。[73]

所谓的墨西哥谷地其实是一片山间盆地，有2.5万平方英里的沃野。虽然处于热带纬度，但这里海拔7 000英尺，气候不炎热，白天温暖，夜间凉爽。这里有过更古老的托尔特克帝国，墨西哥人可能本来就是托尔特克旧部，或许是跟其他部族一样在帝国遭受蛮族攻陷后才开始迁徙的。后人认为墨西哥人的社会在开始迁徙时已经是"半文明"社会，定居后发展出了自己的文明。[74] 到了12世纪，他们终于在墨西哥谷地安顿下来，这里本来已经有若干其他民族发展起了村镇甚至城市，局势堪比"巴尔干地区那样复杂和不稳定"，部族之间虽有结盟，却是翻云覆雨般变动不居，常以背叛破裂告终。[75] 新来的墨西哥人进入了"无数部族杂居却无一心怀友善"的境地[76]，在这种地理和人文环境都很恶劣的情况下，墨西哥人甘愿成为强势部族库尔华的附庸，方才在这片土地贫瘠、生机渺茫的地区安定下来。

作为附庸的臣属，墨西哥人参加了库尔华人与当地部族的战斗并取得胜利。然而，他们表现出的英勇善战让宗主起了戒心，欲除之以绝后患。这个消息走漏，墨西哥人知道了，他们再度迁徙到附近潟湖中的一座岛上。在那里，他们终于建起了自己的都城——特诺奇蒂特兰，后来成为阿兹特克帝国的都城。从那时起到帝国的辉煌时代，墨西哥人以及后来的阿兹特克人又经历了很多风风雨雨。

特诺奇蒂特兰有天然的地理优势和劣势，它位于潟湖之中，这让阿兹特克不会遭到敌人的奇袭，因为任何方向有人来犯都会在泅水之时被发现。同时这里有很多内湾和运河，像威尼斯一样享有水路运输之便利，在一个没有畜力驮运和轮式车辆的地方，这非常有利于经济发展，让阿兹特克人免于承受人工搬运物资的昂贵成本。这里动植物物产丰饶，提供了充足的食材。但像木材和石料等物完全要靠外族的供给[77]，好在阿兹特克人能用水产与外界交易换取此类所需。

慢慢地，阿兹特克人在经济、文化、政治和军力上都强大起来。

长期以来，特帕尼克人变本加厉地要求阿兹特克人进贡，终于阿兹特克人同另一个被要求进贡的部族联合起来，共同反抗强大的宗主。后来，狡诈的特帕尼克君主泰佐佐莫克去世，阿兹特克人的明君蒙特祖玛得势，形成了两族激烈对峙的局势。泰佐佐莫克的儿子继位后治理无方，树敌众多，最终在战争中丧命，特帕尼克人自此失去了对阿兹特克等部族的统治。不过对其他众多臣属部族来说，阿兹特克人上位不过是又换了一个宗主，他们征收贡物的要求比以前有过之而无不及。

到 16 世纪西班牙人到来之时，阿兹特克帝国才刚经历了一个世纪。帝国是由很多城邦组成的联盟，特诺奇蒂特兰是联盟之首。阿兹特克人仍然靠原有的机制统治各个部族，没有派自己人去其他城邦做总督，帝国也没有常备军，只是在臣属部族发生叛乱和反抗时会征调男丁去征讨。这种间接治理方式的效果取决于一地距帝国核心的远近，越是边远的地区越可能发生叛乱和反抗。凭借这种或严或松的统治，阿兹特克的疆域绵延到墨西哥谷地以外，直抵太平洋的墨西哥湾沿岸。不过这无形的疆界既包含以不同程度臣服于阿兹特克的部族，也包含一些仍然独立的部族。每个阿兹特克君主上台后，第一件事往往都是率军出征，在那些有名无实的臣属部族中重树帝国的威权。

在帝国内部，阿兹特克社会有复杂的政治体制、宏伟的城市、不断进步的技术和骁勇善战的军事传统。他们还修建起水渠、运河、吊桥、梯田，在城市中建造了精美雄伟的纪念石碑。阿兹特克跟西半球的其他文明一样也没有书面文字，不过留下了一些近乎文字的象形符号记载他们的历史和生活方式。在国都特诺奇蒂特兰，被征服民族的手艺技能可以派上用场，例如米斯特克人金银匠为阿兹特克贵族制作了大量金首饰。[78] 首次进入阿兹特克的西班牙军统帅科尔特斯曾描述他到一位阿兹特克贵族的两层府邸做客，那里的石雕木雕"可以与西班牙最好的住宅相媲美"。[79]

在阿兹特克人崛起为优势族群并取得技术和文化进步的同时，其社会内部也发展出越来越多的阶级。君王有大量来自臣属部族的贡品可以支配，这让他在民众中的权力更加稳固，所以不无慷慨地将贡品分给民众。后来，君王变得几乎与上帝一样，如果有人敢直视他的眼睛就要遭到死刑惩罚。[80] 王位的继承不是直接传位给子嗣，而是由贵族领袖从王子中根据胜任能力推举。法律规定了哪些人是高人一等的贵族（包括一些神职人员），只有他们可以穿棉布衣服、佩戴首饰、吃丰盛的食物、喝可可饮料，如果有其他人僭越，就要被处以死刑。奴隶处在阶级链的最底端，一般作为家仆或者在没有牲畜的社会做驮运之用。奴隶身份虽不世袭，但奴隶制度在阿兹特克帝国非常普遍，这让奴隶贩子成了最风光的一群人，甚至还衍生出了一门专门的职业，就是给奴隶沐浴，备好做活人祭品。[81]

阿兹特克帝国一个最大的特点是崇尚武力。对阿兹特克战士来说，战斗的最大奖赏就是俘虏敌人的士兵，带回都城后放在祭坛高台上，将活人剖腹取出心脏献祭。阿兹特克平民和外族使节在旁观看，任由杀人的鲜血从金字塔上汩汩流下。周边部族的首领和贵族，无论来自臣属的还是独立的部族，都被强行拉来观看，拒不前来的会被处以死刑。[82]

在众多金字塔祭坛上有多少活人被杀死献祭，学界仍有争论，主流观点认为有数万人。[83] 抓回敌军俘虏的阿兹特克战士不但有亲手挖出俘虏心脏的荣耀，还被赏赐俘虏的一只胳膊或一条大腿，带回家与家人一起做成庆祝大餐。这一举动不是为了发给食物，而是体现文化和宗教意义。就像公开献祭一样，既是为了告慰上帝，更是让阿兹特克人习惯于血腥场面。[84]

对被征服民族来说，坎坷的命运从被征服的那一刻起就开始了。阿兹特克人征服米斯特克人以后杀了他们的君主，让其家眷做了奴隶，又强迫投降的部族头领们参加庆功宴。席间阿兹特克人大肆夸耀

征服与文化 262

战功，肆意辱骂败将。从此，米斯特克人要向阿兹特克人进贡，服劳役，有时还要供上童男童女用于高坛献祭。很多被征服的部族被贬为农奴，终身依附于阿兹特克地主的土地。被征服者如若谋反，命运会更加悲惨，可能会招致全族被杀。[85] 这样的极端残忍还不够，阿兹特克人跟蒙古人等征服者一样，以恐怖为武器泯灭敌人的斗志，让臣属部族乖乖就范。阿兹特克的首领大多极善权谋之术，不管是对付其他民族，还是操控帝国内部的敌人或朋友。[86]

与此同时，在 16 世纪早期，西班牙人在加勒比海上的海地岛和古巴建立了永久殖民地，很多西班牙探险家开始到南北美洲大陆上进行探险测绘，其中一位是阿美利哥·维斯普西，后来美洲就得名于他。还有努涅斯·巴尔博亚，他是第一个见到美洲西岸大洋的欧洲人，因其风平浪静全然不似大西洋而为之取名"太平洋"。早期一些西班牙探险队伍与美洲大陆上的印第安人建立了友好的关系，用印第安人从未见过的玻璃珠子交换黄金。而另一些探险队则遇上了麻烦，1517 年，一众西班牙人在尤卡坦半岛登陆寻找淡水时遭到玛雅人的袭击，包括船长在内的几十人身亡，余部勉强逃回船上。对阿兹特克人来说，决定命运的遭遇发生在 1519 年，科尔特斯率 500 兵士和100 水手登陆美洲。[87]

那时，阿兹特克的统治者是开国君主的孙子蒙特祖玛二世。在第一次见到西班牙人之前很久，他就陆续接报称海上有怪人到来，他求诸阿兹特克文化对命理运途的符号解读，搞不清楚这是福是祸。科尔特斯和部下是在尤卡坦半岛登陆的，他们避开了两年前西班牙探险队正面遭遇玛雅人的地方。然而，他们还是卷入了与当地印第安人的战争，但这次西班牙人凭借印第安人闻所未闻的战马、火枪和战术等优势取得了决定性胜利。作为投降的表示，印第安人头领为西班牙人献上了食物、衣服、黄金和年轻女人，其中一位后来成了科尔特斯的小妾，给他生了儿子，成为他的心腹，学会了西班牙语，起了很大的翻译作用。[88]科尔特斯的远征军在与其他印第安人的接触中听说了蒙特祖玛二世，于是放话出去要与他见面。虽然其部族比那些攻打过西班牙人的印第安人部族更强大，但蒙特祖玛二世立即决定不能硬来，要跟他们会上一会。他给西班牙人送去了礼物，其中有一对儿黄金和白银盘子，据称"有车轮那么大"，显然分别代表了太阳和月亮。[89]

在接见了蒙特祖玛二世的使节后不久，科尔特斯就接到古巴总督的命令，要求他返回。但是，现在他亲耳听到阿兹特克的富饶，亲眼见到了真金白银的礼物，于是不但不接受军令，还焚毁船只，彻底断了手下人回去的念想。远征军继续向阿兹特克的都城特诺奇蒂特兰进发，途中剿灭了另一个印第安人部族，这个消息被探子传到蒙特祖玛二世的耳朵里。西班牙人的作战优势主要是印第安人从未见过的马匹，能抵挡印第安人武器的铠甲还有火炮，他们通过军事战术将这些优势结合发挥出来，依靠集体作战而不是像印第安人那样靠单兵之勇。在这一时期，西班牙军队已经是世界上作战能力最强、武器装备最精良的劲旅之一，在对印第安人以寡敌众的战斗中屡战屡胜。[90]

其他印第安人听说西班牙军力量强大，纷纷与之结盟，有的是为了从战利品中分一杯羹，有的是为了乘机报复阿兹特克人对自己的压迫。在进军阿兹特克都城的途中，西班牙人遇到了乔鲁拉人，他们是阿兹特克人的盟友。蒙特祖玛二世的使节向他们施压，让他们把西班牙人请入城中，埋伏围歼灭之。但这个消息被变节的线人走漏给了西班牙人，西班牙人先下手为强，一举杀死了站在城外迎接自己的乔鲁拉人首领，粉碎了埋伏计划。情势的急转被报到蒙特祖玛二世处，他更加不愿意硬碰硬地与西班牙人正面对战，希望能诱敌深入，背靠特诺奇蒂特兰岛上的有利地形作战。当西班牙人到达之时，他将科尔特斯迎入都城，与之互赠礼物，双方客气相待，静候出手的机会。到这个时候，科尔特斯的部下已经不仅仅是出发时的500西班牙兵，还有

2 000到3 000是印第安人兵丁。不过，这支军队进入的是人口至少有25万的岛城，且作为都城这里还能从帝国其他地方调兵。

正当情况危急之时，西班牙人表现出了能称霸西半球的霸主品质——临危不惧。在特诺奇蒂特兰以客之名逗留两周后，科尔特斯和他最信任的将领找借口见到了蒙特祖玛二世。他们一进入宫殿立即逮捕了君主做人质，让其佯装无事般走过广场，进入西班牙人的营地，仿佛这只是一次友好的访问。然而，蒙特祖玛二世在西班牙人手中一待就是几个月，人们都看明白他已经成为西班牙人的俘虏和傀儡。最终，蒙特祖玛二世公开宣布臣属于西班牙国王查理五世。

与此同时，因为科尔特斯抗命不遵，西班牙驻古巴总督又派出了一支军队，奉命逮捕叛将。科尔特斯再一次临危不惧，亲自出马伏击了这支军队的将领，并说服军队加入自己，在特诺奇蒂特兰居住下来。新的西班牙军队的到来让阿兹特克人更加警惕，开始集结力量攻打他们的营地。西班牙人让蒙特祖玛二世出面，登上城墙劝说阿兹特克人撤回军队。不过此时，其他阿兹特克头领已经不再拥戴蒙特祖玛二世，觉得有骨气的领袖宁愿赴死也不该叛国以换偷生。于是他们拥立从一开始就主张与西班牙人战斗的蒙特祖玛二世的兄弟为新君。然而，欧洲人带来的一场天花瘟疫此时横扫墨西哥，新君就任不到三个月就命丧天花。[91]

在动荡不安的形势下，西班牙人还是酿成了一场祸患，让很多人付出了生命的代价。他们蔑视阿兹特克人的宗教，还坚持在阿兹特克人的崇拜场所放置基督教的符号。一次，正当阿兹特克人聚集在一起庆祝宗教节日时，西班牙人闯进了庙宇的院落，悍然攻击宗教领袖。

他们包围了跳舞的人，走向鼓阵，狠打一名鼓手的胳膊，剁下了他的双手，又猛击他的脖子，直接把脑袋打掉，在地上滚出去很远。之后他们用铁制长矛把阿兹特克人穿成一串，再用剑挨个杀死。有

些人被砍开了后背，内脏一股脑涌了出来。一些人的头被劈开，再被剁碎……[92]

过去阿兹特克人在征服其他部落、毁坏别人的神像时，这样的暴行也不罕见，但现在轮到自己头上，他们深受震动。对他们来说，宗教的极端重要和不容亵渎近乎一种偏执，绝不亚于西班牙人。这一番亵渎神明和大开杀戒，让侵略者和阿兹特克人的关系走向了不可挽回的境地，从此两边放弃了一切虚情假意的表面文章，公开战争再也不可避免。阿兹特克人再次对西班牙营地发起袭击，这次蒙特祖玛二世的劝说也阻拦不住。蒙特祖玛二世命丧这次乱战，不知是死在了阿兹特克人还是西班牙人的刀下。

后续的战争十分激烈，西班牙人一时占了上风，放火烧毁了阿兹特克人的神庙，推倒神像使之滚下祭台，引起了民众的普遍恐慌。不过科尔特斯心里清楚，自己的部队必须趁天黑赶紧撤走。撤退途中西班牙人被当地的女人发现，于是又一轮血腥杀戮开始了。这一次阿兹特克人占据了优势，西班牙人和他们的印第安人盟军拼命逃向几座原有的桥梁和他们自己修建的浮桥，很多西班牙人因带了太多黄金而跑不动。但是阿兹特克一方过于关注抓俘虏用于献祭和夺取战利品，特别是那些新奇的西班牙武器，以至让科尔特斯带着很多西班牙兵和印第安人盟军在夜色中逃掉了。[93]

如果当时在西半球再多发生一场种族战争，西班牙人的处境会非常不妙，因为他们折损了很多人马和武器。但是与阿兹特克人为敌的印第安人部落把他们保护了起来，甚至在后面几个月里他们争取到了更多印第安人盟友。另一边，阿兹特克人掌握大量金银的消息吸引了更多西班牙探险者一船接着一船地到来。不到一年的时间，科尔特斯重整旗鼓，率领一支更强大的西班牙人-印第安人联合军队再次攻打阿兹特克都城。在这次征途中，他遇到的印第安人部落有的抵抗，有的联合，还有的小心保持中立，这都取决于此前各部落与阿兹特克人的关系。[94]

这次向特诺奇蒂特兰开进的军队中有 900 西班牙人和几千印第安人，他们先是围城一段时间，让城中居民挨饿、染病，之后一举攻入。这次战况也很激烈，双方交替占据上风。最终，西班牙军接受了对方军事统帅的和平投降，然而他们无法阻止印第安人盟军对阿兹特克人展开报复，他们大肆屠城，取阿兹特克人的肢体煮来吃，正像阿兹特克人之前对待他们一样。这次屠杀之惨烈，满城尸臭让科尔特斯都难以忍受。城中的树皮被饥民扒掉，草根也被挖出，围城造成的饥荒惨状可见一斑。阿兹特克帝国自此陨灭了。[95]

印加帝国

在哥伦布到达之前，印加帝国曾是世界上最大的帝国之一，甚至没有"之一"。在鼎盛时期，印加帝国从南到北 2 000 多英里，包括今天秘鲁、厄瓜多尔、智利、玻利维亚的全部或绝大部分，哥伦比亚的大部，以及阿根廷和委内瑞拉的部分地区。从气候带分布上看，最北在赤道略北一点儿，最南到达南纬 35 度的温带，帝国的腹地虽然处于热带，但海拔数百英尺，因此既无热带的溽暑，也没有同纬度其他地区饱受其害的热带病。这种气候以及当地生长的马铃薯等块茎作物和玉米等，让人们有大量储存粮食的可能，这也有别于其他热带地区。有了大量的存粮就能养活大规模的军队，即使兵丁广布，也可以通过散在各地的粮仓供给保障。

印加帝国境内的气温、降水等自然地理条件差异很大。山地垂直海拔升降大，低处是热带气候，最高处却寒冷到很多庄稼都无法生长。即使是水平距离不远的地方，因为海拔不同，生长的动植物也有很大不同。不同地区的居民生活方式也各不相同，迥异的环境养育了农、牧、渔等各种生计，人们可能距离不远，但海拔高度落差很大。

这里的水汽主要是来自大西洋的东风，因此东部的丛林和高地地带的降水远比安第斯山脉丰沛，而由于安第斯山脉阻隔了水汽，使之不能西去，导致太平洋沿岸的狭长地带非常干旱。[96]

虽然这个大帝国中的人被统称为"印加人"，但其实严格意义上的"印加"是统治者的称号，或者可以推而广之指 4 万名左右的贵族精英，他们统治着帝国的几百万人口。[97]而被统治者包括各民族文化语言背景不同的被征服民众，他们对帝国的忠诚度和可靠程度不尽相同。跟同一时期奥斯曼人的做法类似，印加皇帝大量搬迁人口，用自己认为靠得住的部族填补新征服的土地，打散其他部族，降低叛乱的风险。[98]统治族群是生活在印加帝国腹地安第斯山区、说盖丘亚语的民族，他们走出大山，统治了生活方式与自己完全不同的其他部族。

在不大的地理范围内有如此丰富的自然和人文变化，催生了贸易和其他交往，也包括征服与被征服。跟世界上很多地方的山地民族一样，印加人非常善战。他们不仅是战斗民族，还有着在西半球非常先进的文化。他们擅长砌筑城市和纪念碑等，还发展出了自己的计数体系，使用多彩的线绳打结计数，很像中国的算盘。印加人建起的宏伟建筑，有 200 多码①长、50~60 码宽的大厅，方便在恶劣天气时举行室内节庆活动。[99]

印加帝国有数万英里的道路连通各地，后人评价这里有在没有汽车的时代修建得最好的全天候通行道路。[100]印加人生活的南美西海岸地带崎岖多山，很少有平坦的可耕地，需要修筑梯田保蓄珍贵的水源。人们还会利用水渠等工程和设备调控水流和用水。不管在哪里，修筑梯田和水渠都需要组织大规模的人力，需要有权威力量能控制和调动如此大量的人员。而像北美的大平原印第安人那样的个人化社会，就不适合需要大型工程才能应付自然环境的生存条件。印加社会

---

① 1 码 =0.914 4 米。——编者注

征服与文化

内部等级森严，不光是对被征服的部族，他们甚至会用本族人作为宗教仪式上的活人祭品。

跟西半球大部分印第安人一样，印加人没有书面语言，因此在西班牙人征服以前发生过什么只能靠考古证据去推断。虽然西班牙语有书面文字，但早期的征服者大多是文盲，包括其领袖弗朗西斯科·皮萨罗。[101] 因此，虽然欧洲人登上新大陆时与印加人有过接触，但是当时关于印加人的书面记载寥寥无几，而口头的历史叙述常彼此矛盾，这也是口述历史的通病。不过，印加人留下了很多石砌遗迹和金银器皿等器物，这些都承载了很多历史信息，通过现代的碳同位素定年等手段可以重建其历史轨迹。

除了没有书面文字，印加人也没有车轮和弓箭。因为地处多山地带，又缺少牛马等牲畜，印加人在搬运大块石料时会用原木在下面承托，而不会使用有轴的车轮，这是其他地方所不常见的。在运输其他货物时，他们会使用羊驼或人力搬运。这里没有弓箭，但印加人懂得修建城门和悬索桥等各式桥梁。[102]

纵然印加帝国幅员辽阔、文化悠久，但在历史长河中，不管是早期的帝国还是后来的政治国家都比较短寿。印加王国维持了勉强一个世纪，而帝国只存在了50多年。除了被征服民族的起义叛乱，印加人内部也有权力斗争，部分原因是缺少权力更替的清晰规则。不管怎样，在16世纪欧洲人登陆南美时，印加帝国基本上还在发展中，不断巩固历次征服的成果。首次登陆的西班牙人约260人，其中大约四分之一是骑兵，其他的是步兵。[103] 让人出乎意料的是，区区这点儿人马就能打败臣民上百万、兵丁数千的印加帝国。这要归结于多方面的因素，其中最突出的是西班牙人勇于冒险、敢想敢做的特质，另一方面是印加人统治者屡屡失算。

16世纪初期，西班牙军队开始沿南美洲太平洋海岸南征，此时印加帝国内部正在发生血腥残酷的王位之争。西班牙人一路烧杀淫掠，还抓来当地人为奴，让他们学习西班牙语充当翻译。他们大肆抢掠的消息很快传到了争夺王位的两兄弟——刚去世的印加老皇帝之子阿塔瓦尔帕和瓦斯卡尔那里。民间也多有传闻，这些住在"海上房子"里、骑着没见过的奇怪生物的大胡子人引起了很多风言风语，甚至有人猜测他们是超自然的生物，是印加宗教里先知在人间的化身。而西班牙人也会在行军路上同战乱中的印加部族互相交流，双方实际上都是在没有把握的环境中彼此试探。

与此同时，瓦斯卡尔和阿塔瓦尔帕两个印加王位争夺者的兵丁还在继续交战，各种政治阴谋持续上演。瓦斯卡尔在印加都城库斯科称帝，而阿塔瓦尔帕的军队从厄瓜多尔的基多马不停蹄地向南赶往都城，抓获了瓦斯卡尔，大肆杀戮印加贵族，对平民也施以暴行。[104] 就在阿塔瓦尔帕清除对手并执掌帝国后不久，西班牙人也循着他的路线来到了库斯科。

印加新皇帝犯下的第一个错误就是低估了西班牙人的战斗实力，轻信了谋士对早期在低地与西班牙军交战的轻描淡写，而没有听从那些同西班牙人交过手的亲历者的说法。[105] 阿塔瓦尔帕沉浸在自己近来的军事胜利中，不大情愿相信自己对付不了传闻中新来的大胡子，特别是想到这队人马的规模不大，也压根不可能是什么超自然的化身。

新皇帝听到的除了西班牙人在帝国周边低地地区的胡作非为，还有疫病肆虐摧残当地民众的传闻，比如在基多，大批民众因病垂死。这些疫病不一定来自与欧洲人的直接接触，病菌传入当地人群，不管他们走到哪里，是去贸易还是打鱼，都会沿途传播。因此，欧洲人进军途中遇到的常是已经被疫病削弱甚至打垮的部族。在印加帝国之内也是如此，据遭受瘟疫的印加军队回忆，当时带消息说有新的瘟疫流行的信使，不知不觉也把瘟疫带了回来。在印加都城，在白人还没有到来之前，民众就已经因欧洲瘟疫而濒于死亡了。[106]

另一边，西班牙人打败了低地各部族并抢掠了财富，继续向高地的印加帝国腹地进发，直奔久闻大名的黄金财富而去。沿途所见文明的发达程度令他们刮目相看，见到的军队规模更是让他们心惊。于是，他们设宴邀请印加皇帝并称要上交朝贡，希望尽快逃出眼下的困境。这时阿塔瓦尔帕犯下了第二个致命的错误，可能也是轻敌之故，他同意到皮萨罗的军营中会面。

西班牙人精心布局，躲在暗处伏击并俘虏了阿塔瓦尔帕。之后使用大炮和马匹在人数庞大但装备简易的印加军队中散播迷惑与恐慌，几个小时内就屠杀了几千名印加人。[107] 而在印加人等级森严、组织分明的社会里，西班牙人俘虏了皇帝就等于获得了全面控制权。他们首先挟持皇帝以赎金为名索要了巨额金银，得到的黄金按20世纪末的价格换算相当于600多万美元。[108] 收到赎金的西班牙人没有释放阿塔瓦尔帕，反而将他撕票。他原来的对手瓦斯卡尔此时已经被部下灭口。之后，西班牙人的使节通过花言巧语诱使阿塔瓦尔帕军队的主将见面，待他进入西班牙人营地后，也遭到俘虏，后被杀害。

这样一来，印加帝国争权的两派中很多最高首领不是被对方杀掉，就是被西班牙人害死，西班牙人实力大增，继续开往都城库斯科。途中他们经过了一处印第安人内战的战场，见到成千上万人死去，尸横遍野。虽然印加人在人数上多出了很多，西班牙军队却有极大的技术优势。具体技术优势还不在于火枪，那时的火枪很笨重，开枪慢，瞄准也差，更大的优势在于他们的铠甲、刀剑、战马让他们能四两拨千斤，轻松战胜庞大的印加军队。[109] 比如马匹，不仅在战场上可以冲杀突击，还让对方的瞭望放哨体系再无用武之地，因为哨点之间传信的速度一般没有马跑的速度快，敌人来犯的消息还没传到族人和首领那里，西班牙军队的马就已经跑到了。另外，这些西班牙人都是以打仗为生的征服者，而印加人军队中的很多人日常是务农或者做别的非军事生计的，只有在特别时期才被动员起来参军打仗。最后，不时有被印加帝国征服过的部族起来反抗，也让局势变得更加复杂。

在这样的环境下，西班牙人攻进了印加都城库斯科。城中长期受压迫的居民把他们当成救星欢迎入城，西班牙人也乐得顺水推舟将错就错。然而时间一久他们的真面目就暴露出来了，扮作救星进入库斯科的西班牙人，扶植了一个傀儡皇帝，很快就展现出真正掌权者的身份。一时间，他们到处劫掠，强征男丁，性侵女人。西班牙人以库斯科为根据地，在新任皇帝曼科印加王的大部队的辅佐下[110]，开始重新征服已经支离破碎的印加帝国。虽然很多印第安人部落激烈反抗，西班牙军队仍然优势尽显，即便面对破釜沉舟的抵抗也能取得决定性胜利。有些曾经受阿塔瓦尔帕的基多军队之苦的印第安人部落还会主动帮助西班牙人和库斯科的印加军队。[111]

在库斯科城内，西班牙人等待着来自北方其他殖民地的援军的到来，平素倒也相安无事。后来，大批船只运来了追随着秘鲁的传奇宝藏而来的西班牙援兵，其中很多人获得了数千印第安人的委托监护权，依靠他们的贡品和采矿劳动富了起来，甚至西班牙人中一些曾经非常排斥贸易和手工劳动的佃农和匠人这时也成了富裕的统治阶级。[112] 秘鲁成为西班牙殖民地以后，在沿海建设了新的都城，以方便从此出海前往其他西班牙殖民地和西班牙本土，这终结了靠低效昂贵的人工向库斯科周边高山地带运输物资的局面。这个新首都就是今天秘鲁的首都利马。

此前从基多跟随阿塔瓦尔帕南下的军队被西班牙人和印加军队打回了老家并最终被剿灭，于是新的西班牙人帝国可以放心剥削，全然不顾印第安人的想法，也不管曾经合作的印加王和统治贵族。据说当时"没有哪个漂亮女人能被自己的丈夫独有"。西班牙人将很多当地女孩收为情妇，但少有明媒正娶者。现在领土已经巩固，他们尽可以等待西班牙女人移民前来。后来，狂妄的西班牙人把印加王的亲妹妹也强奸了,皮萨罗家族的人还掠走了印加王后。印加王奋起反抗,却被投入监牢,还遭到私下和公开的羞辱。后来,他逃离了库斯科进入大山,组织起对西班牙人多年的武装抗争,并挑起了印第安人广泛的反叛。[113]

方圆1 000英里的很多印第安人部族都起来反抗西班牙人,各类冲突和游击战持续了多年,其间双方时常采用残酷手段。不过,仍有一些曾被印加人压迫的印第安人加入西班牙人一方作战,帮他们获取情报和物资。西班牙人内部也不完全团结,大批西班牙军团的到来改变了力量平衡,急于效仿先来者攫取财富和权力的新人占了多数。新来者承皇室之命,名正言顺,因为之前西班牙国王听到皮萨罗部下在秘鲁的胡作非为,觉得实在不堪。于是,西班牙人爆发了内战,皮萨罗一方有340名将士被杀,最终王室军队胜利,皮萨罗也遭到处决。[114]

得胜的王室军带来了国王的命令,希望能善待印第安人。但西班牙国王其实摇摆不定,他一边忧虑南美传教士和平民报告的虐待印第安人的人道问题,另一边还想继续从那里的原住民处获取大量的金银,流入西班牙的金银最后多数都进了王室的钱库。如此一来,他能做的仅仅是勉为其难地阻止最出格的暴虐,并规定每个西班牙人可以控制数千印第安人,默许对他们为所欲为。

1568年,弗朗西斯科·托莱多被任命为总督。王室希望借此矫正西班牙人的行为,也让印第安人皈依基督教,接受欧洲的生活方式。随后有超过150万印第安人被强制从散居的山区迁出,搬入为改造他们的社会生活和宗教生活而建的城镇。西班牙的传教人员到处搜寻印第安人的宗教器物并悉数毁掉,包括印加皇帝的木乃伊,又把当地的宗教领袖抓起来施以鞭刑。他们还编纂了盖丘亚语词典。这些按西班牙人的想法改造印第安人的做法遭到了抵抗、逃避、反击甚至武装反抗,印第安人反过来也破坏基督教教堂,砸毁他们的宗教标志。[115]

最终还是西班牙人获胜了，至少他们获得了统治国家的政治权力和对大多数印第安人的控制。大量印第安人在银矿等地工作，给西班牙人及其在本土和殖民地的政府创造财富。印加帝国覆灭了，像曾经的罗马帝国一样彻底。不过，欧洲有神父等少数受过教育的群体把罗马文化部分保留了下来，在中世纪仍然藕断丝连地传续着。但印加文化没有书面语言，因此连少量的文化遗迹也没能留存。而且，印加文化是一个复杂的系统，在被征服之后的四分五裂的社会中无法继续传承下去。比如大规模的梯田从此被废弃，只有石砌阶梯的遗址一直保留到20世纪。随着文化的断线和组织梯田生产的政权的陨灭，梯田这种生产生活方式终究失去了生命力。

北美洲

北美洲的广袤土地上散布着众多印第安部落、民族和联盟，他们彼此不同，与阿兹特克人和印加人也不同。整体上说，北美印第安人没有像阿兹特克人和印加人那样等级森严和专横妄为的政府，也没有当时欧洲那样的政府。实际上，北美很多原住民部落集体生活的组织形式到底能否称为政府，还一直是个问号。因为那里的人们会根据某个具体目的选出首领，例如组织打猎、战争等，而被选出的首领完全没有永久统治民众的权力，权力的期限也仅在被选作领导那个事项的时间段内。北美印第安各部落、各民族之间从来没有过像阿兹特克人和印加人那样对被征服部族的残酷压迫。但是，也有的强势部族会从弱势部族那里征收贡品，其实世界各地都是这样。在易洛魁等联盟中，有一些部落处于附属地位，而另一些处于领导地位。不过，北美印第安部族之间并不总是和谐友爱地相处，考古证据显示，在新大陆发现以前的时期，那里也存在酷刑和食人等现象。[116] 切罗基人会奴役其他印第安人，并把一些奴隶转手卖给后来的欧洲移民，后来还参与了非洲黑奴的买卖,帮助白人抓捕脱逃的奴隶以换取奖赏。[117]

北美印第安人大多远不如阿兹特克人和印加人的文明程度,也没有巨额财富吸引西班牙征服者到来。那里的人口密度很低,例如密西西比河以东最大的部族之一切罗基人在1690年只有2万人。[118] 而在蒂卡尔一个城市周边的玛雅人或特诺奇蒂特兰都城里的阿兹特克人都比这要多。北美与拉美印第安人之间最重要的差别当数历史上两者同欧洲人的关系。在殖民时期乃至之后的一段时间里,英、法、荷、瑞典等欧洲人在北美大陆建立和扩张移民社会的模式与西班牙、葡萄牙两国征服西半球其他地方的模式完全不同。一位著名的研究北美印第安历史的专家这样写道:

> 笼统地说"征服"印第安人其实掩盖了一个事实,即印第安人通过自愿谈判割让,以财产售卖的方式主动放弃了很多土地。[119]

不仅在殖民时期很多土地是这样取得的,美国建国后也继续以此种方式获得了很多土地。这一过程中也会存在哄骗和强力[120],但这毕竟不同于西班牙、葡萄牙等欧洲列强经典意义的征服。西班牙、葡萄牙两国占领殖民地的方式与英、法、荷、瑞典等国不同,部分原因是西半球不同地方的欧洲人和印第安人实力对比的差距,这种差距在欧洲人一方取决于来自哪个国家,在美洲一边则取决于当地民族生活在何种自然环境中。

在英、法、荷、瑞典等移民最早到达的大西洋沿岸时,印第安人没有聚集起像发达的阿兹特克或印加帝国那样的巨额财富,也就没有接踵而至的军队来掠夺。北美洲最早吸引欧洲人的是纽芬兰岛沿岸的丰富渔产,以及欧洲已经找不到的大量的动物皮毛。为此英、法、西、葡等国的渔船纷至沓来[121],但是获得皮毛主要还是通过与印第安人的交易。于是沿海出现很多贸易点,在哈得孙河、圣劳伦斯河等内河沿岸也一样，因为这些河流深入内陆且水深足以行驶远洋货船。1630 年，仅从魁北克一地发往欧洲的动物皮毛就有 3 万张。[122] 当时最大的海洋强国荷兰选择在沿途易守难攻的岛屿上建立贸易前哨和定居点，所以选中了曼哈顿岛这块宝地。曼哈顿正处在河口之上，向内陆可以通达几百英里，荷兰人在那里建起"新阿姆斯特丹"。溯河而上，他们还建立了"橙堡"作为贸易港，这就是今天的奥尔巴尼。[123] 以英、法为主的其他欧洲国家也开始在东海岸建立贸易点和定居点。他们最大的对手不是印第安人而是其他欧洲人，印第安人很积极与这些新来者交换欧洲舶来的各种工业产品，从餐具到武器等都受到青睐。

与西班牙军队压境的征服方式不同，最早来到北美东海岸的欧洲移民有妇女儿童，每个定居点的人口规模都不大，不至于让周边的印第安人部落感到什么威胁。例如，17 世纪中期，"新法兰西"地区的法国总人口只有 300 人，散布在圣劳伦斯河沿岸的 4 个小型定居点，"新瑞典"的人口也从未超过 400 人。[124] 规模稍大的定居点早期也是举步维艰，例如詹姆斯河沿岸的弗吉尼亚，起初有 6 000 人，经历了一段艰难的饥荒岁月后，人口减少到只有 1 200 人。[125] 不过，时间久了，开始出现一些规模较大、实力较强的欧洲移民社会，有些是从早前的定居点发展而来的，有些是新建立的殖民地。新法兰西在 1663 年人口达到 3 000 人，1685 年增至 1.1 万人。[126] 从 1630 年到 1660 年的 30 年里，共有约 2 万名清教徒来到北美。17 世纪中期，纽芬兰已经有 1 万欧洲裔人口，其中三分之二是来自爱尔兰的天主教徒。1664 年英国从荷兰人手中占去"新阿姆斯特丹"时，那里也有 1 万居民。[127] 虽然这些人口规模看起来不算大，但要放在当时北美各个印第安部族的人口规模上去比较，因为这些部族完全没有团结起来对抗白人移民的想法。

与此同时，欧洲人带来的疫病开始传播，所到之处印第安人大量死亡，让人口和军力对比的天平加剧倾斜。虽然双方很少发生正面战争，实力对比的变化还是影响了双方的关系格局和各自的谈判能力。此外，欧洲疫病的传播造成印第安人人口减少，不再需要原来那么多土地，于是各部落纷纷向欧洲移民卖地，其中很多是已经开垦好的耕地，欧洲人不用受自己开荒之苦，因此对他们更有价值。生活在欧洲人社区周边的印第安人因为疫病大量死亡，而住在远处的部落受此影响较小，这也造成了各部族实力的变化。例如，住在新英格兰的万帕诺亚格人90%多死于欧洲疫病，但以狩猎采集为生、不太接触白人的米克马克人受疫病的影响不大。后来，米克马克人开始抢掠万帕诺亚格人，纳拉甘西特人部落也强逼万帕诺亚格人割让土地。[128]

而白人瞅准了机会，不但侵占印第安人的土地，还把印第安人单个或成批地抓走卖为奴隶，很多卖给了西班牙人或者卖到了西印度群岛。在1620年清教徒登陆并在普利茅斯建立殖民地之前，欧洲人的欺人恶行就激起了新英格兰多地印第安人的敌意。后来的清教徒移民在到达之前就听说了印第安人的敌对情势，所以一上来就采取迎战姿态，反而引发了更大的敌意。新来的殖民者虽然可以靠印第安人遗弃的玉米地中的玉米充饥过活，但是与印第安人的关系却变得不稳定起来。到1621年，他们还是跟部分印第安人谈成了一项契约，并据此误以为所有印第安人从此都愿意相安无事。[129]

虽然北美印第安人和白人之间不是传统的政权对政权的征服战争，但边境地区的冲突战斗也非常普遍和惨烈。比如，印第安人抓到白人后，会把小孩挑出来当着他们父母的面摔到树上，再不然就剥掉头皮或者肢解，折磨虐杀的花样很多，以此取乐。[130]反过来，白人移民也会杀光整村的印第安人，剥下很多头皮做战利品。[131]无论白人领袖和印第安人首领的关系如何，在冲突的边境区双方总是有深仇大恨，双方互相肆意报复。

一些白人和印第安人之间充斥着冤冤相报的刻骨仇恨，另一些却发展出了贸易关系，甚至军事同盟。早期的英国殖民官员和后来的美国官员以及传教士常常对印第安人怀有悲悯之心，但在边地开疆拓土的白人很少这样。虽然在费城的贵格派领袖对印第安人心存宽厚，不但履行契约还赠予礼物，但宾夕法尼亚州西部边境的苏格兰裔爱尔兰移民还是跟印第安人以暴制暴地恶斗。再往北面的地方，一边有达特茅斯学院专为印第安人学生提供助学金，一边有杰弗里·阿默斯特勋爵（还有一所大学以他的名字命名）对印第安人开战，还故意向他们传播天花。[132] 总的来看，白人和印第安人之间的关系与政策，既没有对哪个部族一以贯之，也没有在哪个时间段内稳定一致，只是倒还有些粗浅的规律。

随着欧洲移民增多和周边印第安人部落人口的减少，白人的军事实力也在提高，白人一开始就掌握的印第安人所需的产品也越来越多。新来的欧洲移民与周围印第安人交换最多的是羊毛布料和棉布衣服，还有火器弹药等，而移民刚来时需要的物资主要是食物。后来他们从印第安人处学会了在新环境中种植玉米和其他庄稼，逐渐实现了基本生活所需的自给自足。但皮毛特别是河狸皮毛贸易数量仍然很大并持续增长，成为北美对欧贸易的主要货物，欧洲移民充当中间商，将欧洲来的商品转卖给印第安人，又把皮毛卖往欧洲。

其实欧洲人开始在北美定居殖民以前，皮毛国际贸易就已经有几百年的历史了，主要供应商是俄国人。有些皮毛是荷兰人从北美搞到再转手卖到俄国的，在那里由精于皮毛加工的工匠制作好再返给荷兰人做表面鞣制。人们在北美发现还有大量可生产皮毛的动物尤其是河狸后，皮毛市场又火了起来。戴皮毛帽子成了欧洲富人的新时尚，普通的鸭舌帽被很多人嫌弃，成了低下阶层的身份标志。[133]

殖民时期的印第安人和欧洲人不仅达成了贸易伙伴关系，还时常结成军事同盟，例如摩霍克人与荷兰人，休伦人与法国人，后来的易洛魁联盟与英国人，等等。这样一来，印第安人就卷入了欧洲帝国列强的斗争，北美变成了斗争的战场。其中有数次英法战争和美国独立战争等，印第安人在这些战争中都是败方的盟友，投降时割让了大量土地，战争更是造成了人员的伤亡和持久的仇恨。但反过来，欧洲移民很少卷入印第安人的战争，只会为某一方提供军火或者充当政治掮客。

欧洲殖民者和邻居的印第安人社会能产生经济和军事联系，与欧洲人的接触还推动了印第安人文化的变化。例如，一些印第安人改信基督教，部落从而出现了嫌隙。整体的趋势是，由于印第安人越来越依赖与欧洲移民贸易获得的基本生活保障，还要靠欧洲人提供的武器弹药去打猎或迎战敌对部落，印第安人社会内部的经济和军事功能发生了变化。很多印第安人的生活方式也出现了改变，如果某样东西能通过与白人贸易而轻易获得，他们就丢掉制作这样东西的手艺。因此，与白人接触得越久，印第安人就越依赖白人，而白人在学会了如何种植北美的原生作物、掌握了地形和一些当地语言后，越来越不依赖印第安人。决定了双方关系变化的一个重要因素是书面文字（包括绘制地图），新来的欧洲人凭借文字能快速地传播任何新获得的信息，并印刷出来成为永久掌握的文化。而印第安人没有文字，因此某种珍贵的技艺一旦在一代人手上失传，就可能永久消失。简言之，印第安人丢掉了很多技能，而欧洲移民不但留住了原有的技能，还从印第安人那里学到了新的技能，并持续从欧洲输入新的技术和其他知识。天长日久，这些都改变了双方的实力，欧洲人的优势越来越明显。

不同的印第安人部族还会为了进入欧洲人的贸易港而开战，只为争求用河狸皮毛换取大洋彼岸的货品。这些货品中对他们命运改变最大的，是枪炮和酒精。最靠近欧洲人住地的印第安人会将其他试图前来的部族打退，因此欧洲人买走的皮毛大多不是直接来自捕杀这些动物的印第安人，而是来自近处印第安人与远处印第安人的交换，他们作为中间人从中谋利。生活在哈得孙湾沿岸的克里人就是这样的皮毛贩子，而生活在阿勒格尼山和五大湖之间的易洛魁人也出于此目的阻断了渥太华人和休伦人从魁北克和蒙特利尔向南的通路。当年的法国人为了绕开易洛魁人，只好继续西进。[134]

双方的互动不仅是货物贸易，能接触到欧洲人就能获得欧洲的枪炮，从而改变印第安人部族之间的实力格局。例如，克里人在1670年至1689年从哈得孙湾公司获得了1万余件枪炮，这还没算他们从法国人手上买的。[135]紧邻白人社会的印第安人部族有条件买到足够多的武器，从而改变与敌对部族的军力对比，因而他们会阻拦敌对部族直接接触欧洲人。奥吉布瓦人就是这样，自己搞到了枪炮，就奋力把达科他人和福克斯人部落赶出湖区，以免他们也弄到枪炮。当然，这些枪炮也可以用于对付白人，实际上也屡次发生。但是印第安人使用武器毕竟受到掣肘，不仅要靠白人提供枪炮，还得找白人去维修和拿弹药。17世纪，马萨诸塞发生过一场印第安人对白人的战争，虽然印第安人赢下的战役更多，但后来他们的弹药用光，白人最终取得了胜利。[136]

整体来看，殖民时期白人和印第安人之间的战争比较少见，更多是印第安人部族之间为了争夺接触欧洲社会的机会而进行的互相杀伐。一些印第安人部族下定决心要打破敌对部族的阻拦而进入欧洲贸易点，所以发动袭击和侵略。休伦人每年定期召集其他印第安人部族开会，警告他们不要妄图直接接触法国人。[137]后来，易洛魁人大量杀戮休伦人，将其残部赶往西部，也吸纳了部分幸存者进入易洛魁联盟。[138]另一方面，欧洲人也在寻找绕开中间贩子直接获取皮毛的渠道。这期间英国人和法国人的很多探险都是为了寻找进入内陆更深处的水道，找到直接捕捉毛皮动物的印第安人，不再让中间人赚取差价。一些英勇无畏的欧洲商人能深入印第安人领地深处，从而获得更好的交易条件和更大的利润。

殖民时代的北美，组织有序的白人社会能够在各处发动对印第安人领地的袭击和侵略，不过通常没必要冒这种擦枪走火的风险。欧洲移民对印第安人手中皮毛的渴求，丝毫不亚于印第安人对欧洲商品的需要。时间一久，北美东部的河狸几乎被猎杀绝种，皮毛贸易的中心开始向西转移，追寻新的河狸种群。那些放弃了传统生计而一心与欧洲移民做交易的印第安人，现在既无法猎捕河狸，又丢掉了曾经的手艺，生活境况更加艰难。而在没有这种经济依存现象的地区，例如在主要出口品是烟草而不是皮毛的弗吉尼亚殖民地，白人和印第安人之间的军事敌对很早就开始了。最早来到詹姆斯河的移民以铜换粮，推高了玉米价格，于是白人开始强抢印第安人的玉米和玉米地，引发的战争造成双方各有数百人伤亡。相较于需要靠贸易从印第安人处取得的皮毛，白人殖民者可以自己种植烟草。虽然17世纪早期第一批移民的数量跟当地的波瓦坦人相比尚不足百分之一，但弗吉尼亚的白人数量迅速扩张，到1675年达到印第安人口的10倍多。[139]

不管是在北美还是南美，最终得胜的都是欧洲人，不过这个过程在美国和加拿大比在拉丁美洲要漫长得多。而且西、葡两国和英、法、美等国的统治方式也不相同，尤其是英、法在北美移民的殖民地基本上构成了一个独立封闭的世界，欧洲人生活在欧洲人住地，而印第安人生活在原住民社区，不管多年来两者的边界发生过多大的变化，也不管边界地区双方有多少交流，这一基本格局都没有改变。像拉美那样欧洲人作为统治阶级直接靠占领区的原住民劳动而生的情况在这里基本没有。

印第安人用土地换取欧洲的货品很少是个别交易，也就是说，白人移民不会单枪匹马地到印第安人社区去找个人买土地。往往是由殖民官员出面，从印第安部落买下大片土地的契约，再分割卖给白人个人。实际上，鉴于直接从个人手中购买土地的法律问题和可能引起的麻烦，所有殖民政府都曾颁布禁止个人对个人土地买卖的法令。[140]

即使在北美殖民地的白人人口增长、实力增强以后，他们向印第安人领地的扩张也鲜少使用一国征服另一国的方式。推动他们向印第安人领地扩张的，常常是自由探险者，而不是政府的军队。在边境地区，政府对其名义上的国民只有很弱的控制。1792年，后来的总统托马斯·杰斐逊在一封信中写道：

> 我也希望你所说的不要蚕食印第安人土地的告诫会对人民有益，美国如果同印第安人开战，关系太过重大。得到那些居住地可能会满足少数人的领地扩张需求，但由此引发的战争会消耗美国其他居民所缴的税金，成本将是收益的千倍。我倒是认为，派遣武装部队对入侵者开战更加公平，也更节省成本。[141]

印第安人对居民的治理水平也不高，一个原因是很多印第安人部族没有欧洲政府一类的治理机构。人们选出首领带领部落打猎或者打仗，但首领没有权力将其意志强加给整个部落。印第安人勇士在发现白人入侵自己的土地时会不顾长者的劝解直接还击，进而引发种族战争。如此，两边的群众都无法被管制，欧洲人和印第安人之间爆发边境战争就不是双方领导者能决定的事情了。比如法国的皮毛商人也有不听政府管辖者，他们将欧洲人住地的边界扩展到了军事防御能力之外。[142]

整体来说，北美白人移民向印第安人领地的扩张主要是为了占据土地，而不是为了将印第安人收为臣民，让他们当白人地主或欧洲教会的附庸。这与拉丁美洲大部分地方不同。这种差异造成的结果是，英属印第安人和欧洲人的种族融合程度远低于西班牙属的拉美地区。西班牙人统治三个世纪后，那里人口的相当一部分都是混血了。[143]

北美的欧洲人占领了印第安人的土地后，基本上不会要求对他们的统治权，而被赶出家园的印第安人会偏安于新的土地，自治权不受太大影响。因此，即便到了美国建国一个世纪后，能与美国军队作战的印第安人部族也还存在，还在小巨角河战役中击败了卡斯特的军队。直到美国将国土西扩到了太平洋，联邦政府才开始对仍然居住在保留地中的印第安人实行统治。

跟传统的征服不同，在北美，历史的发展和欧洲人政府（即后来的美国）权力的巩固并没有带来持久的和平，因为双方军事实力的天平已经彻底倾向于欧洲移民。白人人口增加、力量增强，更有底气不惧与印第安人开战，也有动力为新增人口开拓更多土地。19世纪，美国人对印第安人及其土地的索取变本加厉，印第安人的反抗引发了新的连番战事，且多是种族之间的对抗。不过，到了欧洲移民在北美大举西进的时期，印第安人也还不能团结起各部族反抗。各部族被西进运动驱离祖地家园后，反而向西去侵略其他部族的土地。这有点儿像中世纪欧洲发生的"链式"征服模式，中亚人驱逐斯拉夫人，斯拉夫人再去侵略中东欧和巴尔干地区。

美国的很多领土是印第安人或自愿或被迫出售的，而不是像别处一样直截了当地征服，这种"半征服"把印第安人置于一个尴尬的法律地位。一方面，印第安人也是美国公民，终归受联邦政府的主权管辖；另一方面，印第安人部族与美国之间签有契约，赋予他们在保留地内一些自治权。这就造成了法律上的困局和矛盾，不清楚他们是否以及在多大程度上应该服从各州政府的法律和管辖。[144] 在西进时代这些不正常的情况没有得到很好的解决，所以直到1996年还有这样的案例：联邦上诉法院裁决州政府是否有权对印第安人保留地内运营的卡车收取卡车牌照费[145]，以及州赌博法是否适用于印第安人保留地。[146] 印第安人与美国联邦军队之间已经100多年没有打过仗了，但因为"半征服"的模糊性及遗留的印第安人自治权范畴不清晰等问题，法律争议仍然不断产生，需要法院的裁决。

数百年间，北美的历史发展路径是当地的地理、人口、文化等条件决定的，而不是因为英、法与西、葡的目标有什么根本不同。在环境完全不同的加勒比群岛，欧洲侵略者的军事实力远胜于岛上人口稀少、发展落后的原住民部落。在那里，英、法、荷等国的征服跟西、葡对加勒比群岛和西半球其他地方的征服方式并无不同。那里的印第安人要么被杀光，要么彻底臣服，欧洲人占领岛屿后经营起种植园，使用非洲黑奴生产糖料和其他作物向欧洲出口。但是在北美，环境条件与之迥异，这才使欧洲占领的过程更为漫长和复杂。

易洛魁人

欧洲移民所知的很多印第安人部落、族群、联盟的名字，都不是印第安人自己取的，而是其他印第安人如此称呼的，又被欧洲语言转译过去。因此，很多名字其实是蔑称，例如阿尔冈昆印第安人的语言中"杀人族"一词被巴斯克人借用了，后来又转译到法语中，就变成了"易洛魁"，而到了英语中它的发音又跟法语不一样。[147]

易洛魁人不是一个部族，而是一个联盟，包括摩霍克人、塞讷卡人、卡尤加人、欧奈达人、奥嫩达加人，因此也被称为五大部族，18世纪初土斯卡罗腊人加入后又被称为六大部族。这些部族的领地横贯今天的纽约州，向西延伸至加拿大和宾夕法尼亚州北部。他们与别的印第安人部族使用同一语族的语言，包括更西边的对手联盟休伦人、南边的萨斯奎汉诺克人和更南边的切罗基人。易洛魁人逐渐整合村庄成为村庄群，又整合村庄群为越来越大的政治单元，在15世纪中期至16世纪初的某个时间形成了联盟。联盟中的各部落过去常年战争，消耗严重，现在终于团结在了一起。易洛魁联盟跟阿兹特克和印加帝国的专制统治不同，采取任何全联盟的行动都需要一致同意，联盟中的部族还可以单独决定与某个外敌开战，但不能把战火引到其他部族身上。不过在现实中，即使同在一个联盟，有时也难免不会发生内战。[148]

易洛魁人自称"长屋族"，得名于其特有的居住样式。几户父母和子女构成的家庭住在同一栋木房子中，房子约20英尺宽、100多英尺长，每个家庭有自己的隔间住室，但与邻家共用火塘。若干这样的长屋聚在一起，外边围起一圈栅栏，防御外敌进攻。这样的村庄大的可以住2 000人，整个易洛魁联盟加在一起应该有3万人。[149] 易洛魁人生活在最早的欧洲移民定居点向内陆不远，便于过去从事贸易，但又不是很近，不至于像更邻近白人住区的那些部落一下子遭到欧洲疫病的惨烈影响，他们的土地也不是最早被觊觎的。而且，易洛魁人体格强壮，白人移民不愿去招惹他们，而是与他们结盟。易洛魁人得到枪炮之后，对付其他印第安人部族和联盟更加勇猛，特别是休伦人和莫西干人，这两者最后都在易洛魁人发动的战争中遭受重创。

在易洛魁社会中，白人移民到来以前一直是男人出去狩猎打仗，女人种田持家，用鹿皮缝制衣服。在这里种田同样没有畜力的辅助，也没有牲畜粪便用来改善土壤肥力，所以易洛魁人耕地的肥力下降很快，不得不每隔几年就搬去新的地方。另外，他们以鹿皮为材料做衣服，人口虽然不多却需要广阔的土地才能捕到足够多的野鹿，满足人们衣着蔽体的需要。比如其中的摩霍克人只有不到8 000人，领地上却有7.5万头鹿，每年可以捕杀其中的三分之一，而不至于使种群绝灭。[150]

易洛魁联盟的决策需要先达成共识，在组成联盟的各个部族以及每栋长屋之中，决策模式也是如此。意见不同的人可以在村庄搬迁时另起炉灶形成新的社区，这样也避免了社群中层级太多导致内部紧张。这样的社会组织形式、对大群野鹿的需求和轮作的农业模式决定了，就算他们在欧洲人眼中是小型部族社会，也需要非常广阔的土地来养活。这种生活方式不利于发展起像阿兹特克、印加乃至欧洲和亚洲那样的城市文明。

易洛魁人的共识决策通常要求全数通过，不过其首领只有族人赋予的领导眼下某项事务的有限权力，这就导致联盟内各部族不会完全平等，联盟同其他印第安人的关系也远非和谐。易洛魁人把平辈都当作"兄弟"，不过其中的摩霍克人、塞讷卡人和奥嫩达加人被视为欧奈达人、卡尤加人和土斯卡罗腊人之"兄"。[151]易洛魁人对敌作战不仅有战场上的屠戮，还有对俘虏的凌虐，可能持续数个小时甚至几天，直到俘虏死去，有时还有仪式性的食人环节。但也不是说所有的俘虏都要被虐待或吃掉，遭此待遇的主要是敌人部落中的男丁，或者将他们作为奴隶。妇女和小孩只是被抓走，还经常融入征服者的部族。有时对待男人也会这样，具体要看族中有没有补充人口的需求，在因战争或瘟疫而折损大量人口之后尤其如此。胜利者将俘虏带回村庄后会强令他们过一次"夹道攻击"，获胜部落的妇女和儿童也可以在这个环节中殴打或刺伤他们。家里有人战死的女子可以借机报复凌虐俘虏，也可以收留俘虏作为替代。后来到这里的欧洲传教士也会被处死、砍断手脚或沦为奴隶，个别运气好的也可能成功地让当地人改信基督教。[152]

从殖民时代开始，与欧洲移民的贸易从很多方面逐渐改变了易洛魁人的生活方式。布料很快替代了原来的鹿皮衣服，或者至少提供了一种补充。今天即使在最古老的易洛魁人画像中也很少看到他们穿最传统的服装，即欧洲人带来棉布之前的衣饰。当地的陶罐被欧洲舶来的铜壶取代，钢铁制的炊具、刀具、箭镞等也慢慢代替了当地的制品。而最重要的变化，是枪炮的传入从根本上改变了易洛魁人和其他尚未得到武器的部族的实力格局。随着枪炮的传播，易洛魁人放弃了原来只能挡箭而挡不住子弹的木制和皮制盔甲，轻装简从更加机动灵活。[153]甚至连北美印第安人最具特色的被用作货币的贝壳串，也开始使用欧洲工具制造，属性也发生了变化。[154]

能否获得欧洲的武器以及与欧洲人联盟成了决定印第安人战事成败的关键因素，因此不需要正式的征服过程，易洛魁人就渐渐成为白人移民社会的附庸。与此同时，欧洲各国也把易洛魁人作为内部权力政治的盟友，让他们卷入了法、英、荷等国频繁的战事。后来，易洛魁人的领地随着战争胜败和印第安人之间权力政治的态势时而扩张，时而收缩。印第安人之间，以及印第安人某个部落和欧洲移民某个民族之间的结盟也是变动不居的。易洛魁人对外策略遵循一个原则，即从不把任何一次契约当作对任何事情一劳永逸的解决方案。[155] 到后面他们会发现，很多白人政权也是如此，这会让易洛魁人的利益受损。

随着敌对的印第安人部族渐渐普及了枪炮，到 17 世纪中期左右，摩霍克人失去了起初的军事优势。1662 年，他们被莫西干人和渥太华人打败，次年又输给了萨斯奎汉诺克人和特拉华印第安人。他们曾在马萨诸塞抢掠阿尔冈昆人的部落，激起了对方的报复，反过来掠夺摩霍克部落竟长达 10 年。英国人在北美赶走了荷兰人，又成功挑战法国人而树立了强国地位。在易洛魁人特别是其中的摩霍克人看来，他们失去了荷兰盟友，又让依附英方的敌对部族壮大了势力。后来，英国人和易洛魁人还是达成了历史性的"链条盟约"，形成了一个和平解决分歧的框架。按英国人的说法，这个盟约规定英国人占有从新英格兰到卡罗来纳再向西到五大湖区的广大土地，因为易洛魁人各部族曾抢掠过这里并宣称主权（有的属实，有的勉强），英国人认为，既然与易洛魁人结盟，就表示拥有了对他们的主权。[156]

切罗基人

切罗基人和其他北美印第安人一样，也不是由一个权威统治的政治统一的族群，而是由很多自治社区通过文化、亲缘和盟约联结起来。切罗基人生活的地方集中在地理分水岭阿巴拉契亚山脉沿线，这里以东的河流注入大西洋，以西的注入密西西比河。同其他北美印第安人部族一样，切罗基人狩猎的地界远远超出了他们世代居住的范围。

在第一次接触欧洲人之前，切罗基人主要生活在今天北卡罗来纳西部和田纳西东部，还包括佐治亚北边的一条地带和南卡罗来纳的西北角。这片地区形状不规则，且在任一方向上的延伸都不超过200英里。不过，切罗基猎人游猎的区域，也即他们声称自己所拥有的领地横跨今天的田纳西和肯塔基、卡罗来纳的大部分地区，以及佐治亚、亚拉巴马、弗吉尼亚和西弗吉尼亚的很多地方。[157] 早期，切罗基人是密西西比河以东最大的部族之一，1690年时有人口约2万，但在其后的50年里，因为战争和欧洲传入疫病，人口减少了一半。总之，在欧洲人到来以前，切罗基人以区区几万人占据了今天生活着几千万人的广大地区。在17世纪，欧洲或亚洲同样面积的地方生活的人口都远不止这个数目。

切罗基人占据领土的方式跟别处类似，也是靠军事强力。考古证据表明，欧洲人到达北美时切罗基人所控制的土地此前曾归别的部族所有。[158] 切罗基人通过战争打败了肖尼人、克里克人、卡陶巴人、土斯卡罗腊人等占据着四方相邻土地的部族。他们的领土边界实际上是根据外族的军力制衡圈划出来，北面有易洛魁人，西边有契卡索人。[159] 不过，所有土地最终都被欧洲人用不同的策略计谋占了去。

关于切罗基人首次与欧洲人遭遇是在何时有很多种说法，他们遭遇的是从佛罗里达北上的西班牙人还是从北边各殖民点南下的英法人，这些都不清楚。现在能知道的是，17世纪后期切罗基人已经和白人有了接触，在18世纪的头20年，双方建立了贸易关系。1716年，南卡罗来纳政府控制了双方的贸易。[160] 贸易的性质和内容都是新的，不仅仅涉及的人和货物是新的，更是因为在欧洲人带来马匹之前，切罗基人从未开展过这么大规模的贸易，特别是住在深山里的那些人。[161]

与北美其他地方一样，大规模贸易给切罗基人带来了广泛且迅速的文化、政治和人口变化。欧洲人对兽皮的需求促使他们在20年间猎杀了约25万头鹿，据估计，切罗基人每年出口的兽皮达到50

征服与文化

吨。[162] 如此大动干戈的狩猎和贸易让他们忘却了男人本应该去做的其他传统活动和事业，反映出切罗基人对欧洲的布料、衣服、金属器皿、工具、枪炮和装饰品等需求的日益增加。很多货品替代了印第安人用传统手艺制作的产品。例如，枪炮取代了弓箭，金属刀具和战斧取代了石器，犁铧和手工纺织机取代了传统的耕种和制衣方式。切罗基人还学着白人的样子饲养牲畜，种植从欧洲传入的水果和蔬菜（还有来自非洲的西瓜和来自美洲其他地方的马铃薯）。[163]

而最重大的变化要数欧洲疫病带来的重大打击，整个西半球的印第安人都是如此，切罗基人也不例外。瘟疫造成的后果既有生理上的也有文化上的，它破坏了人们对切罗基传统医生的信任。传统医生的疗法应对新的疾病不但毫不起效，甚至还有反作用。另外，切罗基人开始依赖欧洲人提供衣服，使用欧洲的火枪打猎，也开始失去狩猎的领地。一位切罗基首领在1745年曾公开表示，他们已经无法离开英国人而独立生存了。[164]

与西半球各地一样，随着白人人口的增加，印第安人人口萎缩，印第安人常常被迫用土地换取欧洲货物。人口减少的切罗基人也一样，虽然他们卖掉土地换取需要的欧洲货品在经济上顺理成章，但他们实际上失去的土地远多于在市场上自愿出让的土地，其中很多是被强力胁迫或哄骗夺走的。过去，切罗基人靠男人外出打猎支撑部落的生计，女人耕种持家作为辅助。在失去了广阔的土地后，他们再也无法像原来那样生活，从此主要靠农业养活自己。而随着狩猎领地的萎缩和多年来贸易驱动的猎鹿取皮造成的猎物减少，打猎的作用也大大降低了。

由此既产生了经济影响，也产生了文化影响。很多切罗基男人看不起种田，觉得那是"女人的事"。而且不管男人女人，都不会像欧洲人那样精耕细作，不会使用马拉犁铧和其他农具技术。这套农业生产方式毕竟在欧洲发展了几百年才成熟，即使政府能提供大量农具，能派出很多经验丰富的农民参与推广，也很难一下子取代印第安人原来的方式，更何况政府并没有做到这两点。切罗基首领中有少数人迫切地想要学习白人的生活方式，但他们也只能靠反复乞求联邦工作人员多给他们些犁铧、马匹和其他各种农用物资。

在其他方面，切罗基人也对白人产生了依赖。他们把土地卖给联邦政府的收入一部分是一次性付款，另一部分是以年金形式每年给付。不管哪种形式，切罗基人必须用好这笔钱。不但要维持日益艰难的生计，还得购买用于家务和农业的工具，偿还联邦工作人员和白人贸易商以信用形式提前给予的食物和其他物资。总之，切罗基人被裹挟进了此前极少经历的货币经济。这样，每每他们跟联邦政府的谈判到了关键时刻，联邦官员就可以威胁他们让渡更多土地和权利，方便白人在印第安人的土地上建设道路行使"通行权"，否则就要暂停或切断资金援助。

在切罗基人对白人的种种依赖中，最尴尬的可能要数依靠白人各级政府来执法。切罗基人的首领最先是与殖民时代的英国人，后来又同美国的联邦政府达成契约。但是这些政府都在远处，不能指望他们对边疆之地的白人有太多约束。即使当地政府和能到现场执法的官员有治理的决心，现实中也很难约束住这些边地游勇，况且他们对保护印第安人并没有太大的热情。这样一来，把白人占地者赶出切罗基人的领地就变得非常困难了，即使白人谋杀了切罗基人，要对白人判刑也是几乎不可能的。而反过来，切罗基人如果杀死白人会被判处绞刑。偶尔美国军队会出动，强令白人占地者离开切罗基人的土地，但此时的切罗基人还是得依赖白人，他们再也不能像过去那样独立战斗了。

毋庸多言，肯定有很多切罗基人不愿意接受白人的方式，不想从此依赖白人政府和司法，但也有一些切罗基人觉得事已至此，接受归化是最好的选择。这在切罗基人内部引发了尖锐、激烈且持久的分歧，进一步削弱了他们团结起来应对当地白人或联邦政府的能力。联邦工作人员抓住这种分歧并加以利用，推进政府和自己的计划，核心是对切罗基人进行文化归化，并从他们那里弄到更多土地。

作为曾经骄傲善战的民族，现在要委身成婴孩一般依赖联邦政府，面对白人移民的歧视、咒骂甚至犯罪只能忍气吞声，这让切罗基人无法承受。有些人开始抢掠白人村庄以实施报复，有些人偷白人的马换钱，还有些人靠酗酒逃避。在殖民时期，切罗基人还能抓住欧洲列强之间争夺土地和战略优势的内斗为己所用，不过这也把他们卷进了国际争端和战争。切罗基人最早在英法战争中与英国人结盟，后来因为英国人趁战乱入侵切罗基人的土地，一些人转而站到了法国一边，但最后他们输掉了战争，切罗基人不得不接受英国人开出的条件。再后来，英国人战胜了法国人，北美殖民者又打败英国人建立了美国，这下切罗基人要面对的是一个比原来大很多也更团结的新国家。局势的变化倒逼切罗基人内部政治做出改变，一方面他们需要更统一的战线，另一方面白人官员也希望有能统一约束管理所有或至少一支切罗基人的领袖。这使得首领的权力越来越大，认同或服从白人意志的首领更甚。

虽然也有乔治·华盛顿和托马斯·杰斐逊这样对印第安人有仁爱之心的领袖，但他们对地方事务和行为的影响很有限，一是因为离得太远，二是联邦宪法的性质所决定。直接与印第安人打交道的开荒边民中有很多苏格兰裔爱尔兰人，他们素来不把旧大陆和新大陆（也包括澳大利亚）的权威放在眼里，他们能自己组织起来同印第安人打仗，完全不用地方或国家政府的协助或批准。无论种族、政治等其他因素看起来多么复杂，造成印第安人各种困境的根本原因都是实力上的差距。腐败的白人政客急于套取印第安人的土地，而黑心的印第安人首领不惜卖掉族人的土地以换取自己的荣华，两者共同造成了大量印第安人的土地被以低于市场的价格出卖。而积极布道的基督教传教士又无意中加剧了切罗基社会的分裂，面对失去土地和文化、部落也在解体的持续压力，印第安人中的文化归化派和传统派出现了裂痕和冲突。

变化的压力主要来自北美人口的暴增，19世纪初还只有500万，到19世纪中期就增长到了4倍多，达到2 300万。[165]这些东海岸白人移民的后代跟其他移民社会一样，认为自己和印第安人一样都是土生土长的，因此使用土地和资源是天经地义的。他们觉得凭借自己的技术、农事经验和勤劳精神，能更充分地利用好土地和资源，反而把印第安人视作发展进步的阻碍与麻烦。在现实中，拥有武装的拓荒者也把印第安人的狩猎领地视作无主空地，直接在上面建设农场。倒卖土地者从中发现了绝佳的致富机会，大面积攫取印第安人的土地，而腐败官员则看到了通过迎合选民的欲望来获得经济利益和发展政治生涯的机会。各方抱着这样的态度和野心，加之印第安人与白人巨大的实力差距，白人将印第安人继续向西驱赶，独占密西西比河以东的冲动就越来越强，欲罢不能。

19世纪20年代发生的两件大事对切罗基人产生了深远的影响。第一件是一个叫塞阔亚的银铁匠给自己的族人创立了一套文字，从而能像白人一样把语言记录下来。这一时期切罗基人不但有了文字等实际的进步，还培养出新的民族自豪感，这清楚地表现在1827年的反叛运动中。[166]另外，切罗基文字的发明使人们觉得自己的文化能与白人抗衡了，这让已经归化和未完全归化的人群有了更大的隔阂，部落之中又添裂痕。

19世纪20年代的另一件大事是安德鲁·杰克逊当选美国总统。杰克逊是边民出身的民粹运动领袖，不像此前的华盛顿和杰斐逊那样对印第安人有高贵的博爱，相反他发起了一场大规模的搬迁运动，强迫印第安人（包括已经归化的"文明部落"）搬到密西西比河西岸，腾出地方给白人定居。杰克逊认为，联邦政府把印第安人部落当作主权国家对待的做法无异于"闹剧",至于印第安人要对"既不居住其上又未做出任何改造,仅仅是从山里远远望见或者奔袭途中路过的土地"主张的权利[167],被杰克逊斥为痴人说梦。在新出台的搬迁法令下,除了切罗基人,还有很多部族被迫离开祖地给白人腾出土地。为了把印第安人都赶走,白人用尽各种办法,也给联邦政府与各印第安人部族之间留下各种各样的长期经济负担和法律纠纷。

这么大规模的非自愿迁徙发生在交通革命以前,实施之困难堪称人道主义噩梦。联邦政府依靠个人押送这数万名印第安人,并保障他们沿途的吃喝。受委托的押运人多数从中牟取了暴利,印第安人的境遇却是血泪故事。据当时一家报纸报道,运送印第安人的船只"腐烂破旧,根本不能出航",而印第安人成群结队挤在船上,"丝毫不顾他们的安全、舒适和尊严"。其中一艘载有 300 名克里克人的蒸汽船还出了沉船事故。当时一位传教士的记录描述了另外一场迁徙的情景:一位海军军官带着 2 000 克里克人的队伍在冰冷的冻雨中西进,印第安人只穿着薄棉衣,路上死了 29 人。在西迁路上及筚路蓝缕初到西部的时期,克里克人死去了大约一半。北边的温尼贝戈人在短短 30 年里多次被强迫搬迁,搬迁途中死亡的人口也有约 50%。

切罗基人西迁的深重苦难,在历史上留下了"血泪之路"的说法。其实对别的印第安人部族来说又何尝不是如此。切罗基人中的四分之三即约 1.5 万人被强制西迁,一队队士兵把他们的农田包围起来,将各家赶出房子,集中到大围栏中,再把人一起赶往密西西比河对岸。一位传教士这样记录此番情景:"那个被抓起来的可怜人,既愤怒又压抑,他的妻子哭泣着,害怕到近乎发疯,一群吓坏了的孩子在周围哭闹,身边连个能安慰他们的朋友都没有……"在这样的条件下,印第安人无法卖掉家当,也来不及为远行做准备,留下的房屋财产多被白人洗劫一空再放火烧掉。[168]

从 1795 年到 1838 年,联邦政府从印第安人处拿走了超 4.19 亿英亩土地，其中有些是现金购买，有些以年金陆续支付，还有的是用其他土地置换的，不过置换的新地多是在更往西去的边远地带。密西西比河东岸只为印第安人划出了一些保留地。1828年至1838年短短10年，8万多印第安人被赶到密西西比河西岸。[169]但他们到了那边又常遇到当地印第安人的武装抵抗，后来白人开边到那里也是一样。从1816年开始，从东部迁去的部族和当地部族之间就有了冲突。在西迁印第安人已经建立了自己的住地后，当地印第安人还是经常过来抢掠，对后面到来的白人也一样。联邦政府虽然可以调动军队执行搬迁条约中的规定，但当地没有那么多军队来保护这些西迁户，他们只能自卫抵御。西迁的印第安人虽已不再过着草原部族那样随时战斗的生活，但毕竟掌握了更好的武器。在1853年的一仗中，仅100名索克人和福克斯人就成功抵御住了大平原印第安人的几百大军。[170]

时间一久，切罗基人等"五大文明部落"的西迁者在西部过得比当地的大平原印第安人还要富足。[171]20世纪末，切罗基人是最大的印第安人部族，据1990年的人口调查有369 035人，是17世纪的15倍还多，其中大部分还居住在南方的传统祖地，家庭收入中位数为24 907美元，相当于白人家庭中位数收入的69%。[172]

大平原印第安人

19世纪，美国人口快速增长，边境不断西扩，西进的白人遭遇的不仅有此前西迁的印第安人，还有世代生活在那里的大平原印第安人，包括阿帕奇人、科曼奇人、纳瓦霍人、夏延人等在西部电影和"狂野西部"文学作品中经常出现的部族。他们中很多是狩猎战斗部族，一直以来对欧洲移民的政治和文化依赖程度较低，西南的一些部族还反抗过西班牙的统治，不断去抢掠墨西哥人的领地。

这里最重要的物质要素，可能要算马匹的引进。早在美国西南地区还属于墨西哥时，大平原印第安人就引进了马匹，草原生活方式从此发生了根本性转变。曾经从事定居农业的部落也开始游猎捕杀水牛，因为水牛皮在白人社会中需求很大，水牛肉还可以留下食用。马的出现改变了狩猎方式，过去一大群人严密组织起来徒步打猎的方式不再必要，现在很小的队伍甚至一个人就可以狩猎一大片地方，骑在马背上离得很远就能打到水牛，打猎高手几分钟内就可以打到足够家里吃上几个月的水牛。同样，有了马以后，运输的载重比过去靠人力手提肩扛和狗拉雪撬大得多。这样一来，印第安人的居住帐篷也变大了，因为有办法运输更多的建筑材料和家当了。[173] 由于狩猎区域半径变大，各部落的人常会进入其他部族的狩猎领地，造成了更多的战争。

在欧洲带到西半球的动物中，除了最重要的马，还有牛和山羊，它们也进入了大平原印第安人的经济和文化生活。在南北战争以后，在美国白人大规模西迁以前的两个世纪里，西班牙人把牛羊带到了新西班牙，也即今天的加利福尼亚州和美国西南部一带，西部印第安人由此接触到了牛羊。所以虽然美国西部牛仔的黄金时代是19世纪下半叶，但从17世纪起这里就有了牛。[174] 马作为放牧必不可少的补充，也是在17世纪传入大平原印第安人部落的。养马的地区从西班牙人居住地向北和向东逐渐扩大，传到北部平原的印第安人就要晚得多了，可能都到了18世纪。而在南部，据西班牙人的历史记载，1659年阿帕奇人来犯，抢走了几百匹马。50年后，科曼奇人和犹特人又从阿帕奇人手中夺走了一批马。[175]

印第安人需要马可以通过贸易从西班牙人手中换来，却换不到枪炮。而东部的英、法白人可以与印第安人交易枪炮，枪炮从英法在加拿大和北美十三州的殖民地向南、向西传开。到了18世纪，枪炮传播的前线和马匹传播的前线终于在大平原上相遇了，于是那里的印第安人开始了全新的生活。1805年，刘易斯和克拉克的远征队已经能从印第安人手上买马了，他们还对印第安人拥有马群的情况做了记

第五章　西半球印第安人

述。[176] 19 世纪白人大批西进到大平原之时,那里的印第安人早已是骑马挎枪的征战勇士。在 1860 年,印第安人中的乌足族养马的数量跟人口一样多。[177]

美国西部大平原的地理条件跟东部差异比较大,能通航的河流很少,从平原无法直接抵达海洋,因此水运对经济和军事的意义都远远小于东部。那里是典型的内陆气候,相较于有海洋调节气温的沿海地区,冬季有严寒,夏季多酷暑。西部大平原上也有些地方土壤肥沃,但还有大片的荒漠、半荒漠和其他贫瘠的土地。生活在这种条件下的印第安人分布更广且更稀薄,可以想象他们在面对侵略时将更加不堪一击。另一方面,哪里到哪里都很远,又少有能通航的河流,因此驻扎在这里的美国军队需要通过组织困难且成本高昂的陆路运输补给,在 19 世纪中期铁路修建以前,只能通过徒步行军和骑马调派兵力。

在这里,欧洲疫病也先于白人的大规模迁徙进入大平原。在南北战争前的 25 年里,天花和霍乱严重冲击了西部的印第安人。一次天花大流行过后,乌足族人口减少了一半,而 1 600 名曼丹人中只有 100 多人活了下来。霍乱疫情造成了科曼奇人约一半死亡,其他部族的受损情况也差不多。[178] 一边是大草原印第安人人口的缩减,另一边是美国白人数量的增加。当美国政府宣称,墨西哥和加拿大之间从大西洋到太平洋的所有土地都归其所有时,世界各强国竟无一反对。大草原印第安人跟殖民地时期的印第安人不同,不能指望通过与争霸的欧洲列强结盟而得到帮助,美国人也不再需要联合印第安人共同应对欧洲对手。武器和交通技术的发展让美国的军事优势更加明显。例如,火车发明以后,兵力在一天之内就可以运送到过去徒步行军一个月才能到达的地方。[179] 此外,南北战争锻炼了一批有实际战役经验的指挥员来带兵西进,其中最著名的是谢尔曼和卡斯特。

对大草原印第安人来说,成功抗击进入其领地的西进白人比过去更难了，但输掉的结果更惨，因为由此往西再没有别的土地可以搬去居住了。他们只能待在原地，要么抵抗，要么投降。这就注定了西部大草原上会有持续几十年的战争，直到1890年的翁迪德尼之战，标志着印第安人武装反抗的结束。今天看到的很多北美印第安人和白人拓荒者的形象都来自这一时期。人们耳熟能详的印第安人首领的名字如杰罗尼莫、酋长坐牛、酋长疯马等当时都率众进行过血腥惨烈的抵抗，不过终告失败。

交战双方的凶暴与残忍给彼此造成了刻骨的仇恨，激起了冤冤相报的种种可怕行径，埋下了贻害白人和印第安人子孙后代关系的种子。生活在明尼苏达的印第安人多年来一直遭受联邦官员的欺骗和不公对待，不断积蓄着愤怒。终于在1862年，4个年轻苏人愤而杀死5名白人，由此引发印第安人戾气的大宣泄，掀起了攻击白人农场和住所的潮流，见男人就杀，见女人和孩子就抓。印第安人匪帮在乡间游荡，烧杀奸淫，甚至一天之内就有400名白人殒命。美国军队随即还击，抓捕了2 000名达科他人，其中有300人在罪证不充分的条件下就被判处绞刑。林肯总统后来查阅了审判记录，顶着当地白人激愤游行的压力，将绞刑判决减少到了38人。不过，因为这些事件，达科他人的保留地被收走，只能向更西边搬迁。在当地白人要求迁走所有印第安人的巨大政治压力下，温尼贝戈人也一并被迫西迁。[180]

在西南部，印第安人和新墨西哥地区的西班牙裔居民长期互相滋扰抢掠，其间也会开展和平贸易。南北战争爆发后，那里的联邦军队被调往东部与南方联军作战，于是纳瓦霍人趁机加紧对外抢掠。不过，北方联军力量迅速壮大，很快就有援军来到西南地区向纳瓦霍人发起反击，不但让他们伤亡惨重，还破坏了他们的庄稼和牲畜，通过围困逼他们投降。同时，普韦布洛人和霍皮人等其他部族以及白人都抓住这个机会哄抢纳瓦霍人部落。纳瓦霍人被迫投降后，被成千上万地集体转移，新的地方土地不足，牲畜牧群又经常遭到科曼奇人和基

第五章　西半球印第安人

奥瓦人的袭击，只能靠联邦政府配发的口粮勉强度日。[181]

在科罗拉多，为应对夏延人的抢掠，白人进行了大规模的军事反击，杀死了200名印第安人，其中不乏妇女、儿童甚至婴儿，还将他们的尸体剥去头皮，砍掉四肢。这些夏延人的头皮被送到丹佛一家剧院，在幕间休息时展出，赢得观众一片掌声。这一时期白人和印第安人之间的深仇大恨由此可见一斑。一些大难不死的印第安人逃回了部落，夏延人、达科他人、阿拉帕霍人奋起反抗，开始了对白人村庄长达数月的袭击，他们烧毁农场、洗劫火车、刨出地下的电报线缆、冲散牛群，从东面封锁了丹佛。之后这些印第安人就散入茫茫荒野和山间，后来的远征军也没能找到他们的下落。虽然有美国军队来到这里保卫白人村庄和商路，但他们的补给战线很长，不仅给自己带来困难，也让印第安人能轻易发现他们并望风而逃。[182]

并不是所有的大草原印第安人部族都被卷入了战争，也不是每个部族的土地都遭到了抢夺。联邦政府仍然在以低于市场的价格买地，有些印第安人只要能谈成一些条件就把地卖了，从此生活在保留地中，在白人的蚕食侵占下求得一点儿安宁。东部的印第安人把河狸和鹿猎杀到绝迹，大平原印第安人也骑马扛枪将水牛赶尽杀绝。不管在东部还是西部，印第安人都因此更加依赖白人社会和白人的经济，特别是要依靠联邦政府而生活。

政府政策

1834年，联邦政府成立了印第安人事务局，开始了对印第安人的长期社会改造试验。在不同时期这个试验搞出各种截然不同的假说、方法和目标，不过一以贯之的目的是让印第安人形成依赖。例如，南北战争后联邦政府一共供养着10万印第安人，带来的结果是"大量曾经斗志昂扬的战士变成了士气低落、靠领救济金生活的人"。[183]

这一时期，东部出现了有理想主义色彩、脱离实际的人道主义思潮，在首都华盛顿负责制定印第安人处置政策的人大多受此影响。而在保留地执行这些政策的联邦官员多数既没有理想主义追求，也不讲人道主义关怀，他们只是政府派来办事的，不见得有什么能力，只是在政府里有些关系门路罢了。因此他们不大关心印第安人的状况，只想着怎么找机会多捞些钱。这倒不足为奇，以印第安人保留地荒芜的工作生活条件来看，但凡有能力、讲道德、有其他选择的人，都不会愿意来这里，而那些能力差、道德低者反而为了利益趋之若鹜。

西部白人对大平原印第安人充满敌意，对他们生活所需的广阔土地垂涎已久，这些构成了推动局势发展的重要压力和动力。从19世纪中期到末期，印第安人和白人之间经历了武装冲突的混战年代。而在同一时期的同一个美国政府下，阿拉斯加因为有大量无人使用的土地，白人移民不用抢夺当地的因纽特人就能获得，所以双方没有出现有组织的战争，也无须给原住民专门划出保留地，不用订立契约使因纽特人出让赖以生存的土地。[184]

在加拿大，在很长一段时间内，白人曾是和平居住的，情况更像阿拉斯加而不似美国各地。直到进入加拿大边境地区的白人越来越多，土地不再够他们发展所需，而印第安人也发现捕猎丰收的机会越来越小，加拿大白人和印第安人的关系才开始走上跟美国一样的道路。如1885年发生了武装反抗，双方签署契约将印第安人的土地出让给白人，也划定了印第安人保留地，将印第安人当作国家建设发展的障碍清除出去，等等。

在美国，东部的人们听说西部人对印第安人的欺骗、压迫、暴力等作为后惊骇不已。他们相信通过教育和技能传授，印第安人能够掌握在美国社会安身立命的本领，因此通过政府渠道和民间人道慈善组织开展了不少培训项目。这些社会改造计划包括让印第安人从事农业替代狩猎，以适应水牛等猎物快速减少的情况，让印第安人能利用比狩猎时代少得多的土地生产粮食来养活自己，这样就会有土地"盈余"能卖给白人，以便西部人发展经济建设。只有在印第安人出让土地一事上，东部和西部白人的立场才是一致的，不管是人道主义者、投机分子还是政客都如此主张。因此不难想象，为印第安人未来所设计的种种"宏大"计划，只有这一项得到了成功实施。

将印第安人强行聚拢到保留地生活是一个艰难而漫长的过程。让去保留地的人能待得住更加困难，因为那里的土地资源有限，印第安人也不习惯外族给他们设计的一整套生活方式，那与印第安人的生活习惯和文化价值观存在根本冲突。例如，大平原印第安人中的很多人觉得耕作农业是卑微的生计，只有狩猎、劫掠、打仗才是历久弥新的光辉事业。而且，他们仍然可以拥有大群的水牛，联邦政府还发放了口粮和年金，因此人们更没有改变的动力了。

这里的问题不是白人作为一个种族对印第安人种族如何如何，因为两边都不是纯粹的铁板一块。另外，黑人在美国西部也是不可忽视的种族，特别是南北战争后很多黑人来这边当兵。而在战前的南方，他们曾是印第安人和白人的奴隶。[185]以密西西比河东岸作为边疆，到西进大平原的时代，边境的白人和印第安人一直是仇恨对立的。但东部白人的人道主义思想极大地影响了政府和民间救助对归化印第安人的走向，这些工作虽然在目的和方法上常常不切实际，但其努力是不应否认的。

19世纪早期，印第安人事务局发起了美国历史上首个照顾少数族裔优先就业的项目，要求在雇用员工时优先选择印第安人，这一照顾政策在后续多轮立法中都得到了体现。最终，联邦政府成了有文化的印第安人最大的就业去向单位。这样的情况一直持续下来，到1940年，印第安人事务局的5 000名雇员中有60%是印第安人。1980年的人口调查显示，印第安人在美国联邦政府工作的比例高于其他所有族裔。[186]

征服与文化　　300

总结与引申

欧洲侵略者征服西半球各个地区的故事各不相同，其时间和方式都有差异，但在数百年的开拓史中也有很多共性因素。欧洲的疫病和技术在征服中起了关键作用，也瓦解了印第安人原有的文化，从而决定了印第安人的命运走向。印第安人失去了传统生活方式所依赖的土地和资源，也是当地文化逐渐消亡的原因之一。而欧洲的枪炮有无可争议的作战优势，欧洲舶来的货品也被印第安人追捧，认为比自家的更好，这破坏了他们对传统的自信。

特别是北美印第安人文化中的一些实用内容失传了，因为印第安人被带进了欧洲人的国际贸易网络，于是丢弃了本民族的传统产品和手艺，转而靠同外来者的贸易满足需求。印第安人能拿得出手的主要是动物皮毛，但这些动物逐渐被猎杀绝迹，他们既没有通过贸易支撑生计的本钱，又丢掉了祖先赖以维生的手艺和自然资源。在北美白人移民看来，印第安人在早期不可或缺，但过了几代人后他们就可有可无了。最终欧洲移民实现了自给自足，在新世界站稳脚跟后，他们只把印第安人当成他们在美洲扩张的阻碍。

中南美洲印第安人的情况跟北美有所不同。在拉美的很多地方，直到欧洲人到来之后的几百年里，印第安人仍是人口的主体。例如，20世纪中期的玻利维亚，全国仍有60%的人口是使用本土语言的印第安人，又过了20多年，大部分玻利维亚人才开始使用西班牙语。[187] 墨西哥的人口长期以来都是以欧洲人与印第安人的混血后代为主，占总数的75%到90%，其余还有一些纯血统的印第安人。[188] 委内瑞拉、智利、巴拉圭也是以欧洲-印第安人混血裔为主。[189]

在 20 世纪 80 年代的厄瓜多尔，印第安人和混血裔各占总人口的约
40%，其余的是白人和黑人。[190] 在哥伦比亚，总人口约 50% 是欧洲－印
第安人混血裔，25% 是白人，其余为黑人、印第安人以及其他族裔的
混血。[191] 在秘鲁，1960 年还有五分之二的人口使用本土语言，虽然
其中一半也会说西班牙语。[192] 总之，英属北美地区在人口构成和文
化上，都演化成了一个欧洲移民的社会，而西半球的其他地方则完全
不同。西半球各地的原住民受欧洲移民文化同化的程度也各不相同。

拉丁美洲和英属北美印第安人的不同境遇，反映出白人在这两个
地区定居方式的不同。在英属北美，男女老幼都大量迁徙过来，使美
国和加拿大在文化上充分欧洲化，在人口和文化方面吞没了原住民的
势力。而拉丁美洲的印第安人遭到军事征服的时间远早于此，很多人
还在相当大的程度上保留着原住民文化，只是作为附属要上缴贡品，
要接受人数远少于自己的西班牙、葡萄牙人的统治。

在整个美洲，有相当一部分印第安人混入了高加索白人的血统，
这些人在文化上更偏欧化。这一部分是跨种族通婚造成的，或者虽然
没有正式的婚姻，但显然生活在白人社会附近的印第安人在文化和血
统上都更容易被欧洲人归化。跟西半球非洲裔的情况类似，归化较充
分的印第安人部族有更多机会学习欧洲的技能和手艺，尤其是掌握欧
洲人的语言和生活方式。这不仅有助于他们同白人移民打交道，也帮
助他们获得在印第安人社会中的领导地位和其他特权。

征服者与被征服者的关系

西半球印第安人的血泪历史与世界各地的被征服民族颇为类似，
不仅是他们所遭受的苦难，还有他们所经历的背信弃义和轻薄歧视。
虽说不能因为在其他地方其他时间也有同样的情形发生，就为这些人
类悲剧和道义暴行开脱，不过我们不妨对个中原因加以分析。这些历
史的发生不应只归咎于一方或双方的民族特点，也不能简单地归因于

双方对彼此的具体认知和关系，因为同样的情况在每一片大陆的各个历史时期，都曾在征服者和被征服者之间上演。

例如欧洲人在西半球印第安人领地扩张的过程中，背弃信约非常常见。而在世界的其他地方，契约也常常只有在订立契约时的实力对比维持不变的情况下才有效。就算是印第安人各部族，也从不会将契约视作一劳永逸解决问题的手段，印第安人会跟白人毁约，也会跟其他部族毁约[193]，而欧洲人也是如此。[194] 举例来说，法国和德国多次订立契约，将阿尔萨斯-洛林地区根据战争中的胜败反复交过来又还回去。只不过，西半球的实力对比一直朝着不利于印第安人的方向发展，这就造成了对契约的篡改和违反每每都会损害印第安人的利益。印第安人人口因为瘟疫和战乱大幅下降，而欧洲人口通过移民和本地自然增长不断上升，需要越来越多的土地安身，这更推动了实力对比的倾斜。此外，欧洲技术突飞猛进的发展为美洲白人带来了武器更新换代的巨大革命。

开火较慢的滑膛枪和火炮被快速击发的新枪炮取代，枪筒中增加的膛线大大提高了射击的精准度。这个变革在西半球和在欧、亚、非一样，让使用弓箭的战术彻底败下阵来。印第安人像学会骑马一样，也掌握了欧洲舶来的枪炮的用法。不过不管是骑马还是用枪，印第安人都在使用对手的打法，而欧洲人不但发明了这些打法，还随时能接触到最新的进展，更是把控了武器的供给和维修敌己双方武器的技术。因此，虽然印第安人偶尔能在战场上艰难取胜，但在欧洲人的整体攻势面前是节节败退的。在这种条件下订立的所谓契约，只能维持一段时间的停火，一旦欧洲人在实力对比中明显占据上风，人口的增加又需要从印第安人那里索取更多的土地和资源，契约就不再有效。不过，北美移民社会中的一些人除了军事实力还是考虑了道德因素，特别是一些宗教领袖出面为印第安人主张权利，认为已经订立的契约应该是一种道义承诺，而不仅是"现实政治"的短时筹码。

但是这类人终究没成气候，只是在一些最恶劣的征服形式上促成了些许皮毛的改善。世界各地的此类政治协议或宣言，不管契约各方是同一种族还是不同种族，到后来能实现的效果普遍也就是这样。欧洲侵略者和西半球印第安人之间协议的特别之处不在于它也遭到了背弃和违反，而在于优势一方在发声抗议对契约的破坏，关心被征服民族的待遇。在后来的几代人乃至数百年中，这样的声音越发洪亮有力，最终让这些古老的契约有了比同时代其他契约乃至普遍法律更大的效力，没有被时间湮没而沦为一纸空文。

因为征服者民族的后代出现了这些道义关怀，所以在19世纪，他们努力将西半球印第安人归化至欧洲文化；一个世纪以后，又主动去保护和复兴已经濒临自生自灭的印第安人文化。不过在这两次潮流中，他们都认为印第安人无力自行决定要保留多少旧的事物，接纳多少新的事物。

要评价欧洲社会和文化对西半球原住民的影响，就必须把历史和当下分开来看，这样的历史思维十分重要。在欧洲人征服美洲并不断巩固统治的时代，其影响是灾难性的，不仅让印第安人失去了领土和自治，还引起了欧洲瘟疫大流行，造成当地居民大规模死亡，甚至在有些地方出现了整体灭绝的惨状。原有的原住民文化遭到肆意破坏，欧洲文化又不足以马上填补空白以帮助他们应对截然不同的新生活。于是很多印第安人部族出现了矛盾的信仰，他们原来通过仪式和宗教建立和维护的社会联结被彻底撕裂。他们还失去了传统生活赖以维系的自然资源，传统手艺遭到淘汰，旧的生活方式难以为继。

上述过程中发生的战争、暴力、背叛等催生了各类剧变，成为一段历史的烙印。但其实这些悲惨与伤痛在世界各地都普遍出现过，在白人到来前，西半球也是如此。不过，这段历史带来了非常独特的社会、文化和生物上的浩劫。单是酒精从欧洲传入这一件事，就让原住民在后来的几百年里出奇地爱上酗酒，似乎遭到了诅咒。

历史现实虽然如此，但绝不是说如果欧洲人没有来到新大陆，今天原住民后代的境遇就会更好。如果不是发生了历史上的侵略和征服，今天的很多"后代"根本不会存在，因为他们既是印第安人的后代，也是欧洲人的后裔，无论在南美还是在北美，纯血统的印第安人已经非常少见了。从另一个方面说，他们也从现代医学和技术的进步中获益良多，但那不是理所当然的，因为在西方文化圈以外的很多地方，至今都还享受不到这些进步。不过，印第安人没能像美洲整体社会那样充分地从这些进步中平等获益，其原因在多大程度上是歧视，在多大程度上是因为印第安人没能掌握欧洲移民社会普遍需要的各种技能，还是一个见仁见智的问题，西半球各地的实际情况也各不相同。不过在美国，到 20 世纪后半叶，印第安人男性和白人男性之间的收入差距主要归因于人口结构、语言和受教育程度的差别。[195] 整体来看，1969 年，美国印第安人的收入基本上跟美国黑人持平。[196] 直到 1989 年，美国全国人均收入已达 14 420 美元，但印第安人的人均收入只有 8 284 美元。[197] 美国印第安人家庭收入的中位数是 21 619 美元，黑人家庭为 20 209 美元，白人家庭为 35 975 美元。[198]

从白人最早在北美殖民地的居住分布到后来的西进，对应在文化上的现象就是东部印第安人部族与英语打交道的时间很久，因此后代中极少有人还说本民族语言，而西部会说本民族语言者就多出不少。例如，截至 1990 年，切罗基人还在使用本民族语言的不到 1 万人，而纳瓦霍人中却有 14.2 万多人。此时切罗基人是北美印第安人中人口最多的部族，有 369 035 人，纳瓦霍族则是人口第二的部族，有 225 298 人。[199]

直到今天，关于西半球印第安人的一些最基本的事实仍然模糊不清、难寻踪迹，比如关于 1492 年发现新大陆之时西半球到底有多少人口，不同的估计相去甚远。20 世纪末，我们看到的数字是美国印第安人从 1970 年的 76.4 万增加到 1990 年的 193.7 万[200]，但这很难用实际生育率的变化来解释。20年间人口发生如此剧增，可能反映的是人们有更强的社会动机认同自己是印第安人，包括民族自豪感和文化身份感增强，政府和民间有越来越多专门提供给印第安人等少数群体的福利。大部分自己申报为印第安人者不是纯血统的印第安人，而自我申报的要求非常宽松，因此很难区分族群人口增量到底是来自出生增加还是社会动机推动的自我认同变化。历史上在1890年到1960年这么长的时间里，美洲印第安人也只是从不到25万翻倍变成了50万多一点儿，1960年之后的短短30年就变成了200万，其原因恐怕更多是社会性的，而非实际出生率。[201]

如今，对历史和过去的负罪感已成为一种政治风气，人们为此在努力弥补印第安人过去遭受的不公，在北美尤其如此。美国和加拿大都有很多所有人群适用的法律对印第安人给予特权或豁免。例如，20世纪下半叶，在加拿大四分之一的国土面积上，印第安人都享有特许打猎和捕鱼的权利，政府还给他们提供大量的转移支付和政治优待。[202]即便如此，印第安人的平均收入也不到加拿大整体水平的一半。加拿大的多数印第安人都没能读完高中，印第安人婴幼儿的死亡率是全国平均水平的3倍。[203]

美国的情形与之类似，印第安人享有一些特殊权益，还有很多政府的定向援助项目，但这些援助项目是否真能改善他们的生活其实并不清楚。到20世纪将近尾声之时，美国的200万印第安人中仍有约一半居住在保留地内，人多要靠外界援助过活。例如，北达科他州目前的总失业率不到2%，但在北达科他州斯坦丁罗克的苏人保留地中，失业率却高达75%。[204]

令人遗憾的是，长期以来人们对待西半球印第安人的历史态度不是实事求是地探究历史事实的重要意义，而是用它来佐证这样那样的理论。在过去一个世纪的若干时间里，欧洲人对美洲的征服被归结为基督教或西方文明的胜利和出色，而实际情况是，他们在很多地方对印第安人的所作所为直接违背了基督教的道德，不管以何种标准来论都只能说是野蛮的。反过来，批评西方文明的人又常把印第安人描绘成"高贵的原始人"，与"堕落的文明人"形成对比，这又是另一个极端的罔顾实情了。现在又有一种"文化相对主义"，以另一种方式重新表达历史，最典型的表现莫过于对"哥伦布发现美洲大陆"这一表述进行语义矫饰，"发现"成了禁词，除非表述为"双向的发现"，或者用更中性的词说两个世界的"接触"。[205] 但是直白地讲，我们能说"哥伦布发现美洲大陆"，是因为不是"印第安人发现了欧洲"。而且不管是好是坏，还是既好又坏，这次"发现"都是人类历史上的一次重大事件。还有一些争论称其他欧洲探险家此前就到达了西半球，或者印第安人一直知道所谓"新大陆"的存在，等等，都是纠结于细节，而忽略了重点是这一事件构成了世界历史的重要转折。

20世纪后期，人们开始以被征服的印第安人的视角认识和呈现世界。不过这面临着一个很棘手的问题，即当时的印第安人都没有文字，没留下记载。唯一的例外是玛雅人的书面语言，不过学者很晚才开始对它进行解译。[206] 而且，即便是有文字会书写的民族，他们通过什么样的道德和思想体系去认识世事，也远不如史实本身更清楚可辨，虽然史实的呈现也会被不同的偏见和立场左右。因此，现实地看，我们今天能做到的最多就是站在自己的视角实事求是地认识印第安人。

首先必须把事实和想象区分开，还要把客观因果跟主观道义判断区分开。从道义角度看最显眼、最惊人的事情，不一定是在因果关系上作用最大的因素。发动征服战争显然会引发道义难题，不过不是对当时或后世的旁观者，而是对征服者自己，他们得费尽心思为自己找到道义和宗教上的合理性，很多时候要精心地进行伪善的包装。而瘟疫是在不知不觉中传播开来的，这没有什么道义色彩，但带来的冲击往往严重得多。一位著名的历史学家曾这样讲：

即使是故意屠杀印第安人最残暴、最下作的征服者，毁灭人口的威力也不如一位毫不知情的善心传教士，在病榻上起身去抚摸祝福新皈依的印第安人信徒大。[207]

同样，对西半球印第安人的歧视与剥夺在道义上遭人唾弃，也很容易被认为是造成美国不少群体社会经济地位低下的主要原因。但以因果关系论，不能想当然地认为他们就能直接获得西方通过几百年才取得的技术、手艺和社会进步。可以参考的是，历史上东欧在这些方面一直落后于西欧，在斯拉夫人进入中东欧后的1 000多年里仍然如此。因此，把美洲印第安人的经济落后完全归结于欧洲移民社会中多数人的偏见和歧视，这个因果关系是不牢靠的。至于在多大程度上是因为歧视，又在多大程度上是因为文化的落后，人们尚无定论，自可有不同的判断。例如一个事实是，到20世纪80年代，虽然语言、人口结构等基本条件没有发生变化，生活在美国的印第安人男性的收入已经差不多能与白人男性比肩，而整个美洲印第安人男性仍然比白人男性的收入低很多。[208]

在20世纪的拉丁美洲，印第安人和欧洲－印第安人混血裔占一国人口的比例各不相同，低者如阿根廷近乎零，而高者如秘鲁占到了大多数——1990年，说西班牙语的混血裔占37%，说盖丘亚语的印第安人占45%。[209] 而纯血统的印第安人往往既不受上天眷顾也少被社会接纳，比如最早获得对欧洲疫病抵抗力的是有一定欧洲血统的人，之后是能接触到西半球移民社会的人，他们也实现了更早的社会性归化。白人和欧洲－印第安人混血裔常常蔑视和歧视纯血统的印第安人。例如，秘鲁的高原居民是印加人的后裔，他们曾被当地的混血裔称为"野蛮人"并边缘化，在公交车上只能坐在后排，在其他场合也处处低人一等。[210] 直到1960年秘鲁原住民中还有39%只说当地语言，国家通过强制推广教育，让归化程度较低的印第安人学习了西班牙语以及欧化的穿着和生活方式。[211]

欧洲人、亚洲人、非洲人都不能笼统地总结概括为一个模子，西半球的印第安人也是一样。印第安人的文化中既有几百年前玛雅、阿兹特克、印加那样的复杂文明，也有直到现今还处在原始社会的亚马孙部落。不过毫无疑问的是，印第安人的世界非常支离破碎，在人口、军事、社会和政治上都是如此。他们的命运将取决于能否积极改变，去适应全然不同且不断变化的新环境。

第六章
总结

迁徙移民的历史不仅仅是人员在国际重新分配的历史，更重要的是伴随此过程而发生的文化传播，并由此改变了世界的经济、军事、政治格局。征服的历史也不仅仅是恐怖场面发生的过程，更是文化得以传播并重塑人类生活的历史。

……富国不会一直富裕，穷国也不会总是穷困，就像车轮总会转动。

——费尔南·布罗代尔

本章是这本书的终章，也是包括前两本书《种族与文化》和《移民与文化》在内的三部曲的最后一章，因此本章尝试对整个研究做一下总结，并在该研究的背景下探讨思想、种族、文化在历史发展中的作用。首先，我们要考查社会历史中千百年来存在的一个最突出的事实——不同民族之间生产力水平的巨大差距，以及这种差距带来的经济和其他结果。

生产力的差距

在人类有记载的数千年的历史中，财富生产能力存在巨大差距是常态而不是个别现象。不过正像费尔南·布罗代尔所说，具体哪个国家哪个民族的贫富，不会一直不变。比如古代的希腊和罗马远比北欧和不列颠群岛的经济发达，不过在近几百年里，这种对比倒转了。中国和日本的经济情况也类似。不过不管如何变化，地区间差异巨大的现实没有变，这就好像虽然河中之水不断奔涌入海，但江河本身仍会万古长流。

19世纪下半叶，英、德、美三国产出了世界上三分之二的工业产品。[1] 到了20世纪下半叶，约占全世界17%的人口生产了世界总产值的五分之四。[2] 一些高深的理论研究试图解释为何"世界的收入分配"如此"不均衡"，就好像一切都装在一个大桶里，被用铁锹不均匀地铲出来，但这些研究没有考虑一些显然的事实：（1）实际收入由生产出来的产品构成；（2）实际收入（或产出）的很大一部分没有进行分配，而是产出之后就地消费；（3）不同地方、不同民族的生产力差别巨大，历史上一直如此。这些差异未必只是因为种族或民族的不同。有学者在1994年估计，散落世界各地的3 600万中国华侨的生产总值相当于那个时候中国国内10亿人的总产值。[3] 同在东南亚的各国，1996年人均产值最低的是缅甸，为107美元，最高的是新加坡，为30 860美元。[4]

造成如此惊人的生产力差距的因素有很多，有一些可以量化，而另一些不能。例如，在18世纪中期到19世纪的前25年里，英国诞生了世界上40%多的主要发明、发现和创新，这显然说明当时的英国经济发达、文化资本雄厚。后来美国的情况与之相同，独力产出了20世纪中期世界主要发明、发现和创新的80%以上。[5]

不难想象，与生产力的巨大差距相伴的是同样巨大的收入和财富差异，这个看似功利的事实动摇了一个普遍的认知，即认为不管是国家还是个人，富者之所以富是因为穷人贫穷，认为这主要是财富的转移，而不是创造。[6] 例如，帝国殖民主义常被描述成损人利己式的致富。有时的确可能如此，也确有这样的实例。不过如果"剥削"理论真像其主张者说的那样普遍适用，那么各个帝国解体后，原来被征服和剥削的民族应该能过上更好的生活。然而历史反复证明，事实恰恰相反。

罗马征服者从不列颠撤走后，不列颠人的生活水平出现了全方位下降：日用产品更加粗糙，基础设施失修衰败，曾经的人居之地被荒草湮没，逝者的遗体不再用棺材停放，墓穴深度也变得更浅了。20世纪下半叶，欧洲帝国殖民者从撒哈拉以南非洲撤出后，那里的人均收入也有所下降，直到20年后收入水平还不及殖民统治时期。中亚的情况基本上也相同，苏联解体后，这里终于从俄罗斯人几百年的统治中独立出来，不过俄罗斯人的离开也造成了很多技能的短缺。

这些情况反映出的更多是生产力水平差异造成的经济结果，而生产力的差异又来自文化资本禀赋，这都不是基于剥削理论。帝国的扩张不排除经济利益的驱动，但经济追求从来不是征服的唯一动因，征服也不总是掠夺已有的财富，而是要占有资源，从而凭借征服者的技术生产财富，只是本来的资源所有者未必能从中获得财富。这在近现代尤其如此，南非的黄金、中东的石油都诱发了征服，而坐拥这些资源的被征服者本来的财富积累和生活水平最多只是勉强为继。

这倒不是说征服者从不会攫取被征服土地和土地上的人民原来的财富。比如，皮萨罗显然是奔着印加人既有的财富去的。不过，既有财富的跨国转移远不足以解释为什么今天有些国家富裕而另一些贫困。在西班牙帝国殖民的鼎盛时期，巨额财富从西半球的被征服土地向国内输送，其中相当一部分是原住民已经采掘利用的现成金银，还有一大部分是强迫被征服民众采矿生产的金银。这些金银一旦被消耗殆尽，西班牙就会变成欧洲较贫穷的国家，因为它没有发展自己的人力资本，还驱逐了国内的犹太人和摩尔人，也因此失去了这些人所掌握而西班牙人不具备的技能。

奴隶制是剥削的各种形式中最极端的一种，但很少有蓄奴地区发展得比与之相当的非蓄奴地区更富有：对比美国南方和北方，或者巴西蓄奴集中的北部和欧洲裔及日本移民较多的南部，都看不出这个趋势。反而是率先废除奴隶制的西欧引领全地区乃至全世界进入了工业时代。在世界其他很多地方，奴隶都是财富和奢侈的象征，而非产生财富的源头。

剥削理论将道义谴责与因果联系捆绑在一起，更容易引起感性共鸣。不过基于现代社会的很多统计数据，该理论的解释力就不如各国各民族生产力水平差距的解释更合理了。那些体现道德败坏的因素不一定是因果关系最明确的因素，道德败坏在人类社会的各个群体中都普遍存在，不是仅限于成功征服别族或取得较高经济成就的群体。如果仅仅是拿走了别人的既有财富，不至于就会让魔鬼闯入伊甸园，也不至于结束别人的黄金时代。

关于帝国殖民主义最著名的理论出自列宁，列宁在其著作《帝国主义论》中，把整个西半球即他所统称的"美洲"整体上说成工业化欧洲的资本输出地，从而将全球未实现工业化的地区整体视为接纳"剩余资本"的地方。他认为根据马克思主义学说，"剩余资本"如果无处可去就会在工业化的资本主义国家内部造成经济问题。列宁提出："大量的资本输出主要是跟大片的殖民地密切捆绑在一起的。"[7]然而，事实上，西半球乃至全世界都一样，欧洲资本投资最多的地方恰恰是经济和工业化本来已经发展到一定水平的国家。在列宁观察的时代，即 19 世纪末 20 世纪初，英、德、荷三国资本的最大投资目的地都是美国。[8]进入 20 世纪，在大部分时间里，美国向加拿大的投资都高于其向非洲和亚洲对外投资的总和。[9]这里我们再次看到那个功利的事实，即财富由生产力创造。因此无论如何定义"剥削"这个模糊的概念，相较于剥削第三世界来说，在生产力更强的国家做投资和贸易都是重要得多的财富来源。

各民族的生产力水平可能会发生惊人的变化，这通常可以归结为文化资本的跨民族转移，例如从英格兰人到苏格兰人，从西欧向东欧，从古代中国到日本，从中世纪的伊斯兰世界到欧洲，等等。文化资本的转移不像剥削理论所说的，是物质财富的转移，不是有得必有舍的零和过程，掌握知识的人不会因为将其传播出去就失去知识。

本书重点讨论的四个人群，他们都通过从外族获得人力资本而发生了生活方式的转变甚至革命。以不列颠人为例，首先从古代罗马那里获得人力资本，后来是从诺曼人、伦巴第人、犹太人、胡格诺派、荷兰人等处引进不列颠群岛过去没有或少有的各类技能。在斯拉夫人那里，从创立民族语言的文字，到较发达的农业、工业、科技、医药等知识都来自欧美各个民族。在撒哈拉以南非洲的大部分地区，从零售商业到国际贸易网络，全是由印度人和黎巴嫩人引进的[10]，现代技术则主要来自欧洲。在西半球，人们对北美大平原印第安人的经典印象是骑马挎枪猎水牛，然而这种生活方式的基础性器物都是欧洲侵略者带到新大陆并教会当地人如何使用的，从此这才能成为西半球原住民的生活面貌。

《移民与文化》同样有关于人力资本转移的内容。德国移民在巴西南部创立了一系列新工业，让阿根廷从曾经的小麦进口国一跃发展成世界上最大的小麦出口国，还在美国开创了钢琴制造、眼镜工业、啤酒酿造等的先河。[11]从克里姆林宫的纪念碑到阿根廷的下水管网，都是意大利建筑商的杰作，意大利酿酒师的足迹也遍布从加利福尼亚州到澳大利亚的各地。犹太人千百年来一直擅长并把持着某些行业，其中最突出的是服装行业。从中世纪的西班牙，到后来的奥斯曼帝国，再到纽约的现代时装区，一直活跃着他们的身影。而中国华侨对东南亚各国工商业的影响举足轻重，比犹太人在很多地方的优势还要显著。印度移民在斐济和东非等地也有类似的经济主宰地位，巴西南部的日本移民同样对当地发展起了重大作用。

历史给我们的一条最振奋人心的启示在于，曾经贫困落后的族群能追赶反超先发族群，甚至能走到全人类发展进步的前列，这样的例子不胜枚举。本书讨论的英格兰人和苏格兰人就是最突出的例子，类似的情形在地球的另一边也曾出现，日本从19世纪的落后国家迅速崛起为20世纪的世界经济强国。这些例子积极的一面是展现出曾经贫困落后的民族内蕴的发展潜力；而警醒的一面也说明，即使有成为伟大民族的潜力，也可能会在贫困落后中蛰伏数百年甚至上千年之久，这凸显了获取文化资本以利于进步的重要性。

文化资本

我们用了三本书的宏大篇幅探究世界各地的民族与文化，其中最让人吃惊的发现是，一个种族或民族的文化格局可以多么与众不同又历久弥坚。然而，种族或民族并不是区别人们的唯一标志。不管以哪种方式划分人群，例如宗教、国籍、地理环境等，群体间总会有各种显著的不同，比如收入、酗酒习惯、生育率、犯罪率等随便什么指标。其实最重要的区别不在于种族或民族，而是文化的差异，这可能取决于是何民族或来自哪里[12]，但也可能由其他因素决定。一个民族的文化或保有的"人力资本"往往比现存物质财富、自然资源和个体才能更能决定其经济发展水平。

人们在解释某一社会中不同群体的差别时，更喜欢关注社会对待不同群体的方式，却忽略了一个事实：群体之间存在差异是常态，而不是特例，在世界各国历史的各个时期都是如此。不同群体掌握着不同的具体技能，可能是制作眼镜、酿酒、工程建造、行医或是其他三百六十行，他们对工作、教育、暴力等的态度以及整体的人生观也都不同。即使是比邻而居、经济状况相当的人，在面临同一套选择时也会基于文化背景做出不同的应对，并且会随着历史和环境的发展变化而变化。例如，在巴西历史上的开拓时期，有大量闲置土地却没有足够的劳动力来耕作，有些大地主就提出拿出自己名下的部分土地转让给他人，只要受让方同意在这些土地上免费劳动4年并将收成与原土地主分成即可。但当时的巴西农民很少有人接受这样的方案，不愿意放弃眼前即时可得的工资而成为未来的地主。而万里之遥的日本人却趋之若鹜地迁往巴西，靠这种方式获得了大量土地。[13]

与此类似，几百年前生活在威尔士、爱尔兰和苏格兰高地的本地人没有积极利用本地区的经商机遇，而让外地人来到自己家门口经商并取得成功。后来，这些人移民美国并成为南北战争前南方白人的主体[14]，在新的社会中经商的仍然主要是外来人口，多是纽约人及其后裔，还有犹太人以及来自英格兰、德国和苏格兰低地的移民。[15]这里我们看到，一个民族所处的环境和客观机遇并不能决定他们以何为业，取得多大的成就，真正决定性的因素是人在环境中的文化。

在这一系列书中，我们考察了华人、德国人、意大利人和其他移民族群截然不同的生活态度与成就，还回顾了英格兰、苏格兰、东欧等地的历史。可以说我们重走了人力资本的发展史，从罗马帝国灭亡所带来的破坏性影响讲起，着重探讨了不列颠群岛的情况，展现了欧洲各地文化灾难的一个缩影。发生这种情形的关键不在于哪些政治统治者下台了，或是哪些具体的政治制度被摧毁了，而是因为击垮罗马帝国的外族只打破了旧的传统，却没能发展起新的文化，更没有保护好原来的文化成果，于是传承复杂文明体系所需的完善机制崩解了，支持这个机制的国家机器也不复存在了。与之相比，中国满族入主中原地区的历史就有本质上的不同，他们继承了中华文化并代代相传。

入侵罗马帝国的蛮族大肆破坏，造成了史所罕见的全民族的灾难性倒退。建筑、道路、水渠等设施遭到损坏，律例和秩序也瓦解了，国家分裂，教化不彰……人的种族并没有改变，是文化资本的丧失降低了他们的生活水平，直到很多个世纪以后那里才恢复到罗马时代的水平。

总之，人力资本对个人、国家、文明各层面的重要性都以不同方式得到了证明。19世纪中期，约翰·穆勒就研究过各国从战争的破坏中奇迹般恢复的现象，后来的德国和日本在二战废墟中实现了经济的迅速复苏，其实不是个例。穆勒认为，战争摧毁的只是设施和设备，这些实物迟早都会老化，需要更换。[16] 而加速淘汰有重大意义，穆勒的核心观点是，掌握如何制造新器物来替换旧的，要比拥有器物本身更重要，因为器物只是知识在一时的固化表现。只要人力资本没有被摧毁，器物的破坏总是可以被修复或更换的。

反过来，公元5世纪罗马人主动撤出不列颠群岛时，设在岛上用于防御欧洲大陆敌人的设施全部原样保留。时间久了这些设施老化衰败了，几百年都没有再修复更换，因为不列颠人不具备维护和翻新所需的人力资本。他们也缺乏人力资本去维系罗马人建立的政治制度，很快曾经统一的罗马不列颠就分裂为若干部落。数百年后，不列颠人才重新用上了砖块，从罗马人离开后不列颠就再没有生产过砖，只能靠从佛兰德进口。[17]

到了现代，二战后西方帝国殖民者从第三世界国家撤出，留下的工业设备多被放任老化，直至无法使用。有些殖民地国家分裂解体了，典型的例子是印度。在很多第三世界国家，外国援助了大量实物和资金，但没能推动经济发展，因为当地缺乏必要的人力资本，或者人力资本主要是外国工程师和技术人员。在新独立的非洲国家，科特迪瓦独立后仍然允许外国人在经济中充当重要的角色，而独立之初尚较富裕的加纳、尼日利亚等国则不然，两者后来的经济发展形势差别很大，这也彰显了人力资本的重要性。

有人提出给第三世界国家也制订一个"马歇尔计划"，或者给美国国内的少数族裔聚居区搞一个类似的计划，这种空想其实是没看到战后欧洲"马歇尔计划"的实质，即帮助欧洲利用原有的人力资本重建经济。马歇尔计划拨付的资金并不产生人力资本，只是让欧洲人能发挥出他们本已具备的发展所需的技能和经验，避免社会上出现饥荒和绝望，防止社会动荡和政治乱局，为发展营造有利环境。

历史上有很多移民族群以赤贫状态到达新的国家，之后却渐渐过上了比当地原住民更富足的生活，这也体现了人力资本的重要作用，正像一些国家虽经战火破坏，但保全了必要的人力资本所以能重新繁荣。这些移民族群虽然没有物质财富，但掌握了创造财富的本领，例如犹太人带着制衣、珠宝加工、零售商贸等各项专门技能移民很多国家。比这些本领更重要的是他们内心深处对技能的尊重，这促使他们的后代也积极学习医生、律师等专门技能。印度的古吉拉特人和耆那教徒、亚美尼亚人、黎巴嫩人等也是如此。

每个族群都会沿着其文化历史的影子前行，文化虽然不像基因那样与生俱来，但其影响可能更为重要。有人将文化特征与基因特征联系在一起，因此否认人力资本存在差异，将经济发展水平的差别归结为优势族群的某些恶行。因为在文化与基因捆绑的前提下，如果不这样解读，就免不了要去面对一种可怕的可能，即基因造就了人力资本的差异，虽然没有太多事实证据能支持这个推论。另一个没有这么骇人但也让人望而生畏的想法是，如果认同是文化的不同造成了人力资本的差异，那就意味着落后者的追赶会非常困难。相比之下，谴责其他民族的行径，让他们为自己或祖先做过的坏事付出代价，是情感上和政治上更容易接受的思路。人类没有哪个族群完全没有过罪愆，更何况有些是欲加之罪。如此一来，这些不是根本原因的罪愆反而给了人开脱的借口，让人们不必去努力拼搏培育自力更生的人力资本。

这里我们必须把历史上的不道义行为和其当下的影响明确地区分开。一个显然的情形是，残暴的征服往往与广泛的技能传播相伴。在美国的波兰移民中，来自普鲁士者普遍掌握各类手艺技能，因为几百年前日耳曼人征服了普鲁士，这些人一直生活在普鲁士文化中。相比之下，来自波兰本土的波兰人就较少掌握这些技能。[18] 中世纪，摩尔人征服西班牙并带去了伊斯兰文化，刺激了生活在西班牙的犹太人在思想智识上的精进，这对后世犹太人钻研世俗学问、取得科学成就等产生了深远影响。[19] 而这次穆斯林征服却没能对西班牙的主体民族产生类似的影响。同样，历史上英格兰人对威尔士人和爱尔兰人的征服没能产生像对苏格兰人一样的影响。这些都说明，对外来文化的接受度是一个不容忽视的因素。尼日利亚的伊博人和豪萨–富拉尼人对外来文化的不同反应，殖民时期锡兰的泰米尔人和僧伽罗人对外来文化的迥异态度等，都是世界各地族群差异的缩影。

负面人力资本

还有一种人力资本或可称为"负面人力资本"，是指有些负面态度会阻碍人们在现实或思想层面开展本来有能力进行的经济活动。例如，在原始的狩猎战斗部落，男人可能认为种粮食和做衣服是"女人的事"而不屑于做。与此类似，蒙古人、西班牙人等征服民族会认为从事工商业有损自己的高贵地位。在奴隶承担了大量工作的社会中，自由人就不愿意做手工和体力劳动，奴隶后代中的自由人也是如此，因为这些劳动会让他们想起祖辈的低下地位。

还有一种负面人力资本影响了很多社会中的高阶层人群，即不接受工商业成功人士进入社会顶层，而只接纳大地主或高官等贵族。为了让家族跻身顶层，成功的企业家常常把财富拿来置办田产，从而退出商界或者教育后代不再从商，改谋更容易进入顶层的职业。[20] 这样的社会相当于自己放弃了培育工商业世家的可能，而在美国这样的国家，没有人人企望跻身的贵族阶层，因此工商业世家能发展起来并传承下去。那些扼杀了本土创业者的社会不仅坐失了创业精神，也得不到资本的投入，因为掌握资本的人强烈热爱储蓄和购买田产，效仿贵族豪掷千金的生活习惯。[21]

现代西欧的福利社会，有很多低等工作都留给外国人来做，因为本地人宁可靠政府福利生活，也不愿做那些让人看不起的工作。在一些国家，国民受教育程度越高，这种负向人力资本反而越高，受过高等教育的人觉得很多工作都不是自己应该做的。至于学校教育给他们的正向人力资本是否能抵消前述的负向资本，答案并不唯一，这部分取决于他们接受的教育是在实用领域还是在比较轻松且主观的学科上。在很多第三世界国家，受过教育但没有就业的人群是一个重大的社会、经济和政治问题，为了避免在这群人中出现政治动乱，政府会扩大官僚体系吸纳这些人。这进而造成其他问题，比如过多的官僚程序会牺牲真正有技术专长和创业能力者的工作效率。

负面人力资本还可以体现为其他形式。在有些地方，传统风气不鼓励放贷和信贷消费，把向亲族乡党收取利息视作不光彩的行为，甚至连严格要求按时偿还本金也被斥为不近人情。在历史的各个时期，世界上很多地方都有这样的传统，例如西非、巴尔干、美拉尼西亚等。[22] 过去塞尔维亚人把向本民族佃农收取利息的人蔑称为"希腊人"，反映出塞尔维亚人对希腊放贷人的反感。[23] 无论这种风气的起源如何，也无论它在过去的艰难时节对鼓励民间互助有多少积极意义，在现代社会中，都只能造成两种结果，要么干脆不要信贷给市场经济日常运行所带来的种种好处，要么让不受这种传统约束的其他种族或民族充当借贷出资方。如此一来，外地放贷者就比本地人更具优势。在有这种风气的地方，外地客商也比本地商人有优势，因为本地商人对本地人总要讲亲族人情，而不能像陌生人那样在商言商。

其他文化上的阻碍因素还包括容易诉诸暴力等社会效益为负的态度和行为。这里所说的文化不是指博物馆里展出的器物，而是在日常生活中开展的方式。因此对文化不能做静态的比较，而是要考察在实现不同目的上的效用，具体效用就体现为人们根据自身经验如何选择和扬弃。在过去的环境中曾经效用良好的文化到了新环境中往往要重新评价，要基于新环境中的紧要考量选择保留哪些内容。

一般认为，民族或群体的自豪感和身份认同是推动发展进步的积极因素，甚至是核心因素。然而，也有不少例子恰恰是因为人们意识到自身的落后，痛定思痛、知耻后勇才有了迅速的发展。18世纪苏格兰人取得了令人瞩目的进步，推动进步的这些人正是"痛苦地认识到自身的落后贫穷、缺少礼仪和见识短浅"。[24] 一个世纪后，这一幕又在地球的另一边上演了，日本能从闭关锁国中崛起，正是因为国内广泛流露出落后于西方的自卑情绪，哀叹民族"觉醒迟缓"，羡慕美国。乃至日本教科书都把本杰明·富兰克林和亚伯拉罕·林肯作为楷模，地位甚至高于日本自己的英雄，还一度严肃探讨过将英语作为日本的国语。[25] 与之相反，对古代成就的沾沾自喜可能会让一个民族囿于过时的技术，不愿接受改变，迎头赶上。有辉煌的过去足以沉浸自豪的，比如中国，其技术和文化成就曾在千百年间独领世界风骚。但到了19世纪和20世纪，面对西方和日本以现代兵器和现代方式组织的武装侵略，中国仍然抱残守缺，因此付出了惨痛的代价。[26]

因此可以说，认为增强民族或群体自豪感和身份认同是发展进步的必要基础虽然是普遍的想法，但是必须以史为鉴去思考。如果这种自豪感和身份认同助长了文化封闭，那么也会构成负向人力资本。

文化制度体系

民族之间、文明之间的文化借鉴在更大的背景下体现了人力资本的重要历史意义。一个民族的人力资本不仅包括其掌握的专门技能和工作习惯，还包括推动财富生产的制度机制、社会和政治传统等。其中最重要的要素之一是可靠的法律。一个政府如果动辄没收财产，时间久了就根本不会有那么多财产供其罚没。同样的道理，一个政治体制如果不能认识并尊重工商业发展的必然要求，就很可能搞随意征税、严苛限制等等，造成工商业生产力低下。

如果没有这些文化制度体系，即便有富饶的自然资源，有开发资源所需的技能本领，也不一定会发展繁荣。苏联解体后各加盟国面临严重的经济问题，恰恰证明了这一点。苏联是世界上自然资源最丰富的国家之一，盛产石油、铀矿、铁矿石、黄金、锰等，还培养出了大量的科学家和工程师，完全有能力开发这些资源。但它缺少激励和保障市场经济高效运转所需的法制、政治和金融体系。如果能保障私人产权的安全，已投入的资本能得到保护，利润可以转移出国，就能吸引全世界投资者的到来。然而，苏联人虽然坐拥实现富裕的所有有形要素，却因为缺少无形的机制而必须承受经济不振的代价。我们谈人力资本，必须包括政治和法制传统。

还有一个例子也充分说明了政治和法制等无形要素对有形财富的影响有多大：20世纪下半叶，人们发现里海下面蕴藏着巨大的油田，价值或可达4万亿美元，这还没算上在这里发现的巨量天然气。本来这些资源可以大大改善周边阿塞拜疆和亚美尼亚两国人民的生活水平，但因为两国在政治和法律上纠缠不清，真正实现开发利用的资源极少。举例来说，要从这两个内陆国经周边国家修建管线出口资源，就遭遇了很大的政治阻力。[27]

英国能崛起为称霸一时的头号工业强国并在后来数代人的时间里维持世界霸主地位，很大程度上是因为它具有稳定的政府和可靠的法制体系，英国人和外国人能够共享市场经济。英国商事法律在发展成熟的过程中积累了大量知识，凭借这个优势，英国在成为现代工业发展的领跑者之前先成了商业强国。一位著名的历史学家曾这样描述英国的发展：

……到18世纪后半叶，伦敦的皇家法院积累了充分的经验以裁断保险争端、交易票据、船舶租赁、销售合同、合作机制、专利、仲裁和其他商事交易，英国的法庭与法律从而成为对商贸发展起积极作用的因素。英国法庭允许外国商人起诉，并谨慎公平地对待外国的原告，赢得了良好的声誉，这样受英国法律管辖的商业交易、保险委托、信贷工具等就让人感到更可靠，结果更可预期，更不易受权力任性妄为或参与方随意变更的影响。这样的优势推动了英国保险行业的增长,也使伦敦成为世界金融中心,让英国贸易蓬勃发展起来,同时国内利率也相对更低。[28]

从中我们看到,诚信可靠等无形因素对促进商业交易、推动经济发展非常重要。而这些因素的实际情况,往往在不同的社会中差别很大。[29]1997年的一项国际腐败调查发现,世界上腐败程度最高的国家包括尼日利亚、玻利维亚、哥伦比亚、俄罗斯、巴基斯坦、墨西哥、印度尼西亚、印度、委内瑞拉、越南等,这些国家无一例外都存在经济困境,而且其中很多其实自然物产丰富;而诚信廉洁度最高的国家大多是西欧国家或西欧的海外移民社会,此外还有新加坡和以色列。[30]

除了诚信廉洁,另一个对经济有重要意义的无形因素是一国对商业的政治态度,是将其视为国家的财富还是经济的剥削。在民主或专政的形形色色的政府中,这两种态度都很常见。例如,奥斯曼帝国给外国企业以各类法规和惯例上的豁免,妨碍了本国企业的繁荣。中国在民国早期为吸引海外华侨的资金和人才回流也有过类似的举措。然而,政府总面临一种政治诱惑,就是罗织理由证明政府应该从企业处索取更多资金,并对其实施更多控制。是否具有能与这种诱惑相制衡的传统和思维,决定了政府受此诱惑的影响有多大,以及这将对企业界和整个经济造成什么影响。

在民众中,合作的精神有助于集中整合资源做事,小到本地街区的修缮,大到合伙兴办企业和产业。如果人们更容易自发组织合作,很多事情就不需要通过机构臃肿的正式组织费钱耗力地去完成,不用劳动政府或国家教会。例如,美国有很多由民间资本自发设立的私立中小学和大学,这在全世界都少见。与之相对,法国人一直出了名地不愿意跟人搞经济合作或共同创业,因为其文化鼓励个人的荣耀和攀比。[31]此外,意大利南部文化也有类似对民众自发合作的障碍。[32]

不管上述这些概括有几分道理，重要的都是合作精神是经济财富也是社会财富，它是一个社会人力资本的构成部分。官方的法制和政府治理机制越不健全或越腐败，经济交易的风险越高，合作精神的价值也就越大，因为族群内部如果有信任合作的传统，就能比同一社会中的其他人更高效地开展经济和各项活动。一个典型的例子是东南亚的华裔少数族群，他们不靠书面合同就可以交易，因为其文化传统比当地法律更能保障相应安排的履行。纽约的哈西德派犹太教徒也有一套类似的传统，不需要合同和昂贵的繁文缛节的法务就可以彼此委托。合作精神作为一种"资本"，在不同民族和国家中的分布既不平均，也不是完全无规律可循。例如，在印度和斯里兰卡这样非常在意身份地位的社会里，很多细分的社会阶层使得一些很基本的跨阶层合作也很难达成。[33]

文化借鉴

各个国家和文明对彼此技术和组织管理经验的借鉴也能显示出其人力资本的实力。日本人有较深的岛国思维，因此千百年来日本人的基因极少有变化，却在近代从19世纪初的贫弱落后国一举成为20世纪世界上的经济技术强国。今天可以清晰地追溯西方的纺织、铁路、造船、电力、化工、电报、照相等行业的技术如何像日本那样发生了大规模的转移。[34] 而当时如此大规模的技术转移只发生在日本却没有发生在其他地方，并非因为日本比其他技术落后的国家有更多的财富或物产，而是因为国家出现了近乎狂热的要求发展经济的社会心态和政治态度。

在此之前的几百年里，西方文明曾大规模地向伊斯兰世界和亚洲学习科技，为自己从跟随者向领跑者的赶超奠定了基础。西欧的文盲率很低，因此学习的进程较快。在改造拉丁和希腊字母而创立斯拉夫文字之前，东欧的文盲率较高，学习过程也受到阻碍。当然，识字率不是唯一的影响因素——在文化扫盲很久之后，东欧才逐渐学习了别国的科学、技术和商业经验。在东欧的日耳曼人、犹太人、希腊人和其他国家的飞地引进这些先进经验之后很久，东欧的主体人群才开始学习。

在19世纪的布科维纳，少数族裔日耳曼人从事了大部分手工艺工作。而在波兰人占一半的波兹南，也是居少数的日耳曼人和犹太人承担了三分之二的手工艺工作，还掌握着三分之二的贸易和土地。[35] 1910年，在哈布斯堡王朝的罗马尼亚地区，罗马尼亚族的手工艺匠人还不到800人，而犹太匠人却有5 000多人。[36] 世界的另一边也有类似的情况，在19世纪的泰国，华裔是曼谷各类手工艺产品的主要生产者。[37] 中世纪西班牙的摩尔人、法国的胡格诺派教徒同样是当地主要的手艺匠人。本地人如果无法与少数族裔竞争而取得做这些低微行当的技能，就常常没有能力学习更高级的技能去从事科学或工程。

我们又一次看到，对外来文化接受度的差别至少跟与外界文化的接触渠道同等重要。不过，脱离了接触渠道，空有接受能力也没有用。很多闭塞的地区既无接触渠道，也无接受能力，自然难有经济进步。巴尔干半岛和撒哈拉以南非洲的很多地方就是这样，东南亚的落后地区和大洋中与世隔绝的小岛屿也是如此。这些地方的共性不在于种族，而是其文化体系太小且太闭塞。如果能终结闭塞状态，向现代文明的影响开放，一般都会随之产生技术和其他进步，虽然仍可能在物质和文化发展上落后于此前已经发展了几百年的社会，但也会发生翻天覆地的变化。

地理环境的影响

地理环境在不列颠、斯拉夫、非洲和西半球印第安人社会发展中都起到了重要作用，尤其是广义的地理要素，包括气候、动植物、疾病环境等。英国的铁矿石和煤炭两大工业原料产地相近，构成了工业革命在那里发生的极有利条件。虽然德国也拥有煤田和铁矿，但两者相距较远，当时昂贵的陆路运输成本使其无法与英国匹敌。相比之下，巴尔干地区既没有这些矿产资源，也没有从其他地方廉价进口工业物资所需的水运河道，因此当时完全不具备工业化发展的条件。

非洲没有能够通行大型船舶的河道连通内陆，因此内地无法发展大规模的远洋商贸，沿海地区很多水域非常浅，缺少天然良港，也没有发展远洋贸易的条件。而在北美，能通行大船的河道众多，从沿海一直通达大陆深处，但是在欧洲人到来之前，西半球没有驮运牲畜能搬运大量的货物，所以大船贸易也达不到经济可行的程度。就连本地贸易，不管是通过陆运还是水运，也都受到缺少畜力的影响，只得像撒哈拉以南非洲那样采用人工搬运，这大大限制了运输货物的种类和距离。此外，除了经济上的限制因素，还有一些影响深刻的文化限制。非洲和西半球的文化体系都不像欧洲和亚洲那样覆盖广泛，没有欧亚那样远航万里经商的文化圈。

疫病是塑造非洲和西半球帝国殖民历史的一个重要地理因素。虽然欧洲人在发现新大陆以前很久就知道非洲的存在，但他们的对外大规模征服却不是从非洲而是从美洲开始的，因为在美洲，疫病对欧洲人有利，而在非洲则有害。欧洲人对印第安人的疫病有较强的免疫力，而印第安人对欧洲疫病的抵抗力很差。这是一个偶然情况，却注定了欧洲人占领西半球的结局，因为疫病对印第安人的破坏力比欧洲的武器还要厉害。而非洲的情况恰恰相反，那里的疫病对欧洲人影响很大，因此虽然从军力上讲，早几百年欧洲人就具备了侵略非洲的实力，却无法成行，直到欧洲的医药进步到能保障白人在热带病盛行的地区生命无虞方才可以。

总之，人类可能对不同民族有区别对待，但自然对生活在一个国家乃至一个大洲的人都一视同仁。而且，截然不同的地理条件具有的优劣势甚至在人们离开当地、迁往别处之后仍然有长期的作用，因为地理条件影响了久居一地的人群的文化发展，特别是地理因素对人们接触外界是有利还是不利，影响尤其深远。由此产生的文化发展或培育的人力资本对世界各地各民族的经济社会的发展起到了关键作用，我们这三本书探讨的正是这个主题。

在一些国家的历史和经济发展中，丰富的自然资源是一个重要意义的地理因素，例如富产石油的中东和金矿众多的南非。然而，也有一些国家虽然矿藏丰富却很贫穷（例如墨西哥和尼日利亚），还有一些国家没有什么自然资源却达到了世界最富裕的生活水平（如日本和瑞士）。与此类似，有些移民在新的土地上白手起家，经过一段时间却能发展得比当地居民的平均水平更富裕。由此可见，不管是民族、群体还是个人，决定其财富创造和富裕水平的是人力资本，其作用常常远大于自然资源储藏或其他财富基础。像移民美国的犹太人那样身无分文却有手艺的移民，恰似没有矿藏却有技能人才和创业精神的国家，能从其他国家进口矿产并加工成高价值的产品。日本能崛起为工业强国，就是走了这样一条路。

知识精英

人力资本与正式教育是两个概念，后者只是前者的一个方面，而知识精英群体的壮大又只是这个方面的一部分。知识精英众多，对经济发展和政治稳定的影响可能是好的，也可能是坏的，这取决于他们掌握何种技能，以及对推动一国生产力发展持何种态度。西方的现代工商业在起飞之时，知识精英群体规模尚小、力量尚弱。而20世纪当很多第三世界国家独立时，很多领导者是接受过正式教育、具有政治魅力的人物，他们对经济事务知之甚少，却对自治的经济体制和生产力较高的少数族裔怀有偏见。

一国之民众接受什么教育，不仅会影响该国的经济和技术发展，也会决定其社会与政治发展方向。理工科教育显然会带来经济效益，然而并不是所有国家所有族群都喜欢这样的教育。例如，马来西亚的华裔在20世纪60年代获得了400多个工学学位，而作为主体民族的马来人只获得了4个。[38] 类似的教育科别和质量的差异在很多人群中都普遍存在，例如，阿尔斯特省的清教徒和天主教徒之间、印度的高种姓阶层和贱民之间、哈萨克斯坦的俄罗斯族和哈萨克族之间、以色列的中东人和欧美犹太人之间、斯里兰卡的泰米尔人和僧伽罗人之间、美国的白人和黑人或拉美裔之间都是如此。[39] 居于弱势的人群和民族常常学习偏简单的科目，而不是数学、理科、工科、医科这些较难的学科。这种差别不仅影响他们的经济生产力，还影响了他们对那些拥有技能、能提升社会生产力的人的政治态度。

新接受教育的阶层尤其倾向于学习软科学，而且在仇视富裕群体方面起带头作用，发起"民族身份认同"的运动，所针对的或是其他族裔，或是既有政权，或是其他对象。在历史上的很多时候，知识精英群体特别是其中的新受教育阶层都煽动过族群的对立，在不少国家造成了人群的分裂、政策的歧视，甚至实质性的暴力行为，包括匈牙利[40]、印度[41]、尼日利亚[42]、哈萨克斯坦[43]、罗马尼亚[44]、塞拉利昂[45]、斯里兰卡[46]、加拿大[47]、捷克斯洛伐克[48]等。

一个社会中的民族主义倡导者可能是少数的活跃分子，也可能是反对外部势力的民族革命领导者，他们大多数都是知识分子，而且专业背景限于少数几个科目。一位研究民族主义的学生谈及从殖民时期向独立民族国家转型中的非洲各国领袖时说："很少有哪个民族主义激进分子是读的工科、经济或管理专业的。"克瓦米·恩克鲁玛在英国学的是法律，乔莫·肯雅塔学的是人类学，而列奥波尔德·桑戈尔是个诗人。[49] 在世界其他地方也能看到类似的规律。西班牙的巴斯克独立运动和加拿大的魁北克独立运动的领导者都有软科学背景。[50] 在欧洲相对落后的东部地区，两次世界大战之间出现了一个知识分子阶层，同样具有软科学而不是理工科背景，因此主要进入政府机构从政，而不是投身工商业。[51]50年后的斯里兰卡出现了同样的趋势，这在亚洲的第三世界国家中非常典型，即出现"大批无法就业的大学毕业生"，均来自人文社科专业。[52]

到20世纪末，造成南斯拉夫解体和随之而来的惨烈战争的民族运动领袖，有人文社科专业的教授，还有小说家和精神科医生。[53]柬埔寨红色高棉时期的大屠杀也主要由教师和学者等"知识分子"发起。[54]历史学家泰勒认为，民族主义运动"上半场由大学教授领衔，等到这些教授的学生被培养出来就进入下半场"。[55]无论实际顺序是否确实如此，知识精英对造成族群和国家间的对立与暴力冲突的局面都起着关键作用，同时他们还鼓吹保护、复兴，乃至人为编造过去的荣光。

新接受教育的阶层和半受教育阶层常常进入政府机构供职，而不会到工商界打拼，因为他们的所学所能在市场上基本派不上用场。政府机构接纳这些人以免他们成为政治问题，这势必让政府机构越来越臃肿，并阻碍工商业的发展。而这些拥有大学学位却不具备实用技能的人所催生的社会政治思维，构成了经济发展的另一重阻碍。有人这样评价两次世界大战之间罗马尼亚的高等教育体制："规模臃肿、学术懈怠、政治狂热。"还说这个体制是"如假包换的官僚、政客和煽动者的培养皿"。[56]其实当时东欧和东南欧各国，乃至后来亚、非、拉很多国家的高等教育体制都是如此。

养活这些对经济发展没有贡献的知识精英是一笔沉重的经济负担，但这还不是他们对穷困社会中其他人造成的最大的经济代价。他们所宣扬的政策和态度，以及在社会内部制造并推动的紧张态势才是经济发展和政治稳定的最大障碍。若干非洲国家独立后的发展历史尤其清楚地揭示出：西方世界以及后来日本的经济发展已经走出了行之有效的路子，一味追求否定对立的政策，会酿成糟糕的恶果。在多民族社会，有些民族为了短时得利摆脱贫困，选择了没收生产力水平较高族群的财产，而不是发展自己的生产力，遭此对待的包括捷克斯洛伐克和罗马尼亚的日耳曼人和犹太人、马来西亚和印度尼西亚的华人、肯尼亚和乌干达的印巴人等等。长期来看，这样做最后吃亏的是贫困且无傍身之技的大众，因为他们终究无法替代被自己压制和驱逐的高生产力族群。

不管在国内还是国际，几百年来，很多地方的人都把西方知识分子描绘成"体面的野蛮人"，这些人觉得在西方现代文明闯入之前自己住在伊甸园般的净土里。有些人对这些社会中原本就有的残杀、压迫、暴力轻描淡写、视而不见或断然否认，营造出一种理想图景，并把这个图景通过文学作品、教学引导、动画片等各种形式传播开来，成功地营造了一种不同于现实的"虚拟现实"，使公共政策被误导转向，从而失效甚至起反作用。有些人还会通过意识形态定义一种奇异的理想国，例如斯大林时代的苏联。几十年间，这样优美的"虚拟现实"的营造掩盖了很多社会现实，包括数以百万计的人民遭到戕害。[57] 通过种种方式，知识精英会蒙蔽甚至误导政策，没有他们反而更好。

思想与历史

从具体的技能到社会体制或社会心态，人力资本虽然重要，却不应与思想在历史上起到的作用混为一谈，特别是知识精英所掌握的成体系的、经过总结的思想。我们理解历史要有一个最重要的基础认识：在历史发生的当时，各种条件和限制与今天完全不同，要狭窄得多。英国的铁矿毗邻煤田且距海不远，而德国的某些地方铁矿和煤田只相距一二十英里，在铁路出现以前的时代，这就是巨大的差别。因为大批重货物的运输需要组织大量的马车并人工装卸，如此高昂的成本使很多富饶的矿藏无法被利用。在更抽象和根本的层面上，处在历史中的人们思想智识是有局限的，不足以理解各种思想和意识如何表现为历史的现实效应，这样那样的思想和意识往往都是后人总结出来的。

自由的理念

思想和意识在历史上的作用其实比人们通常认为的更难说清楚。例如，自由和奴役都不是思想意识的产物。在政府功能松散、机制破碎的地方，或者缺少自发合谋以限制自由的地方，自由就会出现。中世纪欧洲的一些地方正是这样的情况，整个欧洲政治分裂，各地各拥其主，都要争取富庶城镇所产出的经济资源以支持自己的战争和扩张，同时防御外敌对自己的战争和扩张。在这种背景下，国王和贵族纷纷为城镇居民松绑，使其免于封建社会的高压控制，从而吸引并留住工商业，获得税收用以增强军力。

相比之下，如果一个政府能不受挑战地严格管理广阔的土地，比如同时代的中国，就不需要也不会做出这种让步。[58] 罗马和拜占庭帝国灭亡后，欧洲在政治上四分五裂，各国君主不但忌惮他国君主，还担心国中拥有武装的贵族，而贵族之间也多有防范。西欧等地兴起非常有利可图的工商业后，诸侯和君主都愿意划出一块块地方，在其中蠲免各种税负，吸引人们兴办工商业，以满足君主自己的经济和军事利益需求。

其实，欧洲各个层面的君主诸侯都像中国的皇帝一样希望政府掌控经济。欧洲和亚洲的君主这种共同的国家控制经济的思想清楚地表现为很多形式，如繁杂的行政规定，委托商会等民间集团进行管理，对若干商品实施政府垄断经营，等等。中世纪的欧洲落后于中国不仅是在技术创新上，也表现在政府的有效治理上，加之中世纪欧洲的政府治理单元规模小、数量多[59]，使得手工匠人、商贾和其他经济参与者能躲进"三不管"地带，在那里自由地交易自家货品。另一方面，统治者不愿意失去这些税源，宁愿放宽对经济的管控。有了经济自由，政治自由就发展起来，这也主要是为了吸引和留住有经济生产能力的人。这些人不只是富人，甚至不以富人为主，其中还有一些如东欧的农民，被一些君主以豁免各种法律义务为名而吸引过去。

其实在此之前，在欧洲君主和贵族的权力发生分裂，你死我活的争夺最终无果之时，很多宽松的迹象就已经出现。英国的《大宪章》正是在此时产生的，几年后匈牙利的国王与贵族也达成了类似的协议，确定了权力分立的原则，并明确了臣民[60]的一系列权利，几个世纪后成为人人皆享有的权利。而在不存在类似权力分裂的地方，或者不具备利益丰厚的工商业诱使君主放宽管制的地方，就很少有这种自由。在欧洲的中世纪以前，中国已经发展起了繁荣的工商业，但朝廷非常稳固地治理着比当时欧洲国家领土大得多的土地，政府根本不需要向城镇中产阶级做出类似的让步。在俄国，根本没有成规模的中产阶级，政府无从向谁做出让步，因此沙皇一直是欧洲专制统治的典型。

总之，现代政治意义上的自由起源于欧洲独特的环境，因此也是具有鲜明的欧洲特点的概念。自由概念的出现就像社会发生了一次突变，因为有益于社会而被保存下来并得以发展。无论是哪些要素的组合构成了自由得以实现的环境，这个环境一旦出现就都会永续存在下去。到英国在北美建立起海外社会之时，政治自由的理念已经创生了一整套道德逻辑和政治哲学，移民海外的英国人怀着这个理念建立了美国。自由作为一种意识形态，不是思想智识主动作为的产物，而是根植于历史的发展。

类似地，奴役不是因种族或其他哪种意识形态而产生的。在人类历史的大部分时间里，世界上的各个种族都存在奴隶制，只要当地有足够多的弱势人口让奴役者有利可图，奴隶制就会存在。在中世纪的欧洲，往往是欧洲人奴役其他欧洲人，当时的亚洲人也主要是奴役其他亚洲人，非洲和西半球的原住民奴役的也都是自己的族类。奴役者和被奴役者的差别不在于种族，而在于军事实力、地理条件、文化差异等。这样的情况一直持续到跨洋航行在技术上得以实现，不同大洲的人开始大规模交往，才有了国际贸易、战争和奴隶贩运。

非洲的社区十分分散，隔绝于世界主流经济技术发展潮流，开辟殖民地的欧洲人打开了非洲大门后，这里便成为国际奴隶贸易的主要来源地，但从来都不是唯一的来源地。即使到了这时，国家组织严密、军力强大的非洲国家的国民也没有沦为奴隶，他们反倒当上了奴役者，把其他非洲人抓来卖给欧洲人。欧洲人多数情况下都是这样购买奴隶的，并不会直接去抓人为奴。

政治自由的概念在历史上出现得比奴役要晚得多，但两者的坎坷发展历程共同反映了地理、文化、技术等各种要素的互动。后来出现了领土更广、实力更强的大国，越来越多的人得到了陆海军队的保护，不再遭受抓奴隶者的袭击和盗匪的滋扰。在现代国家形成较晚的地方，如东南欧和太平洋上的巴厘岛，当地人一直被外族奴役，境况与非洲弱国的国民一样。

至于为什么辽阔地域上的人不能轻易结成团结统一的现代民族国家，往往有地理因素的作用。他们可能散布在太平洋的小岛屿之上，或者被巴尔干半岛的群山阻隔，或者深居内陆地区没有通航的河道相连接，或者像撒哈拉以南非洲大部分地区那样丛林茂密、天险遍布……总之，生活在不利地理环境中的人往往会被地理环境优越的人辖制。至于辖制的方式是征服、奴役、索取贡品还是其他，取决于强势一方觉得哪种形式最为便宜。

千百年来，西欧人曾经主要以东欧和巴尔干人为奴，但当他们发现并征服了西半球后，非洲是世界上为数不多的仍然可以被大规模奴

征服与文化 　　336

役的地区之一。又过了几个世纪，欧洲人的自由理念和他们残酷奴役非洲黑奴的现实之间产生了矛盾，首先意识到这一点的是英国，之后其他欧洲国家和欧洲海外移民社会也加入进来，反对奴隶制的政治意见越来越多，形成了世界历史上第一次大规模反抗这个古老机制的潮流。这种道德抵制源自军力雄厚的世界帝国霸主，因而奴隶制在世界各地都遭受了压力，虽然既有内部的反对势力，也有欧洲以外几乎各国的反对或逃避，欧洲人还是率先废除了奴隶制。

19世纪至20世纪全球范围内的废奴运动表明，思想能在历史事件的发展中起重要作用，但思想未必源自智识范畴。"自由"起初就是一种事实，而非一种思想，后来因为享有自由的人们珍惜它，才加以分析，又磨合消化了几百年，人们才把自由视为常态，认为自由不可侵犯，这些都要以享有自由的历史经验为基础。思想与历史的关系是一种良性的互动，而不是单向的因果，因此不能用公式笼统地总结，必须在当时当地的具体条件下对这种互动做出审视。不管是中世纪"十字军"时代的宗教思想，还是后来欧洲人蓄黑奴时代的种族主义思想，人们总愿意认为思想是导致历史事件发生的动因，但实际上有更明显的现实动因，涉及的关联互动也要复杂得多。

在特定时空的特定环境下，某些族群或个人的思想可能会做出影响前途的选择。例如，在二战后欧洲各大帝国解体的时代，特别是在大英帝国的末日时分，社会主义计划经济在思想和政治领域越发受到欢迎。因此，很多欧洲官员带着经济由政府所有并控制的理念前往殖民地。一些当地原住民首领曾在欧洲读大学，也学到了这些当时流行的理念。这造成的结果是，在欧洲殖民时代的末期和第三世界独立早期，政府的体制越来越叠床架屋，很多非工业化国家出现大量国有企业，常常对经济造成严重的负面影响。不过也有例外，有的地方主张市场经济，采取了完全不同的策略，也取得了完全不同于别处的发展成果。这巨大的成功让下一任总督不敢轻易改弦更张。[61] 在历史的每

第六章　总结

个重要关头，总有些人或思想会对后来产生重大影响。只有放在历史的长期尺度上，才能看清时代的大背景如何孕育了一些根本性的社会理念。

就算纯粹意义上的文化发展，很多也并非发端于思想领域，而是随地理、军事、政治等的变化而产生的。20 世纪欧洲的文化分裂，内在原因可以追溯至罗马时代的隔阂。毕竟在几个世纪里，西欧属于文化和技术发达的罗马文明，而东欧大部分都在罗马文明之外。

宗教

宗教思想产生的历史影响一向很难度量。最世俗的动机也可以通过宗教语言包装起来，最违背某一宗教教义的行径也能够打着该宗教的旗号发动。中世纪"十字军"对其他基督徒所施以的暴行，例如君士坦丁堡战役，都根本无法在他们宣称的宗教中找到依据。穆斯林对其他穆斯林的奴役也违背了伊斯兰教义。其实宗教上的分歧往往没有那么截然分明，例如在中世纪的巴尔干地区，基督教、伊斯兰教跟当地的迷信和土生信仰融合在一起，以至在熟悉两教教义的人眼中，经过当地改造的两种宗教分别跟正宗基督教和伊斯兰教的差别比它们之间的差别还要大。[62] 这样的融合改造没有对实质信仰产生重大影响，有利于人们皈依教门，同时又能适应征服与被征服所带来的新的法律和政治现实。

西半球被征服的原住民中也发生过类似的融合改造。[63] 在亚洲，除了通过征服，基督教的传播还利用了当地信仰和习俗中的一些元素来包装自己。[64] 亚洲本土的宗教如佛教和道教等也彼此影响，并借助本土信仰和迷信习俗等传播。[65] 直到 20 世纪后期，虽然说"伊斯兰教主宰了尼日尔河流域"，但非洲本土信仰仍然顽强地存在着，以至有这样的现象："非洲的渔民每日向安拉做五次礼拜，也会宰活鸡祭拜河神以求安澜。"[66]

像阿兹特克人以人殉祭神这样的出于宗教动机的行为，传承到后来的形式和规模可能更多是为了达到某种世俗的功用，例如让本族民众习惯血腥杀戮，强令周边外族首领观看以起到恫吓作用，等等。再如基督教的"十字军运动"和伊斯兰教的"圣战"，不管其发起者和追随者的初始动机多么纯粹，通过这些行动能获得的抢掠和奴役他族、发展帝国的大好机遇显然不会让人无动于衷。至于要分辨出多少比例的人是出于哪种动机参与其中，显然很难做到。

宗教领袖也可能担任世俗的、政治的甚至军事的职务。据说16世纪的西班牙主教胡安·罗德里格斯·德丰塞卡装备军舰的水平比做弥撒的水平还高[67]，而红衣主教黎塞留是著名的政客，甚至教皇本人也曾经统领陆军和海军。在阿兹特克社会，宗教领袖同样会带兵打仗，穆斯林的先知穆罕默德也是如此。要把宗教和世俗两类因素对历史的影响区分开来，在个人层面上尚且困难，更遑论对整个社会了。

一个常见的情况是，民族和文化的实质差别被包装成宗教的标签来区分人群。中世纪的杜布罗夫尼克居民不允许非天主教徒在城中过夜[68]，本质上未必因为他们是异教，而是以此分辨谁是文化更先进的海边居民，谁是从山区到城中做买卖的部落人，不让他们夜间在城中逗留的考量其实是社会意义的。与此类似，爱尔兰阿尔斯特省对天主教徒和清教徒的区分，真正关注的是历史上一贯有之的民族成分之别，即使对信仰不深的人这个分别也一向重要。另一个例子是"伊斯兰宗教激进主义者"，他们至少比传统的穆斯林更西方化。[69]

不过，这并不是说纯粹宗教信仰的问题不会造成重大的历史影响。比如路易十四迫害胡格诺派教徒，逼得很多人离开法国，法国经济因此受挫。这无疑是单纯的宗教偏执的体现，意图让胡格诺派教徒留在国内，又得让他们改信天主教。这跟一些国家仇视犹太人不一样，国王对胡格诺派教徒没有什么仇恨，实际上路易十四本人非常乐见自己的政策让一些胡格诺派教徒改信或者表面上改信了天主教，也在努力避免政策执行者的过头做法。[70]但即使在这个例子上,统治者希望国内统一营造有利政治条件的动机也很难与弥合宗教的愿望分割开来。

有的宗教禁止放贷,这对经济和社会产生了深远的影响。中世纪的欧洲不允许基督徒放贷获利,于是犹太人充当了当时最多的银行家和金融家,因为他们可以向基督徒收利息,既不违法也不与自己的宗教传统相悖。同一时期,因为伊斯兰教传统中也有类似禁止赚利息的要求,印度人纷纷跑到伊朗做了主流的借贷商人。[71]虽然在基督教和伊斯兰教社会中都有合法手段避开禁止放贷的宗教要求,但社会风气和个人良心仍然会排斥这种行为。

世俗社会发展的很多其他方面,也都受到宗教的影响。成文的宗教典籍让一些本来没有文字的社会开始识字,还有一些宗教培养了人们的思考能力,形成了后来发展科技所必需的系统性思维能力。成体系的宗教有完备的神学理论,跟主要寄托情感的民间信仰不同,这就要求人们有分析能力,会协调俗世生活中不可避免的各类矛盾所产生的道德困境,平衡神学主张中蕴含的矛盾。犹太教徒对教义进行思辨的传统让他们具备了适应未来科学、法律等各领域分析研究的能力,伊斯兰教和基督教中也有类似的思想传统,只是在深度和普及程度上略逊一筹。这种宗教与科学之间的思维承继性,在英国和美国的清教徒中体现得尤其明显:

他们比同时代的大多数人都更执着地探求上帝在世间的使命。正是这种动机让很多英国清教徒苦心孤诣地钻研自然,这对现代科学的诞生起了核心作用。[72]

跟种族和政治意识形态一样,宗教也是一种能将无数人组织成不同阵营的方式,人们以此为据争夺权力和财富。而要看清楚人们争夺的实际上是权力和财富，而不是宗教、种族、意识形态这些内容，往往并不那么容易。反过来，即使是分析理解纯粹的世俗事务，也不能把宗教简单化为在经济和社会因素的底坯上镀一层薄薄的膜。

科学与技术

科技的思维对经济、军事、政治等发展的助益是广受认可的，不过它在经济发展中一贯起到的关键作用却不那么显而易见。两位研究工业产业发展的专家曾这样说：

> 对西方繁荣富强现象的最通行的解释，集中在科学与发明上。但如果科学与发明当真是创造国民财富的充分条件，为何在西方从封建社会走向现代之时，曾是世界科学与发明领跑者的中国和伊斯兰国家没能实现脱贫致富呢？

很多技术进步都起源于中国，几个世纪后才传到欧洲，但到了欧洲社会之后又发展到更高层次。例如，谷登堡印刷术在欧洲出现前的几个世纪，中国人就已经会印刷书刊了；中国的水手比欧洲水手更早用上了司南；火药也率先在中国和印度使用，然后才传入欧洲，却在欧洲发展成了枪炮武器，在帝国主义时期让亚洲人甘拜下风。在支撑现代技术发展的数理科学方面，欧洲同样是先向伊斯兰世界和亚洲学习了很多，后来才走上世界主宰的地位。[73] 总之，思想发现对科技发展有历史性的作用，却不构成完全充分条件。一种文化要对新的思想发现和新的创造有较高的接受度，能吸纳先进并进一步发展，同样至关重要。

19世纪日本向西方学习先进科技，到了20世纪在这些领域走到了世界前列，甚至在有些方面超越了西方，正体现了这个道理。这说明发展不仅需要实体的基础设施，还需要人力资本这个"基础设施"，包括懂得把这些思想智力成果应用到实处的技术人员和工程师、能组织经济资源形成公司并开发出经济可行的新技术的企业家等等。在普通劳动者层面，受教育程度和心态的巨大差异会造成现成的技术在一种文化中行得通，而到了另一种文化中则行不通。沙皇俄国的工业企业需要从外国大批引进工人，20世纪的中东也需要大量外国雇工，显示了人与人在各个思想层面和经济水平上都存在差异。

在那些个人成功不需要别人太多帮助的领域，落后的少数族裔或整体欠发达的国家可能在个别方面有很突出的成绩，甚至史上少见或令世界惊叹。比如沙俄虽然落后，却走出了像托尔斯泰、陀思妥耶夫斯基这样才华绝伦、享誉世界的小说家，柴可夫斯基、拉赫玛尼诺夫等世界著名的音乐家。在美国，贫穷且受教育程度低下的黑人能写出引领国内流行音乐走向甚至影响世界流行乐坛的作品。

体育、艺术、政治这些领域和写作、音乐一样，不需要太多他人帮助就能获得卓越的个人成就，而在科学、技术、经济领域完全不是这样。一方面，在落后的族群或国家中，个人未必能独善其身。另一方面，正因这些族群和国家在个别领域表现得太过出色，以至民众的才华都集中到这些领域去表达。例如，爱尔兰人非常擅长政治，很多少数族裔群体在各项体育运动上很有建树，都体现了这个道理。这其实也表明，虽然不同民族成就的水平和领域各有不同，但内在的天赋可能彼此相似，只是这些天赋要变成成绩，需要大量的人力资本，而人力资本在不同的社会远不是平均分配的。所以，一个族群天生的才能本来可以分配到很多不同领域，但在某些领域落后的族群不具备在相应领域发展的先决条件，因此人们的才能只会集中在某几个领域，在这些领域里他们不仅能做到，而且能做好，甚至可以非常出色。

种族与种族主义

种族并非一个简单的生理意义上的概念,并且随着混合血统的人越来越多,种族甚至越来越不是一个科学意义上的术语。不过,在人们的脑海中,种族仍然是一个将人以群划分,组织政治等各项活动所围绕的特征。在某些社会中,种族是决定一个人遭到何种区别对待的最关键因素;在另一些社会中,人们更多因宗教、国籍、种姓等社会特征的不同而得到不同的对待。这里列出的每一种特征都有其微妙难以言明之处,其实并没有理由认为种族这个特征一定比其他特征更有基础性的内涵,也没有理由断定种族的分野应凌驾于其他之上。只有个别社会是这样,在另外一些社会中,有些人虽然在生理上与周围其他人无异,却会遭受压迫、羞辱甚至被清洗灭绝。在很多情况下,特定人群会被要求有特殊的着装、徽志或其他指示物,正是因为他们与其他人无法通过生理特征加以辨识,除非如此,无法对他们执行区别对待的政策。

种族虽然是一种生物的概念,但更是一种社会意义上的现实。在多数人口为混血裔的社会中,截然两分的界线可能也存在,例如界线一边的人被称为"黑人",另一边的被叫作"白人"。基因专家和人类学家显然不能认同这样简单的两分,但不管这样的两分法或其他一些贴标签的方式在科学上多么站不住脚,不同基因组合的各个人群确实可能存在后天的文化差异,导致了各方面才能及成就的差距。这让人看起来好像单纯是种族差异的原因,或者是因为基因天赋不同才造成了能力的差异。

承认这些能力和特长方面的差异往往会被扣上"种族主义"的帽子,似乎这样就能绕开不同族群中客观可察的行为和成绩差异,或者就能把这些差异归结为主观判断。不过，不管是出于归因解释还是政策制定的目的，如果固执地忽视客观的族群差异，那么这跟坚称这些差异是由基因造成的偏执又有何异呢？其实"种族主义"不仅仅是一个政治意义上的偏颇词语，它的核心主张是认为人群之间的智识、道德及其他各种差别都要归结为基因，即麦迪逊·格兰特在20世纪初一本畅销书中所说的"种族决定一切"。[74] 与这种简化论呼应的，就是那些把族群差异全部归结为"种族主义"寻求解释的理论。两者不仅是表面的相似，其论证架构也非常雷同。其中一个突出的论点是，把各种经济和社会因素都考量在内之后，如果还有族群间的差异，那么必然是剩下的那个因素造成，即基因，或者种族。20世纪初，这个"剩下的因素"就是种族的优劣，到20世纪末，这个因素发展成了"种族主义"。这两种因素都需要我们认真审视，而不能直接全盘接受，要认真审视它们，首先要弄清楚到底如何定义种族和种族主义。

概念界定

"种族主义"是一个很多人都会拿过来就用的松散概念，也是一个很难精确定义的术语。在不同的场合，这个术语可能指：（1）对其他种族的人怀有敌意；（2）认为其他种族的人先天基因低劣；（3）出于自身私利歧视其他种族的人；（4）认为在一定时期内其他种族或民族的人即使没有基因上的原因，也有能力不足或其他不良特质。如果一个人同时符合上面四条，那么他无疑是最典型的种族主义者。但其实这四条不必同时满足，现实中的种族主义者也常常不是同时符合这四条。

还有些人认为，其他种族在智力或某些方面比较低劣，但对这些种族有仁爱之心，这些人该怎么算呢？这些相信基因有优劣却心存善意的人会支持给"低劣族群"施以慷慨的援助和优待，如果把他们也算作种族主义者，那么"怀有敌意"就不应该是种族主义的构成要件。还有一种人纯粹因自私而歧视其他种族,例如20世纪初美国白人组织抵制日本移民来美的运动,他们的理由是日本人太能干、太聪明、太有办法,与白人形成公开竞争会让白人养尊处优的生活不保,因此要求法律的特殊保护。[75] 这些人又怎么算呢?在地球的另一边,马来西亚人以同样的理由主张要为主体民族出台优待政策,认为如果不这样,少数群体华裔就会在一切公开竞争中比马来人做得更好。一位主张给马来人优待、后来成为国家总理的马来裔领袖曾说:"马来人能做的任何事情,华人都能以更低的成本做得更好。"[76]

同样的情形也发生在尼日利亚,有人主张优待照顾和配额供给政策,称若非如此,"北方受教育程度较低的人会遭到南方人的冲击而陷入困境"。[77] 类似的因其他种族和民族能力出色而要求出台优待政策的主张,在印度、缅甸、斐济等地都有提出。有人甚至称,如果不实行这样的保护政策,族群或文化就会灭绝。[78] 如果我们把这种因为承认其他种族或民族的优秀能力而实施歧视的现象也算作种族主义,那么"种族主义"这个词的预设前提就包含了恰恰相反的两方面。

还有一些人觉得某些种族和民族在某些方面能力较差,遭人厌恶,持这种心态的人又怎么算呢?他们可能不觉得这是由基因差异造成的,也不认为自己有什么敌意,这些人会支持出台相应方案,帮助落后族群提升能力。如果这种情形也算"种族主义",那么我们是不是把社会工作者和那些滥用私刑的暴民都放在一个标签下了?这种混淆问题不仅仅存在于西方国家。10世纪一位穆斯林学者曾指出,越往欧洲北边去,人的肤色越白,而且"越往北边去,人越愚笨、粗鄙、残忍"。[79] 这个说法的背景是当时欧洲南部要比北部发达得多,北部有很多人仍然是文盲,生活状态非常原始。我们能说这种在历史特定时期将生活地点、肤色、文化发展水平等笼统对应起来的总结是无稽之谈,说它完全是出于偏见和敌意的谬论吗?换个角度说,能仅仅因为他谈及了种族这种社会特质,即使没有把族群差异归因于基因，我们也认为这是种族主义吗？这样的例子又一次表明，"种族主义"一词很难有统一的定义和用法。

有一种倾向是，把所有对某一族群不利的说法都归结为偏见、无知、刻板印象等，这是忽视了一个事实，即对某个族群最负面的看法往往来自那些跟他们接触最密切的人，而对某个族群最赞赏的看法常常来自相距很远、不甚了解他们的人。例如，在白人和美洲印第安人之间有武装冲突的年代，对印第安人看法最糟糕的白人多是日常就需要跟他们打交道的人，而对印第安人有正面认识的白人多是跟他们没有什么私人接触的人。美国军队曾在科罗拉多的一个印第安人营地展开大屠杀，新闻传到丹佛时人们喜闻乐见，但东部的人则感到恐怖，并发起了争取终结仇视印第安人的和平运动。在美国历任总统中，华盛顿、杰斐逊、林肯等对印第安人多有悲悯慈爱之心，而杰克逊则对印第安人的看法非常负面，他在成为总统之前多次在战争中跟印第安人做过盟友，也交过手。至于对印第安人有最为浪漫想象的人群，恐怕要数欧洲的一些从未真见过印第安人的知识分子。

所以结论是，对任何一个族群的负面看法都不应该被不假思索地归为偏见、无知或刻板印象。这些看法可能是错的，错的原因可能有很多，但也有可能是对的。具体情况需要看具体的证据和分析，然后去证真或证伪（或非真非伪）。不加考察地直接说负面看法是错的，是落入了教条主义的窠臼。用基因差异解释族群、国家、文明间的很多差异可能是不必要也不充分的，但无论如何，基因差异都客观存在并且可能造成很大的影响。

也有些时候，种族主义牵涉的主要不是思想智识或物质经济方面的能力，而是某些社会特质是否受到欢迎，例如个人卫生、脾气秉性、文化接受能力等。因此，第一批来到美国的华人受到了欢迎，因为他们绝大多数是访问学者、商界领袖等有体面身份和成就的人。[80]到后来，大批不识字、生活条件简陋的中国劳工赴美，美国的排华情绪开始蔓延，导致国家出台政策禁止一切华人来美，并歧视对待已经在美的华人。早期的华人访客和后来的移民都是同一种族，用"种族主义"一词能描述清楚同一代美国人先欢迎华人后又排华的态度吗？

如果某个族群特别勤劳、俭朴、务实，他们可能认为这些品质十分重要，因而会对缺乏这些品质的族群持负面看法。例如意大利裔美国人就常对非洲裔美国人有这样的印象。不过，1966年温和派的黑人共和党参议员竞选人爱德华·布鲁克在马萨诸塞州竞选时，却得到了很多一贯支持民主党的意大利人的选票，比共和党出身的州长甚至总统的得票都要多。而在纽瓦克和纽约市的意大利裔为主的选区，其他的黑人竞选者则遭遇夸张的惨败。[81] 所以，能说是"种族主义"导致人们厌弃某种行为或思想体系，使得有些行为和思想在一些族群中广受认可而在另一些族群中遭到排斥吗？那么同一种族中也有其他不表现出这些行为和思想特征的人没有遭到厌弃和排斥，这又如何理解？这算是"种族主义"还是"行为主义"？人们排斥和鄙视的，到底是种族、行为，还是态度？

所以，关键不是给"种族主义"下一个最合适的定义，而是要考察这个广泛运用的词语是否传达了某种确切、稳定的内涵。如果没有，那就要对这个词语所包含的千差万别的方面单独进行分析，才能找出清晰确切的含义。

广义而言，公开仇视某些族群的"种族主义"，很多时候掺杂了一种僵化的认知，即这些族群在智识等方面的发展存在天花板。但如果把"种族主义"笼统地也用于指那些既不仇视他族，也不认为他族能力受限于天花板只配做劈柴挑水之类活计的人的身上，这个词的含义就不是被强化，而是被弱化了。例如，阿瑟·詹森在1969年写道，来自社会地位较低种族的年轻人能学会的东西远比他们实际在公立学校中学到的东西多。[82] 查尔斯·默里和理查德·赫恩斯坦在1994年出版了一本颇具争议的书《钟形曲线》，其中写道："在每一个对智力要求较高的领域，黑人都可以做到很高水平，这应该是不足为奇的，日常生活中就常能见到。"[83]另外，赫恩斯坦和默里在书中还提到反对给低龄少女生子发放补贴的福利制度[84]，他们反对的原因并不是所谓的基因决定智力，而是出于社会政治的考虑。实际上，如果这些婴儿在受孕时的智力潜能与其他社会群体相当，那么该制度的危害更大。而如果这些婴儿长大后只是做些劈柴挑水的活儿，那么所造成的危害反而会小一些。

我们不能把一切认为基因对智力发展有一定影响的想法都斥为种族主义，因为这样的简单总结往往会取代认真的批判式讨论。[85]在很多领域，即使错误的理论和说法可能有助于人们更深入地理解问题，靠的也是对这些理论和说法的批判式讨论，能导向对争论双方认知更全面的检视。而不分青红皂白加以贬斥对理解问题毫无助益，甚至会让有些人认为一切相反的说法都毫无道理，而忽视还有很多可辩论的空间。严肃的批判式讨论至少可以揭示出争论双方的哪些观点经得起推敲。

以"种族主义"作为一种对族群间差异的笼统解释，不仅仅存在被高估的问题。在一个族群为经济社会发展之必需而汲取人力资本和文化资本的过程中，种族主义更是构成了明显的阻碍。这三本书对历史的讨论如果能总结出什么中心思想，那就是一个群体的文化资本对其经济社会的发展起关键作用，无论这个群体是一国中的少数族裔、一个民族国家，还是整个文明体系。在某些情况下，人力资本的发展不免受到特定地理和历史因素的妨碍，不过自寻烦恼地搞意识形态的帽子或非要向外部"同道"看齐的意识形态实在不应该，因为有时候外界的同情关怀反而会带来比敌对更大的阻碍。

20世纪后期又出现了一种更有舆论市场的种族主义定义。在这个定义下，少数族裔不会再被指是"种族主义者"了。在新的说法中，"种族主义者"是有权势和实力的人，而少数族裔不具备这个条件，这样即使那些最仇视白人、仇视犹太人或亚裔的说法（甚至包括声称人的堕落是由基因特征决定的学说），也不用自动地被打上"种族主义"的标签了。[86] 但是，之前从来没有说种族主义一定要以权势和实力为基础。如此一个新造出来的、自我开脱的理论却几乎没受到过什么质疑，这从一个角度说明了在种族问题上道义的雷池很多。如果这样的前提条件能成立，是不是也可以给谋杀加上一个前提条件，说杀手必须惯用右手，这样一个左撇子即便是连环杀手也可以逃脱杀人的指控？就对"种族主义"的一般理解来说，所有肤色、人种的少数族裔，无论是否拥有权势和实力，都曾表现出像其他族群一样严重的种族主义倾向。从非洲的肯尼亚、南非到西半球的牙买加、圭亚那，非洲裔对印度人的仇恨、抵制和暴力现象都十分普遍，这样的行为跟被指为"种族主义"的欧洲人歧视非洲裔的行为又有什么区别呢？

种族差异

并非种族间的所有差异都是由基因的不同造成的。的确，不是种族间所有的生理差异都由基因导致。在受孕时具有相同基因潜能的婴儿，因为母亲在妊娠期的营养不良发生率、酗酒吸毒率、吸烟率以及其他行为习惯的不同，在出生时都可能具有不同的先天生理和心理条件。从襁褓期开始的不同育儿方式，同样能通过影响大脑发育对儿童的心智发展产生直接而深刻的影响[87]，而且这种影响在后来很难被消除。成长期所处社会环境的文化继承与熏陶又加深了特异性的分化，不仅是种族间的分化，还有阶级、国家、文明之间的分化。

即便是犹太人和日本人这样智力表现出众的族群，往往也擅长不同的心智能力组合。犹太人和日本人在智商测试中的得分均高于平均水平，但日本人最擅长的空间思维能力对犹太人来说是短板，犹太人出色的语言表达能力是日本人所缺少的，即使测试使用各自的母语进行。[88]有研究认为，造成两者在心智表现中分项情况不同的原因可能在于育儿方式。[89]无论原因如何，分项表现的差异都是非常明确的。因为在侧重不同方面的不同智商测试中，犹太人的斯坦福-比奈智商测验得分显著高于韦克斯勒智力测验的得分。[90]另外，犹太人中的不同群体智商测试结果也不同。同样是以色列人，祖先来自中东和北非的西班牙系犹太人的得分要比祖籍欧洲和欧洲海外社会的德系犹太人低14分。[91]

人口结构上的差异会影响人群的经济等各项条件，进而影响智商测试结果和就学表现。一直以来都有一种普遍现象，长子长女的智商往往比其他兄弟姐妹要高；体重较大的婴儿比其兄弟姐妹智商高，即使同卵双胞胎也是如此。[92]低龄少女早育的孩子往往智商较低，身体健康问题也较多；而晚育的妇女有更大概率生出有唐氏综合征或其他智力缺陷的孩子。

这些规律对各个种族都适用，但在不同的种族民族中，这些特征人口各占多大比例则相差很大。例如，家庭规模普遍较小的民族，会有更大比例的人是长子长女或独生子女，出现高智商的比例更大，走出著名科学家、学者等的概率也更高。[93]而在长子长女中，还有出生时母亲年龄在20岁以下，20多岁还是30多岁之分。在1980年的美国，黑人的长子长女有31%为20岁以下的少女所生，而在白人中这个比例仅为12%。[94]两个种族的少女所生子女的智商都倾向于低于平均水平。研究者做过分析，试图将黑人和白人之间存在的15分智商差距进行统计归因，判断多大程度上是由少女生子、出生低体重、黑人早产儿比例畸高等各种因素造成的。遗憾的是，很多不利于智力的因素是相伴出现并彼此联系的，因此这样的统计归因未必能完全反映所有的因果关系。但显然，造成各种族之间差异的不一定是种族或基因的因素，当涉及诸多社会与文化变量时尤其如此。不过从另一方面来讲，也不应直接把这些差异斥为"主观感受"，或者认为是"社会"

征服与文化　　350

问题所致。

其他各族群也都有自己在人口结构和其他各方面的特点。例如对华裔美国人和波多黎各美国人进行的智力测试，也看到总体水平的差异以及各分项的差异。[95] 智商较高和较低的波多黎各人分项强弱势呈现出相同的规律，只是单项绝对分值有高低之差，华裔的情况也是这样。

我们讨论平均水平，不要忘了在"平均较高智商组"和"平均较低智商组"之间有相当大的重合样本区。然而，心理测量学文献对"重合"的学术定义是指，"一组中得分高于另外一组平均分的样本数所占的比例"，这跟常识所理解的和几何意义上的"重合"完全不一样。[96] 依照这个学术定义，"重合"的比例要比常规理解的"重合"少很多。尽管如此，"重合"不仅存在于特定的地点和时间，在更广泛的地点和时间角度上也是如此。例如在一战期间，来自俄亥俄、伊利诺伊、纽约、宾夕法尼亚等州的黑人士兵在心智测试中的得分要高于来自佐治亚、阿肯色、肯塔基、密西西比等州的白人士兵[97]，而在全国范围内，白人的得分要高于黑人。

在智力测试中，如果答对题目的数量等于平均水平，那么定义智商为100。如果一个白人在20世纪30年代答对若干数量的题目，可能得到的结果是智商为100；但20世纪50年代的一个黑人答对同样多的题目，智商结果可能只有85。因此，如果在给定时间点去比较，智商得分可能是有意义的，但如果用于做更高层面对基因潜能的判断，智商评分机制的不稳定就会掩盖一些实际证据，而这些证据本可以反驳前面提到的观点，即认为某些人群在心智能力上有先天的、无法改变的局限。不过，在考察种族歧视的有关问题时，在某一时点上的智商测试结果也有一定的启发性。比如智商得分相同但属于不同种族的美国人，收入水平是否有持续性的差异？例如有调查显示，在1989年，年龄同为29岁、智商结果同为100的黑人、白人、拉美裔人群收入都集中在 2.5 万至 2.6 万美元之间。[98]

环境决定论者会说，不管对全人群还是个别文化群体，心智测试都不具有可预期的准确性，因为测试本身具有文化偏倚。不过这种纯粹经验式的说法在经验性的实际证据面前完全站不住脚。研究者对不同国家的各种心智测试开展了大量研究，发现来自平均得分较低族群的人在学术和工作上都比不上来自高分族群的人。[99]简言之，这类测试的预测结果还是基本准确的，即使其结果与个人或族群的先天基因潜力关系不大或完全无关。显然，现实表现要在"先天"受孕那一刻之后很多年才能显示出来，在这一系列书中我们已经探讨了这一过程中的各种其他影响因素。

有人强调基因在造成个人智力差异中的作用，但这个结论不能简单地推广到人口结构、文化和各种环境因素迥异的不同族群身上[100]，也不能认为我们现在的社会知识和统计手段能够准确分辨出各种差异因素的权重。机械地去做这样的划分并非不可能，但划分方式的合理性很值得商榷，因为很多社会因素构成彼此关联的变量，总是存在假相关的风险。这倒不是说族群间差异的统计结论一律不值得采信，而是说这些结论未必具有确证性。

把各种族的情况放到历史长河中看，以种族差别或种族主义解释社会和经济差异的说法会受到更多质疑。无论我们把欧洲的各个族群视作相同的还是不同的种族，他们肯定都跟中国人属于不同的种族。但欧洲人和中国人的历史地位却发生过彻底反转，中国曾经在技术发展和其他各方面都遥遥领先于欧洲，但到了近代的几百年，领先与落后却颠倒过来。如果用基因优秀来解释两者在某一时期的对比态势，那就势必会与其他时期恰好相反的态势相矛盾。类似中国与欧洲这样的高下互换在历史上还有很多。比如在不同历史时期，中东、东南欧、西北欧都曾是世界技术发展和文化进步的领跑者，今天的日本也在很多意义上领先世界。但同样是这些地区，在另一些历史时期也曾远远落后于其他地区和民族。这些族群和地区都没有发生种族构成上的重大变化，因此难以用基因理论去解释颠覆性的起起落落。

历史事实同样不支持所谓"纯种族血统"者比混血族裔者能力和成就更高的说法。麦迪逊·格兰特在其20世纪初的畅销书《伟大种族的消逝》中讲到了当时的一种普遍认知，即"倒霉的混血儿"不仅让人瞧不起，不被人信任，而且混血族裔在生理上也是低等的。[101]然而，历史的事实与之相反。当今世界恐怕已经没有所谓纯粹血统的人了，只是有的人混血程度高些，另一些人低些。血统相对最纯粹的应该是生活在与世隔绝地区的那些人，这样的地方一般来说经济比较贫困，技术和教育也落后。像中东沙漠上的贝都因人那样的游牧部落，能避免种族的通婚融合[102]，但是不会有人觉得他们是世界上技术或文化领先的族群。上述这些例子都没有直接讲基因的要素，但说明了基因差异如何常与其他因素的差异交织在一起，要把基因要素的影响单独分离出来，既困难又面临着各种偶然误差。例如，在西半球的黑人和印第安人中，部分欧洲血统者比同种族没有混血的人有文化上的明显优势，同时基因也不同。

有些种族有非常鲜明的文化特征，例如日本人，也有一些同样鲜明的文化特征是跨种族存在的。在《移民与文化》一书中我们讨论过一些明显属于山地民族社会的特点[103]，不管是在欧洲、亚洲还是中东，千百年来在全球都是如此。[104]另外，出身少数族裔的贸易商人社会中的一些特点也普遍反映在多个民族身上，无论是东南亚的华裔、东欧的犹太人，还是西非的黎巴嫩人，或是东非的印度人，虽然种族差别明显，但这种社会规律是一致的。

进一步考察历史，我们会发现，将种族主义作为影响一个族群命运的因素是不太站得住脚的。在特定的时间地点，尤其是像纳粹大屠杀，其中的种族主义确实是招致悲剧的核心原因。但在此前的历史上，对犹太人的迫害基本上不是基于种族而是基于宗教，同时掺杂了一种世界各地普遍存在的对少数族裔商人的仇视情绪。数百年来，犹太人一直可以通过改信宗教逃避迫害，在欧洲是改信基督教，在中东和北非则是改信伊斯兰教。直到近代，基于种族的反犹太情绪才取代了过去基于宗教的反犹太。纳粹在屠杀数以百万计的犹太人时，只问血统，根本不关心他们的宗教信仰和其他背景。

不过对这个话题，我们不能止于分析是什么带来了什么这样的因果问题和追究谁错谁对，如果希望一个族群摆脱贫困发展崛起，更需要知道哪些因素能造就繁荣。显然，那些不管是种族还是其他原因曾经遭受歧视的族群，很多到后来会有经济崛起，不仅超越没有受过歧视的族群，甚至会反超对其施以歧视的主体民族。这些成功脱贫致富的族群往往不是先打破了种族歧视或外部的其他敌视，而是先发展经济，促进社会文化融合，而后才慢慢破除那些对自己的敌意。在这方面，华裔美国人堪称典范，他们早已不局限在华人的小社区中活动。日裔美国人更是不仅在社会上散居，还有很高的与白人通婚的比例。

文化传播

迁徙移民的历史不仅仅是人员在国际重新分配的历史，更重要的是伴随此过程而发生的文化传播，并由此改变了世界的经济、军事、政治格局。征服的历史也不仅仅是恐怖场面发生的过程，更是文化得以传播并重塑人类生活的历史。幸而人类不必非要通过这么严酷的方式，也可以将进步从一地传到另一地，从一个民族传给其他民族。文化传播能够解释在特定历史时期不同民族之间缘何存在差距，为何在不同历史时期会有世界领先国家的更替，这种解释比基因理论和剥削理论更符合历史实际。前面提到过，基因理论难以解释千百年来居于世界领先地位者发生过的剧烈变化，但各民族的基因构成却没有发生相应规模的变化。而剥削理论不能解释为什么那些"被剥削"的族群在从征服者的剥削中解放出来后，生活水平反而出现了下降。

没有哪个伟大的文明敢说独揽了成就其文明的那些发现、发明和其他文化进步。正如布罗代尔所说，"文明的历史本质上就是不断相互借鉴的历史"。[105] 另一位出色的世界文化史研究者也认为，历史社会变革最重要的驱动因素是要能"接触到掌握新的、过去不会的技能的陌生人"。[106] 但这样的接触机会却不是人人都能平等得到的。单是不同地方的地理条件，就会让各地的文化传播扩散机会差别很大。

因为沿南北方向比沿东西方向的气候条件变化更大，特定农作物的种植技术更容易沿东西向传播，这就造成了亚洲的庄稼作物较容易传到欧洲，而西半球的南北美洲之间的温带作物交流就很困难。在非洲、巴尔干、澳大利亚等地有重重地理天险，远洋航行出现以前这些地方的原住民无法像亚欧大陆那些流动方便的民族一样接触到外界的文化。再加上缺少驮运牲畜，1492年哥伦布发现新大陆以前，西半球文化传播的半径必然会小于欧洲和亚洲。

英国人入侵北美东海岸遭遇易洛魁人时，英国人可以倚仗源自中国、印度、埃及以及欧洲各国的先进科技成果，而阿兹特克人和印加社会虽然距离易洛魁人的社会远没有中国到英国那么遥远，但易洛魁人完全不知道阿兹特克人和印加人有什么进步，遑论借鉴他们的成果了。因此，这里表面上是英国人与易洛魁人的交锋，但其实是英国一方调动了世界各地更多社会的更多文化。英国人自身的基因或文化并不比易洛魁人更优越，但英国人的背后不仅仅是他们自己，而是享受着千百年来由很多地方向外扩散远播的文化成果。

文化借鉴与文化抵制

世界上那些从落后贫弱一跃成为经济技术强国的国家，不少得益于文化借鉴。中世纪到现代早期的英国以及19世纪至20世纪的日本都是最典型的例子。一位著名历史学家这样写道：

英国人从荷兰人那里学习了织帷幔，请法国的铸枪匠人为英国打造了第一门火炮，又采用了法国的发明将火炮组装到轮船上，还借鉴了西班牙的大型帆船壮大了海军……在这些例子中，英国人没有表现出什么独创性，却有着惊人的学习有利思想、改良他人发明、调整工具和技能以适应新环境的能力。[107]

以上仅仅是英国人从其他文化中学习借鉴的很多内容中的几例。伦敦的手表制造业是由胡格诺派移民发展起来的，英国的钢琴制造业是日耳曼移民一手打造的[108]，荷兰人来到英国排干沼泽造陆，伦巴第人建起了各大金融机构，罗马人最先建起了伦敦城，而英语则是历经罗马人、日耳曼人、诺曼人等外来者的改造不断演化到今天的。在后来的几百年里，日本也有借力外族文化发展的现象，不同的是外国人此时作为侨民带去现代科技，而不是通过征服或永久移民。而英、日两国人也成了著名的旅行者民族，他们环游世界并认真观摩，带回去很多理念和做法，不过两国还保持了自己独特的岛国文化。一边是英、日快速崛起为经济技术强国，另一边是一些国家从世界领先的位置迅速没落。中国、伊斯兰世界、意大利都是这样的例子，这些地方都曾在若干领域引领世界，但后来将领先地位拱手让人，并且被新超越者远远落下。

早在公元 10 世纪，中国人就发明了火药，并且在战争中以这样那样的方式应用过。[109]但后来欧洲基于火药发展出手枪、步枪、火炮，这是中国全然没有的。及至在几百年后火炮传入中国，当时的中国人也没表现出什么兴趣，就像他们对其他从"夷人"那里传来的事物大多不感冒一样。其中不仅仅是虚荣自大在作怪。一旦承认外国在任何有重要意义的方面领先于中国，就会动摇人们对既有秩序的信念，这肯定是中国的政府不想看到的。中国文化所隐含的轻武思想最终导致了对军事实力的忽视[110]，中国为此付出了政府割让土地、出让主权、人民遭受侵略等巨大代价。

日本的情况与中国不同，历史上它没有当过世界第一，不会对外来文化一概鄙视。在引进西方文化几百年前，日本文化就已经大量借鉴中国文化。1592年，日本在与朝鲜的海上战争中输给了装备有火炮的朝鲜舰队，于是开始为自己的舰船加装火炮。[111] 而中国当时的政府仍然墨守成规，即使在19世纪末被日本打败也没有积极求变。[112] 因此，无论过去的成就为后来打下了多好的基础，一旦形势发生变化使过去的规律不再适用，辉煌的过去就可能非但无益，反而会成为绊脚石。历史学家阿诺德·汤因比曾说：

取得过成功的人在当时是优秀的，但后来就可能"躺在船上不再划桨"……在意大利的复兴运动中，曾经是文艺复兴时期的中心城市风光不再，此前在意大利的辉煌历史中名不见经传的皮埃蒙特反而引领了潮流。19世纪上半叶领先于美国各州的南卡罗来纳和弗吉尼亚，在南北战争之后没能很好地恢复，反而不及此前默默无闻的北卡罗来纳。[113]

奥斯曼帝国曾在几个世纪里拥有对欧洲各国的军事优势，也愿意引进欧洲的火炮，但因为起初没有看到技术发展的价值，自身没能成为技术创新者。随着武器技术的加速发展，必须有新的陆海作战战术来利用这些技术，奥斯曼帝国只靠跟随学习就不够了，因为跟随的差距越来越大，于是在陆海两个战场都开始遭遇惨败。[114] 在这个例子中，辉煌的过去成为掣肘，使其不能及时根据已经发生根本变化的新现状做出调整。

同样的情形也出现在威尼斯。那里曾经是地中海沿岸实力最强的海上强国，地中海又是当时欧洲最发达的地区。不过他们的舰船太过适应地中海的风平浪静，惯用先撞击后登船的克敌策略。到了帆船航海、火炮武装的时代，原来的那一套完全不够应对在大西洋的惊涛骇浪中锤炼出来的船只，适应不了远洋海战的新情况。他们需要的不仅是掌握新技术，更要对新的海战战术有自上而下的新思路。我们又一次看到，过去几百年间赖以制胜的传统反而成了不能及时甩掉的包袱。威尼斯跟其他地中海强国一样，完全不是大西洋海上新势力的对手。到了17世纪，这些国家甚至沦落到需要英国和荷兰的援军来帮助抵御西班牙海军。[115]

文化抵制是一种自发的、人为的现象。人们总喜欢墨守成规，信奉传统，忠于传统所寄托的人物，这也无可厚非。此外，也有一些政治和思想领袖会主动组织社会运动，抵制新的文化，恢复已经被抛弃的旧文化。

世界共同文化

如今出现了一种新的世界共同文化的趋向，至少全球各大洲受过教育的人士都认同这个理念，这让我们看到一点儿终于能超越族群分歧的希望。这些分歧在理论上听起来五花八门，不过在现实中常会造成苦难和惨痛的结果。从某种意义上说，世界上的各种文化一直处在互动交流中，在农业、工业、组织管理中最高效的方法总是会被学习、改进并广泛传播。犁铧、纸张、火药、蒸汽机等划时代的发明都是从一个文化传播到其他文化，进而成为全人类的共同财富的。到了近代，现代科技背后的科学知识和思维方式得以在全球普及。曾经为西方文明所独有的个人自由等理念也传播开来，就像曾经西方文明以外的商品、技术、理念等传入西方，让中世纪的欧洲走上了复兴道路一样。

从某种意义上讲，我们可能正在经历诸多的文明向布罗代尔所称的"单数的文明"转变的时期。[116]世界共同文化范畴越来越大，至少世界各种族、各国家的受教育群体都有这样的共识，但这并不必然会让民族、国家间的关系更加融洽，特别是看到有些受教育程度较高的阶层还会时常在民众中鼓动倡导"部落主义"。日益发展的"世界共同文化"能带来促进人们相互理解的机会，但它不应该仅仅停留在机会层面，人们将如何利用眼前的机会，才是决定历史走向的根本。

致　谢

　　这套三部曲涵盖内容之广，若非依靠来自世界很多国家、很多岗位的很多人的帮助是难以完成的。在此，我要诚挚地感谢为这套书提供学术研究、撰写支持、分析素材和提供经济保障的人们，在不断打磨这套书的15年里，我从过去和当今很多专业研究中汲取了营养和启迪。我是读了维克多·珀塞尔里程碑式的著作《东南亚华人》[1]（*The Chinese in Southeast Asia*）之后才转向国际民族史方向的研究的；查尔斯·普赖斯呕心沥血所成的《澳大利亚的南欧人》[2]（*Southern Europeans in Australia*）中的思考，同样启发了我对更多国家更多民族的认识；费尔南·布罗代尔对16世纪地中海各国地理、历史、文化要素所做的精彩的综合分析[3]，伯纳德·路易斯关于伊斯兰世界历史的杰作[4]，以及其他很多学者在很多领域的著述都给我以宝贵的知识和视角，可以说我是诚惶诚恐地站在这些巨人的肩膀上的。另外，所谓做善事要从亲人开始，我一定要感谢我的"家人"，即胡佛研究所的各位同事，还有我的研究助理刘娜和在我写书这么多年里一直协助我的秘书阿格尼丝·佩奇。

　　多年来我能安心工作而无后顾之忧，不必应付太多研究资金的账目审查，这是胡佛研究所给我的最大便利。虽然研究所对我多次出国考察（包括两次环球旅行）给予大力资助，但如果没有这最大的便利，我也不可能按自己的研究节奏完成如此深度和广度的研究，不可能有机会反复深入思考，从近年来新出版的各类著作中获得新的启发，并不断修改打磨，让文字更加清晰好读。刘娜的研究不仅仅是帮助我查找我需要的资料，更是给了我很多原创性的意见和建议，帮助我拓展了思维。刘娜和阿格尼丝·佩奇把我精心保护起来，防止我的工作被打扰，避免各色人等打乱我的时间，虽然这些人找我都有正事，但如果我一一接待肯定难以招架。我的公众演讲经纪人露丝·阿尔本也帮我回绝了很多演讲邀约，让我和团队能有更多时间来做这几本书的研究。我还要感谢南希·赖特多年来时常代班做我的秘书和研究助理，这是一份即使全职都颇有难度的工作，但她做得很出色。而我几乎就当个甩手掌柜，对琐事不闻不问。

除了我所在的胡佛研究所，其他单位也给这项研究提供了资助，包括由著名经济学家乔治·斯蒂格勒（已过世）牵线的教育事务研究所和埃尔哈特基金会。他们的资助让我有能力开展研究，顺利获得芝加哥大学的博士学位，并作为经济学家从事职业研究。

本书成稿后，我的夫人玛丽帮助审阅终稿并提出很多意见，我们做了很多修订和讨论。在这样一个大的题目上我难免经常遇到挑战，需要帮助，是她的帮助让这本书变得更好。

我还要感谢很多人的帮助，当然我的记性难说很好，难免挂一漏万，还请包涵。谨向以下各位致以谢意（以姓氏字母为序）：美国劳工部长助理伯纳德·E.安德森博士、西澳大学（珀斯）雷金纳德·阿普尔亚德教授、澳大利亚多元文化事务研究所（墨尔本）H.阿瓦基安博士、法国高等社会科学研究院（巴黎）亚历山大·本尼希森博士、德里大学安德烈·贝特耶博士、《中亚观察》编辑玛丽·本尼希森·布罗克斯博士、埃默里大学龙多·卡梅伦教授、印度塔塔社会科学研究所（孟买）苏马·契特尼斯博士、斯坦福大学格雷戈里·克拉克教授、剑桥大学三一学院（康涅狄格州）沃克·康纳教授、得克萨斯大学约翰·B.康奈尔教授、《今日印度》杂志社（新德里）休曼·迪贝先生、胡佛研究所（斯坦福）彼得·杜伊格南博士、夏威夷大学东西方中心主任詹姆斯·福西特教授、新西兰奥塔哥大学詹姆斯·R.弗林教授、胡佛研究所（斯坦福）刘易斯·甘恩博士、牙买加私营经济组织胡·詹特尔斯先生、澳大利亚多元文化事务研究所（墨尔本）彼得罗·乔治乌先生、加利福尼亚州立大学（萨克拉门托）玛格丽特·A.吉布森教授、William Morrow 出版社哈维·吉斯伯格先生、哈佛大学内森·格莱泽教授、杜克大学唐纳德·L.霍罗威茨教授、澳大利亚国立大学（堪培拉）詹姆斯·贾普教授、澳大利亚国防学院（坎贝尔）沃尔夫冈·卡斯珀教授、南非纳塔尔大学罗伯特·克利特加德教授、哈德逊研究所莱斯利·伦科夫斯基先生、悉尼独立研究中心格雷格·林赛先生、斯坦福大学西摩·马丁·利普塞特教授、澳大利亚蒙纳士大学约翰·麦凯教授、印度塔塔社会科学研究所（孟买）拉特纳·穆尔迪博士、澳大利亚国立大学（堪培拉）查尔斯·A.普赖斯教授、胡佛研究所（斯坦福）阿尔文·布拉什卡博士、印度美国信息服务处（新德里）索辛达尔·S.拉纳先生、史密斯学院（马萨诸塞）彼得·I.罗斯教授、《亚洲华尔街日报》（香港）克劳迪娅·萝塞塔女士、法国高等社会科学研究学院（巴黎）多米尼克·施纳佩尔博士、新加坡东南亚研究所沙伦·西迪基博士和克里尼尔·桑德胡·辛格博士、以色列海法大学萨米·撒曼莎教授、新加坡国立大学利奥·苏里亚迪纳塔教授、英国埃克塞特大学马尔科姆·托德教授、美国日耳曼裔俄国移民历史学会（内布拉斯加州）玛丽·琳恩·塔克女士、加拿大卡尔加里大学菲利普·E.弗农教授、麻省理工学院迈伦·韦纳教授和史蒂文·威尔金森先生、战略应用情报公司（弗吉尼亚）S.恩德斯·威姆布什博士等。

参考文献

前言

1. Robert Higgs, *Competition and Coercion: Blacks in the American Economy 1865–1914* (Cambridge: Cambridge University Press, 1977), p. 10.
2. A. William Salomone, "Foreword," Rodomir Luža, *The Transfer of the Sudeten Germans: A Study of Czech-German Relations, 1933–1962* (New York: New York University Press, 1964), p. xi.

第一章 征服与文化

1. Ulrich Bonnell Phillips, *The Slave Economy of the Old South: Selected Essays in Economic and Social History*, edited by Eugene D. Genovese (Baton Rouge: Louisiana State University Press, p. 269.
2. William H. McNeill, *The Pursuit of Power: Technology, Armed Force, and Society since A.D. 1000* (Chicago: University of Chicago Press, 19884), pp. 10–11.
3. In addition to examples in Chapter 2 of this book, see the following: "Roman Houses were typically built of stone or brick, and outfitted with a heating system conveying hot air through hollow tiles located under the floor and inside the walls. Medieval towns did not approach this Roman standard." Jean W. Sedlar, *East Central Europe in the Middle Ages, 1000–1500* (Seattle: University of Washington Press, 1994), p. 111. "No European city in the early nineteenth century had a water supply as assured as that of many cities of the Roman Empire." N. J. G. Pounds, *An Historical Geography of Europe 1800–1914* (Cambridge: Cambridge University Press, 1988), p. 146. "Decay could not remove the evidences of former Roman greatness: ruined cities, broken aqueducts . . . Cities were reduced to villages, if they continued to exist at all. Some decayed, never to be revived." N. J. G. Pounds, *An Historical Geography of Europe* (Cambridge: Cambridge University Press, 1990), p. 70.
4. Jared Diamond, *Guns, Germs, and Steel: The Fates of Human Societies* (New York: W. W. Norton & Co., 1997), pp. 53–54.
5. Jean W. Sedlar, *East Central Europe in the Middle Ages, 1000–1500* (Seattle: University of Washington Press, 1994), pp. 216–217.
6. Robert Bartlett, *The Making of Europe: Conquest, Colonization and Cultural Change, 950–1350* (Princeton: Princeton University Press, 1993), pp. 86–87.
7. Jean W. Sedlar, *East Central Europe in the Middle East*, pp. 203–204.
8. See, for example, Lord Kinross, *The Ottoman Centuries: The Rise and Fall of the Turkish Empire* (New York: William Morrow and Co., 1977), pp. 74, 77, 109, 131, 187; Edward Gibbon, *The*

Decline and Fall of the Roman Empire (New York: The Modern Library, no date), Vol. III, pp. 774–775.
9. See, for example, Meirion and Susie Harries, *Soldiers of the Sun: The Rise and Fall of the Imperial Japanese Army 1868–1945* (London: William Heinemann, Ltd., 1991), Chapter 22.
10. Eric R. Wolf, *Europe and the People without History* (Berkeley: University of California Press, 1982), p. 30.
11. See, for example, Péter Gunst, "Agrarian Systems of Central and Eastern Europe," *The Origins of Backwardness in Eastern Europe: Economics and Politics from the Middle Ages until the Early Twentieth Century*, edited by Daniel Chirot (Berkeley: University of California Press, 1989), pp. 54–56.
12. Caroline Golab, *Immigrant Destinations* (Philadelphia: Temple University Press, 1977), pp. 101–104.
13. Adam Galos and Mazimierz Wajda, "Migration in the Polish Western Territories Annexed by Prussia," *Employment-Seeking Emigrations of the Poles World-Wide: XIX and XX C.*, edited by Celina Bobinska and Andrezejich Pilch (Nakladem Uniwersytetu Jagiellonskiego, 1975), pp. 66–67.
14. Myron Weiner, *Sons of the Soil: Migration and Ethnic Conflict in India* (Princeton University Press, 1978), pp. 221–231.
15. Robert Bartlett, *The Making of Europe: Conquest, Colonization and Cultural Change, 950–1350* (Princeton: Princeton University Press, 1993), pp. 293, 303; William H. McNeill, *The Rise of Gunpowder Empires: 1450–1800* (Washington: The American Historical Association, 1989), p. 29.
16. Carlo M. Cipolla, *Guns, Sails, and Empires: Technological Innovation and the Early Phases of European Expansion, 1400–1700* (Manhattan, Kansas: Sunflower University Press, 1992), pp. 21, 28.
17. See, for example, Carlo M. Cipolla, *Guns, Sails, and Empires: Technologies and the Early Phases of European Expansion, 1400–1700* (Manhattan, Kansas: Sunflower University Press, 1992), pp. 138–143.
18. Carlo M. Cipolla, *Guns, Sails, and Empires*, p. 85.
19. William H. McNeil, *The Pursuit of Power: Technology, Armed Forces, and Society since A.D. 1000* (Chiccago: University of Chicago Press, 1984), p. 230.
20. William H. McNeill, *The Pursuit of Power: Technology, Armed Forces, and Society since A.D. 1000* (Chicago: University of Chicago Press, 1984), p. 203.
21. John Thornton, *Africa and Africans in the Making of the Atlantic World, 1400–1680* (Cambridge: Cambridge University Press, 1995), pp. 37–39.
22. Daniel Evans, "The Slave Coast of Europe," *Slavery and Abolition*, May 1985, p. 42.
23. See, for example, Daniel Evans, "Slave Coast of Europe," *Slavery and Abolition*, Vol. 6. No. 1 (May 1985), pp. 41–58; Anthony Reid, "The Decline of Slavery in Nineteenth-Century Indonesia," *Breaking the Chains: Slavery, Bondage, and Emancipation in Modern Africa and Asia*, edited by Martin A. Klein (Madison: University of Wisconsin, 1993), p. 69; Robert O. Collins, "The Nilotic Slave Trade: Past and Present," ibid., p. 148; Bruno Lasker, *Human Bondage in Southeast Asia.*, pp. 19, 57.
24. Martin A. Klein, "Introduction: Modern European Expansion and Traditional Servitude in Africa and Asia," *Breaking the Chains: Slavery, Bondage, and Emancipation in Modern Africa and Asia*, edited by Martin A. Klein (Madison: University of Wisconsin Press, 1993), p. 22.
25. Anthony Reid, "The Decline of Slavery in Nineteenth-Century Indonesia," *Breaking the Chains*, edited by Martin Klein, p. 72.
26. Martin A. Klein, "Introduction: Modern European Expansion and Traditional Servitude in Africa and Asia," ibid., pp. 22–23.
27. See, for example, Daniel E. Schroeter, "Slave Markets and Slavery in Moroccan Urban Society," *The Human Commodity*, edited by Elizabeth Savage, p. 205; Martin A. Klein, "Slavery and Emancipation in French West Africa," *Breaking the Chains: Slavery, Bondage, and Emancipation in Modern Africa and Asia* (Madison: University of Wisconsin Press, 1993), p. 177; Mohamed Mbodj, "The Abolition of Slavery in Senegal, 1820–1890: Crisis or the Rise of a New Entrepreneurial Class?" ibid, p. 199; L. H. Gann and Peter Duignan, *The Rulers of British Africa: 1870–1914* (Stanford: Stanford University Press, 1978), pp. 12, 103; Lee V. Cassanelli, "The Ending of Slavery in Italian Somalia: Liberty and the Control of Labor, 1890–1935," *The End of Slavery in Africa*, edited by Suzanne Miers and Richard Roberts (Madison: University of Wisconsin Press, 1988), pp. 308–313.
28. Jean W. Sedlar, *East Central Europe in the Middle Ages, 100–1500* (Seattle: University of Washington Press, 1994), p. 12.
29. Ibid., pp. 61–64.
30. Robert Bartlett, *The Making of Europe*, pp. 53–54.
31. Jean W. Sedlar, *East Central Europe in the Middle Ages*, pp. 107, 127–129; Bernard Lewis, *Cultures in Conflict: Christians, Muslims, and Jews in the Age of Discovery* (New York: Oxford University Press, 1995), pp. 41, 43–44.
32. Paul Robert Magocsi, *Historical Atlas of East Central Europe*, p. 66.
33. Nigel Davies, *The Incas* (Niwot: University Press of Colorado, 1995), pp. 123–124.
34. Nigel Davies, *The Aztecs: A History* (Norman: University of Oklahoma Press, 1989), p. 110.
35. ". . . genuine Arabs played only a small part in the original development of Islamic science, and most of the credit must go to Persians, Christians, and Jews; even so, the Arabic language became the main vehicle of Islamic learning and played in the East the part played by Latin in the West." Martin Plessner, "The Natural Sciences and Medicine," *The Legacy of Islam*, edited by Joseph Schacht and G. E. Bosworth (Oxford: Oxford University Press, 1974), p. 427. See also Juan Vernet, Mathematics, Astronomy, Optics," ibid., p. 466. A somewhat different perspective is found in W. Montgomery Watt, *The Influence of Islam on Medieval Europe* (Edinburgh: Edinburgh University Press, 1972), pp. 30–43.
36. Solomon Grayzel, *A History of the Jews: From the Babylon Exile to the Present 1728–1968* (Philadelphia: The Jewish Publication Society of America, 1968), p. 266.
37. Quoted in Daniel Patrick Moynihan, *Pandaemonium: Ethnicity in International Politics* (Oxford: Oxford University Press, 1993), p. 82.
38. Ibid., p. 83.
39. "The cultural gap between Greece and Lapland was of the order of three thousand years." N. J. G. Pounds, *An Historical Geography of Europe* (Cambridge: Cambridge University Press, 1990), p. 21.

第二章　不列颠

1. Luigi Barzini, *The Europeans* (New York: Simon and Schuster, 1983), p. 47.
2. James Campbell, "The End of Roman Britain," *The Anglo-Saxons*, edited by James Campbell, et al. (Ithaca: Cornell University Press, 1982), p. 13.
3. Peter Salway, "Roman Britain," *The Oxford Illustrated History of Britain*, edited by Kenneth O. Morgan (Oxford: Oxford University Press, 1984), p. 14; Winston S. Churchill, *A History of the English-Speaking Peoples*, Vol. I: *The Birth of Britain* (New York: Bantam Books, 1974), pp. 11, 19–20; John Burke, *Roman England* (New York: W.W. Norton & Co., 1984), p. 30.
4. I. M. Stead, *Celtic Art in Britain before the Roman Conquest* (Cambridge, Massachusetts: Harvard University Press, 1985), p. 4.
5. Edward Gibbon, *The Decline and Fall of the Roman Empire*, Vol. I (New York: Modern Library, no date), p. 19.
6. John Wacher, *The Coming of Rome* (New York: Charles Scribner's Sons, 1980), pp. 12–13, 17.
7. Ibid., p. 39.
8. Peter Salway, *Roman Britain* (Oxford: Oxford University Press, 1984), pp. 15–17.
9. Barry Cunliffe, *Iron Age Communities in Britain: An Account of England, Scotland and Wales from the Seventh Century B.C. until the Roman Conquest* (London: Routledge and Kegan Paul, 1974), pp. 16, 59–60, 265–286. The areas of pre-Roman Britain tended to be concentrated on the southern coast, further indicating the source of these coins across the English Channel. I. Hodder and M. Millett, "The Human Geography of Roman Britain," *An Historical Geography of England and Wales*, second edition, edited by R. A. Dodgshon and R. A. Butlin (London: Academic Press, Ltd., 1990), p. 27.
10. Barry Cunliffe, *Iron Age Communities in Britain*, p. 307.
11. John Wacher, *The Coming of Rome*, pp. 1–7.
12. Winston Churchill, *A History of the English-Speaking Peoples*, Vol. I, p. 12.
13. John Wacher, *The Coming of Rome*, p. 6.
14. Barry Cunliffe, *Rome and Her Empire* (New York: McGraw-Hill Book Co., 1978), p. 242.
15. Edward Gibbon, *The Decline and Fall of the Roman Empire*, Vol. I, p. 3. See also Peter Salway, *Roman Britain*, p. 69.
16. Barry Cunliffe, *Rome and Her Empire*, p. 242.
17. Winston Churchill, *A History of the English-Speaking Peoples*, Vol. I, p. 17.
18. Peter Salway, *Roman Britain*, pp. 117–119.
19. Barry Cunliffe, *Rome and Her Empire*. p. 244.
20. Ibid., p. 240.
21. T. W. Potter, *Roman Britain* (Cambridge, Massachusetts: Harvard

University Press, 1983), pp. 18, 45; R. G. Collingwood, "The Latin West: Britain, Roman Germany, The Danube Lands," *The Cambridge Ancient History*, Vol. XI: *The Imperial Peace A.D. 70–192*, edited by S. A. Cook, et al. (Cambridge: Cambridge University Press, 1980), pp. 513, 518; N. J. G. Pounds, *The Culture of the English People: Iron Age to the Industrial Revolution* (Cambridge: Cambridge University Press, 1994), pp. 36, 49.
22. John Burke, *Roman England*, pp. 13, 16, 25.
23. John Wacher, *The Coming of Rome*, p. 39.
24. Ibid., p. 72.
25. Ibid., p. 76.
26. N. J. G. Pounds, *The Culture of the English People*, p. 50.
27. Ibid., pp. 53–54.
28. F. E. Halliday, *An Illustrated Cultural History of England* (New York: Crescent Books, 1967), p. 17. "The villa of Roman Britain bore little or not relationship to the Iron Age huts that had preceded it." N. J. G. Pounds, *The Culture of the English People*, p. 66.
29. F. E. Halliday, *An Illustrated Cultural History of Englnd*, pp. 19–22.
30. John Wacher, *The Coming of Rome*, p. 79.
31. Ibid., p. 101.
32. Peter Salway, *Roman Britain*, p. 154.
33. Edward Gibbon, *The Decline and Fall of the Roman Empire*, Vol. I, pp. 1–3.
34. Winston S. Churchill, *A History of the English-Speaking Peoples*, Vol. I, p. 28.
35. F. E. Halliday, *An Illustrated Cultural History of England*, p. 25. See also C. J. Arnold, *Roman Britain to Saxon England* (Bloomington: Indiana University Press, 1984), pp. 58, 66, 71.
36. The areas of Saxon settlements around the beginning of the seventh century are mapped in G. R. J. Jones, "Celts, Saxons and Scandinavians," *An Historical Geography of England & Wales*, second edition, edited by R. A. Dodgshon and R. A. Butlin, p. 47.
37. Frank Barlow, "Who Are the English?" *The English World: History, Character, and People*, edited by Robert Blake (New York: Harry N. Abrams, Inc., 1982), pp. 49–50.
38. J. N. L. Myres, *The English Settlements* (Oxford: Oxford University Press, 1986), pp. 208–211.
39. C. J. Arnold, *Roman Britain to Saxon England*, p. 161.
40. James Campbell, Eric John, and Patrick Wormald, *The Anglo-Saxons*, p. 43. See also C. J. Arnold, *Roman Britain to Saxon England*, pp. 84, 85.
41. C. J. Arnold, *Roman Britain to Saxon England*, pp. 58, 79.
42. Ibid., pp. 63, 116.
43. James Campbell, Eric John, and Patrick Wormald, *The Anglo-Saxons*, p. 19.
44. John Burke, *Roman England* (New York: W.W. Norton & Co., 1984), p. 143.
45. Winston Churchill, *A History of the English-Speaking People*, Vol. I, p. 25.
46. G. M. Trevelyan, *English Social History: A Survey of Six Centuries, Chaucer to Queen Victoria* (Penguin Books, 1986), p. 72.
47. N. J. G. Pounds, *The Culture of the English People: Iron Age to the Industrial Revolution* (Cambridge: Cambridge University Press, 1994), p. 204.
48. C. J. Arnold, *Roman Britain to Saxon England*, pp. 38, 150.
49. G. R. J. Jones, "Celts, Saxons and Scandinavians," *An Historical Geography of England & Wales*, second edition, edited by R. A. Dodgshon and R. A. Butlin, pp. 47, 48, 58–60
50. James Campbell, Eric John, and Patrick Wormald, *The Anglo-Saxons*, p. 38.
51. Frank Barlow, "Who Are the English?" *The English World*, edited by Robert Blake, pp. 51–52.
52. R. Allen Brown, *The Normans* (New York: St. Martin's Press, 1984), pp. 5, 8, 43.
53. Ibid., p. 60.
54. Ibid., pp. 49–77.
55. Christopher Hibbert, *The English: A Social History 1066–1945* (New York: W.W. Norton, 1987), p. 121.
56. Ibid., p. 9.
57. Frank Barlow, "Who Are the English?" *The English World*, edited by Robert Blake, p. 56.
58. George Holmes, "The Medieval Centuries: The Foundation of English Institutions up to the Tudors," ibid., edited by Robert Blake, p. 62.
59. G. M. Trevelyan, *English Social History*, p. 79.
60. Robin Frame, *The Political Development of the British Isles: 1100–1400* (Oxford: Oxford University Press, 1995), pp. 54–60.
61. See George Holmes, "The Foundation of English Institutions up to the Tudors," *The English World*, edited by Robert Blake, p. 64; Nathan Rosenberg and L. E. Birdzell, Jr., *How the West Grew Rich: The Economic Transformation of the Industrial World* (New York: Basic Books, 1986), p. 76.
62. Janet L. Abu-Lughod, *Before European Hegemony: The World System A.D. 1250–1350* (New York: Oxford University Press, 1989), pp. 84–87.
63. Lewis Mumford, *Technics and Civilization* (New York: Harcourt, Brace and Co., 1934), p. 152. Flemish peasants were also welcomed for their work in building dikes and drainage ditches. Robert Bartlett, *The Making of Europe: Conquest, Colonization adn Cultural Changes 950–1150* (Princeton: Princeton University Press, 1993), p. 114.
64. W. Cunningham, *Alien Immigrants to England* (London: Frank Cass & Co., Ltd., 1969), p. 69.
65. Ibid., p. 76.
66. Ibid., pp. 77–78.
67. Ibid., pp. xiv-xv.
68. Carlo M. Cipolla, *Clocks and Culture: 1300–1700* (New York: W.W. Norton & Co., 1977), pp. 66–69.
69. W. Cunningham, *Alien Immigrants to England*, p. xiv; Warren C. Scoville, *The Persecution of Huguenots and French Economic Development: 1680–1720* (Berkeley: University of California Press, 1960), pp. 325–340.
70. Tim Unwin, "Towns and Trade," *An Historical Geography of England and Wales*, second edition, edited by R. A. Dodgshon and R. A. Butlin, pp. 134–135.
71. John R. Harris, "Movements of Technology between Britain and Europe in the Eighteenth Century," *International Technology Transfer: Europe, Japan and the USA*, edited by David J. Jeremy (Brookfield, Vermont: Edward Elgar Publishing Company, 1991), p. 10.
72. L. C. A. Knowles, *The Industrial and Commercial Revolutions in Great Britain during the Nineteenth Century*, p. 71.
73. Nathan Rosenberg and L. E. Birdzell, Jr., *How the West Grew Rich: The Economic Transformation of the Industrial World*, pp. 115–116.
74. See, for example, Barry R. Weingast and Kenneth L. Scholtz, "How Little England Beat Big France," *Hoover Digest*, 1996, No. 2, pp. 118–125.
75. R. A Dodgshon, "The Changing Evaluation of Space 1500–1914," *An Historical Geography of England and Wales*, second edition, pp. 264–268.
76. N. Thrift, "Transport and Communication 1730–1914," pp. 457–458.
77. Ibid., p. 463.
78. Ibid., p. 463.
79. Ibid., p. 464.
80. Ibid., p. 466.
81. L. C. A. Knowles, *The Industrial and Commercial Revolutions in Britain during the Nineteenth Century*, p. 143.
82. Ibid., p. 188.
83. Nick von Tunzelmann, "Coal and Steam Power," *Atlas of Industrializing Britain 1790–1914*, edited by John Langton and R. J. Morris (London: Metheun & Co., Ltd., 1986), pp. 72–74.
84. R. A. Cage, "The Condition of Scotland 1788–1960," *The Australian People: An Encyclopedia of the Nation, Its People and Their Origins* (North Ryde, N.S.W.: Angus & Robertson, 1988), p. 759.
85. Nick von Tunzelmann, "Coal and Steam Power," *Atlas of Industrializing Britain*, edited by John Langton and R. J. Morris, p. 78.
86. L. C. A. Knowles, *The Industrial and Commercial Revolutions in Great Britain during the Nineteenth Century* (London: George Routledge & Sons, Ltd., 1926), pp. 6, 10, 18–21, 29.
87. Mark Overton, "Agriculture," *Atlas of Industrializing Britain 1790–1914*, edited by John Langton and R. J. Morris, p. 48.
88. Ibid., p. 21.
89. G. M. Trevelyan, *English Social History*, p. 409. See also Charles Kindleberger, *World Economic Primacy: 1500 to 1990* (Oxford: Oxford University Press, 1996), pp. 130–131.
90. David J. Jeremy and Darwin H. Stapleton, "Transfer between Culturally-Related Nat.ons: The Movement of Textile and Railroad Technologies between Britain and the United States, 1780–1840," *International Technology Transfer*, edited by David J. Jeremy (Brookfield, VT: Edward Elgar Publishing Co., 1991), p. 32.
91. Takeshi Yuzawa, "The Transfer of Railway Technologies from Britain to Japan, with Special Reference to Locomotive Manufacture," ibid., p. 204.
92. John R. Harris, " Movements of Technology Between Britain and Europe in the Eighteenth Century," *International Technology Transfer*, edited by David J. Jeremy (Brookfield, VT: Edward Elgar Publishing Co., 1991), p. 13.

93. David J. Jeremy and Darwin H. Stapleton, "Transfers between Culturally-Related Nations," ibid., pp. 40–41; Simon Ville, "Shipping Industry Technologies," ibid., pp. 80, 81.
94. L. C. A. Knowles, *The Industrial and Commercial Revolutions in Great Britain during the Nineteenth Century*, p. 56.
95. Ibid., pp. 75–75.
96. Ibid., p. 76.
97. W. O. Henderson, *The Rise of German Industrial Power: 1834–1914* (Berkeley: University of California Press, 1975), p. 44; Mark Jefferson, *Peopling the Argentine Pampa*, p. 137; Winthrop R. Wright, *British-Owned Railways in Argentina*, pp. 5, 19, 23; Neena Vreeland, et al., *Area Handbook for Malaysia*, third edition (Washington, D.C.: U.S. Government Printing Office, 1977), pp. 301–302; Dharma Kumar, *The Cambridge Economic History of India*, Vol. 2 (Hyderabad: Orient Longman, Ltd., 1984), pp. 737–761; T.O. Lloyd, *The British Empire: 1558–1983* (Oxford: Oxford University Press, 1984), p. 239; Daniel R. Headrick, *The Tools of Empire: Technology and European Imperialism in the Nineteenth Century* (New York: Oxford University Press, 1981), pp. 180–191, 195.
98. L. C. A. Knowles, *The Industrial and Commercial Revolutions in Britain during the Nineteenth Century*, p. 186.
99. Ibid., pp. 187–188.
100. Ibid., p. 192.
101. Ibid., p. 144.
102. L. C. A. Knowles, *The Industrial and Commercial Revolutions in Britain during the Nineteenth Century*, p. 194.
103. Simon Ville, "Shipping Industry Technologies," *International Technology Transfer*, edited by David J. Jeremy, p. 77.
104. Ibid., p. 221.
105. Ibid., p. 224.
106. Ibid., p. 226.
107. Walter Nugent, *Crossings: The Great Transatlantic Migrations, 1870–1914* (Bloomington: Indiana University Press, 1992), p. 36.
108. B. R. Mitchell, *European Historical Statistics: 1750–1970* (New York: Columbia University Press, 1978), pp. 215, 216.
109. Ibid., p. 223.
110. Maurice Ashley, *The People of England: A Short Social and Economic History* (Baton Rouge: Louisiana State University Press, 1982), p. 140.
111. Gregory Clark, "Why Isn't the Whole World Developed? Lessons from Cotton Mills," *Journal of Economic History*, March 1987, p. 160.
112. Jack B. Pfeiffer, "Notes on the Heavy Equipment Industry in Chile, 1800–1910," *Hispanic American Historical Review*, February 1952, p. 139.
113. Aaren L Friedberg, *The Weary Titan: Britain and the Experience of Relative Decline, 1895–1905* (Princeton: Princeton University Press, 1988), p. 34.
114. E. H. Hunt, "Wages," *Atlas of Industrializing Britain 1780–1914* (London: Methuen & Co., Ltd., 1986), pp. 60–68.
115. Richard Lawton, "Population," *Atlas of Industrial Britain 1780–1914* (London: Methuen & Co., Ltd., 1986), p. 20.
116. In *Capital*, Marx characterized the rise as "practically insignificant" but, in a public lecture, he quantified it as "*about 40 percent*" (emphasis in the original). Karl Marx, *Capital: A Critique of Political Economy* (Chicago: Charles H. Kerr & Co., 1906), Vol. I, p. 700; Karl Marx, "Wages, Price and Profit," Karl Marx and Friedrich Engels, *Selected Works* (Moscow: Foreign Languages Publishing House, 1955), Vol. I, p. 407.
117. Peter Mathias, *The First Industrial Nation: An Economic History of Britain 1700–1914*, Second Edition (New York: Methuen & Co., 1983), p. 132.
118. G. M. Trevelyan, *English Social History: A Study of Six Centuries Chaucer to Queen Victoria* (Middlesex, England: Penguin Books, 1986) pp. 243, 271–272, 315, 325, 335, 386–387, 393n, 409, 414, 419–420, 492–493.
119. R. H. Campbell, "The Scottish Improvers and the Course of Agrarian Change in the Eighteenth Century," *Comparative Aspects of Scottish and Irish Economic and Social History: 1600–1900*, edited by L. M. Cullen and T. C. Smout (Edinburgh: John Donald Publishers, Ltd., no date), p. 204.
120. William H. McNeill, *The Rise of the West: A History of the Human Community* (Chicago: University of Chicago Press, 1991), p. 679.
121. G. M. Trevelyan, *English Social History*, p. 140–141, 178–179, 335.
122. Ibid., pp. 140–141.
123. Ibid., pp. 386–393.
124. W. A. Armstrong, "The Countryside," *The Cambridge Social History of Britain: 1750–1950*, edited by F. M. L. Thompson (Cambridge: Cambridge University Press, 1993), Vol. 1, p. 87.
125. Ibid., p. 91.
126. Ibid., pp. 113–114.
127. L. C. A. Knowles, *The Industrial and Commercial Revolutions in Britain during the Nineteenth Century*, p. 57.
128. Rondo Cameron, *A Concise Economic History of the World* (New York: Oxford University Press, 1989), p. 181.
129. Aaron L. Friedberg, *The Weary Titan: Britain and the Experience of Relative Decline 1895–1905* (Princeton: Princeton University Press, 1988), p. 26.
130. Mark Casson, *The Growth of International Business* (London: George Allen & Unwin, 1983), p. 106.
131. Gregory Clark, "British Labor in Britain's Decline," Ph.D. dissertation, Harvard University, November 1985, pp. 4–12. See also Paul Johnson, *Modern Times: A History of the World from the 1920s to the 1990s* (London: Orion Books, Ltd., 1992), pp. 601–603.
132. Charles Kindleberger, *World Economic Primacy: 1500 to 1990* (Oxford: Oxford University Press, 1996), pp. 142, 146, 159.
133. A. H. Williams, *An Introduction to the History of Wales* (Cardiff: University of Wales Press Board, 1969), pp. 1–6.
134. Ibid., p. 8.
135. Ibid., p. 48.
136. Ibid., p. 54.
137. Ibid., pp. 60–61.
138. Ibid., p. 59. See also Sir John Edward Lloyd, *A History of Wales* (London: Longmans, Green and Co., Ltd., 1967), Vol. I, p. 89.
139. Wendy Davies, "Land and Power in Early Medieval Wales," *Past and Present*, November 1978, pp. 5–6.
140. John Blair, "The Anglo-Saxon Period," *The Oxford Illustrated History of Britain*, edited by Kenneth O. Morgan, pp. 57–59.
141. C. J. Arnold, *Roman Britain to Saxon England*, p. 157.
142. John Blair, "The Anglo-Saxon Period," *The Oxford Illustrated History of Britain*, edited by Kenneth O. Morgan, p. 52.
143. Bud B. Khleif, *Language, Ethnicity and Education in Wales* (The Hague: Mouton Publishers, 1980), p. 26.
144. Michael Hechter, *Internal Colonialism: The Celtic Fringe in British National Development, 1536–1966* (Berkeley: University of California Press, 1977), p. 111.
145. Wendy Davies, "Land and Power in Early Medieval Wales," *Past and Present*, November 1978, p. 7.
146. Alan Conway, "Welsh Emigration to the United States," *Perspectives in American History*, Vol. VII (1973), pp. 195–196.
147. Ibid., pp. 207–210.
148. Ibid., p. 229n.
149. Ibid., p. 194.
150. D. W. Howell and C. Baber, "Wales," *The Cambridge Social History of Britain 1750–1950*, Vol. 1, p. 319.
151. G. Humphrys, "Industrial Change: Some Lessons from South Wales," *Geography*, November 1976, pp. 246, 249.
152. Prys T. J. Morgan, "The Clouds of Witnesses: The Welsh History of Tradition," *Anatomy of Wales*, edited by R. Brinley Jones (Glamorgan, Wales: Gwerin Publications, 1972), p. 35.
153. D. W. Howell and C. Baber, "Wales," *The Cambridge Social History of Britain 1750–1850*, Vol. 1, p. 282.
154. "Divided They Stand," *The Economist*, February 2, 1985, p. 5.
155. Ibid.
156. Prys T. J. Morgan, "The Clouds of Witnesses: The Welsh History of Tradition," *Anatomy of Wales*, edited by R. Brinley Jones, pp. 32–33.
157. Michael Hecter, *Internal Colonialism: The Celtic Fringe in British National Development, 1536–1966* (Berkeley: University of California Press, 1976), p. 189.
158. Ibid., p. 168.
159. Ibid., p. 33.
160. "Divided They Stand," *The Economist*, February 2, 1985, p. 14.
161. Ibid., pp. 4, 14, 17–18.
162. Colin J. Thomas and Colin H. Williams, "Language and Nationalism in Wales: A Case Study," *Ethnic and Racial Studies*, April 1978, pp. 237–238; Bryan Hodgson, "Wales: The Lyric Land," *National Geographic*, July 1983, p. 42.
163. Colin J. Thomas and Colin H. Williams, "Language and Nationalism in Wales: A Case Study," *Ethnic and Racial Studies*, April 1978, p. 236.
164. "Divided They Stand," *The Economist*, February 2, 1985, p. 16.
165. Ibid., p. 4.
166. D. W. Dowell and C. Baber, "Wales," *The Cambridge Social History of Britain 1750–1950*, Vol. 1, pp. 305–307.
167. Ibid., p. 312.
168. "Divided They Stand," *The Economist*, February 2, 1985, pp. 4–5.
169. Ibid., p. 3.
170. Ibid., p. 8.
171. Ibid., pp. 4, 10.

172. Ibid., p. 4.
173. Ibid., pp. 12, 14.
174. Ibid., p. 8
175. Ibid., p. 5.
176. Warren Hodge, "The Welsh, on Easy Street, Turn Backs on Tories," *New York Times*, February 28, 1997, p. A4.
177. "Divided They Stand," *The Economist*, February 2, 1985, p. 6.
178. D. W. Howell and C. Baber, "Wales," *The Cambridge Social History of Britain 1750–1950*, Vol. 1, pp. 324–325, 350–351.
179. Edward Gibbon, *The Decline and Fall of the Roman Empire*, Vol. I, p. 4.
180. "The masters of the fairest and most wealthy climates of the globe turned with contempt from gloomy hills assailed by the winter tempest, from lakes concealed in a blue mist, and from cold and lonely heaths, over which the deer of the forest were chased by a troop of naked barbarians." Ibid., p. 5.
181. James G. Leyburn, *The Scotch-Irish: A Social History* (Chapel Hill: University of North Carolina Press, 1962), p. 22.
182. Ibid., p. 25.
183. Ibid., p. 18.
184. Henry Thomas Buckle, *On Scotland and the Scotch Intellect* (Chicago: The University of Chicago Press, 1970), p. 38.
185. G. M. Trevelyan, *English Social History*, pp. 168–169.
186. Robert Bartlett, *The Making of Europe: Conquests, Colonization and Cultural Change, 950–1350* (Princeton: Princeton University Press, 1993), p. 78.
187. Donald Woodward, "A Comparative Study of the Irish and Scottish Livestock Trades in the Seventeenth Centuries," *Comparative Aspects of Scottish and Irish Economic and Social History: 1600–1900*, edited by L. M. Cullen and T. C. Smout (Edinburgh: John Donald Publisher, Ltd., no date), p. 147.
188. S. G. E. Lythe and J. Butt, *An Economic History of Scotland 1100–1939* (Glasgow: Blackie and Son Ltd., 1975), p. 5.
189. Ibid., p. 4.
190. James G. Leyburn, *The Scotch-Irish*, p. 37.
191. Henry Thomas Buckle, *On Scotland and the Scotch Intellect*, p. 27n.
192. Ibid., p. 37.
193. S. G. E. Lythe and J. Butt, *An Economic History of Scotland 1100–1939*, p. 74.
194. Henry Thomas Buckle, *On Scotland and the Scotch Intellect*, p. 37.
195. Ibid., p. 44.
196. S. G. E. Lythe and J. Butt, *An Economic History of Scotland 1100–1939*, pp. 55–56.
197. Henry Thomas Buckle, *On Scotland and the Scotch Intellect*, p. 52.
198. T. C. Smout, *A History of the Scottish People, 1560–1830* (New York: Charles Scribner's Sons, 1969), pp. 24–32.
199. G. M. Trevelyan, *English Social History*, p. 463.
200. T. C. Smout, *A History of the Scottish People, 1560–1830*, p. 34.
201. James G. Leyburn, *The Scotch-Irish*, p. 13.
202. Henry Thomas Buckle, *On Scotland and the Scotch Intellect*, p. 36.
203. T. C. Smout, *A History of the Scottish People, 1560–1830*, p. 43.
204. Robin Frame, *The Political Development of the British Isles: 1100–1400* (Oxford: Oxford University Press, 1995), pp. 98, 103–104.
205. Ibid., p. 47.
206. Winston Churchill, *A History of the English-Speaking Peoples*, Vol. I, p. 223.
207. David Hackett Fischer, *Albion's Seed*, pp. 623–624.
208. Ibid., p. 626. See also Robin Frame, *The Political Development of the British Isles 1100–1400* (Oxford: Oxford University Press, 1995), pp. 14–15.
209. David Hackett Fischer, *Albion's Seed*, pp. 621–639, 650–651; Rory Fitzpatrick, *God's Frontiersmen*, pp. 67–87, 99–102, 169–188.
210. M. Perceval-Maxwell, *The Scottish Migration to Ulster in the Reign of James I* (London: Routledge and Kegan Paul, 1973), pp. 286–287.
211. James G. Leyburn, *The Scotch-Irish*, p. 13.
212. Ibid., p. 52.
213. S. G. E. Lythe and J. Butt, *An Economic History of Scotland 1100–1939*, p. 89.
214. Ibid., p. 90.
215. Henry Thomas Buckle, *On Scotland and the Scotch Intellect*, p. 151.
216. G. M. Trevelyan, *English Social History*, p. 475.
217. Bruce Lenman, *Integration, Enlightenment, and Industrialization: Scotalnd 1746–1832* (Toronto: University of Toronto Press, 1981), p. 2.
218. T. C. Smout, *A History of the Scottish People: 1560–1830*, pp. 332–351, 462–464; G. M. Trevelyan, *English Social History*, pp. 466–468; Bruce Lenman, "Scotland: From Nation to Province," *The Cambridge Historical Encyclopedia of Great Britain and Ireland*, edited by Christopher Haigh (Cambridge: Cambridge University Press, 1985), pp. 213–214. See also T. C. Smout, *A History of the Scottish People: 1830–1950* (New Haven: Yale University Press, 1986), p. 219.
219. Bruce Lenman, *Integration, Enlightenment, and Industrialization: Scotland 1746–1832*, p. 3.
220. Bruce Lenman, *Integration, Enlightenment, and Industrialization: Scotland 1746–1832*, p. 44. Most of the leading Scottish intellectuals—and others—spent most of their careers in England. "James Mill was one of the countless Scots who, having been trained at home in strict frugality and stern Puritanic principles, have fought their way to success in England." Sir Leslie Stephen, *The English Utilitarians*, Volume II: *James Mill* (New York: Augustus M. Kelley, 1968), p. 1. Educated Scots, including David Hume, sought to purge their speech of Scottish expressions. James Mill not only purged his speech of Scotticisms but also turned his back so completely on Scotland that his children grew up wholly ignorant of his past life there. See Michael St. John Packe, *The Life of John Stuart Mill* (New York: The Macmillan Company, 1954), p. 9; Alexander Bain, *James Mill: A Biography* (New York: August M. Kelly, 1967), pp. 32n, 110; John Stuart Mill, *The Earlier Letters of John Stuart Mill: 1812–1848* (Toronto: University of Toronto Press, 1963), p. 315.
221. Ned C. Landsman, *Scotland and Its First American Colony, 1683–1765* (Princeton: Princeton University Press, 1985), Chapter 3.
222. T. C. Smout, *A History of the Scottish People: 1560–1830*, p. 333.
223. G. M. Trevelyan, *English Social History*, p. 467. Gaelic also continued to be spoken in the nineteenth century by the descendants of the Highlanders who settled in North Carolina. Duane Meyer, *The Highland Scots of North Carolina, 1732–1776* (Chapel Hill: University of North Carolina Press, 1961), p. 119.
224. Olive and Sydney Checkland, *Industry and Ethos: Scotland 1832–1914* (Edinburgh: Edinburgh University Press, 1989), p. 165.
225. James G. Leyburn, *The Scotch-Irish*, p. 74.
226. Ibid., p. 76.
227. T. C., Smout, *A History of the Scottish People, 1560–1830*, p. 96. This picture of Scottish educational achievement has been challenged by R. A. Houston, *Scottish Literacy and Scottish Identity: Illiteracy and Society in Scotland and Northern England* (Cambridge: Cambridge University Press, 1985) but he has in turn been challenged by D. J. Withrington, "A Half-Educated Nation?" *Scottish Economic and Social History*, Vol. VI (1987), pp. 72–74. My own preference is to give far more weight to contemporary observers who had the facts before their eyes than to inferences drawn two centuries later from statistics with substantial inherent gaps and pitfalls, even if these statistics are handled both ingeniously and with integrity.
228. Henry Thomas Buckle, *On Scotland and the Scotch Intellect*, p. 154.
229. T. C. Smout, *A History of the Scottish People, 1560–1830*, p. 487.
230. William R. Brock, *Scotus Americanus: A Survey of the Sources for Links between Scotland and America in the Eighteenth Century* (Edinburgh: Edinburgh University Press, 1982), pp. 114–115; Esmond Wright, "Education in American Colonies," *Essays in Scotch-Irish History*, edited by E. R. R. Green (London: Routledge & Kegan Paul, 1969), pp. 40–41.
231. Bruce Lenman, *Integration, Enlightenment, and Industrialization: Scotland 1746-1832* (Toronto: University of Toronto Press, 1981), p. 91.
232. William R. Brock, *Scotus Americanus*, p. 115.
233. Ibid., pp. 119–120.
234. Kenneth Macleod, "Scots in Russia in the Seventeenth and Eighteenth Centuries," *Journal of Russian Studies*, Vol. 46 (1983), pp. 8–9.
235. One exception was the Earl of Lauderdale, who created some interesting controversy in economics, but he was hardly a figure to rank with the leading economists of his day, much less to be considered important a century later. T. C. Smout, *A History of the Scottish People, 1560–1830*, pp. 501–504.
236. Ibid., pp. 504–505. See also *Scotland in the Age of Improvement*
237. T. C. Smoout, *Scotland and the Scottish People: 1560–1830*, p. 501.
238. Ibid., 485.
239. Ibid., p. 143.
240. Ibid., pp. 452, 461–462, 466.

241. Ibid., p. 270.
242. See ibid., pp. 290–291, 333, 344. See also Bruce Lenman, *Integration, Enlightenment, and Industrialization: Scotland 1746–1832* (Toronto: University of Toronto Press, 1981), p. 44.
243. Michael Hecter, *Internal Colonialism: The Celtic Fringe in British National Development, 1536–1966* (Berkeley: University of California Press, 1976), pp. 115–116; Eric Richards, "Scotland and the Uses of the Uses of the Atlantic Empire," *Strangers within the Realm*, edited by Bernard Bailyn and Philip D. Morgan (Chapel Hill: University of North Carolina Press, 1991), pp. 85–86.
244. T. C. Smout, *A History of the Scottish People: 1560–1830*, p. 367. See also Grady McWhiney, *Cracker Culture: Celtic Ways in the Old South* (Tuscaloosa: University of Alabama Press, 1988), p. 231. G. M. Trevelyan, *English Social History: A Survey of Six Centuries* (New York: Viking Penguin, Inc., 1986), p. 451.
245. Rosalind Mitchison, "Scotland 1750–1850," *The Cambridge Social History of Britain 1750–1950*, Vol. 1, p. 177.
246. Rosalind Mitchison, "Scotland 1750–1850," *The Cambridge Social History of Britain*, Vol. 1, p. 160
247. M. J. Daunton, "Housing," *The Cambridge Social History of Britain, Vol. 2: People and Their Environment*, edited by F. M. L. Thompson (Cambridge: Cambridge University Press, 1993), p. 206.
248. T. C. Smout, "Scotland 1850–1950," *The Cambridge Social History of Britain 1750–1850*, Vol. 1, pp. 211–212, 217, 225, 244.
249. Michael Hecter, *Internal Colonialism: The Celtic Fringe in British National Development, 1536–1966* (Berkeley: University of California Press, 1975), p. 142n. See also Eric Richards, "Scotland and the Uses of the Atlantic Empire," *Strangers within the Realm*, edited by Bernard Bailyn and Philip D. Morgan (Chapel Hill: University of North Carolina Press, 1991), p. 86.
250. Eric Richards, "Scotland and the Uses of the Atlantic Empire," *Strangers within the Realm*, edited by Bernard Bailyn and Philip D. Morgan, p. 98.
251. T. C. Smout, "Scotland 1850–1950," *The Cambridge Social History of Britain 1750–1850*, Vol. 1, p. 278.
252. Rosalind Mitchison, "Scotland 1750–1850," *The Cambridge Social History of Great Britain 1750–1850*, Vol. 1, p. 169.
253. T. C. Smout, "Scotland 1850–1950," *The Cambridge Social History of Britain 1750–1950*, Vol. 1, pp. 274–275.
254. *Scotland in the Age of Improvement*
255. Olive and Sydney Checkland, *Industry and Ethos: Scotland 1832–1914*, 2nd edition (Edinburgh: Edinburgh University Press, 1989), p. 15.
256. Ibid., Chapter 1.
257. Ibid., p. 20.
258. Ibid., p. 22.
259. Ibid., p. 23.
260. Ibid., p. 148.
261. Ibid., p. 147.
262. This continued to be true, well into the twentieth century. "At Oxford and Cambridge the majority of students—89 percent and 70 percent respectively—were in the arts faculties; and only in London, Manchester, Leeds and Edinburgh did science dominate." Gillian Sutherland, "Education," *The Cambridge Social History of Britain 1750–1950*, edited by F. M. L. Thompson (Cambridge: Cambridge University Press, 1993), Vol. 3, p. 167.
263. Ibid., p. 149.
264. G. M. Trevelyan, *English Social History*, p. 463.
265. Malcolm Gray, "Scottish Emigration: The Social Impact of Agrarian Change in the Rural Lowlands, 1775–1875," *Perspectives in American History*, Vol. VII (1973), pp. 112–157.
266. Ibid., p. 95.
267. M. Perceval-Maxwell, *The Scottish Migraiton to Ulster in the Reign of James I* (London: Routledge & Kegan Paul, 1973), p. 111.
268. James G. Leyburn, *The Scotch-Irish*, pp. 63, 72, 76–78, 96–97.
269. John Wacher, *The Coming of Rome*, p. 6.
270. Maire and Conor Cruise O'Brien, *A Concise History of Ireland* (New York: Beckman House, 1972), p. 47.
271. Patrick J. Blessing, "Irish," *Harvard Encyclopedia of American Ethnic Groups*, edited by Stephan Thernstrom, et al., p. 525.
272. James G. Leyburn, *The Scotch-Irish*, p. 125.
273. Arthur Young, *A Tour in Ireland: 1776–1779* (Shannon: Irish University Press, 1970), Vol. II, p. 54.
274. Ibid., Vol. I, p. 83.
275. Oliver MacDonagh, "The Irish Famine Emigration to the United States," *Perspectives in American History*, Vol. X (1976), p. 366; Eugene D. Genovese, *Roll, Jordan Roll: The World the Slaves Made* (New York: Pantheon Books, 1974), pp. 524–525; Robert W. Fogel and Stanley L. Engerman, *Time on the Cross: The Economics of American Negro Slavery* (Boston: Little, Brown and Co., 1974), p. 125.
276. Carl Wittke, *We Who Built America* (Cleveland: Case Western Reserve University Press, 1967), p. 129.
277. Oliver MacDonagh, "The Irish Famine Emigration to the United States," *Perspectives in American History*, Vol. X (1976), p. 405.
278. W. E. Vaughan and A. J. Fitzpatrick, editors, *Irish Historical Statistics* (Dublin: Royal Irish Academy, 1978), pp. 260–261.
279. Oliver MacDonagh, "The Irish Famine Emigration to the United States," *Perspectives in American History*, Vol. X (1976), pp. 402–403.
280. Carl Wittke, *We Who Built America*, p. 134; Oscar Handlin, *Boston's Immigrants* (New York: Atheneum, 1970), Chapter IV; Diane Ravitch, *The Great School Wars* (New York: Basic Books, 1974), pp. 27–28; Maldwyn Allen Jones, *American Immigration* (Chicago: University of Chicago Press, 1970), p. 130.
281. Robert E. Kennedy, Jr., *The Irish*, p. 27.
282. W. E. Vaughan and A. J. Fitzpatrick, editors, *Irish Historical Statistics*, p. 3.
283. *The World Almanac and Book of Facts, 1981* (New York: Newspaper Enterprise Association, 1981), pp. 547, 589; U.S. Bureau of the Census, *Current Population Reports*, Series P-20, No. 249, *Characteristics of the Population by Ethnic Origin: March 1972 and 1971* (Washington: U.S. Government Printing Office, 1972), p. 11.
284. Michael Hecter, *Internal Colonialism: The Celtic Fringe in British National Development, 1536–1966* (Berkeley: University of California Press, 1976), p. 196.
285. Michael Hecter, *Internal Colonialism*, p. 184.
286. Michael Hecter, *Internal Colonialism*, pp. 92–93.
287. L. M. Cullen, "Merchant Communities Overseas, the Navigation Acts and Irish and Scottish Responses," *Comparative Aspects of Scottish and Irish Economic and Social History*, edited by L. M. Cullen and T. C. Smout (Edinburgh: John Donald Publisher, Ltd., no date), p. 174.
288. L. M. Cullen and T. C. Smout, "Economic Growth in Scotland and Ireland," *Comparative Aspects of Scottish and Irish Economic and Social History*, edited by L. M. Cullen and T. C. Smout (Edinburgh: John Donald Publishers, Ltd., no date), pp. 3, 12–13.
289. "Ireland: Packed and Gone," *The Economist*, September 9, 1989, p. 58.
290. Paul Compton, "The Conflict in Northern Ireland: Demographic and Economic Considerations," *Economic Dimensions of Ethnic Conflicts: International Perspectives*, edited by S. W. R. de A. Smaarrasomghe and Reed Coughlan (London: Pinter Publishers, 1991), pp. 35–39, 41.
291. Frederick Engels, *The Condition of the Working Class in England in 1844* (London: George Allen and Unwin, Ltd., 1952), p. 79; Oscar Handlin, *Boston's Immigrants*, p. 114.
292. Andrew M. Greeley, *The Most Distressful Nation: The Taming of the American Irish* (Chicago: Quadrangle Books, 1972) pp. 129–143, 226; Patrick O'Farrell, *The Irish in Australia* (Kensington, NSW, Australia: New South Wales University Press, 1987), pp. 164–171; Lyn Hollen Lees, *Exiles of Erin: Irish Migrants in Victorian London* (Ithaca: Cornell University Press, 1979), pp. 197, 207–211.
293. *Philadelphia: Work, Space, Family, and Group Experience in the 19th Century*, edited by Theodore Hershberg (Oxford: Oxford University Press, 1981), pp. 363–365.
294. D. Fitzpatrick, "Irish Immigration 1840–1914," *The Australian People: An Encyclopedia of the Nation, Its People and Their Origin*, edited by James Jupp (North Ryde, Australia: Angus and Robertson Publishers, 1988), p. 562.
295. Ibid., p. 561.
296. P. Hamilton, "Irish Women Immigrants in the Nineteenth Century," ibid., p. 568.
297. Patrick McKenna, "Irish Migration to Argentina," *Patterns of Migration*, edited by Patrick O'Sullivan (Leicester: Leicester University Press, 1992), p. 73.
298. Ibid., pp. 73–76.
299. Ibid., pp. 77–80.
300. Ibid., p. 78.
301. Ibid., p. 80.
302. Patrick J. Blessing, "Irish," *Harvard Encyclopedia of American Ethnic Groups*, edited by Stephan Thernstrom, et al., p. 538.
303. Carl Wittke, *The Irish in America* (New York: Russell and Russell, 1970), pp. 103–113; Nathan Glazer and D.P. Moynihan, *Beyond the Melting Pot* (Cambridge, Massachusetts: M.I.T. Press, 1966), pp. 221–229.
304. P. Lee, "Irish in Australian Politics," *The Australian People*, edited by James Jupp et al., p. 589.

305. Ibid., p. 588.
306. "Welsh," *The Australian People: An Encyclopedia of the Nation, Its People and their Origins*, edited by James Jupp (North Ryde, N.S.W.: Angus Publications, 1988), p. 841.
307. Ibid., p. 840.
308. John Baur, "The Welsh in Patagonia: An Example of Nationalistic Migration," *Hispanic American Historical Review*, November 1954, pp. 468–492.
309. E. J. Wilhelm, Jr., "The Welsh in Argentina," *The Geographical Review*, January 1968, p. 137.
310. Rowland Berthoff, "Welsh," *Harvard Encyclopedia of American Ethnic Groups*, edited by Stephan Thernstrom, et al. (Cambridge, Massachusetts: Harvard University Press, 1981), pp. 1014, 1015–1016.
311. See Alan Conway, "Welsh Emigration to the United States," *Perspectives in American History*, Vol. VII (1973), pp. 180–181, 185–186.
312. Rowland Berthoff, "Welsh," *Harvard Encyclopedia of American Ethnic Groups*, edited by Stephan Thernstrom, et al. (Cambridge, Massachusetts: Harvard University Press, 1980), p. 1012.
313. Ibid., pp. 840–845.
314. Maldwyn A. Jones, "Ulster Emigration, 1783–1815," *Essays in Scotch-Irish History*, edited by E. R. R. Green (London: Routledge & Kegan Paul, 1969), p. 49.
315. Duane Meyer, *The Highland Scots of North Carolina, 1732–1776* (Chapel Hill: University of North Carolina Press, 1961), p. 118.
316. Ibid., p. 119.
317. David Hackett Fischer, *Albion's Seed*, p. 621. See also p. 818.
318. Eric Richards, "Highland and Gaelic Immigrants," *The Australian People*, edited by James Jupp (North Ryde, NSW, Australia: Angus & Robertson, 1988), pp. 765–769.
319. Eric Richards, "Australia and the Scottish Connection 1788–1914," *The Scots Abroad*, edited by R. A. Cage, p. 122.
320. M. D. Prentis, "Scots," ibid., p. 784.
321. M. D. Prentis, "Lowland Scottish Immigrants until 1860," *The Australian People*, edited by James Jupp, p. 762.
322. Eric Richards, "Highland and Gaelic Immigrants," ibid., p. 766.
323. D. Lucs, "Scottish Immigration," *The Australian People*, edited by James Jupp, p. 780.
324. Eric Richards, "Highland and Gaelic Immigrants," *The Australian People*, edited by James Jupp, p. 764.
325. Gordon Donaldson, "Scots," *Harvard Encyclopedia of American Ethnic Groups*, edited by Stephan Thernstrom, et al., p. 915.
326. Gordon Donaldson, *The Scots Overseas*, p. 104.
327. Ibid., pp. 114–116.
328. U.S. Bureau of the Census, Current Population Reports, Series P–23, no. 116 *Ancestry and Language in the United States: November 1979* (Washington: U.S. Government Printing Office, 1982), pp. 12, 13.
329. Gordon Donaldson, *The Scots Overseas*, p. 109.
330. Ibid., p. 123.
331. Eric Richards, "Australia and the Scottish Connection 1788–1914," *The Scots Abroad: Labour, Capital, Enterprise, 1750–1914*, edited by R. A, Gage (London: Croom Helm, Ltd., 1985), p. 112.
332. Eric Richards, "Highland and Gaelic Immigrants," *The Australian People*, edited by James Jupp, p. 765.
333. Eric Richards, "Australia and the Scottish Connection 1788–1914," *The Scots Abroad*, pp. 115–116.
334. G. J. Bryant, "Scots in India in the Eighteenth Century," *The Scottish Historical Review*, April 1985, p. 23.
335. Ibid., p. 69.
336. Ibid., p. 73.
337. Kenneth Macleod, "Scots in Russia in the Seventeenth and Eighteenth Centuries," *Journal of Russian Studies*, Vol. 46 (1983), p. 9–10.
338. Ibid., pp. 3, 5, 7.
339. T. H. A. Fisher, *The Scots in Germany: Being a Contribution toward the History of the Scot Abroad* (Edinburgh: John Donald Publishers, Ltd., 1902), p. 129–130.
340. Manuel A. Fernandez, "The Scots in Latin America: A Survey," *The Scots Abroad: Labour, Capital, Enterprise, 1750–1914*, edited by R.A. Cage (London: Croom Helm, 1985), p. 225.
341. Ibid., p. 226.
342. R.H. Campbell, "Scotland," *The Scots Abroad: Labour, Capital, Enterprise, 1750–1914*, edited by R. A. Cage (London: Croom Helm, 1985), p. 19.
343. Ibid., pp. 21, 22.
344. David S. McMillan, "Scottish Enterprise and Influence in Canada, 1620–1920," *The Scots Abroad*, edited by R. A. Cage, p. 57.
345. Ibid., p. 62.
346. Eric Richards, "Australia and the Scottish Connection 1788–1914," *The Scots Abroad*, edited by R. A. Cage, pp. 147–148.
347. James G. Parker, "Scottish Enterprise in India, 1750–1914," *The Scots Abroad*, edited by R. A. Cage, p. 208.
348. Olive Checkland, "The Scots in Meiji Japan," *The Scots Abroad*, edited by R. A. Cage, p. 259.
349. Ibid., pp. 267, 268.
350. David S. Macmillan, "The Neglected Aspect of the Scottish Diaspora 1650–1850: The Role of the Entrepreneurs in Promoting and Effecting Emigration," *The Diaspora of the British*, Collected Seminar Papers No. 31 (London: University of London Institute of Commonwealth Studies, 1982), pp. 28–29.
351. Manuel A. Fernandez, "The Scots in Latin America: A Survey," *The Scots Abroad*, edited by R. A. Cage, p. 243.
352. T. H. A. Fischer, *The Scots in Germany*, p. 216.
353. Robert P. Bartlett, *Human Capital: The Settlement of Foreigners in Russia 1762–1804* (Cambridge: Cambridge University Press, 1979), p. 144.
354. T. H. A. Fischer, *The Scots in Germany*, p. 32n.
355. Ibid., pp. 32–33.
356. Ibid., p. 34.
357. Ibid., pp. 35–36.
358. Ibid., pp. 38–39, 55.
359. Ibid., p. 35.
360. Ibid., p. 61.
361. Ibid., pp. 58–59.
362. Gordon Donaldson, *The Scots Overseas* (Westport, CT: Greenwood Press, 1976), pp. 108–109.
363. James G. Leyburn, *The Scotch-Irish: A Social History* (Chapel Hill: University of North Carolina Press, 1962), p. 139. In 1556, the Irish parliament passed a law forbidding marriage between the Scots and the Irish. M. Perceval-Maxwell, *The Scottish Migraiton to Ulster in the Reign of James I* (London: Routledge & Kegan Paul, 1973), p. 4. At this period, and for centuries thereafter, religious differences alone would have been enough to discourage intermarriage, quite aside from other differences. See also Esmond Wright, "Education in the American Colonies: The Impact of Scotland," *Essays in Scotch-Irish*, edited by E. R. R. Green (London: Routledge & Kegan Paul, 1969), pp. 19–20.
364. David Hackett Fischer, *Albion's Seed*, p. 445.
365. Ibid., p. 621.
366. Grady McWhiney, *Cracker Culture: Celtic Ways in the Old South* (Tuscaloosa: University of Alabama Press, 1988), pp. 55–56.
367. M. Perceval-Maxwell, *The Scottish Migration to Ulster in the Reign of James I* (London: Routledge & Kegan Paul, 1973), p. 24.
368. David Hackett Fischer, *Albion's Seed*, pp. 623–624.
369. Ibid., p. 629.
370. Grady McWhiney, *Cracker Culture: Celtic Ways in the Old South* (Tuscaloosa: University of Alabama Press, 1988), pp. xiv–xix; David Hackett Fischer, *Albion's Seed*, pp. 756–758.
371. David Hackett Fischer, *Albion's Seed*, p. 630.
372. Ibid., p. 606.
373. Ibid., pp. 766–767.
374. George Shepperson, "Scotland: The World Perspective," *The Diaspora of the British*, Collected Seminar Papers No. 31, Institute of Commonwealth Studies (London: University of London, 1982), p. 52n.
375. James G. Leyburn, *The Scotch-Irish: A Social History* (Chapel Hill: University of North Carolina Press, 1962), p. 192
376. Rory Fitzpatrick, *God's Frontiersmen: The Scots-Irish Epic* (London: Weidenfeld and Nicolson, 1989), p. 232.
377. David Hackett Fischer, *Albion's Seed*, p. 620.
378. Ibid., p. 152.
379. Ibid, p. 615.
380. Ibid, pp. 642–650. See also Rory Fitzpatrick, pp. 124–144.
381. David Hackett Fischer, *Albion's Seed*, p. 647.
382. Ibid, p. 765.
383. Ibid, pp. 605–606, 613–615, 618–621.
384. Grady McWhiney, *Cracker Culture*, passim.; David Hackett Fischer, pp. 605–782.
385. Arthur M. Schlesinger [Sr.], *Nothing Stands Still: Essays by Arthur M. Schlesinger* (Cambridge, Massachusetts: Harvard University Press, 1969), p. 125.
386. Frederick Law Olmsted, *The Cotton Kingdom* (New York: Modern Library, 1969), p. 305
387. Alexis de Tocqueville, *Democracy in America* (New York: Alfred A. Knopf, 1966), Vol. I, pp. 363–364.
388. Grady McWhiney, *Cracker Culture*, p. 149; David Hacket Fischer, *Albion's Seed*, p. 722.
389. David Hackett Fischer, *Albion's Seed*, pp. 31–34.
390. Esmond Wright, "Education in the American Colonies: The Impact of Scotland," *Essays in Scotch-Irish History* (London: Routledge & Kegan Paul, 1969), p. 25.

391. Ibid., pp. 49, 133–134.
392. Ibid., pp. 90–91.
393. Ibid., pp. 240–246.
394. Ibid., pp. 256–264. Surviving uses of the term "chitterlings" for hog entrails remained highly localized in twentieth-century England. See David Crystal, *The Cambridge Encyclopedia of the English Language* (Cambridge: Cambridge University Press, 1996), p. 319.
395. David Hackett Fisher, *Albion's Seed*, pp. 134–139, 349–354.
396. Ibid., pp. 347–348.
397. Ibid., pp. 89, 298–299.
398. Ibid., pp. 194, 304.
399. Ibid., pp. 303–304.
400. Ibid., pp. 62–68, 151–158, 264–274, 343, 365–368, 374–382; Grady McWhiney, *Cracker Culture: Celtic Ways in the Old South* (Tuscaloosa: University of Alabama Press, 1988), pp. 74, 133–135, 253–258.
401. Ibid., p. 307.
402. Ibid., p. 684.
403. William H. Harris and Judith S. Levey, editors, *The New Columbia Encyclopedia* (New York: Columbia University Press, 1975), p. 370.
404. L. C. A. Knowles, *The Industrial and Commercial Revolutions in Britain during the Nineteenth Century*, p. 328.
405. Lance E. Davis and Robert A. Huttenback, *Mammon and the Pursuit of Empire: The Political Economy of British Imperialism, 1860–1912* (Cambridge: Cambridge University Press, 1987), p. 28.
406. Peter Mathias, *The First Industrial Nation*, p. 88.
407. Maurice Ashley, *The People of England*, p. 128.
408. Peter Mathias, *The First Industrial Nation*, p. 300.
409. Aaron L. Friedberg, *The Weary Titan: Britain and the Experience of Relative Decline, 1895–1905* (Princeton: Princeton University Press, 1988), p. 153.
410. Ibid., p. 138
411. L. H. Gann and Peter Duignan, "Reflections on Imperialism and the Scramble for Africa," *Colonialism in Africa, 1870–1960*, edited by L. H. Gann and Peter Duignan, Vol. I: *The History and Politics of Colonialism, 1870–1914* (Cambridge: Cambridge University Press, 1981), pp. 119–121, Charles Pelham Groves, "Missionary and Humanitarian Aspects of Imperialism from 1870 to 1914," ibid., p. 462–496.
412. See, for example, Standish Meacham, *Henry Thornton of Clapham: 1760–1815* (Cambridge, Massachusetts: Harvard University Press, 1964), Chapters V, VI, VII.
413. Lance E. Davis and Robert A. Huttenback, *Mammon and the Pursuit of Empire*, p. 300.
414. Ibid., p. 160.
415. T. C. Smout, *A History of the Scottish People, 1560–1830*, p. 113; L. H. Gann and Peter Duignan, *Burden of Empire: An Appraisal of Western Colonialism in Africa South of the Sahara* (Stanford: Hoover Institution Press, 1967), p. 248.
416. "The New English Empire," *The Economist*, December 20, 1986, p. 127.
417. W. A. Armstrong, "The Countryside," *The Cambridge Social History of Britain 1750–1950*, Vol. 2, p. 123
418. Lance E. Davis and Robert A. Huttenback, *Mammon and the Pursuit of Empire*, p. 14.
419. Letter of May 18, 1795, *The Correspondence of Edmund Burke*, edited by R. B. McDowell (Cambridge: Cambridge University Press, 1969), Volume VIII, pp. 246–247.
420. Lance E. Davis and Robert A. Huttenback, *Mammon and the Pursuit of Empire*, p. 42.
421. David Spring, "Landed Elites Compared," *European Landed Elites in the nineteenth Century*, edited by David Spring (Baltimore: Johns Hopkins University Press, 1977), pp. 13–17.
422. G. M. Trevelyan, *The English Revolution: 1688–1689* (Oxford: Oxford University Press, 1965), p. 89.
423. Ibid., p. 10.
424. Kathleen Mary Butler, *The Economics of Emancipation: Jamaica & Barbados, 1823–1843* (Chapel Hill: University of North Carolina Press, 1995), p. xxvi.
425. Suzanne Miers, *Britain and the Ending of the Slave Trade* (New York: Africana Publishing Co., 1975), p. 9.
426. Robert Conrad, *The Destruction of Brazilian Slavery: 1850–1888* (Berkeley: University of California Press, 1972), p. 23.
427. William Gervase Clarence-Smith, "The Economics of the Indian Ocean and Red Sea Slave Trade in the 19th Century: An Overview," *The Economics of the Indian Ocean Slave Trade in the Nineteenth Century*, edited by William Gervase Clarence-Smith, pp. 1; Marina Carter and Hubert Gerbeau, "Covert Slaves and Coveted Coolies in the Early 19th Century Mascareignes," ibid., pp. 202–203.
428. A. G. Hopkins, *An Economic History of West Africa* (New York: Columbia University Press, 1973), pp. 112–113.
429. Ehud R. Toledano, *The Ottoman Slave Trade and Its Suppression: 1840–1890*, p. 136.
430. Ibid., pp. 135–141.
431. Ibid., p. 127.
432. Ibid., pp. 132–133.
433. Indeed, Churchill himself had grave doubts, expressed privately after his being invested as Prime Minister: "Thompson congratulated him and wished him well in his enormous task. As Churchill replied, tears came into his eyes: 'God alone knows how great it is. I hope that it is not too late. I am very much afraid that it is. We can only do our best.'" Robert Shepherd, *A Class Divided: Appeasement and the Road to Munich, 1938* (London: Macmillan London, Ltd., 1988), p. 294.
434. "Their Finest Hour," June 18, 1940, *Churchill Speaks: Winston S. Churchill in Peace and War, Collected Speeches, 1897–1963* (New York: Chelsea House, 1980), p. 720.
435. Edwin O. Reischauer, *The Japanese*, p. 8.

第三章 非洲

1. Fernand Braudel, *A History of Civilizations*, translated by Richard Mayne (New York: The Penguin Group, 1994), p. 120.
2. John Thornton, *Africa and Africans in the Making of the Atlantic World, 1400–1680* (Cambridge: Cambridge University Press, 1995), pp. 15–16.
3. Janet L. Abu-Lughod, *Before European Hegemony: The World System A.D. 1250–1350* (New York: Oxford University Press, 1989), p. 36.
4. Fernand Braudel, *A History of Civilizations*, p. 124. Likewise, a geographer said: "Enlightenment filtering in here was sadly dimmed as it spread." Ellen Churchill Semple, *Influences of Geographic Environments* (New York: Henry Holt and Co., 1947), p. 392.
5. H. J. de Blij and Peter O. Muller, *Geography: Regions and Concepts* (New York: John Wiley & Sons, Inc., 1992), p. 394.
6. Jocelyn Murray, editor, *Cultural Atlas of Africa* (New York: Facts on File Publications, 1981), p. 70.
7. Ibid., p. 10.
8. William A. Hance, *The Geography of Modern Africa* (New York: Columbia University Press, 1964), p. 4.
9. Margaret Sedeen, editor, *Great Rivers of the World* (Washington: National Geographic Society, 1984), p. 24. See also P. T. Bauer, *West African Trade: A Study of Competition, Oligopoly and Monopoly in a Changing Economy* (Cambridge: Cambridge University Press, 1954), p. 14.
10. Edward A. Alpers, *Ivory and Slaves: Changing Pattern of International Trade in East Central Africa to the Later Nineteenth Century* (Berkeley: University of California Press, 1975), p. 5.
11. Margaret Sedeen, editor, *Great Rivers of the World*, pp. 69–70; Daniel R. Headrick, *The Tools of Empire: Technology and European Imperialism in the Nineteenth Century* (New York: Oxford University Press, 1981), p. 196.
12. See, for example, the map of Africa's navigable rivers in L. Dudley Stamp, *Africa: A Study in Tropical Development* (New York: John Wiley & Sons, 1964), p. 182.
13. J. F. Ade Ajayi and Michael Crowder, editors, *Historical Atlas of Africa* (Essex: Longman Group Ltd., 1985), map facing Section 1.
14. Jocelyn Murray, editor, *Cultural Atlas of Africa*, p. 73.
15. Roy E. H. Mellor and E. Alistair Smith, *Europe: A Geographical Survey of the Continent* (New York: Columbia University Press, 1979), p. 3.
16. Georg Gerster, "River of Sorrow, River of Hope," *National Geographic*, Vol. 148, No. 2 (August 1975), p. 162.
17. R. J. Harrison Church, *West Africa: A Study of the Environment and of Man's Use of It* (London: Longman Group, Ltd., 1974), pp. 16–18.
18. Georg Gerster, "River of Sorrow, River of Hope," *National Geographic*, Vol. 148, No. 2 (August 1975), p. 154.
19. J. M. Prichard, *Landform and Landscape in Africa* (London: Edward Arnold, Ltd., 1979), p. 46.
20. Daniel R. Headrick, *The Tools of Empire: Technology and European Imperialism in the Nineteenth Century* (New York: Oxford University Press, 1981), p. 74.
21. F. J. Pedler, *Economic Geography of West Africa* (London: Longman, Green and Co., 1955), p. 118.
22. See, for example, J. M. Prichard, *Landform and Landscape in Africa*, pp. 46–47.
23. Virginia Thompson and Richard Adloff, *French West Africa* (Stanford: Stanford University Press, 1957), p. 292.
24. Ibid., p. 21.
25. William A. Hance, *The Geography of Modern Africa*, p. 33.

26. Kathleen Baker, "The Changing Geography of West Africa," *The Changing Geography of Africa and the Middle East*, edited by Graham P. Chapman and Kathleen M. Baker (London: Routledge, 1992), p.105.
27. Ibid., p. 499.
28. Virginia Thompson and Richard Adloff, *French West Africa*, p. 305.
29. Edwin O. Reischauer and John Fairbank, *A History of East Asian Civilization*, Volume I, pp. 20–21.
30. Ellen Churchill Semple, *Influences of Geographical Environment* (New York: Henry Holt and Co., 1947), p. 260.
31. H. J. de Blij and Peter O. Mueller, *Geography: Regions and Concepts* (New York: John Wiley & Sons, Inc.), p. 399. See also J. M. Pritchard, *Landform and Landscape in Africa* (London: Edward Arnold, Ltd., 1979), p. 14.
32. H. J. de Blij, *Physical Geography of the Global Environment* (New York: John Wiley & Sons, Inc., 1993), p. 399.
33. J. M. Pritchard, *Landform and Landscape in Africa*, p. 7.
34. Ellen Churchill Semple, *Influences of Geographic Environments* (New York: Henry Holt and Co., 1947), p. 341.
35. John Thornton, *Africa and Africans in the Making of the Atlantic World, 1400–1680* (Cambridge: Cambridge University Press, 1995), p. 18.
36. Lewis H. Gann and Peter Duignan, *Africa and the World: An Introduction to the History of Sub-Saharan Africa from Antiquity to 1840* (San Francisco: Chandler Publishing Company, 1972), pp. 24, 26.
37. Eric Thorbecke, "Causes of African Development Stagnation; Policy Diagnosis and policy Recommendations for a Long-Term Development Strategy," *Whither African Economies?* edited by Jean-Claude Berthélemy (Paris: Organisation for Economic Co-Operation and Development), p. 122.
38. John Thornton, *Africa and Africans in the Making of the Atlantic World, 1400–1680*, p. 19.
39. Ray H. Whitbeck and Olive J. Thomas, *The Geographic Factor: Its Role in Life and Civilization* (Port Washington, N.Y.: Kennikat Press, 1970), p. 167.
40. L. Dudley Stamp, *Africa*, p. 5.
41. William A. Hance, *The Geography of Modern Africa*, p. 4.
42. Georg Gerster, "River of Sorrow, River of Hope," *National Geographic*, Vol. 148, No. 2 (August 1975), p. 162.
43. J. F. Ade Ajayi and Michael Crowder, editors, *Historical Atlas of Africa*, Section 2.
44. Jocelyn Murray, editor, *Cultural Atlas of Africa*, p. 13.
45. Jeffrey Sachs, "Nature, Nurture and Growth," *The Economics*, June 14, 1997, pp. 19, 22.
46. William A. Hance, *The Geography of Modern Africa* (New York: Columbia University Press, 1964), p. 15.
47. Elizabeth Colson, "African Society at the Time of the Scramble," *Colonialism in Africa 1870–1960, Volume I: The History and Politics of Colonialism 1870–1914*, edited by L.H. Gann and Peter Duignan (Cambridge: Cambridge University Press, 1981), p. 41.
48. William A. Hance, *The Geography of Modern Africa*, pp. 4–5.
49. Computed from *The World Almanac and Book of Facts: 1992* (New York: Pharos Book, 1991), pp. 789, 806, 815. Some of the problems with official Tanzanian statistics are discussed in Alexander H. Sarris, "Experiences and Lessons from Research in Tanzania," *Whither African Economies?* edited by Jean-Claude Berthéllemy (Paris: Organisation for Economic Co-Operation and Development, 1995), pp. 99–110.
50. H. J. de Blij and Peter O. Muller, *Geography*, pp. 589–592.
51. J. F. Ade Ajayi and Michael Crowder, editors, *Historical Atlas of Africa*, Section I.
52. John Thornton, *Africa and Africans in the Making of the Atlantic World, 1400–1680*, pp. 104–105.
53. Edward A. Alpers, *Ivory and Slaves*, pp. 2–4.
54. See, for example, A. Sheriff, "Localisation and Social Composition of the East African Slave Trade, 1858–1873," *The Economics of the Indian Ocean Slave Trade*, edited by William Gervase Clarence-Smith, pp. 133–134, 142, 144; Francois Renault, "The Structures of the Slave Trade in Central Africa in the 19th Century," ibid., pp. 146–165; Edward A. Alpers, *Ivory and Slaves*, p. 242.
55. Francois Renault, "The Structures of the Slave Trade in Central Africa in the 19th Century," ibid., p. 148; Edward A. Alpers, *Ivory and Slaves*, pp. 191–193.
56. See, for example, Thomas Sowell, *Race and Culture: A World View* (New York: Basic Books, 1994), Chapter 7.
57. Adam Smith, *An Inquiry into the Nature and Causes of the Wealth of Nations* (New York: The Modern Library, 1937), p. 365.
58. Orlando Patterson, *Slavery and Social Death*, p. 159; Murray Gordon, *Slavery in the Arab World* (New York: New Amsterdam Books, 1989), pp. x–xi; J. O. Hunwick, "Black Slaves in the Mediterranean World: Introduction to a Neglected Aspect of the African Diaspora," *The Human Commodity*, edited by Elizabeth Savage, p. 12; Eva Hoffman and Margot Slade, "Where Labor and Life Are Cheap," *New York Times*, August 30, 1981, Section 4, p. E 7; Bernard D. Nossiter, "U.N. Gets a Report on African Slaves," *New York Times*, August 26, 1981, p. A 11.
59. David Eltis, "Europeans and the Rise and Fall of African Slavery in the Americas: An Interpretation," *American Historical Review*, December 1993, p. 1400.
60. Martin A. Klein, "The Slave Trade in the Western Sudan during the Nineteenth Century," *The Human Commodity*, edited by Elizabeth Savage, pp. 41, 48; Janet J. Ewald, "The Nile Valley System and the Red Sea Slave Trade 1820–1880," *The Economics of the Indian Ocean Slave Trade in the Nineteenth Century*, edited by William Gervase Clarence-Smith, p. 85; Murray Gordon, *Slavery in the Arab World*, pp. 50–53.
61. Martin A. Klein, "The Slave Trade in the Western Sudan during the Nineteenth Century," *The Human Commodity*, edited by Elizabeth Savage, pp. 41, 48; Beverly B. Mack, "Women and Slavery in Nineteenth-Century Hausaland," ibid., p. 102.
62. François Renault, "The Structures of the Slave Trade in Central Africa in the 19th Century," *The Economics of the Indian Ocean Slave Trade*, edited by William Gervase Clarence-Smith, pp. 156, 157.
63. Martin A. Klein, "The Slave Trade in the Western Sudan during the Nineteenth Century," *The Human Commodity*, edited by Elizabeth Savage, pp. 50, 51; E. Ann McDougall, "Salt, Saharans, and the Trans-Saharan Slave Trade: Nineteenth Century Development," ibid., p. 61; Beverly B. Mack, "Women and Slavery in Nineteenth-Century Hausaland," ibid., p. 97.
64. Martin A. Klein, "The Slave Trade in the Western Sudan during the Nineteenth Century," *The Human Commodity*, edited by Elizabeth Savage, p. 38; Beverly B. Mack, "Women and Slavery in Nineteenth-Century Hausaland," ibid., pp. 101, 104. However, slaves were often taken from their immediate locality to reduce the dangers of escape.
65. Patrick Manning, "Contours of Slavery and Social Change in Africa," *American Historical Review*, October 1983, pp. 840, 845.
66. Eric R. Wolf, *Europe and the People Without History* (Berkeley: University of California Press, 1981), p. 204.
67. Ibid., p. 849. See also Edward A. Alpers, *Ivory and Slaves*, pp. 242–243.
68. Patrick Manning, "Contours of Slavery and Social Change in Africa," *American Historical Review*, October 1983, p. 854.
69. Ibid., p. 852.
70. Ibid., p. 844.
71. Ibid., p. 847
72. Ibid., p. 839.
73. Paul E. Lovejoy and Jan S. Hogendorn, "Slave Marketing in West Africa," *The Uncommon Market: Essays in The Economic History of the Atlantic Slave Trade*, edited by Henry A. Gemery and Jan S. Hogendorn (New York: Academic Press, 1979), pp. 218, 220–221.
74. Ibid., p. 217.
75. Harold D. Nelson, et al., *Nigeria: A Country Study* (Washington: U.S. Government Printing Office, 1982), p. 16.
76. Paul E. Lovejoy and Jan S. Hogendorn, "Slave Marketing in West Africa," *The Uncommon Market*, edited by Henry A. Gemery and Jan S. Hogendorn, pp. 221–223, passim.
77. Joseph C. Miller, "Some Aspects of the Commercial Organization of Slaving at Luanda, Angola—1760–1830," ibid., pp. 80–81.
78. Ibid., pp. 80–81. John Thornton, *Africa and Africans in the Making of the Atlantic World, 1400–1680* (Cambridge: Cambridge University Press, 1995), pp 43, 107–112.
79. Ralph A. Austen, "The Trans-Saharan Slave Trade: A Tentative Census," *The Uncommon Market*, edited by Henry A. Gemery and Jan S. Hogendorn, pp. 68–69.
80. See, for example, Philip D. Curtin, "Epidemiology and the Slave Trade," *Political Science Quarterly*, June 1968, pp. 190–216; Beverly B. Mack, "Women and Slavery in Nineteenth-Century Hausaland," *The Human Commodity*, edited by Elizabeth Savage, p. 97; Reginald Coupland, *The Exploitation of East Afrcia 1856–1890: The Slave Trade and the Scramble* (Evanston: Northwestern University Press, 1967), p. 148.
81. Allan G. B. Fisher and Humphrey J. Fisher, *Slavery and Muslim Society in Africa: The Institution in Saharan and Sudanic Africa and the Trans-Saharan Trade* (London: C. Hurst & Co., 1970), pp. 97–148; William Gervase Clarence-Smith, "The Economics of the Indian Ocean and Red Sea Slave Trade in the 19th Century: An Overview," *The Economics of the Indian Ocean Slave Trade in the Nineteenth Century*, edited by William Gervase Clarence-Smith, p. 14; Lewis H. Gann and Peter Duignan, *The Burden of Empire*, p. 154.
82. Patrick Manning, "Contours of Slavery and Social Change in Africa,"

American Historical Review, October 1983, pp. 854–855; T. O. Lloyd, *The British Empire, 1558–1983* (New York: Oxford University Press, 1984), p. 273.
83. Orlando Patterson, *Slavery and Social Death* (Cambridge, Mass: Harvard University Press 1982), p. 159; Murray Gordon, *Slavery in the Arab World* (New York: New Amsterdam Books, 1989), p. xi.
84. Murray Gordon, *Slavery and the Arab World*, p. x. See also Eva Hoffman and Margot Slade "Where Labor and Life are Cheap," *New York Times*, August 30, 1981, Section 4, p. E7; Bernard D. Nossiter, "U.N. Gets A Report on African Slaves," *New York Times*, August 26, 1981, p. A11.
85. Charles Jacob and Mohamed Athie, "Bought and Sold," *New York Times*, July 13, 1994, p. A19.
86. Howard R. French, "Africa's Culture War: Old Customs, New Values," *New York Times*, February 2, 1997, Section 4, p. 1.
87. "Slave Trade in Africa is Highlighted By Arrests," *New York Times*, August 10, 1997, International section, p. 5.
88. A. G. Hopkins, *An Economic History of West Africa*, p. 8; L. H. Gann and Peter Duignan, *Burden of Empire*, p. 120
89. A. G. Hopkins, *An Economic History of West Africa*, pp. 39–42.
90. Ibid., p. 44.
91. Ibid., p. 46.
92. A. G. Hopkins, *An Economic History of West Africa*, p. 48; John Thornton, *Africa and Africans in the Making of the Atlantic World, 1400–1680* (Cambridge: Cambridge University Press, 1995), p. 51.
93. Ibid., p. 30. See also Fernand Braudel, *Civilization and Capitalism: 15th–18th Century*, Vol. III: *The Perspective of the World*, translated by Siân Reynolds, (New York: Harper & Rowm, 1984). p. 441.
94. Scott R. Pearson, J. Dirck Stryker and Charles P. Humphreys, "Introduction," *Rice in West Africa: Policy and Economics*, edited by Scott R. Pearson, et al. (Stanford: Stanford University Press, 1981), p. 1n.
95. Ibid., pp. 62–63.
96. John Thornton, *Africa and Africans in the Making of the Atlantic World, 1400–1680*, pp. 37–39.
97. Ibid., pp. 66–69.
98. Ibid., p. 116.
99. L. H. Gann and Peter Duignan, *The Rulers of British Africa, 1884–1914*, (Stanford: Stanford University Press, 1977), pp. 104–105.
100. T. O. Lloyd, *The British Empire, 1558–1983*, p. 250; William Manchester, *The Last Lion: Visions of Glory 1874–1932*, Volume I (Boston: Little, Brown and Company, 1983), pp. 269, 276, 279.
101. See, for example, T. O. Ranger, "African Reactions to the Imposition of Colonial Rule in East and Central Africa," *Colonialism in Africa 1870–1900*, Volume I, edited by L. H. Gann and Peter Duignan, pp. 293–324.
102. " . . . the casualties and cost of one year of a colonial war were often less than those of one month of a European War . . ." Geoffrey Blainey, *The Cause of War* (New York: The Free Press, 1988), p. 198; T. O. Lloyd, *The British Empire, 1558–1983*, p. 259.
103. Harold D. Nelson, *Nigeria*, p. 26; Lance E. Davis and Robert A. Huttenback, *Mammon and the Pursuit of Empire: The Political Economy of British Imperialism, 1860–1912* (Cambridge: Cambridge University Press, 1987), pp. 6–7, 10, 301–303.
104. "Introduction," *Colonialism in Africa 1870–1960*, edited by Peter Duignan and L. H. Gann, Vol IV: *The Economics of Colonialism* (Cambridge: Cambridge University Press, 1975), p. 11.
105. L. H. Gann and Peter Duignan, "Reflections on Imperialism and the Scramble for Africa," *Colonialism in Africa 1870–1960*, Volume I, edited by L. H. Gann and Peter Duignan, p. 112.
106. Ibid., p. 107.
107. Ibid., p. 107.
108. L. H. Gann, "Economic Development in Germany's African Empire, 1884–1914," *Colonialism in Africa 1870–1960*, Volume IV, edited by Peter Duignan and L. H. Gann, p. 218.
109. L. H. Gann and Peter Duignan, "Reflections on Imperialism and the Scramble for Africa," *Colonialism in Africa 1870–1960*, Volume I, edited by L. H. Gann and Peter Duignan, p. 113.
110. Sir Frederick Pedler, "British Planning and Private Enterprise in Colonial Africa," *Colonialism in Africa 1870–1960*, Volume IV, edited by Peter Duignan and L. H. Gann, p. 95.
111. L. H. Gann, "Economic Development in Germany's African Empire, 1884–1914," ibid., pp. 248–249.
112. Peter Duignan and L. H. Gann, "Economic Achievements of the Colonizers: An Assessment," ibid., p. 679.
113. L. H. Gann, "Economic Development in Germany's African Empire, 1884–1914," ibid., p. 250.
114. Peter Duignan and L. H. Gann, "Economic Achievements of the Colonizers: An Assessment," ibid., p. 682.
115. Ibid., p. 684.
116. L. H. Gann and Peter Duignan, *Burden of Empire*, p. 247.
117. "Introduction," *Colonialism in Africa 1870–1960*, edited by Peter Duignan and L. H. Gann, Volume IV, pp. 10, 20–21, 24; Charles Wilson, "The Economic Role and Mainsprings of Imperialism," ibid., p. 68; Sir Frederick Pedler, "British Planning and Private Enterprise in Colonial Africa," ibid., pp. 102, 120; L. H. Gann, "Economic Development in Germany's African Empire, 1884–1914," ibid., pp. 239–240; Jan S. Hogendorn, "Economic Initiative and African Cash Farming: Pre-Colonial Origins and Early Colonial Developments," ibid., pp. 296–297; Simon E. Katzenellenbogen, "The Miner's Frontier, Transport and General Economic Development," ibid., p. 399.
118. L. H. Gann, "Economic Development in Germany's African Empire, 1884–1914," ibid., p. 239.
119. J. S. Mangat, *A History of the Asians in East Africa c. 1886 to 1945* (Oxford: Oxford University Press, 1969); Albert Hourani and Nadim Shehadi, editors, *The Lebanese in the World* (London: I. B. Tauris & Co., Ltd., 1992), Part Four.
120. J. S. Mangat, *A History of the Asians in East Africa*, p. 10.
121. Richard J. Hammond, "Some Economic Aspects of Portuguese Africa in the Nineteenth and Twentieth Centuries," *Colonialism in Africa*, edited by Peter Duignan and L. H. Gann, p. 262.
122. Robert Cornevin, "The Germans in Africa before 1918," *Colonialism in Africa 1870–1960*, Volume I, edited by L. H. Gann and Peter Duignan, p. 388.
123. Peter Duignan and L. H. Gann, "Economic Achievements of the Colonizers: An Assessment," *Colonialism in Africa 1870–1960*, Volume IV, edited by Peter Duignan and L. H. Gann, p. 694.
124. Harold D. Nelson, *Nigeria*, p. 54; David Lamb, *The Africans* (New York: Random House, 1982), pp. 12, 78.
125. David Lamb, *The Africans*, p. 21.
126. Peter Duignan, "Introduction," *Politics and Government in African States, 1960–1985*, edited by Peter Duignan and Robert H. Jackson (Stanford: Hoover Institution Press, 1986), pp. 13–14.
127. Felicité Awassi Atsimadja, "The Changing Geography of Central Africa," *The Changing Geography of Africa and the Middle East*, edited by Graham P. Chapman and Kathleen M. Baker (London: Routledge, 1992), p. 57.
128. The Economists Intelligence Unit, *Country Report: Uganda, Rwanda, Burundi* (London: TheEconomist Intelligence Unit, 1996), pp. 19, 31.
129. Robert B. Edgerton, *Like Lions They Fought: The Zulu War and the Last Black Empire in South Africa* (New york: The Free Press, 1988), p. 3.
130. David Harrison, *The White Tribe of Africa: South Africa in Perspective* (Berkeley: University of California Press, 1981), pp. 35–40.
131. Despite many estimates placing Nigeria's population at more than 100 million, preliminary results of the November 1991 census, conducted under stringent conditions, show a population of 88.5 million. The Economist Intelligence Unit, *Nigeria: Country Report No. 3, 1992* (London: The Economist Intelligence Unit, 1992), p. 3n. Still, questions remain even about this census, taken with such extraordinary precautions as sealing the country's borders, ordering businesses to shut down for three days, and ordering people to stay home during those three days. Kenneth B. Noble, "Census in Nigeria Halts Normal Life," *New York Times*, November 29, 1991, p. A7. See also Kenneth B. Noble, "Nigeria Reveals Census' Total, 88.5 Million, and Little More," *New York Times*, March 25, 1992, p. A12; Kenneth B. Noble, "After Nigeria's Census, Skeptic Count is High," *New York Times*, June 4, 1992, p. A13.
132. Harold D. Nelson, *Nigeria*, pp. x, xiii, 84–85.
133. Ibid., p. 3.
134. A. G. Hopkins, *An Economic History of West Africa*, p. 44.
135. Ibid., pp. 19–20.
136. L. H. Gann and Peter Duignan, *Burden of Empire*, p. 156.
137. John E. Flint, "Nigeria: The Colonial Experience from 1880–1914," *Colonialism in Africa 1870–1960*, Volume I, edited by L. H. Gann and Peter Duignan, p. 221.
138. James S. Coleman, *Nigeria*, p. 94.
139. Ibid., p. 3.
140. Larry Diamond, *Class, Ethnicity and Democracy in Nigeria: The Failure of the First Republic* (Syracuse: Syracuse University Press, 1988), p. 22.
141. James Coleman, *Nigeria*, p. 66.
142. Ibid., p. 67.
143. Ibid., pp. 68–70.
144. Ibid., p. 66.
145. Ibid., p. 135.
146. Ibid., p. 134.

147. Ibid., p. 139.
148. Okwudiba Nnoli, *Ethnic Politics in Nigeria* (Enugu, Nigeria: Fourth Dimension Publishers, 1978), p. 189.
149. A. Bamisaiye, "Ethnic Politics as an Instrument of Unequal Social-Political Development in Nigeria's First Republic," *African Notes*, Volume 6, No. 2 (1970–1971), pp. 102–103.
150. James S. Coleman, *Nigeria*, p. 142.
151. Donald L. Horowitz, *Ethnic Groups in Conflict* (Berkeley: University of California Press, 1985), pp. 448, 451.
152. Northern Nigeria, *Statistical Yearbook 1965* (Kaduna: Ministry of Economic Planning, 1965), pp. 40–41.
153. Robert Nelson and Howard Wolpe, *Nigeria: Modernization and Politics of Communalism* (East Lansing: Michigan State University, 1971), p. 127.
154. Bernard Nkemdirim, "Social Change and the Genesis of Conflict in Nigeria," *Civilizations*, Vol. 25, Nos. 1–2 (1975), p. 94; Okwudiba Nnoli, *Ethnic Politics in Nigeria*, p. 64.
155. Okwudiba Nnoli, *Ethnic Politics in Nigeria*, pp. 59, 220.
156. Larry Diamond, *Class, Ethnicity and Democracy in Nigeria*, p. 26.
157. Martin Kilson, "The Emergent Elites of Black Africa, 1900 to 1960," *Colonialism in Africa 1870–1960*, Volume II: *The History and Politics of Colonialism 1914–1960*, edited by L. H. Gann and Peter Duignan (Cambridge: Cambridge University Press, 1982), p. 364.
158. John E. Flint, "Nigeria: The Colonial Experience from 1880 to 1914," *Colonialism in Africa 1870–1960*, Volume I, edited by L. H. Gann and Peter Duignan, p. 222.
159. Ibid., pp. 222n, 224.
160. James S. Coleman, *Nigeria*, Chapter 6.
161. John E. Flint, "Nigeria: The Colonial Experience from 1880 to 1914," *Colonialism in Africa 1870–1960*, Volume I, edited by L. H. Gann and Peter Duignan, p. 241.
162. Ibid., p. 245.
163. James S. Coleman, *Nigeria*, pp. 335–339.
164. Ibid., pp. 339, 344–346.
165. Ibid., pp. 341–343, 346–347; Okwudiba Nnoli, *Ethnic Politics in Nigeria*, pp. 230–233.
166. James S. Coleman, *Nigeria*, p. 360.
167. Larry Diamond, *Class, Ethnicity and Democracy in Nigeria*, p. 50.
168. Harold D. Nelson, *Nigeria*, p. 50.
169. David Lamb, *The Africans*, p. 308.
170. Ibid., p. 309.
171. Harold D. Nelson, *Nigeria*, pp. 53–60.
172. David Lamb, *The Africans*, p. 309.
173. Ibid., p. 311.
174. John A. A. Ayoade, "Ethnic Management in the 1979 Nigerian Constitution," *Canadian Review of Studies in Nationalism*, Spring 1987, p. 140.
175. Larry Diamond, *Class, Ethnicity and Democracy in Nigeria*, p. 178.
176. A. Bamisaiye, "Ethnic Politics as an Instrument of Unequal Socio-Economic Development in Nigeria's First Republic," *African Notes* (Nigeria), Vol. 6, No. 2, 1970–71, p. 99.
177. Larry Diamond, "Class, Ethnicity, and the Democratic State: Nigeria, 1950–66," *Comparative Studies in Social History*, July 1983, p. 462.
178. Ibid., pp. 462, 466.
179. Jon Kraus, "Economic Adjustment and Regime Creation in Nigeria," *Current History*, May 1989, p. 234.
180. "Nigeria: A Time of Pride and Pessimism," *The Economist*, January 7, 1989, p. 38.
181. Jon Kraus, "Economic Adjustment and Regime Creation in Nigeria," *Current History*, May 1989, pp. 233, 234, 236.
182. Steve Mufson, "African Maverick: Nigeria's Economic Ills Prod It Into Lead Role in OPEC Price Cutting," *Wall Street Journal*, March 16, 1983, pp. 1, 20.
183. "Nigeria: A Time of Pride and Pessimism," *The Economist*, January 7, 1989, p. 38.
184. The Economist Intelligence Unit, *Nigeria: Country Report No. 3, 1992*, p. 3.
185. The Economist Intelligence Unit, *Country Report: Nigeria*, 4th quarter 1996, pp. 5, 17.
186. David Lamb, *The Africans*, p. 312.
187. The Economist Intelligence Unit, *Country Report: Nigeria*, 4th quarter, 1996 (London: The Economist Intelligence Unit, 1996), pp. 10–11.
188. Barbara Crossette, "Survey Ranks Nigeria as Most Corrupt Nation," *New York Times*, August 3, 1997, International Section, p. 3.
189. Irving Kaplan, et al., *Tanzania: A Country Study* (Washington, D.C.: The American University, 1978), p. 147.
190. L. H. Gann and Peter Duignan, *The Rulers of German Africa 1884–1914* (Stanford: Stanford University Press, 1977), p. 12. See also Edward A. Alpers, *Ivory and Slaves*, p. 4.

191. Irving Kaplan, *Tanzania*, p. 193.
192. Ibid., p. 140.
193. Harvery Glickman, "Tanzania: From Disillusionment to Guarded Optimism," *Current History*, May 1997, p. 218.
194. Irving Kaplan, *Tanzania*, p. 153.
195. Ibid., pp. 158–159.
196. Robert Cornevin, "The Germans in Africa before 1918," *Colonialism in Africa 1870–1960*, Volume I, edited by L. H. Gann and Peter Duignan, pp. 407–408, 409.
197. Andrew Coulson, *Tanzania: A Political Economy* (Oxford: Oxford University Press, 1982), pp. 10–11.
198. Ibid., p. 17.
199. Ibid., p. 24.
200. Edward A. Alpers, *Ivory and Slaves*, p. 122.
201. Irving Kaplan, *Tanzania*, pp. 17–18.
202. Ibid., p. 19.
203. Andrew Coulson, *Tanzania*, pp. 17–18.
204. Robert Cornevin, "The Germans in Africa before 1918," *Colonialism in Africa 1870–1960*, Volume I, edited by L. H. Gann and Peter Duignan, pp. 405–407.
205. Irving Kaplan, *Tanzania*, p. 39.
206. Ibid., p. 37.
207. Ibid., p. 38.
208. Robert Cornevin, "The Germans in Africa before 1918," *Colonialism in Africa 1870–1960*, Volume I, edited by L. H. Gann and Peter Duignan, pp. 405, 406–407.
209. David Lamb, *The Africans*, p. 103.
210. Robert Cornevin, "The Germans in Africa before 1918," *Colonialism in Africa 1870–1960*, Volume I, edited by L. H. Gann and Peter Duignan, p. 406.
211. J. S. Mangat, *A History of Asians in East Africa, 1886–1945* (Oxford: The Clarendon Press, 1969), p. xv.
212. Ibid., pp. 7–11.
213. Ibid., pp. 27–29.
214. Ibid., pp. 30–31, 46–47.
215. L. H. Gann and Peter Duignan, *Burden of Empire*, p. 160.
216. Irving Kaplan, et al., *Tanzania*, pp. 32–33, 42.
217. Murray Gordon, *Slavery in the Arab World*, pp. 182–207; R. W. Beachey, *The Slave Trade of Eastern African*, pp. 47–48, 55, 57, 60–64.
218. Irving Kaplan, et al., *Tanzania*, p. 40.
219. Ibid., p. 45.
220. Ibid., p. 45.
221. Andrew Coulson, *Tanzania*, pp. 26–32.
222. L. H. Gann and Peter Duignan, *The Rulers of British Africa, 1870–1914*, p. 149.
223. Gerald M. Meier, "External Trade and Internal Development," *Colonialism in Africa 1870–1960*, Volume IV, edited by Peter Duignan and L. H. Gann, p. 442.
224. Andrew Coulson, *Tanzania*, p. 44.
225. Ibid., p. 56.
226. Ibid., p. 47.
227. Ibid., p. 49.
228. Ibid., pp. 50–55.
229. Irving Kaplan, *Tanzania*, p. 55.
230. Ibid., p. 150.
231. Ibid., p. 200.
232. Ibid., p. 168.
233. Thomas Sowell, *The Economics and Politics of Race: An International Perspective* (New York: William Morrow & Co., Inc., 1983), p. 240.
234. David Lamb, *The Africans*, p. 69.
235. Thomas Sowell, *The Economics and Politics of Race*, p. 240.
236. David Lamb, *The Africans*, p. 67.
237. Ken Adelman "The Great Black Hope," *Harper's Magazine*, July 1981, p. 16.
238. David Lamb, *The Africans*, p. 67.
239. Ibid., p. 65.
240. Michael F. Lofchie, "The Roots of Economic Crisis in Tanzania," *Current History*, April 1985, pp. 159–160.
241. Harvey Glickman, "Tanzania: From Disillusionment to Guarded Optimism," *Current History*, May 1997, p. 219.
242. Michael F. Lofchie, "Tanzania's Economic Recovery," *Current History*, May 1988, p. 209.
243. The Economist Intelligence Unit, *Tanzania, Mozambique: Country Report No. 2, 1991*, pp. 3, 6.
244. Harvey Glickman, "Tanzania: From Disillusionment to Guarded Optimism," *Current History*, May 1957, p. 218.
245. The Economist Intelligence Unite, *Country Report: Tanzania, Comoros*, 2nd quarter, 1997 (London: The Economist Intelligence Unit, 1997), p. 11.

246. Ibid., p. 12.
247. Ibid., p. 10.
248. See ibid., pp. 5, 17
249. *The World Almanac and Book of Facts 1989* (New York: World Almanac, 1989), p. 678; Central Intelligence Agency, *The World Factbook 1995* (Washington: Central Intelligence Agency, 1995), p. 162.
250. Irving Kaplan, et al., *Area Handbook for Ghana* (Washington: U.S. Government Printing Office, 1971), p. 34.
251. Ibid., p. 9.
252. Ibid., p. 34.
253. Ibid., p. 12.
254. David Lamb, *Africans*, pp. 284, 285.
255. Irving Kaplan, et al., *Area Handbook for Ghana*, p. 87.
256. Ibid., p. 51.
257. Ibid., pp. 56–57.
258. Ibid., pp. 58–59.
259. David E. Apter, *Ghana in Transition* (Princeton: Princeton University Press, 1972), p. 40.
260. Gerald M. Meier, "External Trade and Internal Development," *Colonialism in Africa 1870–1960*, Volume IV, edited by Peter Duignan and L. H. Gann, p. 443.
261. Irving Kaplan, et al., *Area Handbook for Ghana*, p. 291.
262. L. H. Gann and Peter Duignan, editors, *Colonialism in Africa 1870–1960*, Volume II, p. 16.
263. Martin Kilson, "The Emergent Élites of Black Africa, 1900 to 1960," *Colonialism in Africa 1870–1960*, Volume II, edited by Peter Duignan and L. H. Gann, p. 351.
264. Ibid., p. 354.
265. Irving Kaplan, et al., *Area Handbook for Ghana*, pp. 291, 300.
266. Gerald M. Meier, "External Trade and Internal Development," *Colonialism in Africa 1870–1960*, Volume VI, edited by L. H. Gann and Peter Duignan, pp. 444–445.
267. Martin Kilson, "The Emergent Élites of Black Africa, 1900 to 1960," *Colonialism in Africa 1870–1960*, Volume II, edited by L. H. Gann and Peter Duignan, p. 380.
268. Irving Kaplan, et al., *Area Handbook for Ghana*, pp. 70–71.
269. Martin Kilson, "The Emergent Élites of Black Africa, 1900 to 1960," *Colonialism in Africa 1870–1960*, Volume II, edited by L. H. Gann and Peter Duignan, p. 387.
270. Irving Kaplan, et al., *Area Handbook for Ghana*, p. 291.
271. David Lamb, *The Africans*, p. 286.
272. David Lamb, *The Africans*, p. 286.
273. Irving Kaplan, et al., *Area Handbook for Ghana*, p. 32.
274. Irving Kaplan, et al., *Area Handbook for Ghana*, p. 269.
275. David Lamb, *The Africans*, pp. 284–285.
276. Robin W. L. Alpine and James Pickett, *Agriculture, Liberalisation and Economic Growth in Ghana and Côte D'Ivoire: 1960–1990* (Paris: Development Centre for Economc Co-Operation and Development, 1993), p. 63.
277. Robin W. L. Alpine and James Pickett, *Agriculture, Liberalisation and Economic Growth in Ghana and Côte D'Ivoire: 1960–1990* (Paris: Development Centre for Economc Co-Operation and Development, 1993), pp. 14, 15.
278. David Lamb, *The Africans*, pp. 284–287.
279. Ibid., p. 288.
280. June Kronholz, "Dark Continent: Ghana's Economic Skid Illustrates Bleak Spiral of Poverty in Africa," *Wall Street Journal*, January 4, 1982, p. 21.
281. Ibid., p. 21.
282. Steve Mufson, "End of a Dream: Once the Showpiece of Black Africa, Ghana Now is Near Collapse," *Wall Street Journal*, March 28, 1983, p. 19.
283. Robin W. L. Alpine and James Pickett, *Agriculture, Liberalisation and Economic Growth in Ghana and Côte D'Ivoire: 1960–1990* (Paris: Development Centre for Economc Co-Operation and Development, 1993), p. 17.
284. Robin W. L. Alpine and James Pickett, *Agriculture, Liberalisation and Economic Growth in Ghana and Côte D'Ivoire: 1960–1990* (Paris: Development Centre for Economc Co-Operation and Development, 1993), p. 82.
285. James Brooke, "Ghana, Once 'Hopeless,' Gets at Least the Look of Success," *New York Times*, January 3, 1989, p. A8.
286. Ibid., pp. A1, A8.
287. Ibid., pp. A1, A8.
288. The Economist Intelligence Unit, *Ghana, Sierra Leone, Liberia: Country Report No. 2, 1992* (London: The Economist Intelligence Unit, 1992), pp. 3, 8; The Economist Intelligence Unit, *Country Report: Ghana, 2nd quarter 1996* (London: The Economist Intelligence Unit, 1996), p. 3.
289. The Economist Intelligence Unit, *Côte d'Ivoire: Country Report No. 2, 1992* (London: The Economist Intelligence Unit, 1996), p. 3.
290. Robert E. Handloff, editor, *Côte d'Ivoire: A Country Study*, 3rd edition (Washington: U.S. Government Printing Office, 1991), pp. xvi, 48–51.
291. Hubert Deschamps, "France in Black Africa and Madagascar between 1920 and 1945," *Colonialism in Africa*, Vol. II: *The History and Politics of Colonialism: 1914–1960*, edited by L. H. Gann and Peter Duignan (Cambridge: Cambridge University Press, 1982), p. 240.
292. Hubert Deschamps, "France in Black Africa and Madagascar between 1920 and 1945," *Colonialism in Africa 1870–1960*, Volume II, edited by L. H. Gann and Peter Duignan, p. 239; Michael Crowder, "The White Chiefs of Tropical Africa," *ibid.*, p. 346; T. D. Roberts, et al., *Area Handbook for Ivory Coast*, p. 18.
293. Hubert Deschamps, "France in Black Africa and Madagascar between 1920 and 1945," *Colonialism in Africa 1870–1960*, Volume II, edited by L. H. Gann and Peter Duignan, p. 226.
294. Kathleen Baker, "The Changing Geography of West Africa," *The Changing Geography of Africa and the Middle East*, edited by Graham P. Chapman and Kathleen M. Baker (London: Routledge, 1992), p. 107.
295. T. D. Roberts, et al., *Area Handbook for Ivory Coast*, pp. 30–34, passim.
296. Robert E. Handloff, "Introduction," *Côte d'Ivoire: A Country Study*, 3rd edition, edited by Robert E. Handloff (Washington: U.S. Government Printing Office, 1991), p. xxv; Rachel Warner, "Historical Setting," ibid., 5, 6.
297. Ibid., pp. xvi, 64.
298. David Lamb, *The Africans*, p. 213.
299. T. D. Roberts, et al., *Area Handbook for Ivory Coast*, pp. 19–20.
300. David Lamb, *The Africans*, p. 217.
301. Charles P. Humphrey and Patricia L. Rader, "Rice Policy in the Ivory Coast," *Rice in West Africa*, edited by Scott R. Pearson, et al., p. 32.
302. June Kronholz, "Stay On: France's Role in Africa, The Colonial Master Who Didn't Go Home," *Wall Street Journal*, July 22, 1981, p. 26.
303. Arnold C. Harberger, "Introduction," Michelle Riboud, *The Ivory Coast: 1960–1985* (San Francisco: International Center for Economic Growth, 1987), p. v; David Lamb, *The Africans*, pp. 214–215.
304. Robin W. L. Alpine and James Pickett, *Agriculture, Liberalisation and Economic Growth in Ghana and Côte D'Ivoire: 1960–1990* (Paris: Development Centre for Economc Co-Operation and Development, 1993), pp. 65, 67.
305. June Kronholz, "Stay On: France's Role in Africa," *Wall Street Journal*, July 22, 1981, p. 18.
306. See, for example, Roger Thurow, "Ivory Coast Reliance on Commodities Topples It from Role-Model Pedestal," *Wall Street Journal*, May 9, 1989, p. A18; James Brooke, "Historian Tries to Fight Longtime African Ruler," *New York Times*, February 27, 1989, p. A6.
307. Michelle Riboud, *The Ivory Coast: 1960–1985*, p. 1.
308. James Brooke, "Historian Tries to Fight Longtime African Ruler," *New York Times*, February 27, 1989, p. A6.
309. Charles P. Humphrey and Patricia L. Rader, "Rice Policy in the Ivory Coast," *Rice in West Africa*, edited by Scott R. Pearson, et al., p. 15.
310. Martin Kilson, "The Emergent Élites of Black Africa, 1900–1960," *Colonialism in Africa 1870–1960*, Volume II, edited by L. H. Gann and Peter Duignan, p. 389.
311. Ibid., pp. 392, 393.
312. Robin W. L. Alpine and James Pickett, *Agriculture, Liberalisation and Economic Growth in Ghana and Côte D'Ivoire: 1960–1990*, p. 16.
313. Ibid., p. 117.
314. Charles P. Humphrey and Patricia L. Rader, "Rice Policy in the Ivory Coast," *Rice in West Africa*, edited by Scott R. Pearson, et al., pp. 33–38, 40–41, 43, 53.
315. The Economist Intelligence Unit, *Côte d'Ivoire: Country Report No. 2, 1992*, p. 3.
316. Howard W. French, "Ivory Coast Markets Its Aspirations," *New York Times*, July 9, 1996, p. A4.
317. The Economist Intelligence Unit, *Côte d'Ivoire, Mali*, 3rd Quarter 1996 (London: Economist Intelligence Unit, 1996), p. 3.
318. Howard W. French, "An African Nation's Democracy Takes a Detour," *New York Times*, October 13, 1995, p. A8. See also "What's News," *Wall Street Journal*, October 24, 1995, p. A1.
319. The Economist Intelligence Unit, *Côte d'Ivoire*, 3rd quarter, 1996, p. 4.

320. Ralph A. Austen, "The Trans-Saharan Slave Trade: A Tentative Census," *The Uncommon Market: Essays in the Economic History of the Slave Trade*, edited by Henry A. Gemery and Jan S. Hogendom (New York: Academic Press, 1979), pp. 68–69.
321. Jocelyn Murray, editor, *Cultural Atlas of Africa*, p. 70; Bernard Lewis, *Race and Slavery in the Middle East* (New York: Oxford University Press, 1990), pp. 10, 84.
322. Bernard Lewis, *Race and Slavery in the Middle East*, p. 10.
323. See ibid., pp. 10, 56, 59, 65, 74.
324. Ibid., p. 84.
325. Ibid., p. 59.
326. See *ibid.*, pp. 72, 79.
327. Ibid., pp. 79–80.
328. Ibid., pp. 79, 82.
329. Charles Jacobs and Mohamed Athic, "Bought and Sold," *New York Times*, July 13, 1994, p. A19.
330. Roger Anstey, "The Volume and Profitability of the British Slave Trade, 1761–1807," *Race and Slavery in the Western Hemisphere: Quantitative Studies*, edited by Stanley L. Engerman and Eugene Genovese (Princeton: Princeton University Press, 1975), pp. 3, 10.
331. E. W. Bovill, *The Golden Trade of the Moors* (London: Oxford University Press, 1968), pp. 245–246.
332. Ehud R. Toledano, *The Ottoman Slave Trade and Its Suppression*, p. 109.
333. Bernard Lewis, *Race and Slavery in the Middle East*, p. 73.
334. Adbullahi Mahadi, "The Aftermath of the Jihad in the Central Sudan as a Major Factor in the Volume of the Trans-Saharan Slave Trade in the Nineteenth Century," *The Human Commodity: Perspectives on the Trans-Saharan Slave Trade*, edited by Elizabeth Savage (London: Frank Cass & Co., Ltd., 1992), p. 125.
335. Ibid., p. 83.
336. Ehud R. Toledano, *The Ottoman Slave Trade and Its Suppression: 1840–1890*, pp. 4, 29.
337. R. W. Beachey, *The Slave Trade of Eastern Africa*, p. 128.
338. Reginald Beachey, *The Exploitation of East Africa 1856–1890: The Slave Trade and the Scramble* (Northwestern University Press, 1967), p. 140; Allan G. B. Fisher and Humphrey J. Fisher, *Slavery and Muslim Society in Africa* (London: C. Hurst & Co., 1970), p. 77; Beverly B. Mack, "Women and Slavery in Nineteenth-Century Hausaland," *The Human Commodity*, edited by Elizabeth Savage, p. 97.
339. Ibid., p. 139.
340. Ehud R. Toledano, *The Ottoman Slave Trade and Its Suppression*, pp. 64–67. See also Murray Gordon, *Slavery and the Arab World*, pp. 98–99.
341. E. W. Bovill, *The Golden Trade of the Moors*, p. 246; Murray Gordon, *Slavery and the Arab World*, pp. 95–96; J. O. Hunwick, "Black Africans in the Mediterranean World: Introduction to a Neglected Aspect of the African Diaspora," *The Human Commodity: Perspectives on the Trans-Saharan Slave Trade*, edited by Elizabeth Savage (London: Frank Cass & Co., Ltd., 1992), pp. 21–22.
342. Murray Gordon, *Slavery and the Arab World*, pp. 94–95; William Gervase Clarence-Smith, "The Economics of the Indian Ocean and Red Sea Slave Trades in the 19th Century: An Overview," *The Economics of the Indian Ocean Slave Trade in the Nineteenth Century*, edited by William Gervase Clarence-Smith, p. 6; R. W. Beachey, *The Slave Trade of Eastern Africa*, pp. 170–174.
343. Reginald Coupland, *Exploitation of East Africa*, pp. 139–140.
344. R. W. Beachey, *The Slave Trade of Eastern Africa*, p. 123.
345. Ehud R. Toledano, *The Ottoman Slave Trade and Its Suppression*, pp. 51–52.
346. Ibid., pp. 51–53.
347. R. Coupland, *East Africa and Its Invaders*, p. 143.
348. Ibid., pp. 205–213.
349. A. Sheriff, "Localisation and Social Composition of the East African Slave Trade, 1858–1873," *The Economics of the Indian Ocean Slave Trade in the Nineteenth*, edited by William Gervase Clarence-Smith, p. 133.
350. William Gervase Clarence-Smith, "The Economics of the Indian Ocean and Read Sea Slave Trades in the 19th Century," ibid., p. 8; Thomas M. Ricks, "Slaves and Slave Traders in the Persian Gulf, 18th and 19th Centuries: An Assessment," ibid., p. 64.
351. William Gervase Clarence-Smith, "The Economics of the Indian Ocean and Read Sea Slave Trades in the 19th Century," ibid., p. 8; Thomas M. Ricks, "Slaves and Slave Traders in the Persian gulf, 18th and 19th Centuries: An Assessment," ibid., p. 65.
352. Timothy Fernyhough, "Slavery and Slave Trade in Southern Ethiopia in the 19th Century," ibid., p. 106.
353. Frederick Cooper, *Plantation Slavery on the East Coast of Africa*, p. 71.
354. See, for example, Lord Kinross, *The Ottoman Centuries*, p. 146; Bernard Lewis, *Race and Slavery in the Middle East*, p. 59.
355. Bernard Lewis, *Race and Slavery in the Middle East*, p. vi.
356. David Eltis, "Free and Coerced Transatlantic Migrations: Some Comparisons," *The American Historical Review*, April 1983, p. 278.
357. Ibid., pp. 254–255.
358. Ibid., p. 278.
359. Ibid., p. 252.
360. Ibid., p. 256.
361. See, for example, David Hackett Fischer, *Albion's Seed: Four British Folkways in America* (New York: Oxford University Press, 1989), pp. 31, 236–237, 438, 606, 621–622; Robert C. Ostergren, "Prairie Bound: Migration Patterns to a Swedish Settlement on the Dakota Frontier," *Ethnicity on the Great Plains*, edited by Frederick Luebke (Lincoln: University of Nebraska Press, 1980), pp. 84–80; Moses Rischin, *The Promised City: New York's Jews, 1870–1914* (Cambridge, Massachusetts: Harvard University Press, 1962), pp. 76, 78; Dino Cinel, *From Italy to San Francisco: The Immigrant Experience* (Stanford: Stanford University Press, 1982), p. 28. Such localization of origins and destinations have not, of course, been limited to Europeans or to people settling in the Western Hemisphere. See Thomas Sowell, *Migrations and Cultures: A World View* (New York: Basic Books, 1996), pp. 4–8.
362. John Thornton, *Africa and Africans in the Making of the Atlantic World, 1400–1680*, Chapter 7.
363. Robert William Fogel and Stanley L. Engerman, *Time on the Cross: The Economics of American Negro Slavery* (Boston: Little, Brown and Company, 1974), pp. 23–24.
364. Ibid., pp. 25–26; Richard B. Sheridan, "Mortality and Medical Treatment of Slaves in the British West Indies," *Race and Slavery in the Western Hemisphere*, edited by Stanley L. Engerman and Eugene D. Genovese, p. 286.
365. Thomas Sowell, "Three Black Histories," *Essays and Data on American Ethnic Groups*, edited by Thomas Sowell and Lynn D. Collins, p. 24.
366. A. J. R. Russell-Wood, "Colonial Brazil," *Neither Slave Nor Free: The Freedom of African Descent in the Slave Societies of the New World*, edited by David W. Cohen and Jack P. Greene (Baltimore: The John Hopkins University Press, 1972), p. 127.
367. John Thornton, *Africa and Africans in the Making of the Atlantic World, 1400–1680*, pp. 223–229.
368. David Eltis, "Free and Coerced Transatlantic Migrations: Some Comparisons," *The American Historical Review*, April 1983, p. 262.
369. When Frederick Law Olmsted noticed the racial division of labor that left the Irish doing the most dangerous work on a river boat in Alabama, he was told: "The niggers are worth too much to be risked here; if the Paddies are knocked overboard, or get their backs broke, nobody loses anything!" Frederick Law Olmsted, *The Cotton Kingdom: A Traveller's Observations on Cotton and Slavery in the American Slave States* (New York: The Modern Library, 1969), p. 215. See also ibid., p. 70; U. B. Phillips, *Life and Labor in the Old South* (Boston: Little, Brown and Co., 1953), p. 186; U. B. Phillips, *American Negro Slavery*, pp. 301–302; J. C. Furnas, *The Americans: A Social History of the United States, 1857–1914* (New York: G. P. Putnam's Sons, 1969), p. 394; Daniel Boorstin, *The Americans* (New York: Random House, 1965), p. 101.
370. Ulrich B. Phillips, *American Negro Slavery: A Survey of the Supply, Employment and Control of Negro Labor as Determined by the Plantation Regime* (Baton Rouge: Louisiana State University Press, 1966), p. 62; Robert William Fogel and Stanley L. Engerman, *Time on the Cross: The Economics of American Negro Slavery* (Boston: Little, Brown and Company, 1974), p. 123.
371. Richard B. Sheridan, "Mortality and the Medical Treatment of Slaves in the British West Indies," *Race and Slavery in the Western Hemisphere*, edited by Stanley L. Engerman and Eugene D. Genovese, p. 287; Thomas Sowell, *The Economics and Politics of Race: An International Perspective* (New York: William Morrow, 1983), p. 95.
372. Thomas Sowell, *The Economics and Politics of Race*, p. 95.
373. Gwendolyn Midlo Hall, *Social Control in Plantation Societies: A Comparison of St. Domingue and Cuba* (Baltimore: Johns Hopkins Press, 1971), pp. 13–14.
374. Frederick P. Bowser, "The Free Person of Color in Mexico City and Lima: Manumission and Opportunity, 1580–1650," *Race and Slavery in the Western Hemisphere*, edited by Stanley L. Engerman and Eugene D. Genovese, p. 339; Frank Tannenbaum, *Slave and Citizen* (New York: Vintage Books, 1946), passim.
375. Treatment of slaves was at least as bad in Latin America as in the United States, which had no such elaborate legal protections. See, for example, Carl N. Degler, *Either Black Nor White* (New York: MacMillan Publishing Co., 1971), pp. 67–75; Gwendolyn Midlo Hall, *Social Control in Slave Plantation Societies*, pp. 15–20; Stan-

375. ley M. Elkins, *Slavery* (Chicago: University of Chicago Press, 1969), pp. 51n, 78; Ulrich B. Phillips, *American Negro Slavery*, p. 52; Lewis C. Gray, *History of Agriculture in the Southern United States* Vol. 2 (Washington, D.C.: Carnegie Institution of Washington, 1933), p. 519; David Lowenthal, "Race and Color in the West Indies," *Daedalus*, Spring 1967, pp. 610–611. See also David Brion David, *The Problem of Slavery in Western Culture* (Ithaca, N.Y.: Cornell University Press, 1960), Chapter 8.
376. Richard B. Sheridan, "Mortality and Medical Treatment of Slaves in the British West Indies," *Race and Slavery in the Western Hemisphere*, edited by Stanley L. Engerman and Eugene D. Genovese, p. 286.
377. Willard B. Gatewood, *Aristocrats of Color: The Black Elite, 1880–1920* (Bloomington: Indiana University Press, 1990), p. 83; Ira Berlin, Ira Berlin, *Slaves without Masters*, pp. 124, 386; David C. Rankin, "The Impact of the Civil War on the Free Colored Community of New Orleans," *Perspectives in American History*, Vol XI (1977–78), pp. 380, 385.
378. David C. Rankin, "The Impact of the Civil War on the Free Colored Community of New Orleans," *Perspectives in American History*, Vol. XI (1977–78), pp. 385, 387.
379. David Lowenthal, *West Indian Societies*, p. 46; Eugene D. Genovese, "The Slave States of North America," *Neither Slave Nor Free*, edited by David W. Cohen and Jack P. Greene, p. 270; Philip D. Morgan, "Black Life in Eighteenth-Century Charleston," *Perspectives in American History*, New Series, Vol. I (1984), p. 212. On slave-owning by free black Charlestonians in general, see Bernard E. Powers, Jr., *Black Charlestonians: A Social History, 1822–1885* (Fayetteville: University of Arkansas Press, 1994), pp. 48–50, 72. One sign of the prosperity of some "free persons of color" in Charleston was that 75 whites there rented homes from them. Ira Berlin, *Slaves Without Masters: The Free Negro in the Antebellum South* (New York: Pantheon Books, 1974), p. 344.
380. Douglas Hall, "Jamaica," *Neither Slave Nor Free*, edited by David W. Cohen and Jack P. Greene, p. 194.
381. Jerome S. Handler and Arnold A. Sio, "Barbados," ibid., p. 220.
382. Frederick P. Bower, "Colonial Spanish America," ibid., pp. 36–37.
383. Franklin W. Knight, "Cuba," ibid., p. 284.
384. Herbert S. Klein, "Nineteenth-Century Brazil," ibid., pp. 313–314.
385. Léo Elisabeth, "The French Antilles," ibid., pp. 150, 151; Gwendolyn Midlo Hall, "Saint Domingue," ibid., p. 188.
386. Richard C. Wade, *Slavery in the Cities: The South 1820–1860* (Oxford: Oxford University Press, 1964), pp. 38–54; Lewis C. Gray, *History of Agriculture in the Southern United States to 1860* (Washington: Carnegie Institution of Washington, 1933), Vol. I, pp. 566–567; Philip D. Morgan, "Black Life in Eighteenth-Century Charleston," *Perspectives in American History*, New Series, Vol. 1 (1984), pp. 187–232; John Thornton, *Africa and Africans in the Making of the Atlantic World, 1400–1680*, pp. 177–178.
387. David W. Cohen and Jack P. Greene, "Introduction," *Neither Slave Nor Free*, p. 7.
388. William B. Gatewood, *Aristocrats of Color: The Black Elite, 1880–1920* (Bloomington: Indiana University Press, 1990), p. 4.
389. Whittington B. Johnson, *Black Savannah: 1788–1864* (Fayetteville: University of Arkansas Press,1996), pp. 111, 180.
390. Thomas Sowell, "Three Black Histories," *Essays and Data on American Ethnic Groups*, edited by Thomas Sowell and Lynn D. Collins, p. 10.
391. A. J. R. Russell-Wood, "Colonial Brazil," *Neither Slave Nor Free*, edited by David W. Cohen and Jack P. Greene, p. 794.
392. H. Hoetink, "Surinam and Curaçao," ibid., p. 62; Jerome S. Handler and Arnold A. Sio, "Barbados," ibid., p. 217.
393. David W. Cohen and Jack P. Greene, "Introduction," ibid., p. 12. See also, David W. Cohen and Jack P. Greene, "Introduction," ibid., p. 7, 12; H. Hoetink, "Surinam and Curaçao," ibid., pp. 63, 68; Douglas Hall, "Jamaica," ibid., p. 196.
394. See, for example, Aedele Logan Alexander, *Ambiguous Lives: Free Women of Color in Rural Georgia, 1789–1879* (Fayetteville: University of Arkansas Press, 1991), pp. 161–162, 173–175; Bernard E. Powers, *Black Charlestonians: A Social History, 1822–1885* (Fayetteville: University of Arkansas Press, 1994), pp. 37–38, 185.
395. C. G. Woodson, *The Education of the Negro Prior to 1861* (New York: Arno Press, 1968), p. 265; U.S. Bureau of the Census, *Historical Statistics of the United States: Colonial Times to 1970*, Part I, p. 381.
396. Thomas Sowell, "Three Black Histories," *Essays and Data on American Ethnic Groups*, edited by Thomas Sowell and Lynn D. Collins, p. 12.
397. Ibid.
398. Frederick P. Bower, "The Free Person of Color in Mexico City and Lima: Manumission and Opportunity, 1580–1650," *Race and Slavery in the Western Hemisphere*, edited by Stanley L. Engerman and Eugene D. Genovese, p. 362.
399. See Willard B. Gatewood, *Aristocrats of Color*, passim; Theodore Hershberg and Henry Williams, "Mulattoes and Blacks: Intra-group Color Differences and Social Stratification in Nineteenth-Century Philadelphia," *Philadelphia: Work, Space, Family, and Group Experience in the Nineteenth Century*, edited by Theodore Hershberg (Oxford: Oxford University Press, 1981), pp. 392–394; Adele Logan Alexander, *Ambiguous Lives*, pp. 173–175, 197–200
400. Theodore Hershberg and Henry Williams, "Mulattoes and Blacks: Intra-group Color Differences and Social Stratification in Nineteenth-Century Philadelphia," *Philadelphia*, edited by Theodore Hershberg, pp. 494–495.
401. Ibid., p. 407.
402. Ibid., p. 416.
403. Whittington B. Johnson, *Black Savannah: 1788–1864* (Fayetteville: University of Arkansas Press, 1996), pp. 3, 78, 111–112, 180.
404. See, for example, William B. Gatewood, *Aristocrats of Color: The Black Elite, 1880–1920* (Bloomington: Indiana University Press, 1990), especially pp. 149–181. See also Gunnar Myrdal, *An American Dilemma: The Negro Problem and Modern Democracy* (New York: Harper & Brothers, 1944), pp. 695–700; E. Franklin Frazier, *The Negro in the United States*, revised edition (New York: The Macmillan Co., 1971), pp. 283n, 289–291; Bernard E. Powers, Jr., *Black Charlestonians*, pp. 185–186; Stephen Birmingham, *Certain People: America's Black Elite* (Boston: Little, Brown, and Co., 1977), pp. 70–71, 130–131.
405. See, for example, Edward Byron Reuter, *The Mulatto in the United States: Including a Study of the Rôle of Mixed-Blood Races Throughout the World* (Boston: Richard G. Badger, 1918), passim; Willard B. Gatewood, *Aristocrats of Color: The Black Elite, 1880–1920* (Bloomington: Indiana University Press, 1990), pp. 13, 20, 88, 100–101, 108, 127.
406. David C. Rankin, "The Origins of Negro Leadership in New Orleans during Reconstruction," *Southern Black Leaders of the Reconstruction*, edited by Howard N. Rabinowitz (Urbana: University of Illinois Press, 1982), pp. 162–163.
407. *Memoirs of the National Academy of Sciences*, Vol. XV: *Psychological Testing in the United States Army*, edited by Robert M. Yerkes (Washington: U.S. Government Printing Office, 1921), pp. 735–736.
408. Audrey M. Shuey, *The Testing of Negro Intelligence*, 2nd edition (New York: Social Science Press, 1966), pp. 452–466.
409. Edward R. Telles, "Residential Segregation by Skin Color in Brazil," *American Sociological Review*, Vol. 57, No. 2 (April 1992), p. 190.
410. Ibid., p. 195.
411. Theodore Hershberg and Henry Williams, "Mulattoes and Blacks: Intra-group Color Differences and Social Stratification in Nineteenth-Century Philadelphia," *Philadelphia: Work, Space, Family, and Group Experience in the 19th Century*, edited by Theodore Hershberg (Oxford: Oxford University Press, 1981), p. 394.
412. Theodore Hershberg and Henry Williams, "Mulattoes and Blacks: Intra-Group Color Differences and Social Stratification in Nineteenth-Century Philadelphia," *Philadelphia*, edited by Theodore Hershberg, pp. 392–394.
413. See, for example, Thomas Sowell, *Migrations and Cultures: A World View* (New York: Basic Books, 1995), pp. 89–92, 128–137, 156–160; Jean Roche, *La Colonisation Allemande et Le Rio Grande Do Sul* (Paris: Institut des Études de L'Amérique Latine, 1959); Teiiti Suzuki, *The Japanese Immigrant in Brazil* (Tokyo: University of Tokyo Press, 1969); Robert F. Foerster, *The Italian Emigration of Our Times* (New York: Arno Press, 1969), pp. 279–319.
414. Edward E. Telles, "Residential Segregation by Skin Color in Brazil," *American Sociological Review*, Vol. 57, No. 2 (April 1992), p. 190.
415. Bernard Lewis, *Race and Slavery in the Middle East*, Chapter 8.
416. U.S. Bureau of the Census, *Historical Statistics of the United States: Colonial Times to 1970* (Washington, D.C.: U.S. Government Printing Office, 1976), p. 422.
417. J. Halcro Ferguson, *Latin America: The Balance of Race Redressed* (London: Oxford University Press, 1961), p. 7.
418. Thomas Sowell, *The Economics and Politics of Race*, pp. 62–107.
419. Nelson do Valle, "Updating the Cost of Not Being White in Brazil," *Race, Class, and Power in Brazil* (Los Angeles: Center for Afro-American Studies, U.C.L.A., 1985), p. 45.
420. U.S. Bureau of the Census, *Current Population Reports*, Series P-23, No. 80 (Washington: Government Printing Office, no date), p. 22, 31, 45.
421. Ibid., p. 200.
422. James S. Coleman, *Nigeria*, p. 154.
423. David Lamb, *The Africans*, pp. 123–124.

424. Robert Higgs, *Competition and Coercion* (Cambridge: Cambridge University Press, 1977), p. 120.
425. Joseph Rothschild, *East Central Europe between the Two World Wars* (Seattle: University of Washington Press, 1992), pp. 276, 359.
426. Ransford W. Palmer, *Pilgrims from the Sun: West Indian Migration to America* (New York: Twayne Publishers, 1995), p. 35.
427. Geoffrey Blainey, *The Causes of War*, p. 198.
428. As two leading proponents of British imperialism put it: "The supremacy of the English rests only to a limited extent upon their own superior force . . . To a great extent our ascendancy is 'moral' resting, that is, upon character and self-confidence. To this confidence the natives bow. . . . For a century the Englishman has behaved in India as a demi-god and the majority of the inhabitants take him at his own valuation." Quoted in Aaron L. Friedberg, *The Weary Titan; Britain and the Experience of Relative Decline, 1895–1905* (Princeton: Princeton University Press), p. 226. Similarly, in colonial Virginia, the policy was never to let the indigenous people see an Englishman sick or dying. Ian K. Steele, *Warpaths: Invasions of North America* (New York: Oxford University Press, 1994), p. 39. Even decades after the colonial era was over in Africa, the mystique of the white man was still not completely gone. See Keith B. Richburg, *Out of America: A Black Man Confronts Africa* (New York: Basic Books, 1997), pp. 7, 154–155, 157–158.
429. Robin W. L. Alpine and James Pickett, *Agriculture, Liberalisation and Economic Growth in Ghana and Côte D'Ivoire: 1960–1990* (Paris: Development Centre for Economic Co-operation and Development, 1993), p. 37.
430. Jeffrey Sachs, "Nature, Nurture and Growth," *The Economist*, June 14, 1997, p. 22.
431. Gary Becker, "The Numbers Tell the Story: Economic Freedom Spurs Growth," *Business Week*, May 6, 1996, p. 20.
432. Robin W. L. Alpine and James Pickett, *Agriculture, Liberalisation and Economic Growth in Ghana and Côte D'Ivoire: 1960–1990*, p. 128.

第四章 斯拉夫人

1. Forrest McDonald, "Cultural Continuity and the Shaping of the American South," *Geographic Perspectives in History*, edited by Eugene D. Genovese and Leonard Hochberg (Oxford: Basil Blackwell, 1989), p. 218.
2. Jean W. Sedlar, *East Central Europe in the Middle Ages, 1000–1500* (Seattle: University of Washington Press, 1994), p. 7.
3. Lonnie R. Johnson, *Central Europe: Enemies, Neighbors, Friends* (Oxford: Oxford University Press, 1996), p. 27.
4. Michel Mollat du Jourdin, *Europe and the Sea* (Oxford: Blackwell Publishers, Ltd., 1993), p. 4; E. H. Mellor and E. Alistair Smith, *Europe: A Geographical Survey of the Continent* (New York: Columbia University Press, 1979), p. 4.
5. Ibid., pp. 14–17. See also N. J. G. Pounds, *An Historical Geography of Europe, 1800–1914*, p. 444.
6. Charles Kindleberger, *World Economic Primacy: 1500 to 1990* (Oxford: Oxford University Press, 1996), p. 91.
7. George W. Hoffman, "Changes in the Agricultural Geography of Yugoslavia," *Geographical Essays on Eastern Europe* (Bloomington: Indiana University, 1961), p. 114.
8. John R. Lampe, "Imperial Borderlands or Capitalist Periphery? Redefining Balkan Backwardness," *The Origins of Backwardness in Eastern Europe: Economics and Politics from the Middle Ages until the Early Twentieth Century*, edited by Daniel Chirot (Berkeley: University of California Press, 1989) p. 184.
9. N. J. G. Pounds, *An Historical Geography of Europe; 1800–1914*, p. 488.
10. Ibid., p. 15.
11. Joseph R. Lampe, "Imperial Borderlands or Capitalist Periphery? Redefining Balkan Backwardness, 1520–1914," *The Origins of Backwardness in Eastern Europe*, edited by Daniel Chirot, p. 180.
12. Peter Gunst, "Agrarian Systems of Central and Eastern Europe," *The Origins of Backwardness in Eastern Europe*, edited by Daniel Chirot, p. 72.
13. Robert A. Kann and Zdenek V. David, *The Peoples of the Eastern Habsburg Lands, 1526–1918* (Seattle: University of Washington Press, 1984), p. 270.
14. See, for example, David E. McClave, "Physical Environment and Population," *Soviet Union: A Country Study*, second edition, edited by Raymond E. Zickel (Washington: U.S. Government Printing Office, 1991), p. 112;
15. Jean W. Sedlar, *East Central Europe in the Middle Ages*, p. 9.
16. N. J. G. Pounds, *An Historical Geography of Europe 1800–1914* (Cambridge: Cambridge University Press, 1988), p. 101.
17. Iván T. Berend and György Ránki, *The European Periphery and Industrialization 1780–1914*, translated by Éva Pálmai (Cambridge: Cambridge University Press, 1982), pp. 15, 16.
18. John R. Lampe, "Imperial Borderlands or Capitalist Periphery? Redefining Balkan Backwardness," *The Origins of Backwardness in Eastern Europe*, edited by Daniel Chirot. p. 177.
19. See, for example, David F. Good, "The Economic Lag of Central and Eastern Europe: Income Estimates for the Habsburg Successor States, 1870–1914," *Journal of Economic History*, Vol. 54. No. 4 (December 1994), pp. 869–891. See also Daniel Chirot, "Causes and Consequences of Backwardness," *The Origins of Backwardness in Eastern Europe*, edited by Daniel Chirot, p. 4; John R. Lampe, "Imperial Borderlands or Capitalist Periphery? Redefining Balkan Backwardness, 1520–1914," ibid., p. 177.
20. Peter Gunst, "Agrarian Systems of Central and Eastern Europe," *The Origins of Backwardness in Eastern Europe*, pp. 53–54.
21. Robert Bartlett, *The Making of Europe: Conquest, Colonization and Cultural Change 950–1350* (Princeton: Princeton University Press, 1993), p. 126. See also Sidney Pollard, *Marginal Europe: The Contribution of the Marginal Lands Since the Middle Ages* (Oxford: Oxford University Press, 1997), pp. 146, 149.
22. Jean W. Sedlar, *East Central Europe in the Middle Ages*, p. 84.
23. Peter Gunst, "Agrarian Systems of Central and Eastern Europe," *The Origins of Backwardness in Eastern Europe*, edited by Daniel Chirot, pp. 76, 80. "Bohemia (which would not, today, be considered part of Eastern Europe if it were not for a political accident) became socially and economically almost indistinguishable from Bavaria and Austria." Daniel Chirot, "Causes and Consequences of Backwardness," ibid., p. 5.
24. Matthew Spinka, *A History of Christianity in the Balkans: A Study of the Spread of Byzantine Culture Among the Slavs* (Chicago: The American Society of Church History, 1933), pp. 7–8.
25. Robert Bartlett, *The Making of Europe*, pp. 281–282.
26. Ibid., p. 281. Just as the Britons in earlier had copied coins minted on the continent, so the Eastern Europeans began by copying coins minted in Western Europe. Ibid., p. 283.
27. Stephen Frederic Dale, *Indian Merchants and Eurasian Trade, 1600–1750* (Cambridge: Cambridge University Press, 1940), p. 83.
28. Paul Robert Magocsi, *Historical Atlas of East Central Europe*, pp. 54–55.
29. Richard C. Hoffman, "Economic Development and Aquatic Ecosystems in Medieval Europe," *American Historical Review*, Vol. 101, No. 3 (June 1996), pp. 659–660.
30. Robert Bartlett, *The Making of Europe*, pp. 60, 70–34.
31. Jean W. Sedlar, *East Central Europe in the Middle Ages, 1000–1500*, p. 116
32. Maxine Berg, *The Age of Manufactures, 1700–1820: Industry, Innovation and Work in Britain* (London: Routledge, 1994), p. 213.
33. Jean W. Sedlar, *East Central Europe in the Middle Ages, 1000–1500*, p. 351.
34. Paul Robert Magocsi, *Historical Atlas of East Central Europe*, p. 103; Lonnie R. Johnson, *Central Europe: Enemies, Neighbors, Friends* (Oxford: Oxford University Press, 1996), p. 103.
35. Paul Robert Magocsi, *Historical Atlas of East Central Europe*, pp. 34–35.
36. N. J. G. Pounds, *An Historical Geography of Europe: 1800–1914* (Cambridge: Cambridge University Press, 1988), p. 75.
37. N. J. G. Pounds, *An Historical Geography of Europe: 1800–1914*, pp. 449–458.
38. Walter Nugent, *Crossings: The Great Transatlantic Migrations, 1870–1914* (Bloomington: Indiana University Press, 1992), p. 84.
39. Paul Robert Magocsi, *Historical Atlas of East Central Europe*, p. 92.
40. Roy E. H. Mellor and E. Alistair Smith, *Europe: A Geographical Survey of the Continent* (New York: Columbia University Press, 1979), p. 92.
41. Paul Robert Magocsi, *Historical Atlas of East Central Europe*, p. 3.
42. N. J. G. Pounds, *An Historical Geography of Europe: 1800–1914*, p. 488.
43. Ibid., p. 139.
44. Ibid., pp. 131–132. In a later period, from 1870 to 1910, various Eastern European cities experienced very substantial growth—Warsaw by 150 percent, Prague and Kiev by 154 percent, and Budapest by 175 percent. Paul Robert Magocsi, *Historical Atlas of East Central Europe*, p. 96.
45. Paul Robert Magocsi, *Historical Atlas of East Central Europe*, pp. 97; Jean W. Sedlar, *East Central Europe in the Middle Ages*, pp. 402, 411–412.
46. N. J. G. Pounds, *An Historical Geography of Europe: 1800–1914*, p. 179.

47. Ibid., p. 430.
48. Carlo M. Cipolla, *Literacy and Development in the West* (New York: Penguin Books, 1969), p. 17. It was much the same story when the empire was broken down regionally. Only about 15 percent of the children in Bosnia-Herzegovina were attending schools in 1880, but 67 percent were in Dalmatia and at least 95 percent in Austria and the Czech territories. Iván T. Berend and György Ránki, *The European Periphery and Industrialization 1780–1914* (Cambridge: Cambridge University Press, 1982), p. 57.
49. Irina Livezeanu, *Cultural Politics in Greater Romania: Regionalism, Nation Building, & Ethnic Struggle, 1918–1930* (Ithaca, N.Y.: Cornell University Press, 1993), pp. 30–31.
50. Ibid., p. 9.
51. Ibid., pp. 50, 53, 90, 92, 131, 135.
52. Ibid., pp. 53, 92, 135.
53. Emily Green Balch, *Our Slavic Fellow Citizens* (New York: Arno Press, 1969), p. 61.
54. Jean W. Sedlar, *East Central Europe in the Middle Ages*, pp. 144, 435–436.
55. Jean W. Sedlar, *East Central Europe in the Middle Ages*, pp. 144–145, 435–436.
56. Ibid., p. 435.
57. Hugh LeCaine Agnew, *Origins of the Czech National Renascence*, pp. 179, 180, 181, 183, 193, 195. In the eighteenth century, Czech scholars "wrote mostly in German or Latin" while the people "read only Czech." (Ibid., p. 212.) Even scholarly studies of Czech literary history were written in Latin or German. (Ibid., p. 116.)
58. Robert J. Kaiser, *The Geography of Nationalism in Russia and the USSR* (Princeton: Princeton University Press, 1994), p. 41.
59. Jean W. Sedlar, *East Central Europe in the Middle Ages*, p. 86. See also Roy E. H. Mellor and E. Alistair Smith, *Europe*, p. 100; Robert Bartlett, *The Making of Europe*, pp. 150–151; Sidney Pollard, *Marginal Europe*, p. 156.
60. Robert Bartlett, *The Making of Europe*, pp. 117–132; Sidney Pollard, *Marginal Europe*, pp. 152–153. There were, in fact, a variety of German laws dominating different parts of East Central Europe. See Paul Robert Magocsi, *Historical Atlas of East Central Europe*, pp. 37–41.
61. Peter Gunst, "Agrarian Systems of Central and Eastern Europe," *The Origins of Backwardness in Eastern Europe*, p. 64. German law was not the only foreign law to prevail in particular enclaves. Dutch and Flemish migrants who came to Eastern Europe to apply the drainage techniques in which they were skilled were likewise governed by Dutch and Flemish law. Sidney Pollard, *Marginal Europe: The Contribution of the Marginal Lands Since the Middle Ages* (Oxford: Clarendon Press, 1997), pp. 156–157.
62. Robert Bartlett, *The Making of Europe*, p. 181.
63. Ibid., p. 235.
64. Robert Bartlett, *The Making of Europe: Conquest, Colonization and Cultural Change, 950–1350* (Princeton: Princeton University Press, 1993), p. 144.
65. Sidney Pollard, *Marginal Europe*, p. 151.
66. Jean W. Sedlar, *East Central Europe in the Middle Ages*, p. 86.
67. Ibid., pp. 11–12.
68. Ibid., pp. 115, 127.
69. Ibid., p. 127.
70. N. J. G. Pounds, *An Historical Geography of Europe, 1800–1914*, p. 179; Peter F. Sugar, *Southeastern Europe under Ottoman Rule*, pp. 179–180.
71. Robert Bartlett, *The Making of Europe: Conquest, Colonization and Cultural Change 950–1350* (Princeton: Princeton University Press, 1993), p. 42. See also Péter Gunst, "Agrarian Systems of Central and Eastern Europe," *The Origins of Backwardness in Eastern Europe*, pp. 63–65; Jean W. Sedlar, *East Central Europe in the Middle Ages*, p. 417.
72. Robert Bartlett, *The Making of Europe*, pp.; 30–31, 82–83. See also Jean W. Sedlar, *East Central Europe in the Middle Ages*, pp. 64, 229, 408.
73. Robert Bartlett, *The Making of Europe*, p. 17.
74. Ibid., p. 112.
75. Hugh LeCaine Agnew, *Origins of the Czech National Renascence* (Pittsburgh: University of Pittsburgh Press, 1993), p. 113.
76. Robert Bartlett, *The Making of Europe*, p. 54.
77. Ibid., p. 200.
78. Hugh LeCaine Agnew, *Origins of the Czech National Renascence*, p. 52.
79. Charles A. Price, *Southern Europeans in Australia* (Canberra: Australian National University Press, 1979), p. 55.
80. Robert Bartlett, *The Making of Europe*, pp. 274–277.
81. Jean W. Sedlar, *East Central Europe in the Middle Ages, 1000–1500* (Seattle: University of Washington Press, 1994), p. 464.
82. Ibid., pp. 470–472.
83. Peter Gunst, "Agrarian Systems of Central and Eastern Europe," *The Origins of Backwardness in Eastern Europe*, edited by Daniel Chirot, pp. 69–70.
84. Joseph Rothschild, *East Central Europe between the Two World Wars*, p. 292.
85. Bela K. Kiraly, "The Five Paradoxes of East Central European Society and Warfare from the Mid-Eighteenth Century to the 1920s," *Essays on War and Society in East Central Europe, 1740–1920* (New York: Columbia University Press, 1987), p. 3. Another possible definition of its western boundaries might be Winston Churchill's description of the location of the "iron curtain" of the Soviet era, "from Stettin in the Baltic to Trieste in the Adriatic." Winston Churchill, "The Sinews of Peace," *Churchill Speaks: Winston S. Churchill in Peace and War, Collected Speeches, 1887–1963*, edited by Robert Rhodes James (London: Chelsea House, 1980), p. 881.
86. Peter F. Sugar and Donald W. Treadgold, "Foreword to the 1993 Printing," *Southeastern Europe under Ottoman Rule, 1354–1804* (Seattle: University of Washington Press, 1993), p. ix.
87. Gordon East, "The Concept and Political Status of the Shatter Zone," *Geographical Essays on Eastern Europe*, edited by Norman J. G. Pounds (Bloomington: Indiana University Press, 1961), p. 2. Defining Central Europe has presented similar conundrums. See Lonnie R. Johnson, *Central Europe*, Chapter 1.
88. See, for example, Jean W. Sedlar, *East Central Europe in the Middle Ages*, pp. 111, 114, 115, 116, 122, 123, 126, 127, 130, 132, 136, 291, 328, 329, 335, 356, 372; Peter F. Sugar, *Southeastern Europe under Ottoman Rule, 1354–1804*, pp. 335–342; Paul Robert Magocsi, *Historical Atlas of East Central Europe*, pp. xi, xii, 5, 23, 27; Trianon Stoianovich, "Cities, Capital Accumulation, and the Ottoman Command Economy, 1500–1800," *Cities and the Rise of States in Europe, A.D. 1000 to 1800*, edited by Charles Tilly and Wim P. Blockmans (Boulder, Colorado: Westview Press, 1994), pp. 60–61; Piotr S. Wandycz, *The Lands of Partitioned Poland, 1795–1918* (Seattle: University of Washington Press, 1993), p. 195.
89. Robert Bartlett, *The Making of Europe*, p. 311.
90. Pal Robert Magocsi, *Historical Atlas of East Central Europe*, p. 107.
91. Ibid., pp. 97–98.
92. Robert Bartlett, *The Making of Europe*, pp. 228, 236–238.
93. Hugh LeCaine Agnew, *Origins of the Czech Renascence*, Chapters 2, 3. The "golden age" of Czech literature was said to be in the sixteenth and early seventeenth centuries. Robert A. Kann and Zdenek V. David, *The Peoples of the Easter Habsburg Lands, 1526–1918*, p. 479.
94. Gary B. Cohen, *The Politics of Ethnic Survival: Germans in Prague, 1861–1914* (Princeton: Princeton University Press, 1981), p. 3.
95. Gary B. Cohen, *The Politics of Ethnic Survival: Germans in Prague, 1861–194*, p. 3.
96. Ibid., pp. 20, 22–26.
97. Ibid., pp. 25–26.
98. See, for example, Chapter 6 of this volume.
99. Gary B. Cohen, *The Politics of Ethnic Survival*, pp. 26–28.
100. Ibid., Chapters 1, 2.
101. Ibid., pp. 81–82.
102. Josef Korbel, *Twentieth-Century Czechoslovakia: The Meanings of Its History* (New York: Columbia University Press, 1977), p. 116.
103. William Pfaff, *The Wrath of Nations: Civilization and the Furies of Nationalism* (New York: Simon & Schuster, 1993), p. 104.
104. Jean W. Sedlar, *East Central Europe in the Middle Ages*, pp. 84–85.
105. Ibid., pp. 90–95.
106. Jean W. Sedlar, *East Central Europe in the Middle Ages*, p. 95.
107. David Brion Davis, *Slavery and Human Progress* (New York: Oxford University Press, 1986), p. 33.
108. Ibid., p. 33.
109. Richard Hellie, *Slavery in Russia: 1450–1725* (Chicago: University of Chicago Press, 1982), p. 21.
110. Daniel Evans, "Slave Coast of Europe," *Slavery and Abolition*, Vol. 6, No. 1 (May 1985), p. 42.
111. Richard Hellie, *Slavery in Russia*, pp. 21–22.
112. Ibid., p. 41; David Brion Davis, *Slavery and Human Progress*, pp. 32–33; J. O. Hunwick, "Black Africans in the Mediterranean," *The Human Commodity: Perspectives on the Trans-Saharan Slave Trade*, edited by Elizabeth Savage (London: Frank Cass, 1992), p. 18.
113. Daniel Evans, "Slave Coast of Europe," *Slavery & Abolition*, Vol. 6, No. 1 (May 1985), p. 42.
114. Jean W. Sedlar, *East Central Europe in the Middle Ages.*, p. 352.

115. Ibid., p. 96.
116. Ibid., p. 97.
117. Peter F. Sugar, *Southeastern Europe under Ottoman Rule, 1354-1804*, p. 56.
118. Ibid., pp. 16-19.
119. Ibid., p. 22.
120. Benjamin Braude and Bernard Lewis, "Introduction," *Christians and Jews in the Ottoman Empire: The Functioning of a Plural Society*, edited by Benjamin Braude and Bernard Lewis, Volume I: *The Central Lands* (New York: Holmes & Meier, 1982), pp. 1-15, 31-32; C. E. Bosworth, "The Concept of Dhimma in Early Islam," ibid., pp. 41, 46-49; , Muhammad Adnan Bakhit, "The Christian Population of the Province of Damascus in the Sixteenth Century," ibid., Vol II: *The Arabic-Speaking Lands*, pp. 26-27; Moshe Macoz, Communal Conflicts in Ottoman Syria during the Reform Era: The Role of Political and Economic Factors," ibid., pp. 93-95, 97; Dominique Chevallier, "Non-Muslim Communities in Arab Cities," ibid., p. 159.
121. Peter F. Sugar, *Southeastern Europe under Ottoman Rule*, pp. 44, 65.
122. Bernard Lewis, *The Muslim Discovery of Europe* (New York: Norton, 1982), Chapter V.
123. Lord Kinross, *The Ottoman Centuries*, pp. 57-58.
124. Peter F. Sugar, *Southeastern Europe under Ottoman Rule*, pp. 178-182; Jean W. Sedlar, *East Central Europe in the Middle Ages*, pp. 454-457.
125. Robert A. Kann and Zdenek V. David, *The Peoples of the Eastern Habsburg Lands*, pp. 181-182, 265-266.
126. Ibid., pp. 155-156, 158.
127. Ibid., p. 182.
128. See, for example, ibid., pp. 201-202, 215, 245, 249, 265, 267.
129. Piotr S. Wandycz, *The Lands of Partitioned Poland, 1795-1918* (Seattle: University of Washington Press, 1993), p. 11.
130. Ibid., pp. 204-206.
131. Ibid., p. 206.
132. Ibid., p. 229.
133. Ibid., p. 229.
134. Carol Golab, *Immigrant Destinations* (Philadelphia: Temple University Press, 1977), pp. 101-104.
135. Ibid., p. 225.
136. Piotr S. Wandycz, *The Lands of Partitioned Poland*, pp. 260-261.
137. Ibid., p. 240.
138. Ibid., p. 276.
139. Ibid., p. 371.
140. Ibid., p. 275.
141. Joseph Rothschild, *East Central Europe Between the Two World Wars* (Seattle: University of Washington Press, 1992), p. 29.
142. Piotr S. Wandycz, *The Lands of Partitioned Poland*, p. 369.
143. Paul Robert Magocsi, *Historical Atlas of East Central Europe*, p. 169.
144. Joseph Rothschild, *East Central Europe between the World Wars*, p. 92.
145. Ibid., p. 89.
146. Ibid., pp. 86-87.
147. Ibid., p. 92.
148. Paul Johnson, *Modern Times*, p. 40.
149. Joseph Rothschild, *East Central Europe between the World Wars*, pp. 78, 86.
150. Radomír Luža, *The Transfer of the Sudeten Germans: A Study of Czech-German Relations, 1933-1962* (New York: New York University, 1964), p. 9. See also p. 42.
151. Ibid., pp. 9-11.
152. Ibid., p. 34.
153. Ibid., pp. 268-271.
154. Ibid., pp. 300, 327.
155. Cacilie Rohwedder, "Germans, Czechs are Hobbled by History as Europe Moves toward United Future," *Wall Street Journal*, November 25, 1996, p. A15.
156. Paul Robert Magocsi, *Historical Atlas of East Central Europe*, p. 168.
157. Ibid., pp. 131, 137.
158. Ibid., p. 133.
159. Ibid., p. 135.
160. Joseph Rothschild, *East Central Europe between the Two World Wars*, p. 200.
161. Ibid., pp. 206-208.
162. Ibid., pp. 212-213.
163. Paul Robert Magocsi, *Historical Atlas of East Central Europe*, p. 13.
164. Ibid., p. 210.
165. Ibid., pp. 206-207.
166. Ibid., p. 268.
167. Ibid., pp. 276, 359.
168. Ibid., pp. 382-296, *passim*.

169. Ibid., p. 382.
170. Archie Brown, Michael Kaser, and Gerald S. Smith, *The Cambridge Encyclopedia of Russia and the Former Soviet Union* (Cambridge: Cambridge University Press, 1994), p. 5.
171. David E. McClave, "Physical Environment and Population," *Soviet Union: A Country Study*, second edition, edited by Raymond E. Zickel (Washington: U.S. Government Printing Office, 1991), p. 101.
172. Glen E. Curtis, "Industry," ibid., p. 488.
173. Archie Brown et al., *The Cambridge Encyclopedia of Russia and the Former Soviet Union*, pp. 6-7.
174. Ibid., pp. 17-18.
175. W. A. Douglas Jackson, "Soviet Manganese Ores: Output and Export," *Soviet Natural Resources in the World Economy*, edited by Robert G. Jensen, et al., (Chicago: University of Chicago Press, 1983), p. 517.
176. American Petroleum Institute, *Basic Petroleum Data Book* (Washington: American Petroleum Institute, 1993), Table 2.
177. Jonathan P. Stern, "Soviet Natural Gas in the World Economy," *Soviet Natural Resources in the World Economy*, edited by Robert G. Jensen, et al. (Chicago: University of Chicago Press, 1983), p. 372.
178. Russell B. Adams, "Nickel and Platinum in the Soviet Union," *Soviet Natural Resources in the World Economy*, edited by Robert G. Jensen, p. 536.
179. Theodore Shabad, "The Soviet Potential in Natural Resources: An Overview," ibid., p. 269.
180. Jeffrey Brooks, *When Russia Learned to Read: Literacy and Popular Literature, 1861-1917* (Princeton: Princeton University Press, 1985), p. 4.
181. Robert J. Kaiser, *The Geography of Nationalism in Russia and the USSR*, p. 67.
182. Richard Pipes, *Russia under the Old Regime* (New York: Charles Scribner's Sons, 1974), p. 210.
183. William L. Blackwell, *The Industrialization of Russia: A Historical Perspective*, third edition (Arlington Heights, Illinois: Harlan Davidson, Inc., 1994), p. 10.
184. Stephen Frederic Dale, *Indian Merchants and Eurasian Trade, 1600-1750* (Cambridge: Cambridge University Press, 1994), pp. 81-82, 87-88, 108-127.
185. Richard Pipes, *Russia under the Old Regime* ((New York: Charles Scribner's Sons, 1974), pp. 126-127.
186. Werner Keller, *East Minus West = Zero: Russia's Debt to the Western World 862-1962*, translated by Constantine Fitzgibbon (New York: G.P. Putnam's Sons, 1962), p. 71
187. Richard Pipes, *Russia Under the Old Regime*, p. 191.
188. Alexander Gershenkron, *Economic Backwardness in Historical Perspective*, p. 60.
189. Ibid., p. 196.
190. Robert P. Bartlett, *Human Capital*, pp. 158-164.
191. Ibid., pp. 149-150.
192. Ibid., p. 151.
193. Ibid., p. 144.
194. Hugh Seton-Watson, "Russian Nationalism in Historical Perspective," *The Last Empire*, edited by Robert Conquest, p. 18.
195. Richard Pipes, *Russia Under the Old Regime*, p. 192.
196. John P. McKay, *Pioneers for Profit*, pp. 112-113, 124.
197. Richard Pipes, *Russia Under the Old Regime*, p. 192.
198. Ibid., p. 196.
199. Ibid., p. 218.
200. John P. McKay, *Pioneers for Profit*, p. 4.
201. Ibid., p. 5.
202. Werner Keller, *East Minus West = Zero*, p. 207.
203. Thomas C. Owen, "Entrepreneurship and the Structure of Enterprise in Russia, 1800-1880," *Entrepreneurship in Imperial Russia and the Soviet Union*, edited by Gregory Guroff and Fred V. Carstensen (Princeton, N.J.: Princeton University Press, 1983), p. 62.
204. John P. McKay, *Pioneers for Profit*, p. 34.
205. Ibid., p. 144.
206. Ibid., p. 35.
207. Arcadius Kahan, "Notes on Jewish Entrepreneurship in Tsarist Russia," *Entrepreneurship in Imperial Russia and the Soviet Union*, edited by Gregory Guroff and Fred V. Carstensen, p. 115.
208. Fred V. Carstensen, "Foreign Participation in Russian Economic Life: Notes on British Enterprise, 1865-1914," ibid., p. 156.
209. John P. McKay, *Pioneers for Profit*, p. 48.
210. Ibid., p. 176.
211. Ibid., p. 187.
212. Richard Pipes, *Russia under the Old Regime*, pp. 282-286.
213. See, for example, David Pryce-Jones, *The Strange Death of the Soviet Empire* (New York: Henry Holt and Co., 1995), pp. 29, 51, 52, 53, 54. 108; "Armenia," *Soviet Nationality Survey*, January

1984, p. 1; "Chechen-Ingushia," ibid., February 1984, p. 2; "Byelorussia," ibid., March 1984, p. 3; "Kirgizia," ibid., November 1984, p. 4.
214. See, for example, David Remnick, *Resurrection: The Struggle for a New Russia* (New York: Random House, 1997), pp. 107–109, 197–199, 255, 274; Peter Galuszka, "And You Think You've Got Tax Problems," *Business Week*, May 29, 1995, p. 50.
215. John P. McKay, *Pioneers for Profit*, pp. 108, 125, 381–383.
216. Ibid., p. 32.
217. Ibid., pp. 170–171.
218. Ibid., pp. 174, 177, 181.
219. Ibid., p. 255.
220. Ibid., p. 257.
221. Ibid., p. 193.
222. Ibid., p. 139.
223. Ibid., pp. 136–137.
224. Antony C. Sutton, *Western Technology and Soviet Economic Development 1917 to 1930* (Stanford: Hoover Institution Press, 1968), p. 59.
225. Ibid., pp. 105, 132, 172, 190, 218, 221.
226. Ibid., pp. 256–257; C. Gerald Fraser, "Alexander P. de Seversky Dies at 80; Early Strategic Air Power Proponent," *The New York Times*, August 26, 1974, p. 32; Alden Whitman, "Igor Sikorsky, Helicopter Pioneer, Dies," *The New York Times*, October 27, 1972, p. A1.
227. Antony C. Sutton, *Western Technology and Soviet Economic Development 1917 to 1930*, p. 17.
228. Ibid., Chapter 2.
229. Ibid., p. 49.
230. Ibid., p. 347.
231. Ibid., p. 11.
232. Ibid., p. 62.
233. Ibid., p. 79.
234. Ibid., p. 177.
235. Ibid., p. 181.
236. Ibid., p. 185.
237. Ibid., p. 3.
238. Alexandre Bennigsen, "Soviet Minority Nationalism in Historical Perspective," *The Last Empire: Nationality and the Soviet Future*, edited by Robert Conquest (Stanford: Hoover Institution Press, 1986), p. 130.
239. Robert A. Lewis, "The Mixing of Russians and Soviet Nationalities and Its Demographic Impact," *Soviet Nationality Problems*, edited by Edward Allworth (New York: Columbia University Press, 1971), pp. 126, 131; Mikhail S. Bernstam, "The Demography of Soviet Ethnic Groups in World Perspective," *The Last Empire*, edited by Robert Conquest, p. 318.
240. Alexandre Bennigsen, "Soviet Muslims in the Muslim World," *Soviet Nationalities in Strategic Perspective*, edited by S. Enders Wimbush (London: Croom Helm, 1985), p. 207.
241. Jeff Chinn and Robert Kaiser, *Russians as the New Minority: Ethnicity and Nationalism in the Soviet Successor States* (Boulder: Westview Press, 1996), pp. 213–214.
242. Ibid., pp. 133, 134, 136.
243. Gertrude E. Schroeder, "Social and Economic Aspects of the Nationality Problem," *The Last Empire*, edited by Robert Conquest, p. 295.
244. Robert J. Kaiser, *The Geography of Nationalism in Russia and the USSR* (Princeton: Princeton University Press, 1994), pp. 67, 126.
245. Ibid., p. 129.
246. Jeff Chinn and Robert Kaiser, *Russians as the New Minority*, pp. 185, 207–238; Robert J. Kaiser, *The Geography of Nationalism in Russia and the USSR*, p. 123.
247. Jeff Chinn and Robert Kaiser, *Russians as the New Minority*, pp. 53–54.
248. Robert J. Kaiser, *The Geography of Nationalism in Russia and the USSR*, p. 81.
249. Ibid., p. 65.
250. Jeff Chinn and Robert Kaiser, *Russians as the New Minority*, p. 59.
251. Ibid., pp. 134, 136.
252. Gerhard Simon, *Nationalism and Policy Toward the Nationalities int the Soviet Union*, p. 122.
253. S. Enders Wimbush, "The Soviet Muslim Borderlands," *The Last Empire*, edited by Robert Conquest, p. 222.
254. See, for example, Gerhard Simon, *Nationalism and Policy Toward the Nationalities in the Soviet Union*, pp. 25–30, 38–41, 54–61.
255. Gerhard Simon, *Nationalism and Policy Toward the Nationalities in the Soviet Union*, p. 296.
256. Mikhail Bernstam, "The Demography of Soviet Ethnic Groups in World Perspective," *The Last Empire*, edited by Robert Conquest, p. 320.
257. Dina Rome Spechler, "Russia and the Russians," *Handbook of Major Soviet Nationalities*, ed. Zev Katz, et al. (New York: The Free Press, 1975), p. 15.
258. Ibid., p. 15; Hélène Carrère d'Encausse, *Decline of an Empire*, p. 29.
259. Hélène Carrère d'Encausse, *Decline of an Empire*, pp. 34–35.
260. Bohdan Nahaylo and Victor Swoboda, *Soviet Disunion: A History of the Nationalities Problem in the U.S.S.R.* (New York: The Free Press, 1990), p. 88.
261. Alexander Skromas, "The Baltic States," *The Last Empire*, p. 193. See also Gerhard Simon, *Nationalism and Policy Toward the Nationalities in the Soviet Union*, pp. 179–181.
262. Ibid., pp. 207–209.
263. Ibid., pp. 228–229.
264. Ibid., pp. 232, 275.
265. Ibid., pp. 243–245.
266. Hélène Carrère d'Encausse, *Decline of an Empire*, p. 154.
267. Ibid., pp. 146–155.
268. Computed from Hélène Carrère D'Encausse, *Decline of an Empire*, p. 143. See also ibid., pp. 148–151.
269. Yaroslav Bilinsky, "Politics Purge, and Dissent in the Ukraine Since the Fall of Sheles," *Nationalism and Human Rights: Processes of Modernization in the USSR*, edited by Ihor Kamenetsky (Littleton, Colorado: Libraries Unlimited, Inc., 1977), p. 170.
270. Hélène Carrère d'Encausse, *Decline of an Empire*, pp. 125, 127.
271. Ibid., p. 139.
272. Dina Rome Spechler, "Russia and the Russians," *Handbook of Major Soviet Nationalities*, ed. Zev Katz, et al., p. 13.
273. Gerhard Simon, *Nationalism and Policy Toward the Nationalities in The Soviet Union*, p. 277.
274. Hélène Carrère d'Encausse, *Decline of an Empire*, p. 162.
275. Alexander R. Alexiev and S. Enders Wimbush, *The Ethnic Factor in the Soviet Armed Forces* (Santa Monica: The Rand Corporation, 1982), p. 22.
276. Ibid., p. 20.
277. Bohdan Nahaylo and Victor Swoboda, *Soviet Disunion*, p. 336.
278. Dina Rome Spechler, "Russia and the Russians," *Handbook of Major Soviet Nationalities*, ed. Zev Katz, et al., p. 11.
279. Hélène Carrère d'Encausse, *Decline of an Empire*, p. 76.
280. Dina Rome Spechler, "Russia and the Russians," *Handbook of Major Soviet Nationalities*, ed. Zev Katz, et al., p. 11.
281. Hélène Carrère d'Encausse, *Decline of an Empire*, p. 170.
282. Richard Pipes, "Reflections on the Nationality Problems in the Soviet Union," *Ethnicity: Theory and Experience*, edited by Nathan Glazer and Daniel P. Moynihan (Cambridge, Mass.: Harvard University Press, 1975), p. 464; Jeff Chinn and Robert Kaiser, *Russians as the New Minority*, p. 103.
283. See, for example, Gerhard Simon, *Nationalism and Policy Toward the Nationalities*, pp. 376–387; The Economist Intelligence Unit, *Commonwealth of Independent States: Country Report No. 1, 1992* (London: The Economist Intelligence Unit, 1992), p. 10.
284. Robert J. Kaiser, *The Geography of Nationalism in Russia and the USSR*, p. 116.
285. Robert A. Lewis, "The Mixing of Russians and Soviet Nationalities and Its Demographic Impact," *Soviet Nationality Problems*, edited by Edward Allworth, p. 145; Edmund Brunner, Jr., *Soviet Demographic Trends and the Ethnic Composition of Draft Age Males, 1980–1995*, p. 10.
286. Jeff Chinn and Robert Kaiser, *Russians as the New Minority*, p. 80.
287. Nancy Lubin, *Labour and Nationality in Soviet Central Asia: An Uneasy Compromise* (Princeton: Princeton University Press, 1984), p. 155.
288. Hélène Carrère d'Encausse, *Decline of an Empire: The Soviet Socialist Republics in Revolt* (New York: Harper & Row, 1981), p. 168; *Soviet Union: A Country Study*, p. 807.
289. Nancy Lubin, *Labour and Nationality in Soviet Central Asia*, pp. 167–169.
290. See Donald S. Carlisle, "Uzbekistan and the Uzbeks," *Problems of Communism*, September–October 1991, p.40.
291. The Economist Intelligence Unit, *Commonwealth of Independent States: Country Report No. 1, 1992*, p. 71.
292. Roman Szporluk, "The Ukraine and Russia," *The Last Empire* edited by Robert Conquest, p. 151.
293. Bohdan Nahaylo and C. J. Peters, *The Ukrainians and Georgians* (London: Minority Rights Group Ltd., 1981), p. 5.
294. Ibid., p. 5.
295. Roman Szporluk, "The Ukraine and the Ukrainians," *Handbook of Major Soviet Nationalities*, edited by Zev Katz, et al., p. 23; Bohdan Nahaylo and C.J. Peters, *The Ukrainians and Georgians*, p. 5.
296. Bohdan Nahaylo and C.J. Peters, *The Ukrainians and Georgians*, pp. 5–6.

297. Ibid., p. 6.
298. Ibid., pp. 7-8.
299. Robert Conquest, *Harvest of Sorrow: Soviet Collectivization and the Terror-Famine* (New York: Oxford University Press, 1986), p. 302.
300. Ibid., p. 306.
301. Ibid., p. 261.
302. Bohdan Nahaylo and C. J. Peters, *The Ukrainians and Georgians*, p. 12.
303. Ibid., pp. 9, 11.
304. Jeff Chinn and Robert Kaiser, *Russians as the New Minority*, p. 155.
305. Ibid., p. 11.
306. Roman Szporluk, "The Ukraine and the Ukrainians," *Handbook of Major Soviet Nationalities*, edited by Zev Katz, et al., pp. 44–45.
307. Ibid., p. 44n.
308. Ibid., p. 28.
309. Jeff Chinn and Robert Kaiser, *Russians as the New Minority*, pp. 148, 156-157.
310. Ihor Y. Gawdiak, "Nationalities and Religions," *The Soviet Union: A Country Study*, second edition, edited by Raymond E. Zickel (Washington: U.S. Government Printing Office 1991), p. 159.
311. Calculated from Richard Pomfret, *The Economies of Central Asia* (Princeton: Princeton University Press, 1995), p. 5.
312. Anatoly M. Khazanov, "The Ethnic Problems of Contemporary Kazakhstan," *Central Asian Survey*, Vol. 14, No. 2 (1995), pp. 245-247.
313. Richard Pomfret, *The Economies of Central Asia* (Princeton: Princeton University Press, 1995), p. 21.
314. Alec Nove and J. A. Newth, *The Soviet Middle East*, p. 57.
315. See, for example, David E. McClave, "Physical Environment and Population," *Soviet Union: A Country Study*, second edition, edited by Raymond E. Zickel (Washington: U.S. Government Printing Office, 1991), pp. 115, 117.
316. Elizabeth E. Bacon, *Central Asians Under Russian Rule*, p. 117.
317. Martha Brill Olcott, *The Kazakhs*, p. xiv.
318. Elizabeth E. Bacon, *Central Asians Under Russian Rule*, pp. 118–119; Martha Brill Olcott, *The Kazakhs*, p. 183.
319. Martha Brill Olcott, *The Kazakhs*, p. 185.
320. Steven Sabol, "The Creation of Soviet Central Asia: The 1924 National Delimitation," *Central Asian Survey*, Vol. 14, No. 2 (1995), p. 235.
321. Richard Pomfret, *The Economies of Central Asia* (Princeton: Princeton University Press, 1995), p. 21.
322. Anatoly M. Khazanov, "The Ethnic Problems of Contemporary Kazakhstan," *Central Asian Survey*, Vol. 14, No. 2 (1995), p. 246.
323. Anatoly M. Khazanov, "The Ethnic Problems of Contemporary Khazakhstan," *Central Asian Survey*, Vol. 14, No. 2 (1995), p. 255.
324. Nancy Lubin, *Labour and Nationality in Soviet Central Asia*, pp. 75, 77.
325. Ibid., pp. 86, 87.
326. Nancy Lubin, *Labour and Nationality in Soviet Central Asia*, pp. 82–85.
327. S. Enders Wimbush and Alex Alexiev, *The Ethnic Factor in the Soviet Armed Forces*, pp. 15, 16, 20, 22, 36.
328. Ibid., p. 18–19.
329. Anatoly M. Khazanov, "The Ethnic Problems of Contemporary Kazakhstan," *Central Asian Survey*, Vol. 14, No. 2 (1995), p. 248.
330. Gerhard Simon, *Nationalism and Policy Toward the Nationalities in the Soviet Union*, p. 289.
331. Hélène Carrère d'Encausse *Decline of an Empire*, p. 251.
332. Donald S. Carlisle, "Uzbekistan and the Uzbeks," *Handbook of Major Soviet Nationalities*, edited by Zev Katz, et al., p. 293.
333. Edmund Brunner, Jr., *Soviet Demographic Trends and the Ethnic Composition of Draft Age Males, 1980–1995*, p. 15.
334. Hélène Carrère d'Encausse, *Decline of an Empire*, pp. 252–253. See also Robert J. Kaiser, *The Geography of Nationalism in Russia and the USSR*, p. 142.
335. S. Enders Wimbush, "Soviet Muslim Borderlands," *The Last Empire*, edited by Robert Conquest, pp. 225–226.
336. Susan L. Curran and Dmitry Ponomareff, *Managing the Ethnic Factor in the Russian and Soviet Armed Forces*, pp. 3, 8.
337. Nancy Lubin, *Labour and Nationality in Soviet Central Asia*, p. 31.
338. Elizabeth Bacon, *Central Asians under Russian Rule: A Study of Culture Change* (Ithaca, N.Y.: Cornell University Press, 1980), p. 105.
339. Alec Nove and J. A. Newth, *The Soviet Middle East* (London: George Allen & Unwin, 1967), pp. 106–107.
340. Ibid., p. 109.
341. Ibid., pp. 109–110.
342. Nancy Lubin, *Labour and Nationality in Soviet Central Asia*, p. 116.
343. Ibid., pp. 49–50.
344. Alec Nove and J. A. Newth, *The Soviet Middle East*, p. 105.

345. Jeff Chinn and Robert Kaiser, *Russians as the New Minority: Ethnicity and Nationalism in the Soviet Successor States* (Boulder: Westview Press, 1996), p. 235.
346. Anatoly M. Kazanov, "The Ethnic Problems of Kazakhstan," *Central Asian Survey*, Vol. 14, No. 2 (1995), p. 254.
347. The London Intelligence Unit, *Commonwealth of Independent States: Country Report No. 1, 1992*, p. 21.
348. Robert J. Kaiser, *The Geography of Nationalism in Russia and the U.S.S.R.*, pp. 336–337.
349. Richard Pomfret, *The Economies of Central Asia* (Princeton: Princeton University Press, 1995), pp. 142–150, 161.
350. Ewa Morawska, "East Europeans on the Move," *The Cambridge Survey of World Migration*, edited by Robin Cohen (Cambridge: Cambridge University Press, 1995), p. 97.
351. Ibid., pp. 98–99.
352. N. Smoje, "Early Croatian Settlement of Western Australia,"*The Australian People*, edited by James Jupp, p. 338; M. J. Cigler, "Czechs," ibid., p 347; L. Paszkowski, "Poles," ibid., p.736.
353. Carl-Ulrik Schierup, "Former Yugoslavia: Long Waves of International Migration," *The Cambridge Survey of World Migration*, edited by Robin Cohen, p. 285.
354. Jerzy Zubrycki, *Polish Immigrants in Britain: A Study of Adjustment* (The Hague: Martin Nijhoff, 1956), p. 26.
355. Ibid., p. 28.
356. Halina Janowska, "An Introductory Outline of the Mass Polish Emigrations, Their Directions and Problems (1870–1945)," *Employment-Seeking Emigrations of the Poles World-Wide, XIX and XX C* edited by Celina Bonska and Andrzej Pilch (Nakladem Uniwersytetu Jagiellonskiego, no date), p. 128.
357. Jerzy Zubrycki, *Polish Immigrants in Britain*, p. 28.
358. Halina Janowska, "An Introductory Outline of the Mass Polish Emigrations, Their Directions and Problems (1870–1945)," *Employment-Seeking Emigrations of the Poles World-Wide*, edited by Celina Bobinska and Adrezej, p. 129.
359. Jerzy Zubrycki, *Polish Immigrants in Britain*, p. 53.
360. David Pryce-Jones *The Strange Death of the Soviet Empire* (New York: Henry Holt and Co., 1995), p. 68.
361. Heinz Fassmann and Rainer Münz, "European East-West Migration, 1945–1992," *The Cambridge Survey of World Migration*, edited by Robin Cohen, p. 471.
362. Jerzy Zubrycki, *Polish Immigrants in Britain*, p. 55.
363. Ibid., p. 16.
364. Ibid., pp. 19–20.
365. Carl Wittke, *We Who Built America: The Sage of the Immigrant* (Cleveland: Case Western Reserve University Press, 1967), p. 424.
366. Caroline Golab, *Immigrant Destinations* (Philadelphia: Temple University Press, 1977), pp. 101–104.
367. Jerzy Zubrycki, *Polish Immigrants in Britain*, p. 28.
368. M. M. Algaich, "Early Croatian Settlement in Australia," *The Australian People*, edited by James Jupp, p. 337.
369. M. J. Cigler, "Czechs," ibid., p. 347.
370. M. L. Lawriwsky, "Ukrainians," ibid., p. 827.
371. Karen Johnson Freeze, "Czechs," *Harvard Encyclopedia of American Ethnic Groups*, edited by Stephan Thernstrom, et al. (Cambridge, Massachusetts: Harvard University Press, 1980), p. 263.
372. Paul Robert Magocsi, "Carpatho-Rusyns," ibid., p. 203.
373. U.S. Commission on Civil Rights, *The Economic Status of Americans of Southern and Eastern European Ancestry* (Washington: U.S. Commission on Civil Rights, 1986), pp. 25–27, 31, 33, 35, 36, 37.
374. See, for example, Joseph Rothschild, *East Central Europe Between the Two World Wars*, p. 396; Robert Bartlett, *The Making of Europe*, p 277; Hugh LeCaine Agnew, *Origins of the Czech National Renascence*, p. 113.
375. Ibid., p. 93.
376. Paul Johnson, *Modern Times: A History of the World from the 1920s to the 1990s* (London: Orion Books, Ltd., 1996), p. 40.
377. Joseph Rothschild, *East Central Europe between the Two World Wars*, pp. 54–55, 152, 234, 319, 339.
378. Alexandre Bennigsen, "Soviet Minority Nationalism in Historical Perspective," *The Last Empire*, edited by Robert Conquest, p. 138.
379. Alexandre Bennigsen, "Soviet Minority Nationalism in Historical Perspective," *The Last Empire*, edited by Robert Conquest, p. 138.
380. Gertrude E. Schroeder, "Social and Economic Aspects of the Nationality Problem," ibid., p. 300.
381. Roman Szporluk, "The Ukraine and Russia," ibid., p. 152.
382. Jean François Revel, *The Flight from Truth: The Reign of Deceit in the Age of Information* (New York: Random House, 1991), pp. 244–245, 247, 250–251; Robert Conquest, *Harvest of Sorrow: Soviet Collectivization and the Famine-Terror* (New York: Oxford University Press, 1986, pp. 316, 319–321.

383. Quoted in David Remnick, *Resurrection: The Struggle for A New Russia* (New York: Random House, 1997), p. 138.
384. Martha Brill Olcott, *The Kazakhs*, p. 71.
385. "Uzbek Leader Pleads for Moscow's Aid on Unrest," *The New York Times*, June 9, 1990, p. 4.
386. "... the death toll from ethnic violence in the Soviet Union stood at 332—more than the total for all of last year." Michael Dobbs, "Armenia in Mourning after Clashes Kill 22," *Washington Post*, May 29, 1990, p. A18. See also Esther B. Fein, "At Least 16 Killed as Protesters Battle the Police in Soviet Georgia," *The New York Times*, April 10, 1989, pp. A1, A6; Celestine Bohlen, "The Soviets and the Enmities Within," *The New York Times*, April 16, 1989, Section E, p. 1; Roman Szporluk, "The Ukraine and Russia," ibid., p. 152.
387. Nicholas Eberstadt, *The Tyranny of Numbers: Mismeasurement and Misrule* (Washington: American Enterprise Institute Press, 1995), pp. 92–101; Mark D'Anastasio, "Red Medicine," August 18, 1987, p. A1.

第五章　西半球印第安人

1. Edward Whiting Fox, *History in Geographic Perspective* (New York: W. W. Norton & Co., 1971), p. 22.
2. Michael Coe, et al., *Atlas of Ancient America* (New York: Facts on File Publications, 1986), p. 79.
3. Ibid., p. 89.
4. Robert J. Sharer, *The Ancient Maya*, fifth edition (Stanford: Stanford University Press, 1994), p. 455.
5. Despite much aversion among late twentieth-century intellectuals to continued use of the term "discovery," none of the proposed substitutes such as "contact" captures the enormous impact of this sudden revelation of half the world to the Europeans. That the indigenous peoples of the Western Hemisphere obviously knew that it was here all along does not prevent this from being a discovery, since discovery is inherently subjective. In this case, its consequences were historic for peoples on both sides of the Atlantic. Moreover, words like "contact" imply a mutuality that simply is not true. Indians did not discover Europe. Even the relatively few Indians who actually travelled to Europe were going to a place already known to them before they left home.
6. Alfred W. Crosby, *The Columbian Voyages, the Columbian Exchange, and Their Historians* (Washington: American Historical Association, 1987), p. 18.
7. Robert W. Patch, *Maya and Spaniard in Yucatan, 1648–1812* (Stanford: Stanford University Press, 1993), pp. 42–43.
8. William G. McLoughlin, *Cherokee Renascence in the New Republic* (Princeton: Princeton University Press, 1986), pp. 17–18.
9. James H. Merrell, "'The Customes of Our Countrey': Indians and Colonists in Early America," *Strangers within the Realm: Cultural Margins of the First British Empire*, edited by Bernard Bailyn and Philip D. Morgan (Chapel Hill: University of North Carolina Press, 1991), p. 148.
10. Henry F. Dobyns, *Native American Historical Demography: A Critical Bibliography* (Bloomington: Indiana University Press, 1976), pp. 10–21; Harold E. Driver, *Indians of North America*, second edition (Chicago: University of Chicago Press, 1975, pp. 63–65. The greater plausibility of the higher estimates is argued in Francis Jennings, *The Invasion of America: Indians, Colonialism, and the Cant of Conquest* (New York: W. W. Norton, 1976), pp. 15–31.
11. Harold E. Driver, *Indians of North America*, revised edition, p. 64.
12. Colin McEvedy and Richard Jones, *Atlas of World Population History* (New York: Penguin Books, 1978), pp. 271–273.
13. Peter Gerhard, *A Guide to the Historical Geography of New Spain*, revised edition (Norman: University of Oklahoma Press, 1993), p. 5.
14. Edward H. Spicer, "American Indians," *Harvard Encyclopedia of American Ethnic Groups*, edited by Stephan Thernstrom, et al. (Cambridge, Massachusetts: Harvard University Press, 1981), p. 59.
15. Peter Gerhard, *A Guide to the Historical Geographical of New Spain*, revised edition (Norman: University of Oklahoma Press, 1993), p. 23.
16. Noble David Cook, *Demographic Collapse: Indian Peru, 1520–1620* (Cambridge: Cambridge University Press, 1981), p. 116.
17. John Hemming, *Red Gold: The Conquest of the Brazilian Indians* (London: Macmillan, Ltd., 1978), p. 492.
18. Richard B. Sheridan, "Mortality and Medical Treatment of Slaves in the British West Indies," *Race and Slavery in the Western Hemisphere: Quantitative Studies*, edited by Stanley L. Engerman and Eugene D. Genovese (Princeton: Princeton University Press, 1975), p. 285.
19. Carlo M. Cipolla, *Before the Industrial Revolution: European Society and Economy, 1000–1700* (New York: W. W. Norton Company, 1976), p. 239; Carlo M. Cipolla, *Guns, Sails, and Empires: Technological Innovation and the Early Phases of European Expansion, 1400–1700* (Manhattan, Kansas: Sunflower University Press, 1992), p. 134n.
20. Harold E. Driver, *Indians of North America*, 2nd edition, pp. 471–472; Carlo M. Cipolla, *Guns, Sails, and Empires*, pp. 142–143; Nigel Davies, *The Aztecs: A History* (Norman: University of Oklahoma Press, 1989), p. 271; Francis Jennings, *The Ambiguous Iroquois Empire: The Covenant Chain Confederation of Indian Tribes with English Colonies from its beginnings to the Lancaster Treaty of 1744* (New York: W. W. Norton, 1984), pp. 108, 134.
21. Francis Jennings, *The Ambiguous Iroquois Empire*, p. xvi.
22. Terry L. Anderson, *Sovereign Nations or Reservations? An Economic History of American Indians* (San Francisco: Pacific Research Institute for Public Policy, 1995), p. 70.
23. Ibid., p. 86.
24. Susan Migden Socolow, "Spanish Captives in Indian Societies: Cultural Contact Along the Argentine Frontier, 1600–1835," *Hispanic American Historical Review*, Vol. 72, No. 1 (February 1992), pp. 73–99.
25. Daniel J. Boorstin, *The Americans: The Colonial Experience* (New York: Random House, 1958), p. 56.
26. Dean R. Snow, *The Iroquois* (Oxford: Blackwell Publishers, 1996), p. 121.
27. Francis Jennings, *The Ambiguous Iroquois Empire*, p. 62.
28. Carlo M. Cipolla, *Before the Industrial Revolution*, pp. 29, 31.
29. Eric R. Wolf, *Europe and the People Without History* (Berkeley: University of California Press, 1982), pp. 137, 139.
30. Carlo M Cipolla, *Before the Industrial Revolution* pp. 250–253; Jaime Vicens Vives, "The Decline of Spain in the Seventeenth Century," *The Economic Decline of Empires*, edited by Carlo M. Cipolla (London: Methuen & Co., Ltd., 1970), pp. 121, 127, 156.
31. Jaime Vicens Vives, "The Decline of Spain in the Seventeenth Century," *The Economic Decline of Empires*, edited by Carlo M. Cipolla, p. 147.
32. Carlo M. Cipolla, *Before the Industrial Revolution*, p. 252.
33. Ibid., p. 240.
34. Ibid., p. 245.
35. William H. McNeill, *The Rise of the West*, pp. 599–600.
36. Fernand Braudel, *The Perspective of the World*, Volume III: *Capitalism and Civilization: 15th–18th Century* (New York: Harper & Row, 1984), p. 393;
37. Angie Debo, *A History of Indians of the United States* (Norman: University of Oklahoma Press, 1990), p. 73.
38. Michael Coe, et al., *Atlas of Ancient America*, p. 28.
39. D. W. Meinig, *The Shaping of America: A Geographic Perspective on 500 Years of History*, Volume I: *Atlantic America, 1492–1800* New Haven: Yale University Press, 1986), p. 9.
40. Eric R. Wolf, *Europe and the People Without History*, pp. 129–130.
41. Robert J. Sharer, *The Ancient Maya*, fifth edition, p. 61.
42. Michael D. Coe, *The Maya*, fifth edition (New York: Thames and Hudson, 1993), pp. 24, 47, 68–70, 109, 202, 212.
43. Ibid., p. 49.
44. Robert J. Sharer, *The Ancient Maya*, fifth edition, pp. 23, 28.
45. Robert W. Patch, *Maya and Spaniard in Yucatan, 1648–1812*, p. 11.
46. Ibid., pp. 14–16.
47. Robert J. Sharer, *The Ancient Maya*, fifth edition, p. 461.
48. Robert W. Patch, *Maya and Spaniard in Yucatan, 1648–1812*, pp. 18–19.
49. Michael D. Coe, *The Maya*, fifth edition, pp. 28, 40, 146.
50. See, for examples, ibid., pp. 52, 71, 104, 107, 109, 111, 163, 199; John S. Henderson, *The World of the Ancient Maya* (Ithaca, N.Y.: Cornell University Press, 1981), pp. 195; Robert J. Sharer, *The Ancient Maya*, fifth edition, pp. 403, 516, 544; "New Light on Dark History," *The Economist*, December 21, 1996, p. 57.
51. Michael D. Coe, *The Maya*, fifth edition, pp. 56, 108, 163, 171, 182
52. Robert J. Sharer, *The Ancient Maya*, fifth edition, pp. 140, 452.
53. Ibid., p. 175.
54. John S. Henderson, *The World of the Ancient Maya*, pp. 22, 148, 194, 235; Robert J. Sharer, *The Ancient Maya*, fifth edition, pp. 470–471.
55. See, for example, Lori E. Wright and Christine D. White, "Human Biology in the Classic Maya Collapse: Evidence from Paleopathology and Paleodiet," *Journal of World Prehistory*, Vol. 10, No. 2 (June 1996), pp. 147–19.
56. Jeremy A. Sabloff and Gordon R. Willey, "The Collapse of May Civilization in the Southern Lowlands: A Consideration of History and Process," *Southwestern Journal of Anthropology*, Vol. 23, No. 4 (Winter 1967), p. 314. Robert J. Sharer, *The Ancient Maya*, fifth edition, pp. 341, 342, 353.

57. Robert J. Sharer, *The Ancient Maya*, fifth edition, pp. 338–339.
58. Ibid., p. 382.
59. Ibid., pp. 3, 341.
60. Ibid., p. 406.
61. Ibid., pp. 732.
62. Ibid., pp. 734–735.
63. Ibid., pp. 738747.
64. Peter Gerhard, *A Guide to the Historical Geography of New Spain*, revised edition, p. 9.
65. See, for example, Peter Gerhard, *The Southeast Frontier of New Spain*, revised edition (Norman: University of Oklahoma Press, 1993), pp. 9–12; Peter Gerhard, *The Northern Frontier of New Spain*, revised edition (Norman: University of Oklahoma Press, 1993), pp. 9–10; Peter Gerhard, *A Guide to the Historical Geography of New Spain*, pp. 8–10.
66. Robert W. Patch, *Maya and Spaniard in Yucatan*, p. 22.
67. Peter Gerhard, *A Guide to the Historical Geography of New Spain*, p. 7.
68. Robert W. Patch, *Maya and Spaniard in Yucatan, 1648–1812* (Stanford: Stanford University Press, 1993), pp. 22–23.
69. Ibid., pp. 42–44.
70. Ibid., p. 81.
71. Ibid.
72. Ibid., pp. 233–234, 242.
73. Nigel Davies, *The Aztecs*, p. 10.
74. Ibid., pp. 7, 8, 12, 20–21.
75. Ibid., pp. 23, 78
76. Ibid., p. 28.
77. Ibid., p. 38.
78. Richard F. Townshend, *The Aztecs* (London: Thames and Hudson, 1992), pp. 184–185.
79. Ibid., p. 171.
80. Nigel Davies, *The Aztecs*, p. 210.
81. Richard F. Townshend, *The Aztecs*, p. 187.
82. Nigel Davies, *The Aztecs*, pp. 167, 190.
83. Hugh Thomas, *Conquest: Montezuma, Cortes, and the Fall of Old Mexico* (New York: Simon & Schuster, 1993), pp. 25–26.
84. Richard F. Townshend, *The Aztecs*, pp. 91–92, 100.
85. Ibid., pp. 90–91, 101.
86. Ibid.
87. Ibid., pp. 14, 15.
88. Ibid., p. 16.
89. Ibid., pp. 21–22.
90. Ibid., pp. 23–24.
91. Nigel Davies, *The Aztecs*, p. 268.
92. Ibid.
93. Ibid., p. 270.
94. Ibid., pp. 271–272.
95. Ibid., pp. 271–282; Richard F. Townshend, *The Aztecs*, pp. 35–42.
96. Michael E. Moseley, *The Incas and Their Ancestors* (New York: Thames and Hudson, 1993), p. 29.
97. Michael E. Moseley, *The Incas and Their Ancestors*, p. 9.
98. John Hemming, *The Conquest of the Incas* (New York: Harcourt and Brace Jovanovich, 1970), pp. 171; Alan Kolata, "In the Realm of the Four Quarters," *America in 1492: The World of the Indian Peoples Before the Arrival of Columbus* (New York: Alfred A. Knopf, 1993), pp, 228–230; Steve J. Stern, *Peru's Indian Peoples and the Challenge of Spanish Conquest: Huamanga to 1640* (Madison: University of Wisconsin Press), pp. 12, 13, 20.
99. John Hemming, *The Conquest of the Incas*, p. 121.
100. Michael E. Moseley, *The Incas and the Ancestors*, pp. 910.
101. John Hemming, *The Conquest of the Inca*, p. 36.
102. John Hemming, *The Conquest of the Incas*, p. 61; Michael Coe, et al., *Atlas of Ancient America*, pp. 197, 201; Nigel Davies, *The Incas*, p. 118.
103. Michael E. Moseley, *The Incas and Their Ancestors*, p. 11.
104. Nigel Davies, *The Incas* (Niwot, Colorado: University of Colorado Press, 1995), Chapter 8; Burr Cartwright Brundage, *Empire of the Inca* (Norman: University of Oklahoma Press, 1985), Chapter 13.
105. Burr Cartwright Brundage, *Empire of the Inca* (Norman: University of Oklahoma Press, 1985), p. 298.
106. Ibid., pp. 261–262.
107. John Hemming, *The Conquest of the Incas*, pp. 36–45.
108. Ibid., p. 74.
109. Ibid., pp. 110–115.
110. Ibid., p. 138.
111. Ibid., p. 140.
112. Ibid., pp. 146, 147.
113. Ibid., pp. 180–184.
114. Ibid., p. 226.
115. Ibid., pp. 417–420.
116. Dean R. Snow, *The Iroquois*, p. 38.
117. William G. McLoughlin, *Cherokee Renascence in the New Republic*, Chapter 16.
118. William G. McLoughlin, *Cherokee Renascence in the New Republic* (Princeton: Princeton University Press, 1986), p. 3
119. Francis Jennings, *The Invasion of America*, pp. 128–129.
120. See, for example, ibid., pp. 144–145.
121. Ian K. Steele, *Warpaths: Invasions of North America* (New York: Oxford University Press, 1994), p. 58.
122. Ibid., p. 68.
123. D. W. Meinig, *The Shaping of America*, Volume I: *Atlantic America, 1492–1800*, pp. 62, 119.
124. Francis Jennings, *The Ambiguous Iroquois Empire*, pp. 91, 119.
125. D. W. Meinig, *The Shaping of America*, Vol. I, p. 148.
126. Ian K. Steele, *Warpaths*, p. 75.
127. D. W. Meinig, *The Shaping of America*, Volume I: *Atlantic America, 1492–1800*, pp. 92, 97, 119.
128. Ian K. Steele, *Warpaths*, p. 84.
129. Ibid., pp. 86–87.
130. William T. Hagan, *American Indians*, third edition (Chicago: University of Chicago Press, 1993), pp. 28–29. See also Bernard W. Sheehan, *Seeds of Extinction: Jefferson Philanthropy and the American Indian* (Chapel Hill: University of North Carolina Press, 1973), pp. 185–194.
131. William T. Hagan, *American Indians*, p. 21.
132. Ian K. Steele, *Warpaths*, p. 239.
133. Eric R. Wolf, *Europe and the People Without History*, p. 158–159; Francis Jennings, *The Invasion of America*, pp. 97–98.
134. E. E. Rich, "Trade Habits and Economic Motivation among the Indians of North America," *Canadian Journal of Economics and Political Science*, Vol. 26, No. 1 (February 1960), p. 36.
135. Ian K. Steele, *Warpaths*, pp. 76–77.
136. Ibid., pp. 96–107.
137. E. E. Rich, "Trade Habits and Economic Motivation among the Indians of North America," *Canadian Journal of Economics and Political Science*, Vol. 26, No. 1 (February 1960), p. 38.
138. Eric R. Wolf, *Europe and the People Without History*, p. 170.
139. Ian K. Steele, *Warpaths*, pp. 37–49.
140. Francis Jennings, *The Invasion of America*, pp. 129–130; Dean R. Snow, *The Iroquois*, p. 154.
141. Quoted in Terry Anderson, *Sovereign Nations or Reservations?*, p. 69.
142. Ian K. Steele, *Warpaths*, p. 76.
143. C. E. Marshall, "The Birth of the Mestizo in New Spain," *Hispanic American Historical Review*, Vol. 19 (1939), pp. 161–184.
144. See, for example, William T. Hagan, *American Indians*, third edition, pp. 200–210; Fergus M. Bordewich, "Revolution in Indian Country," *American Heritage*, Vol. 47, No. 4 (July/August 1996), pp. 34–46.
145. *Cree v. Waterbury*, Ninth Circuit Court of Appeals, *Daily Appellate Report*, March 7, 1996, pp. 2583–2585.
146. *Seminole India Tribe of Florida v. Florida*, U.S. Supreme Court, *Daily Appellate Report*, March 28, 1996.
147. Dean R. Snow, *The Iroquois*, p. 2.
148. Ibid., pp. 52–62.
149. Dean R. Snow, *The Iroquois*, pp. 40–46. Ian K. Steele, *Warpaths*, p. 113.
150. Dean R. Snow, *The Iroquois*, p. 92.
151. Ibid., p. 125; Ian K. Steele, *Warpaths*, p. 117.
152. Dean R. Snow, *The Iroquois*, pp. 32, 53, 54–55, 114–116, 127
153. Francis Jennings, *The Invasion of America*, p. 166
154. Ian K. Steele, *Warpaths*, p. 89.
155. Dean R. Snow, *The Iroquois*, p. 142.
156. Ian K. Steele, *Warpaths*, pp. 113–123.
157. See Gary C. Goodwin, *Cherokees in Transition: A Study of Changing Culture and Environment Prior to 1775* (Chicago: University of Chicago Geography Department, 1977), pp. 7, 9; William G. McLoughlin, *Cherokee Renascence in the New Republic*, p. 27.
158. Gary C. Goodwin, *Cherokees in Transition*, p. 34.
159. Ibid., p. 37.
160. Ibid., pp. 82–90.
161. Ibid., p. 93.
162. Ibid., p. 98.
163. Ibid., pp. 126–128, 130–136.
164. William G. McLoughlin, *Cherokee Renascence in the New Republic*, p. 3.
165. U.S. Bureau of the Census, *Historical Statistic of the United States: Colonial Times to 1970* (Washington: Government Printing Office, 1976), p. 8.
166. William G. McLoughlin, *Cherokee Renascence in the New Republic*, pp. 350–351.

167. William T. Hagan, *American Indians*, p. 81.
168. Ibid., pp. 89–90.
169. Paul Stuart, *Nations Within a Nation: Historical Statistics of American Indians* (New York: Greenwood Press, 1987), pp. 78, 79.
170. William T. Hagan, *American Indians*, pp. 95–96.
171. Robert M. Utley, *The Indian Frontier of the American West*, p. 261.
172. U.S. Bureau of the Census, *1990 Census of Population: Characteristics of American Indians by Tribe and Language* (Washington: U.S. Government Printing Office, 1994), p. 1, 185.
173. Terry L. Anderson, *Sovereign Nations or Reservations?*, p. 14.
174. Peter Iverson, *When Indians Became Cowboys* (Norman: University of Oklahoma Press, 1994), pp. 8–9.
175. John C. Ewers, *The Horse in Blackfoot Indian Culture: With Comparative Material from Other Western Tribes* (Washington: Smithsonian Institution Press, 1969), pp. 1–4.
176. John C. Ewers, *The Horse in Blackfoot Indian Culture*, pp. 6, 13–14.
177. John C. Ewers, *The Horse in Blackfoot Indian Culture*, p. 21.
178. William T. Hagan, *American Indians*, p. 105.
179. Ibid., p. 130.
180. Robert M. Utley, *The Indian Frontier of the American West: 1846–1890* (Albuquerque: University of New Mexico Press, 1984), pp. 78–81.
181. Robert M. Utley, *The Indian Frontier of the American West*, pp. 81–86.
182. Robert M. Utley, *The Indian Frontier of the American West*, pp. 93–95.
183. Steven J. Novak, "The Real Takeover of the BIA: The Preferential Hiring of Indians," *Journal of Economic History*, Vol. L, No. 3 (September 1990), p. 644.
184. Robert M. Utley, *The Indian Frontier of the American West*, p. 267.
185. Martin Binkin, *Blacks and the Military* (Washington: The Brookings Institute, 1982), p. 15; Daniel F. Littlefield, Jr., *Africans and Seminoles: From Removal to Emancipation* (Westport, CT: Greenwood Press, 1977), pp. 5–6, 200–201.
186. Steven J. Novak, "The Rela Takeover of the BIA: The Preferential Hiring of Indians," *Journal of Economic History*, Vol. L, No. 3 (September 1990), pp. 639–654.
187. Patrick Kluck, "The Society and Its Environment," *Bolivia: A Country Study*, edited by Rex A. Hudson and Dennis M. Hanratty (Washington: U.S. Government Printing Office, 1991), p. 65.
188. Thomas E. Weill, et al., *Area Handbook for Mexico* (Washington: U.S. Government Printing Office, 1975), pp. 88–89.
189. Iêda Siqueira Wiarda, "The Society and Its Environment," *Venezuela: A Country Study*, fourth edition, edited by Richard A. Haggerty (Washington: U.S. Government Printing Office, 1993), p. 63; Thomas E. Weill, et al., *Area Handbook for Chile* (Washington: U.S. Government Printing Office, 1969), p. 59; Patrick Kluck, "The Society and its Environment," *Paraguay: A Country Study*, second edition, edited by Dennis M. Hanratty and Sandra W. Meditz (Washington: U.S. Government Printing Office, 1990), pp. 84–85.
190. Patricia Kluck, "The Society and Its Environment," *Ecuador: A Country Study*, edited by Dennis M. Hanratty (Washington: U.S. Government Printing Office, 1991), p. 83.
191. Bruce Michael Bagley, "The Society and Its Environment," *Colombia: A Country Study*, fourth edition, edited by Dennis M. Hanratty and Sandra W. Meditz (Washington: U.S. Government Printing Office, 1990), p. 74.
192. Paul L. Doughty, "The Society and Its Environment," *Peru: A Country Study*, edited by Rex A. Hudson (Washington: U.S. Government Printing Office, 1993), p. 128
193. See, for example, Robert M. Utley, *The Indian Frontier of the American West*, pp. 43–44, 61, 112; Robert J. Sharer, *The Ancient Maya*, fifth edition, pp. 422; Dean R. Snow, *The Iroquois*, pp. 79, 142; William T. Hagan, *American Indians*, third edition, p. 28.
194. For example, King Philip II of Spain said: "The kings have been and are bound to us by treaties, but remember that they are not true to their undertakings and always have their word when they are too poor to go to war." John Hale, *The Civilization of Europe in the Renaissance* (New York: Atheneum, 1994), p. 95. In essay number 5 of *The Federalist Papers*, John Hay noted the conquests made by the Roman of people who were supposedly their allies. Alexander Hamilton, James Madison, and John Jay, *The Federalist Papers* (New York: New American Library, 1961), p. 53.
195. Gary D. Sandefur, "Minority Group Status and the Wages of White, Black, and Indian Workers," *Social Science Research*, March 1983, pp. 44–68.
196. See, for example, Thomas Sowell, editor, *Essays and Data on American Ethnic Groups* (Washington: The Urban Institute, 1978), p. 257.
197. U.S. Department of Commerce, Bureau of the Census, *1990 Census of Population and Housing: Summary Social, Economics, and Housing Characteristics* 1990 CPHs–5–1 (Washington: U.S. Government Printing Office, 1992), p. 228; U.S. Department of Commerce, Bureau of the Census, *1990 Census of Population: Characteristics of American Indians by Tribe and Language*, p. 182.
198. U.S. Department of Commerce, Bureau of the Census, *1990 Census of Population: Characteristics of American Indians by Tribe and Language* (1990-CP–3–7), Section 1 of 2, p. 182; U.S. Bureau of the Census, *Current Population Reports*, Series P–20, No. 446 (Washington: U.S. Government Printing Office, 1991), p. 11.
199. U.S. Bureau of the Census, *1990 Census of Population: Characteristics of American Indians by Tribe and Language*, pp. 1, 19, 862, 865.
200. U.S. Department of Commerce, Bureau of the Census of *Population: 1970*, Subject Reports: American Indians, PC(2)–1f (Washington: U.S. Government Printing Office, 1973), p. 1; U.S. Department of Commerce, Bureau of the Census, *1990 Census of Population: Characteristics of American Indians by Tribe and Language* (1990-CP–3–7), Section 1 of 2, p. 1.
201. The 1890 census enumerated 248,253 Indians, the 1960 census 509,147 and the 1990 census 1,937,391. See Paul Stuart, *Nations with a Nation*, p. 54; U.S. Department of Commerce, Bureau of the Census, *1990 Census of Population: Characteristics of American Indians by Tribe and Language* (1990-CP–3–7), Section 1 of 2, p. 1.
202. Mel Smith, "What Government Aboriginal Policy Is Doing to Canada," *Fraser Forum*, March 1996, pp. 5–10.
203. J. S. Frideres, "The Quest for Indian Developmenmt in Canada: Contrasts and Contradictions," *The Political Economy of North American Indians*, edited by John H. Moore (Norman: University of Oklahoma Press, 1993), pp. 164–165.
204. James Brooke, "Indians' Cruel Winter of Aid Cuts and Cold," *New York Times*, January 27, 1997, pp. A1, A8.
205. Francis Jennings, *The Invasion of America*, p. 39.
206. "New Light on Dark History," *The Economist*, December 21, 1996, pp. 55–60.
207. Francis Jennings, *The Invasion of America*, p. 22.
208. Gary D. Sandefur, "Minority Group Status and the Wages of White, Black, and Indian Males," *Social Science Research*, March 1983, pp. 44–68.
209. Rex A. Hudson, "Introduction," *Peru: A Country Study*, edited by Rex A. Hudson (Washington: U.S. Government Printing Office, 1993), p. xxxi.
210. Paul L. Doughty, "The Society and Its Environment," *Peru: A Country Study*, edited by Rex A. Hudson, p. 100.
211. Paul L. Doughty, "The Society and Environment," *Peru: A Country Study*, edited by Rex A. Hudson, p. 128.

第六章　总结

1. Aaron L. Friedberg, *The Weary Titan: Britain and the Experience of Relative Decline 1895–1905* (Princeton: Princeton University Press, 1988), p. 26.
2. Tom Bethell, "Property Law 101," *Hoover Digest*, 1996, No. 2, p. 22.
3. Andrew Tanzer, "The Bamboo Network," *Forbes*, July 18, 1994, pp. 138–145.
4. "The Tigers' Fearful Symmetry," *The Economist*, July 19, 1997, p. 35.
5. Mark Casson, *The Growth of International Business* (London: Allen & Unwin, 1983), p. 106.
6. Writing of West Africa in the middle of the twentieth century, Professor Peter T. Bauer of the London School of Economics made an observation that would apply in many other places, in both industrial and non-industrial nations: "The people often exhibit a pronounced ignorance of the operation of an exchange and market economy . . . The profit margins of the European firms and of the Levantine and African intermediaries are believed to depend solely or largely on their own decisions, which are only remotely connected with such academic matters as supply and demand. Accumulated wealth is thought to have been earned solely by the impoverishment of customers or competitors. It is a widespread article of faith that the wealth of the mercantile firms has been extracted from the Africans and has in no way been created by the activities of the members." P. T. Bauer, *West African Trade: A Study of Competition, Oligopoly and Monopoly in a Changing Economy* (Cambridge: Cambridge University Press, 1954), p. 9. Halfway around the world, the same fallacy was popular in Thailand, where the Chinese were seen as impoverishing the country by sending part of their income back to their families in China. As British scholar Victor Purcell put it: "Those who argue that the Chinese 'drew off wealth' ignore the fact that without the Chinese there would have been no wealth to draw

off." Victor Purcell, *The Overseas Chinese in Southeast Asia*, second edition (Kuala Lumpur: Oxford University Press, 1980), p. 123.
7. V. I. Lenin, *Imperialism, the Highest Stage of Capitalism* (Peking: Foreign Languages Press, 1975), pp. 75–76.
8. Mira Wilkins, *The History of Foreign Investment in the United States to 1914* (Cambridge, Massachusetts: Harvard University Press, 1989), p. 609.
9. U.S. Bureau of the Census, *Historical Statistics of the United States: From Colonial Times to 1870* (Washington: Government Printing Office, 1975), p. 870.
10. As regards the role of people from India in East Africa, for example, see J. S. Mangat, *A History of the Asians in East Africa* (Oxford: Clarendon Press, 1969); Robert G. Gregory, *South Indians in East Africa: An Economic and Social History, 1890–1980* (Boulder, Colorado: Westview Press, 1993); Floyd Dotson and Lillian O. Dotson, *The Indian Minority of Zambia, Rhodesia, and Malawi* (New Haven: Yale University Press, 1968); Haraprasad Chattopadhyaya, *Indians in Africa: A Socio-Economic Study* (Calcutta: Bookland Pvt. Ltd., 1978); Agehananda Bharati, *The Asians in East Africa: Jayind and Uhuru* (Chicago: Nelson-Hall Co., 1972); Michael Twaddle, *Expulsion of a Minority: Essays on Ugandan Asians* (London: The Athlone Press, 1975). On the role of the Lebanese in West Africa, see for example, Albert Hourani & Nadim Shehadi, *The Lebanese in the World: A Century of Migration* (London: I. B. Tauris & Co., Ltd., 1992), Part Four; H. L. van der Laan, *The Lebanese Traders in Sierra Leone* (The Hague: Mouton & Co., 1975); Peter Bauer, *West African Trade* (Cambridge: Cambridge University Press, 1954), pp. 148–149, 160–162, 164–167.
11. Jean Roche, *La Colonisation Allemande et le Rio Grande* (Paris: Institute des Hautes Études de L'Amerique Latine, 1959), pp. 388–389; Fred C. Koch, *The Volga Germans: In Russia and the Americas, from 1763 to the Present* (University Park: Pennsylvania State University Press, 1978), p. 227; Kathleen Neils Conzen, *Immigrant Milwaukee: Accommodation and Community in a Frontier City* (Cambridge, Massachusetts: Harvard University Press, 1976), pp. 105–105; Rudolf Kinglake, *A History of the Photographic Lens* (San Diego: Academic Press, 1989), pp. 108–309; James M. KcKeown and Joan C. McKeown, *Price Guide to Antique and Classic Cameras*, seventh edition (Hover, East Sussex, U.K.: Hove Foto Books, 1989), pp. 191–202, 205.
12. See, for example, Thomas Sowell, *Migrations and Cultures: A World View* (New York: Basic Books, 1996), pp. 9–19; Thomas Sowell, *Race and Culture: A World View* (New York: Basic Books, 1994), pp. 235–246.
13. James L. Tigner, *The Okinawans in Latin America* (Washington: Pacific Science Board, National Research Council, 1954), pp. 126–128.
14. Forrest MacDonald, "Prologue," *Cracker Culture: Celtic Ways in the Old South* (Tuscaloosa:; University of Alabama Press, 1998), p. xxi.
15. Grady McWhiney, *Cracker Culture: Celtic Ways in the Old South* (Tuscaloosa: University of Alabama Press, 1988), p. 258; Frederick Law Olmsted, *The Cotton Kingdom: A Traveller's Observations on Cotton and Slavery in the American Slave States* (New York: The Modern Library, 1969), pp. 177, 186, 212, 214, 220, 423, 427.
16. John Stuart Mill, *Principles of Political Economy with Some of Their Application to Social Philosophy*, edited by W. J. Ashley (London: Longmans, Green, and Co., 1909), pp. 74–75.
17. G. M. Trevelyan, *English Social History: A Survey of Six Countries, Chaucer to Queen Victoria* (New York: Penguin Books, 1986), pp. 34, 72n.
18. Caroline Golab, *Immigrant Destinations* (Philadelphia: Temple University Press, 1977), pp. 101–104.
19. Raphael Patai, *The Jewish Mind* (New York: Charles Scribner's Sons, 1977), pp. 122–124; Jane S. Gerber, *The Jews of Spain: A History of the Sephardic Experience* (New York: The Free Press, 1992), pp. 45, 47, 61–63, 74–75, 86.
20. See, for example, Jean W. Sedlar, *East Central Europe in the Middle Ages, 1000–1500* (Seattle: University of Washington Press, 1994), pp. 124–125.
21. See, for example, Charles Kindleberger, *World Economic Primacy: 1500–1990* (Oxford: Oxford University Press, 1996), p. 102.
22. Gareth Austin, "Indigenous Credit Institutions in West Africa, c.1750–c.1960," *Local Suppliers of Credit in the Third World, 1750–1960*, edited by Gareth Austin and Kaoru Sugihara (London: St. Martin's Press, 1993), pp. 111–112; Traian Stoianovich, "The Conquering Balkan Orthodox Merchant," *Journal of Economic History*, Vol. 20, No. 2 (June 1960), p. 304.
23. Traian Stoianovich, "The Conquering Balkan Orthodox Merchant," *Journal of Economic History*, Vol. 20, No. 2 (June 1960), p. 304.

24. Eric Richards, "Scotland and the Uses of the Atlantic Empire," *Strangers within the Realm: Cultural Margins of the First British Empire*, edited by Bernard Bailyn and Philip D. Morgan (Chapel Hill: University of North Carolina Press, 1991), p. 84.
25. Yasuo Wakatsuki, "Japanese Emigration to the United States, 1866–1924," *Perspectives in American History*, Vol. XX (1979), pp. 430–434, 438.
26. Even after suffering humiliating military defeats from Japan in the 1890s, China continued training its military forces in obsolete methods and promoting them on the basis of their knowledge of ancient writings on war. Victor Purcell, *The Boxer Rebellion: A Background Study* (Cambridge: Cambridge University Press, 1963), pp. 30–31.
27. "Caspian Oil and Quicksand," *New York Times*, August 4, 1997, p. A 14.
28. Nathan Rosenberg and L. E. Birdzell, Jr., *How the West Grew Rich: The Economic Transformation of the Industrial World* (New York: Basic Books, 1986), p. 116.
29. Angelo M. Codevilla, *The Character of Nations* (New York: Basic Books, 1997), p. 42.
30. Barbara Crossette, "Survey Ranks Nigeria as Most Corrupt Nation," *New York Times*, International Section, p. 3.
31. Charles Kindleberger, *World Economic Primacy: 1500 to 1990* (Oxford: Oxford University Press, 1996), pp. 121–122.
32. Edward C. Banfield, *The Moral Basis of a Backward Society* (New York: The Free Press, 1958), pp. 7, 8, 9–10, 18–20, 31, 37, 38, 87.
33. See, for example, R. Jayaraman, "Indian Emigration to Ceylon: Some Aspects of the Historical and Social Background of the Emigrants," *Indian Economic and Social History Review*, December 1967, pp. 35352; William McGown, *And Only Man is Vile: The Tragedy of Sri Lanka* (New York: Farrar, Straus, and Giroux, 1992), pp. 287–289.
34. See, for example, *International Technology Transfer: Europe, Japan and the USA, 1700–1914*, edited by David J. Jeremy (London: Edward Elgar Publishing Ltd., 1991); G. C. Allen and Audrey G. Donnnithorne, *Western Enterprise in Far Eastern Economic Development* (London: George Allen & Unwin, Ltd., 1962), pp. 185–237; Neil Pedlar, *The Imported Pioneers: Westerners Who Helped Build Modern Japan* (New York: St. Martin's Press, 1990).
35. Robert A. Kann; Piotr S. Wandycz, *The Lands of Partitioned Poland: 1795–1918* (Seattle: University of Washington Press, 1993), p. 129.
36. Robert A. Kann and Zdenek V. David, *The Peoples of the Eastern Habsburg Lands, 1526–1918* (Seattle: University of Washington Press, 1984), pp. 443–444
37. Victor Purcell, *The Overseas Chinese in Southeast Asia*, second edition (Kuala Lumpur: Oxford University Press, 1980), p. 129.
38. Mohamed Suffian bin Hashim, "Problems and Issues of Higher Education Development in Malaysia," *Development of Higher Education in Southeast Asia: Problems and Issues* (Singapore: Regional Institute of Higher Education and Development, 1973), pp. 56–78.
39. Anatoly M. Kazanova, "The Ethnic Problems of Contemporary Kazakhstan," *Century Asian Survey*, Vol. 14, No. 2 (1995), p. 253; Chandra Richard de Silva, "Sinhala-Tamil Relations and Education in Sri Lanka: The University Admissions Issue—the First Phase, 1971–7," *From Independence to Statehood: Managing Ethnic Conflict in Five African and Asian States*, edited by R. B. Goldmann and A. J. Wilson (London: Frances Pinter, 1994), pp. 125–146; Suma Chitnis, "Positive Discrimination in India with Reference to Education," *ibid.*, pp. 31–43; Sammy Smooha and Yochanan Peres, "The Dynamics of Ethnic Equality: The Case of Israel," *Studies of Israeli Society*, edited by Ernest Krausz (New Brunswick, N.J.: Transaction Books, 1980), p. 173; Paul Compton, "The Conflict in Northern Ireland: Demographic and Economic Considerations," *Economic Dimensions of Ethnic Conflicts: International Perspectives*, edited by S. W. R. de A Smarragonghe and Reed Coughlan (London: Pinter Publishers, 1991), pp. 35–39, 41; Thomas Sowell, "Ethnicity in a Changing America," *Daedalus*, Winter 1978, pp. 231–232.
40. Ezra Mendelsohn, *The Jews of East Central Europe Between the World Wars* (Bloomington: Indiana University Press, 1983), p. 99.
41. Mary Fainsod Katzenstein, *Ethnicity and Equality: The Shiv Sena Party and Preferential Policies in Bombay* (Ithaca: Cornell University Press, 1979), pp. 75–76; Myron Weiner, *Sons of the Soil: Migration and Ethnic Conflict in India* (Princeton: Princeton University Press, 1978), pp. 287–288.
42. Larry Diamond, "Class, Ethnicity, and the Democratic State: Nigeria, 1950–1966," *Comparative Studies in Social History*, July 1983, pp. 462, 473.

43. Anatoly M. Khazanov, "The Ethnic Problems of Contemporary Khazkhstan," *Central Asian Survey*, Vol. 14, No. 2 (1995), pp. 244, 257.
44. Joseph Rothschild, *East Central Europe between the Two World Wars* (Seattle: University of Washington Press, 1992), p. 293; Irina Livezeanu, *Cultural Politics in Greater Romania: Regionalism, Nation Building, & Ethnic Struggle, 1918–1930* (Ithaca: Cornell University Press, 1993), *passim*.
45. H. L. van der Laan, *The Lebanese Traders in Sierra Leone* (The Hague: Mouton & Co., 1975), p. 292.
46. Robert N. Kearney, *Communalism and Language in the Politics of Ceylon* (Durham: Duke University Press, 1967), p. 71.
47. Conrad Black, "Canada's Continuing Identity Crisis," *Foreign Affairs*, April 1995, p. 100.
48. See, for example, Gary B. Cohen, *The Politics of Ethnic Survival: Germans in Prague, 1861–1914* (Princeton: Princeton University Press, 1983), pp. 26–28, 32, 133, 236–237; Ezra Mendelsohn, *The Jews of East Central Europe between the World Wars*, p. 167; Hugh LeCaine Agnew, *Origins of the Czech Renascence* (Pittsburgh: University of Pittsburgh Press, 1993), *passim*.
49. William Pfaff, *The Wrath of Nations: Civilization and the Furies of Nationalism* (New York: Simon & Schuster, 1993), p. 156.
50. Maurice Pinard and Richard Hamilton, "The Class Base of the Quebec Independence Movement: Conjectures and Evidence," *Ethnic and Racial Studies*, January 1984, pp. 19–54.
51. Joseph Rothschild, *East Central Europe between the Two World Wars*, p. 20.
52. Chandra Richard de Silva, "Sinhala-Tamil Relations and Education in Sri Lanka: The University Admissions Issue—The First Phase, 1970–1," *From Independence to Statehood: Managing Ethnic Conflict in five African and Asian States*, edited by Robert R. Goldmann and A. Jeyaratnam Wilson (London: Frances Pinter, Ltd. 1984), p. 126.
53. Warren Zimmerman, "The Last Ambassador: A Memoir of the Collapse of Yugoslavia," *Foreign Affairs*, March/April 1995, pp. 9, 17; William Pfaff, *The Wrath of Nations*, p. 55.
54. Paul Johnson, *Modern Times: A History of the World from the 1920s to the 1990s* (London: Orion Books Ltd., 1992), pp. 654–655.
55. Quoted in William Pfaff, *The Wrath of Nations*, p. 96.
56. Joseph Rothschild, *East Central Europe between the Two World Wars* (Seattle: University of Washington Press, 1992), p. 385. Foreign universities complained of the low quality of Romanian students' educational preparation. (Irina Livezeanu, *Cultural Politics in Greater Romania*, p. 79.) As regards the role of the Romanian universities in producing government bureaucrats, see ibid., pp. 213, 215, 218.
57. See, for example, Paul Johnson, *Modern Times: A History of the World from the 1920s to the 1990s* (London: Orion Books Ltd., 1992), pp. 275–277; Sidney Hook, *Out of Step: An Unquiet Life in the 20th Century* (New York: Harper & Row, 1987), Chapters 17, 18; Jean-François Revel, *How Democracies Perish* (New York: Harper & Row, 1983), pp. 155–156.
58. See, for example, William H. McNeill, *The Pursuit of Power: Technology, Armed Force, and Society Since A.D. 1000* (Chicago: University of Chicago Press, 1984), p. 49.
59. "A political map of Europe for the year 1400 A.D. shows a plethora of independent and semi-independent states—kingdoms, principalities and duchies abounded." Richard Bean, "War and the Birth of the National State," *Journal of Economic History*, Vol. 33, No. 1 (March 1973), p. 203.
60. Jean W. Sedlar, *East Central Europe in the Middle Ages, 1000–1500* (Seattle: University of Washington Press, 1994), p. 287.
61. Nancy deWolf Smith, "The Wisdom That Built Hong Kong's Prosperity," *Wall Street Journal*, July 1, 1997, p. A 14.
62. Peter F. Sugar, *Southeastern Europe under Ottoman Rule, 1354–1804* (Seattle: University of Washington Press, 1993), pp. 52–54.
63. Michael D. Coe, *The Maya*, fifth edition (New York: Thames and Hudson, 1993), pp. 204, 208.
64. John K. Fairbank, Edwin O. Reischauer, and Albert M. Craig, *East Asia: Tradition and Transformation*, revised edition (Cambridge, Massachusetts: Harvard University Press, 1989), p. 249.
65. Ibid., pp. 85–86.
66. George Gerster, "River of Sorrow, River of Hope," *National Geographic*, Vol. 148, No. 2 (August 1975), p. 156.
67. Hugh Thomas, *Conquest: Montezuma, Cortés, and the Fall of Old Mexico* (New York: Simon & Schuster, 1993), p. 83.
68. Josip Roglic, "The Geographical Setting of Medieval Dubrovnik," *Geographical Essays on Eastern Europe*, edited by Norman J. G. Pounds (Bloomington: Indiana University Press, 1961), pp. 150, 155.
69. Daniel Pipes, "The Western Mind of Radical Islam," *First Things*, December 1995, pp. 18–23.
70. Warren C. Scoville, *The Persecution of Huguenots and French Economic Development: 1680–1720* (Berkeley: University of California Press, 1960).
71. Stephen Frederic Dale, *Indian Merchants and Eurasian Trade, 1600–1750* (Cambridge: Cambridge University Press, 1994), p. 74.
72. David Hackett Fischer, *Albion's Seed: Four British Folkways in America* (New York: Oxford University Press, 1989), pp. 125–126.
73. See, for example, Fernand Braudel, *A History of Civilizations*, translated by Richard Mayne (New York: The Penguin Press, 1994), p. 80; Morris Kline, *Mathematics in Western Culture* (New York: Penguin Books, 1987), pp. 30–41, 57.
74. Madison Grant, *The Passing of the Great Race: Or the Racial Basis of European History*, fourth edition (New York: Charles Scribner's Sons, 1924), p. 100.
75. Robert A. Wilson and Bill Hosokawa, *East to America: A History of the Japanese in the United States* (New York: William Morrow and Company, Inc., 1980), p. 123.
76. Mahatir bin Mohamad, *The Malay Dilemma* (Kuala Lumpur: Federal Publications, 1970) p. 25.
77. Donald L. Horowitz, *Ethnic Groups in Conflict*, p. 178.
78. Ibid., pp. 167, 171–180.
79. Quoted in Bernard Lewis, *The Muslim Discovery of Europe* (New York: W. W. Norton, 1982), p. 139.
80. Jack Chen, *The Chinese of America* (San Francisco: Harper & Row, 1980), p. 35.
81. Mark R. Levy and Michael S. Kramer, *The Ethnic Factor: How America's Minorities Decide Elections* (New York: Simon and Schuster, 1972), p. 175, 177–178.
82. Arthur R. Jensen, "How Much Can We Boost I.Q. and Scholastic Achievement?" *Harvard Educational Review*, Winter 1969, p.117.
83. Richard J. Herrnstein and Charles Murray, *The Bell Curve*, p. 278.
84. Ibid., Chapter 9.
85. This point is pursued further in my "Ethnicity and I.Q.," *The American Spectator*, February 1995, pp. 32–37.
86. See Dinesh D'souza, *The End of Racism: Principles for a Multiracial Society* (New York: Free Press, 1995), pp. 402–407.
87. Michele Block Morse, "Brain Power: New Evidence Confirms that Early Stimulation Makes a Big Difference Later On," *Parents Magazine*, Vol. 9, No. 9 (September 1994), pp. 61–62.
88. See Miles D. Storfer, *Intelligence and Giftedness: The Contribution of Heredity and Early Environment* (San Francisco: Jossey-Bass, Inc., 1990), pp. 298, 315.
89. Ibid., pp. 300–307, 324–329.
90. Ibid., p. 319.
91. Ibid., pp. 319, 506
92. Miles D. Storfer, *Intelligence and Giftedness: The Contributions of Heredity and Early Environment* (San Francisco: Jossey-Bass Publishers, 1990), p. 13.
93. Lilliam Belmon and Francis A. Moralla, "Birth Order, Family Size, and Intelligence," *Science*, December 14, 1973, p. 1096. But see also Judith Blake, *Family Size and Achievement* (Berkeley: University of California Press, 1989), Chapter 5.
94. Ibid., p. 137.
95. John C. Loehlin, Gardner Lindzey, and J. N. Spuhler, *Race Differences in Intelligence* (San Francisco: W. H. Freeman and Co., 1975), pp. 179–181.
96. Overlap in a geometrical sense is illustrated in Richard J. Herrnstein and Charles Murray, *The Bell Curve: Intelligence and Class Structure in American Life* (The Free Press, 1994), p. 279.
97. Otto Klineberg, *Negro Intelligence and Selective Migration* (Westport, CT: Greenwood Press, 74), p. 2.
98. Richard J. Herrnstein and Charles Murray, *The Bell Curve*, p. 323.
99. Robert Klitgaard, *Choosing Elites*, pp. 104–115; Stanley Sue and Jennifer Abe, *Predictors of Academic Achievement Among Asian Students and White Students* (New York: College Entrance Examination Board, 1988), p. 1; Robert A. Gordon and Eileen E. Rudert, "Bad News Concerning I.Q. Tests," *Sociology of Education*, July 1979, p. 176; Frank L. Schmidt and John E. Hunter, "Employment Testing," *American Psychologist*, October 1981, p. 1131; Arthur R. Jensen, "Section of Minority Students in Higher Education," *University of Toledo Law Review*, Spring–Summer, 1970, pp. 440, 443; Donald A. Rock, "Motivation, Moderators, and Test Bias," ibid., pp. 536, 537; Ronald L. Flaughter, *Testing Practices, Minority Groups and Higher Education: A Review and Discussion of the Research* (Princeton: Education Testing Service, 1970), p. 11; Arthur R. Jensen, *Bias in Mental Testing* (New York: The Free Press, 1980), pp. 479–490.
100. This point was presented forcefully—all italicized—in *The Bell Curve*, but that did not prevent demagogues from claiming that its authors had said the opposite. "*That a trait is genetically transmit-*

ted in individuals does not mean that group differences in that trait are also genetic in origin." Richard J. Herrnstein and Charles Murray, *The Bell Curve*, p. 298.
101. Madison Grant, *The Passing of the Great Race: The Racial Basis of European History*, fourth edition (New York: Charles Scribner's Sons, 1924), p. xxix.
102. Ellen Churchill Semple, *Influences of Geographic Environment* (New York: Henry Holt and Co., 1947), p. 511.
103. Thomas Sowell, *Migrations and Cultures: A World View* (New York: Basic Books, 1996), pp. 9–12.
104. Ellen Churchill Semple, *Influences of Geographic Environment* (New York: Henry Holt and Co., 1911), Chapters 15, 16.
105. Fernand Braudel, *A History of Civilizations*, translated by Richard Mayne (New York: Penguin Press, 1994), p. 8.
106. William H. McNeill, *The Rise of the West*, p. xvi. See also p. xx.
107. Carlo M. Cipolla, *Guns, Sails, and Empires: Technological Innovation and the Early Phases of European Expansion, 1400–1700* (Manhattan, Kansas: Sunflower University Press, 1992), p. 87.
108. Carlo M. Cipolla, *Clocks and Culture: 1300–1700* (New York: W. W. Norton, 1978), pp. 66–69; Alfred Dolge, *Pianos and Their Makers* (Covina, CA: Covina Publishing Co., 1911), p. 168.
109. Carlo M. Cipolla, *Guns, Sails, and Empires*, p. 104.
110. Ibid., pp. 117–121.
111. Ibid., p. 124n.
112. Victor Purcell, *The Boxer Uprising: A Background Study* (Cambridge: Cambridge University Press, 1963), pp. 30–31.
113. Arnold Toynbee, *A Study of History*, abridgement of Volumes VII-X by D. C. Somervell (Oxford: Oxford University Press, 1985), p. 369.
114. Carlo M. Cipolla, *Guns, Sails, and Empires*, pp. 90–93.
115. Ibid., pp. 84–85.
116. Fernand Braudel, *A History of Civilizations*, p. 7.

致 谢

1. Victor Purcell, *The Chinese in Southeast Asia*, second edition (Kuala Lumpur: Oxford University Press, 1980).
2. Charles A. Price, *Southern Europeans in Australia* (Canberra: Australian National University, 1979).
3. Fernand Braudel, *The Mediterranean and the Mediterranean World in the Age of Philip II*, translated by Siân Reynolds (New York: Harper & Row, 1972).
4. For example, Bernard Lewis, *The Arabs in History* (New York: Harper & Row, 1966); idem, *The Muslim Discovery of Europe* (New York: W. W. Norton, 1982); idem, *Race and Slavery in the Middle East: An Historical Inquiry* (New York: Oxford University Press, 1990); idem, *Islam and the West* (New York: Oxford University Press, 1993); idem, *Cultures in Conflict: Christians, Muslims, and Jews, in the Age of Discovery* (New York: Oxford University Press, 1995); idem, *The Middle East: A Brief History of the Last 2,000 Years* (New York: Scribner, 1995).